Interpretación en espe

Corán

Revelación final

Traducido por
Julio Cortés

Presentado a:

_____

finalrevelation.net
Houston, Texas

Corán

Publicado por:
finalrevelation.net
a6h@yahoo.com
P.O. Box – 890071
Houston, TX 77289
281-488-3191

Editado por: Abdul Hye, PhD

Primero Publicación: Abril / 2009
Segundo Publicación: Septiembre / 2011

Printed in the United States of America

Library of Congress Catalog Card Number: 2006906270

ISBN 9781477467015

Corán

Introducción

El Corán es la ultima revelación para la humanidad del mismo Alá que envió a Abraham, a Moisés, y a Jesús. Este Corán es traducido / interpretado en español de una manera simple para que pueda ser entendido fácilmente por todos, incluyendo los que no sean musulmanes. Cualquier palabra necesaria para completar una oración o para hacer clara la traducción es agregada en paréntesis. Esto deberá ayudar al lector a entender el significado completo. Los 25 nombres de los profetas mencionados en el Corán se presentan como nombres en español. Un árbol de profetas se proporciona al principio con una lista de lugares, naciones, y sitios para cada profeta como referencias. Un mapa se proporciona para demostrar la localización de cada uno de estos lugares y naciones. Una breve lista de los acontecimientos de la vida del Profeta Muhammad se da para entender las metas y los objetivos de su misión.

Toda esta información ayudará al lector a entender la continuación de la religión de Abraham hasta Moisés, Jesús, y finalmente Muhammad, quien ha sido enviado con este **Corán** para entregar la versión final de la religión de Alá, **Islam**.

Abdul Hye, PhD
finalrevelation.net
30 Septiembre 2011

Contenido

#	Nombre de Capitulo	Significado del Nombre del Capitulo	# Versos	Revelado en	Pagina
1	Al Fatiha	Exordio	7	Makkah	1
2	Al Bacara	La Vaca	286	Madinah	1
3	Alí Emran	La Familia de Imrán	200	Madinah	20
4	An Nisa	La Mujeres	176	Madinah	31
5	Al Maeda	La Mesa Servida	120	Madinah	42
6	Al Anam	Los Rebaños	165	Makkah	51
7	Al Araf	Los Lugares	206	Makkah	60
8	Al Anfál	El Botín	75	Madinah	72
9	At Taueba	El Arrepentimiento	129	Madinah	75
10	Yunos	Jonás	109	Makkah	83
11	Hud	Hud	123	Makkah	89
12	Yusof	José	111	Madinah	95
13	Ar Rad	El Trueno	43	Madinah	101
14	Ebráhem	Abraham	52	Makkah	104
15	Al Hichr	Al Hichr	99	Makkah	107
16	Al Nahl	Las Abejas	128	Makkah	109
17	Al Esra	El Viaje Nocturno	111	Makkah	115
18	Al Kahf	La Caverna	110	Makkah	121
19	Maríam	María	98	Makkah	126
20	Ta Ha	Ta Ha	135	Makkah	130
21	Al Anbia	Los Profetas	112	Makkah	135
22	Al Hayy	La Peregrinación	78	Madinah	139
23	Al Moeminún	Los Creyentes	118	Makkah	143
24	Al Núr	La Luz	64	Madinah	147
25	Al-Forcán	El Criterio	77	Makkah	151
26	Ach Chóara	Los Poetas	227	Makkah	154
27	An Naml	Las Hormigas	93	Makkah	160
28	Al Casas	El Relato	88	Makkah	164
29	Al Ankabút	La Araña	69	Makkah	169
30	Al Rúm	Los Bizantinos	60	Makkah	172
31	Luqmán	Luqmán	34	Makkah	175
32	Al Sayda	La Adoración	30	Makkah	177
33	Al Ahzáb	La Coalición	73	Madinah	178

34	Saba	Los Saba	54	Makkah	182
35	Fatir	Creador	45	Makkah	185
36	Ya Sin	Ya Sin	83	Makkah	187
37	As Saffát	Los Puestos En Fila	182	Makkah	190
38	Sad	Sad	88	Makkah	194
39	Az Zómar	Los Grupos	75	Makkah	197
40	Ghafir	Que Perdona	85	Makkah	201
41	Fussílat	Han Sido Explicadas Detalladamente	54	Makkah	205
42	Ach Chúra	La Consulta	53	Makkah	207
43	Az Zojrof	El Lujo	89	Makkah	210
44	Ad Dójan	El Humo	59	Makkah	213
45	Al Yacia	La Arrodillada	37	Makkah	215
46	Al Ahcaf	Al Ahcaf	35	Makkah	217
47	Mohamád	Mahoma	38	Madinah	219
48	Al Fath	La Victoria	29	Madinah	221
49	Al Hoyorat	Las Habitaciones Privadas	18	Madinah	223
50	Qaf	Qaf	45	Makkah	224
51	Ad Dáriat	Los Que Aventan	60	Makkah	225
52	At Túr	El Monte Tur	49	Makkah	227
53	An Naym	La Estrella	62	Makkah	228
54	Al Camar	La Luna	55	Makkah	229
55	Al Ráhman	El Compasivo	78	Madinah	231
56	Al Uaqea	El Acontecimiento	96	Makkah	233
57	Al Hadid	El Hierro	29	Madinah	235
58	Al Moyadila	La Discusión	22	Madinah	237
59	Al Hachr	La Reunión	24	Madinah	238
60	Al Momtahana	La Examinada	13	Madinah	240
61	As Saff	La Fila	14	Madinah	241
62	Al Yomea	El Viernes	11	Madinah	242
63	Al Monafiqún	Los Hipócritas	11	Madinah	242
64	At Tagabon	El Engaño Mutua	18	Madinah	243
65	At Tálaq	El Repudio	12	Madinah	244
66	At Tahrim	La Prohibición	12	Madinah	244
67	Al Molk	El Dominio	30	Makkah	245
68	Al Calam	El Cálamo	52	Makkah	246
69	Al Haca	La Inevitable	52	Makkah	248
70	Al Mariy	Las Gradas	44	Makkah	249
71	Noh	Noé	28	Makkah	250
72	Al Yinn	Los Genios	28	Makkah	251
73	Al Mozzamil	El Arrebujado	20	Makkah	252
74	Al Modacer	El Envuelto EnnUn Manto	56	Makkah	253
75	Al Qiama	La Resurrección	40	Makkah	254
76	Al Ensan	El Hombre	31	Madinah	255
77	Al Morsalat	Los Enviados	50	Makkah	256
78	An Naba	La Noticia	40	Makkah	257
79	An Naziat	Los que Arrancan	46	Makkah	258

80	Abasa	Frunció Las Cejas	42	Makkah	259
81	At Takuér	El Obscurecimiento	29	Makkah	260
82	Al Enfitar	El Hendidura	19	Makkah	260
83	Al Motafifin	Los Defraudadores	36	Makkah	261
84	Al Enchicaq	El Desgarrón	25	Makkah	262
85	Al Boruy	Las Constelaciones	22	Makkah	262
86	At Táriq	El Astro Noctumo	17	Makkah	263
87	Al Ala	El Altísimo	19	Makkah	263
88	Al Gachia	La Que Cubre	26	Makkah	264
89	Al Fayr	El Aurora	30	Makkah	264
90	Al Balad	La Ciudad	20	Makkah	265
91	Ach Chams	El Sol	15	Makkah	265
92	Al Lail	La Noche	21	Makkah	266
93	Ad Duha	La Mañana	11	Makkah	266
94	Ach Charh	La Abertura	8	Makkah	266
95	At Tin	Las Higueras	8	Makkah	267
96	Al Alaq	La Sangre Coagulada	19	Makkah	267
97	Al Cadr	El Destino	5	Makkah	267
98	Al Baena	La Prueba Clara	8	Madinah	267
99	Az Zalzala	El Terremoto	8	Madinah	268
100	Al Adiat	Los Corceles	11	Makkah	268
101	Al Carea	La Calamidad	11	Makkah	268
102	At Takacir	El Afán De Lucro	8	Makkah	269
103	Al Asr	La Tarde	3	Makkah	269
104	Al Homaza	El Difamador	9	Makkah	269
105	Al Fil	El Elefante	5	Makkah	269
106	Coraich	Los Coraixíes	4	Makkah	269
107	Al Maun	La Ayuda	7	Makkah	269
108	Al Kauecer	La Abundancia	3	Makkah	270
109	Al Kafirun	Los Infieles	6	Makkah	270
110	Al Nasr	El Auxilio	3	Madinah	270
111	Al Masad	Las Fibras	5	Makkah	270
112	Al Ejlas	La Fe Pura	4	Makkah	270
113	Al Falaq	El Alba	5	Makkah	270
114	An Nás	Los Hombres	6	Makkah	270
	Total		6,236		

Profetas mencionados en el Corán

(Conexiones entre profetas pueden o no pueden indicar descendientes directos)

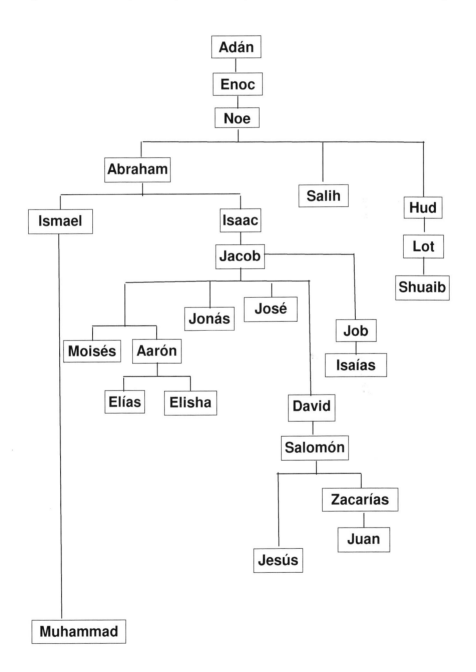

#	Profetas	Lugares, Naciones, Sitios	Mapa
1	Adán	Makkah, Jeddah, India, Sri Lanka, Siria	1, 3, 75, 76, 74
2	Enoch	Babilonia, Hebrón, Manf	64, 35, 30
3	Noe	La Gente de Noe (Kufah), Monte Judi	65, 72
4	Hud	Al-Ahqaf, La Gente de Ad (hogares anteriores)	19, 21
5	Salih	Hadramawt, Madain Saleh, La Gente de Thamud	24, 23, 22
6	Abraham	Ur, Babilonia, Harran, Aleppo, Jerusalén, Hebrón, Makkah, Al-Gizah	66, 64, 52, 57, 33, 35, 1, 31
7	Isaac	Ur, Babilonia, Urfa, Jerusalén, Hebrón	66, 64, 67, 33, 35
8	Ismael	Makkah, Mina, Muzdalefa, Arafat	1, 4, 5, 6
9	Lot	Sodoma y Gomorra, Mar Muerto, Sughar	54, 39, 55
10	Jacob	Hebrón, Jerusalén, Harran, Faddan, Manf, Heliópolis	35, 33, 52, 41, 30, 29
11	José	Jerusalén, Hebrón, San Al-Hajar	33, 35, 32
12	Shuaib	Midian, Al-Aikah (Tabuk)	18, 16
13	Moisés	Manf, Midian, Al-Aqabah, Monte Tur, Heliópolis, Mar Rojo, Sinaí, Rió Jordán, Monte Nibu	30, 18, 60, 17, 29, 47, 73, 51, 62
14	Aarón	Sinaí, Monte Haur	73, 61
15	Elías	Balabak, Jal'ad, B'ir Sheva, Sinaí	45, 53, 42, 73
16	Elisha	Balabak, Jal'ad, B'ir Sheva, Sinaí	45, 53, 42, 73
17	David	Ashdod, Bait Dajan, Ramlah, Abu Ghush, Jerusalén	48, 44, 37, 59, 33
18	Salomón	Jerusalén, Ashdod, Asqalan (Valle de las Hormigas), Marib (Yemen), Reyna Bilqis	33, 48, 49, 26, 27
19	Job	Betania, Damasco, Adoum	46, 38, 58
20	Isaías	Monte Qasiyun (Damasco)	56
21	Jonás	Jaffa, Aleppo, Nasibain, Minawa (Mosul)	50, 57, 63, 68
22	Zacarías	Jerusalén, Aleppo	33, 57
23	Juan	Jerusalén, Damasco	33, 38
24	Jesús	Belén, Nazaret, Gaza, Farma, Heliópolis, Rió Jordán, Jerusalén	34, 36, 40, 43, 29, 51, 33
25	Muhammad	Makkah, Siria, Taif, Jerusalén, Al-Aqabah, Madinah, Badr, Uhud, Hudaibiyah, Khaibar, Mutah, Hunayun, Tabuk, Mina, Muzdalefa, Arafat	1, 74, 11, 33, 60, 2, 9, 8, 10, 13, 14, 12, 15, 4, 5, 6

Localización de Lugares, Naciones, y Sitios

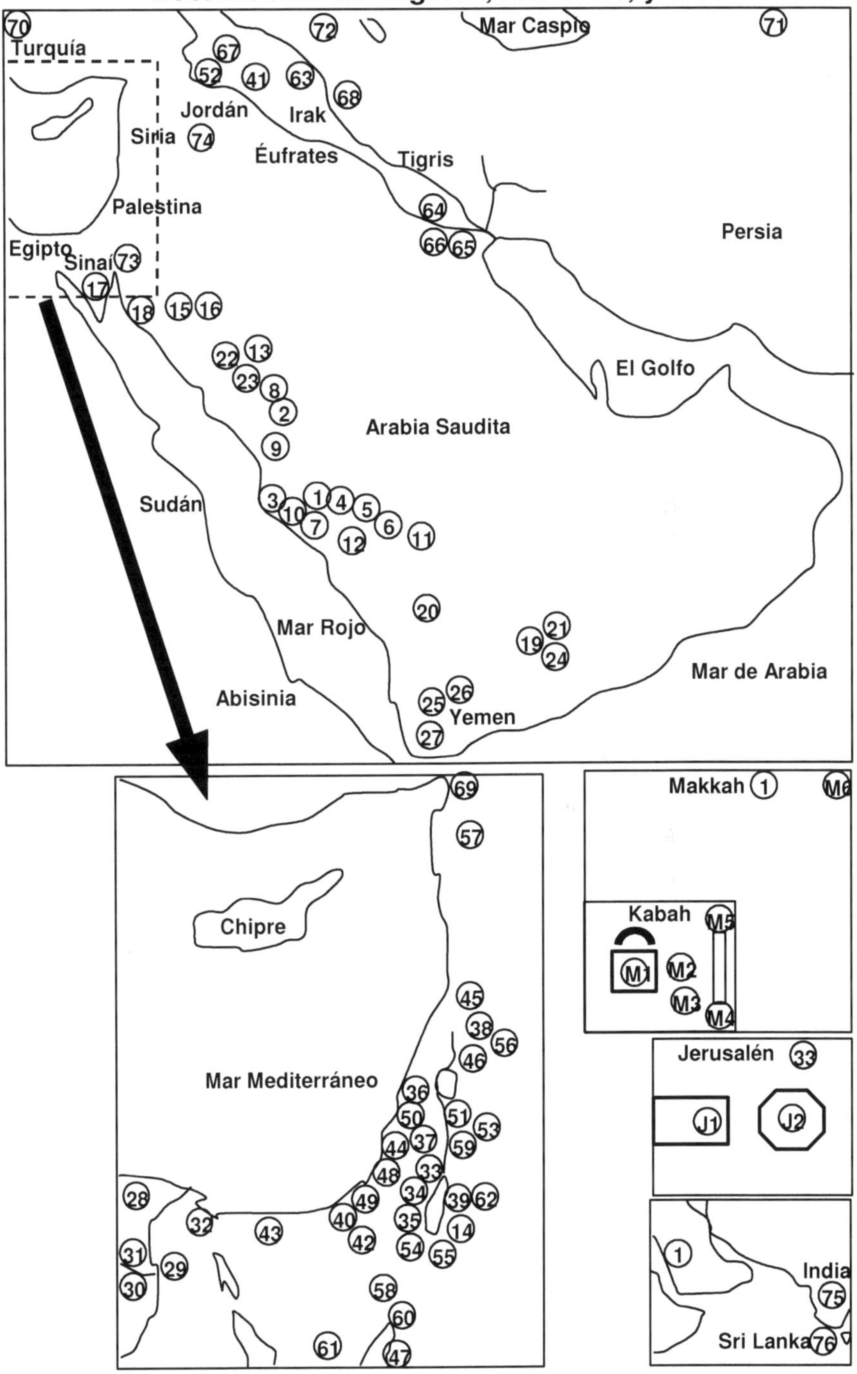

Lugar	Mapa
Makkah	1
Kabah	M1
Estación de Abraham	M2
ZamZam	M3
Safa	M4
Marwa	M5
Caverna de Hira	M6
Madinah	2
Jeddah	3
Mina	4
Muzdalefa	5
Arafat	6
Monte Thawr	7
Uhud	8
Badr	9
Hudaibiyah	10
Taif	11
Hunayan	12
Khaibar	13
Mutah	14
Tabuk	15
Al-Aikah (Tabuk)	16
Monte Tur	17
Midian	18
Al-Ahqaf	19
Najran	20
La Gente de Ad	21
La Gente de Thamud	22
Madain Saleh	23
Hadramawt	24
Sana	25
Marib (Yemen)	26
Reyna Bilqis	27
Cairo	28
Heliópolis	29
Manf (Egipto)	30
Al-Gizah	31
San Al-Hajar	32
Jerusalén	33
Mezquita Al-Aqsa	J1
La Cúpula de la Roca	J2
Belén	34

Lugar	Mapa
Hebrón	35
Nazaret	36
Ramlah	37
Damasco	38
Mar Muerto	39
Gaza	40
Faddan	41
B'ir Sheva	42
Farma	43
Bait Dajan	44
Balabak	45
Betania	46
Mar Rojo	47
Ashdod	48
Asqalan (Valle de Hormigas)	49
Jaffa	50
Rió Jordán	51
Harran	52
Jal'ad	53
Sodoma y Gomorra	54
Sughar	55
Monte Qasiyun (Damasco)	56
Aleppo	57
Adoum	58
Abu Ghush	59
Al-Aqabah	60
Monte Haur	61
Monte Nibu	62
Nasibain	63
Babilonia	64
La Gente de Noe (Kufah)	65
Ur	66
Urfa	67
Minawa (Mosul)	68
Antakiya	69
Estambul	70
Tashkent	71
Monte Judi	72
Sinaí	73
Siria	74
India	75
Sri Lanka	76

Vida del Profeta Muhammad

Fecha	Acontecimiento *	Edad
570	Nacimiento del Muhammad en Makkah (marzo / abril). Su padre Abdullah murió varios meses antes de que naciera. Él fue criado por Halimah como ama de crianza según la tradición de Makkah.	0
576	Muerte de Aminah (madre del Profeta). Muhammad fue cuidado por su abuelo Abd Al-Muttalib.	6
578	Muerte de Abd Al-Muttalib. Luego Muhammad creció bajo el cuidado protector de su tío Abu Talib.	8
582	Viaje a Siria con el tío Abu Talib.	12
582-94	Trabajó como pastor para tío y también después como un comerciante. Él era compasivo a los pobres, a las viudas, y a los huérfanos. Él se ofreció voluntariamente en actividades para la comunidad. La gente de Makkah lo nombró **'Al-Siddiq** (el Veraz)' y **'Al-Ameen** (el Digno de Confianza)' debido a su honradez y buen carácter. Actuó como agente de servicio de negocio para Khadijah, una mujer de negocios rica de Makkah. Muhammad llevó sus mercancías al Norte y regreso con ganancias.	12-24
595	Impresionada por la honradez y el carácter de Muhammad, Khadijah (era una viuda) propuso matrimonio y eventualmente fueron casados. Él tenía 25 años de edad, ella tenía 40.	25
609	Kabah fue reconstruida por la gente de Quraish. Muhammad ayudó a resolver conflictos entre las tribus.	39
610	Primera revelación vino (agosto) a Muhammad en la Caverna de Hira con un mensaje (96:1-5) de Alá por medio del Ángel Gabriel.	40
610-13	Recibió versos durante este periodo, luego fueron compilados para formar parte de la escritura sagrada islámica 'El Corán'. El fue minusvalorado, puesto en ridículo, y luego fue perseguido y físicamente atacado por la gente de Makkah por su mensaje de la 'Unicidad' de Alá, desviando de las maneras tradicionales de las tribus, incluyendo la adoración de ídolos en el Kabah.	40-43
615	Emigración de los musulmanes a Abisinia para evitar sufrimientos y persecución de la gente de Makkah. El rey Negus ofreció asilo a los musulmanes.	45
617-20	Embargo, boicoteo de la familia del Profeta por parte de la gente de Quraish.	47-50
620	Muerte de Abu Talib, tio del Profeta. Muerte de Khadijah, esposa del Profeta. Los Quraish intentaron asesinarlo. **Viaje a Taif**. Platicó con los líderes y la gente de las comunidades para entregar su mensaje. Lo rechazaron y lo empedraron.	50
621	Ascensión del Muhammad en la noche de Meraj con el Ángel Gabriel. El viaje lo llevo de Makkah a Jerusalén y después a los 7 cielos. Alá le demostró todas las actividades, características del cielo y el infierno. Entonces él fue retornado a Makkah con conocimiento completo, de tal manera que podía describir todo. Primer Compromiso de Al-Aqabah (entre Profeta y 12 personas de Madinah). Juraron lealtad a él.	51

622	Segundo Compromiso de Al-Aqabah (entre el Profeta y 75 personas de Madinah). Juraron defenderlo. **Emigración a Madinah** (julio). Estableció que la Mezquita Quba fuera construida como la primera mezquita de Islam. Tratado con los judíos y los no-musulmánes con derechos iguales de ciudadanía y libertad religiosa completa. Expedición de Hamza (diciembre).	52
623	Expedición de Ubaidah (febrero); Expedición de Al-Kharrar (marzo); matrimonio con Aisha (abril); Expedición de **Al-Abwa'** (junio); Expedición de **Buwat** (julio); Expedición de **Safawan** (Primera Badr) (julio); Expedición de **Ushairah** (octubre).	53
624	Cambio de la Qiblah de Jerusalén a Makkah (enero). El Profeta cambió la Qiblah cuando recibió el mandamiento de Alá mientras oraba en la mezquita conocida como Masjid Al-Qiblatain en Madinah. Expedición de **Batn Nakhlah** (enero); Expedición de **Badr** (marzo). Expedición de Salim bin Umair (abril); Expedición de Banu Qainuqa' (abril); matrimonio de la hija del Profeta, Fátima con Ali (junio); Expedición de **Sawiq** (junio); Expedición de **Bani Sulaim** (Al-Kudr) (julio); Expedición de An-Nadir (septiembre); Expedición de **Dhi Amar** (septiembre); Expedición de Buhran (noviembre); Expedición de Al-Qaradah (diciembre).	54
625	Expedición de **Uhud** (marzo); Expedición de **Hamra' Al-Asad** (abril)	55
626	Expedición de Abu Salamah (julio); Expedición de Abdullah bin Unais (julio); Expedición de **Dhatur-Riqa'** (julio); Expedición de Al-Mundhir bin Amr (agosto); Expedición de Raji (agosto); Expedición de **Daumatul-Jandal** (agosto); Expedición de Banu An-Nadir (septiembre).	56
627	Expedición de **Banu Mustaliq** (enero); Expedición de **Ahzab** (foso alrededor de Madinah para defender la ciudad) (febrero a marzo); Expedición de **Banu Quraizah** (abril); Expedición de la **Segunda Badr** (mayo); Expedición de Al-Qurata (junio); Expedición de **Banu Lihyan** (agosto); Expedición de **Dhu Qarad** (agosto); Expedición de Ghamr (agosto); Expedición de Dhul-Qassah (septiembre); Expedición de Dhul Qassah (Abu Ubaidah) (septiembre); 5 Expediciónes de Zaid bin Harith (agosto / 627 a febrero / 628).	57
628	Expedición de Daumatul-Jandal (Abdul Rahman bin Awf) (enero); Expedición de Fadak (enero); Khaibar: Expedición de (Abdullah bin Atik) (febrero), Expedición de (Abdullah bin Rawaha) (marzo); Expedición de 'Urainah (marzo); Expedición de Ad-Damri; **Tratado de Hudaibiyah** entre los Quraish de Makkah y los musulmanes (abril). El Profeta Muhammad y los musulmanes regresaron a Madinah sin Umrah como parte del tratado con una provisión de regresar a Makkah por Umrah el próximo año. La gente de Makkah violó el tratado un año después. Cartas de invitación a reyes y líderes mundiales (abril - mayo) de Abisinia, Bahrain, Persia, Jerusalén (rey romano), Alejandría, Omán, Yamamah, Damasco. Expedición de **Khaibar** (mayo - junio).	58

629	Expedición de Turabah (Umar bin Khattab) (enero); Expedición de Najd (Abu Bakr) (enero); Expedición de Fadak (Bashir bin Sa'd) (enero); Expedición de Mayf'ah (enero); Expedición de Yamn y Jabar (enero). **Funcionamiento de Umrah faltado** (Umratul-Qada') (abril). Expedición de Banu Sulaim (mayo); Expedición de Kadid y Fadak (julio); Expedición de Al-Asadi (agosto); Expedición de Dhat Atla (agosto); Expedición de Mutah (octubre); Expedición de Dhatus-Salasil (noviembre); Expedición de Al-Khabt (diciembre).	59
630	Expedición de Abu Qatadah (enero); **Victoria de Makkah** (enero); El Profeta entró a Makkah con 10,000 musulmanes sin ninguna matanza. La gente de Makkah se unió a los musulmanes después de no mirar ninguna venganza, si no que el Profeta anunció amnistía general a todos los enemigos y trató a los ciudadanos de la ciudad con generosidad. Expedición de Nakhlah (Khalid bin Al-Walid) (enero); Expedición de Suwa-Banu Hudhail (Amr bin Al-'Aas) (enero); Expedición de Al-Mushallal (Sa'd bin Zaid) (enero); Expedición de Banu Jadhimah (Khalid bin Al-Walid) (febrero). Expedición de **Hunain** (febrero); Expedición de **At-Taif** (febrero). Nacimiento de Ibrahim (hijo del Profeta) (marzo); Expedición de Banu Tamim (mayo); Expedición de Tabalah (junio); Expedición de Dahhak Al-Kilabi (julio); Expedición de Jeddah (agosto); Expedición de Ali bin Abi Talib (agosto); Expedición de Al-Asadi (agosto). Muerte de Negus, Rey de Abisinia (octubre). Expedición de **Tabuk** (octubre - diciembre).	60
631	Muerte de Ibrahim (hijo del Profeta) (enero). Peregrinaje del Hajj dirigido por Abu Bakr (marzo). Expedición de Najran por Khalid bin Al-Walid (julio).	61
632	Expedición de Yemen por Ali (enero); Última Revelación (febrero a marzo). **Peregrinaje de Despedida** a Makkah y millares de musulmanes se unieron (febrero a marzo). Último Sermón en Arafat (marzo); Expedición de Usamah (junio).	62
632	Muerte del Profeta Muhammad (junio). Fue sepultado en la mezquita en Madinah. Durante los últimos 10 años de su vida, ➤ él destruyó la idolatría en Arabia; ➤ Levantó el estado de las mujeres a igualdad legal con los hombres. ➤ paró embriaguez e inmoralidad en la sociedad ➤ hizo que la gente viviera con fe, sinceridad y honradez; transformó una nación de la ignorancia de la oscuridad en sociedades completamente capacitadas. ➤ Su misión transformó una sociedad de todas formas de injusticia en una hermandad universal humana como siervos de Alá. En el plazo de 100 años, Islam y la manera de vivir del Profeta se habían extendido desde los rincones más alejados de Arabia hasta lugares tan al este como Indochina y tan al oeste como Marruecos, Francia, y España. Él es el ÚLTIMO mensajero para el mundo entero del MISMO Alá de Abraham, Moisés, y Jesús. El Corán es la ÚLTIMA REVELACIÓN.	62+

El Profeta Muhammad participó en las expediciones que están en negrilla.

Las cartas del profeta a Reglas y líderes

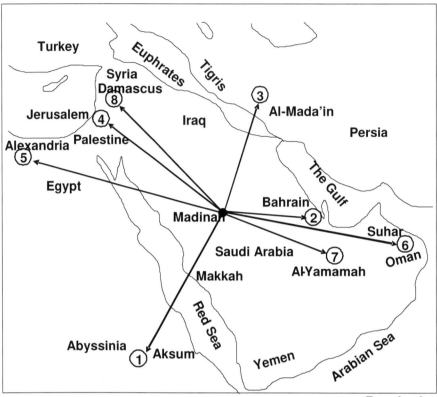

#	City	Ruler / Country
1	Aksum	King Negus / Abyssinia
2	Bahrain	Al-Mundhir bin Sawa / Bahrain
3	Al-Mada'in	Chosroes / Persia
4	Jerusalem	Hercules, Caesar / Rome
5	Alexandria	Al-Muqawqis / Egypt
6	Suhar	Jayfar, 'Abd, sons of Al Julandi / Oman
7	Yamamah	Hawdhah bin Ali / Al-Yamamah
8	Damascus	Al-Harith Al-Gasani / Syria

Prophet's Letter

Prophet's Seal

El Último Sermón del Profeta Muhammad

(Este Sermón fue dado en Arafat en marzo del año 632 CE)

Después de adorar y agradecer a Alá, él dijo:

O Pueblo, préstenme atención con sus oídos atentos, porque no sé si después de este año estaré con ustedes nuevamente. Por lo tanto, escuchen muy cuidadosamente a lo que les estoy diciendo y lleven estas palabras a aquellos que no pudieron estar presentes aquí hoy. O Pueblo, así como consideran este mes, este día, y esta ciudad como sagrados, así también consideren la vida y la propiedad de cada musulmán como un convenio sagrado. Devuelvan las propiedades que fueron confiadas a vosotros a sus dueños legítimos. No lastimen a nadie para que nadie los lastime a ustedes. Recuerden que ciertamente conocerán a su Señor, y Él ciertamente contará vuestros hechos. Alá ha prohibido que tomen usura (interés); por lo tanto toda obligación de interés de aquí en adelante será renunciada. Vuestro capital, sin embargo, es vuestro para guardar. No causarán ni sufrirán injusticia. Alá ha juzgado que no habrá ningún interés y todo interés debido a Abbas ibn 'Abd'al Muttalib será de aquí en adelante renunciado. Cada derecho que surge del homicidio de los días pre-islámicos de aquí en adelante es renunciado y el primer tal derecho que renuncio es el que surgió del asesinato de Rabiah ibn al Harith.

O Pueblo, los incrédulos se complacen en manipular el calendario para hacer permisible aquello que Alá ha prohibido, y para prohibir aquello que Alá ha hecho permisible. Con Alá, los meses son doce en número. Cuatro de ellos son sagrados, tres de estos son sucesivos y uno ocurre individualmente entre los meses de Jumada y Sha'ban. Guárdense de Satanás, por la seguridad de vuestra religión. Él ha perdido toda la esperanza de poder desviarlos en las cosas grandes, así que guárdense de seguirlo en las cosas pequeñas. O Pueblo, es verdad que tienen ciertos derechos con respeto a sus mujeres, pero ellas también tienen derechos sobre ustedes. Recuerden que las han tomado como esposas sólo bajo la confianza de Alá y con Su permiso. Si ellas se sujetan a vuestros derechos entonces ellas tienen el derecho de ser alimentadas y vestidas con bondad. Traten bien a sus mujeres y sean amables con ellas ya que ellas son vuestras compañeras y ayuda idónea. Y es vuestro derecho que ellas no hagan amistad con ninguna persona de la cual ustedes no aprueben, así como nunca ser deshonradas.

O Pueblo, escúchenme en sinceridad, adoren a Alá, digan sus cinco oraciones diarias (Saláh), ayunen durante el mes de Ramadán, y den su riqueza como Zakát. Realicen el Hajj si se pueden permitir ese lujo. Ustedes saben que cada musulmán es el hermano de cada otro musulmán. Todos son iguales. Nadie tiene superioridad sobre otro excepto por piedad y buenas obras. Recuerden, un día ustedes aparecerán delante de Alá y responderán por sus acciones. Así que guárdense, no desvíen del camino recto después que yo me haya ido. O Pueblo, ningún profeta o apóstol vendrá después de mí y ninguna nueva fe nacerá. Por lo tanto, razonen bien, O Pueblo, y entiendan mis palabras que comunico a ustedes. Dejo con ustedes dos cosas, el Corán y mi ejemplo el Sunnah y si ustedes siguen éstos nunca se desviaran.

Todos aquellos que me escuchan pasaran mis palabras a otros y esos a otros otra vez, y puede que los últimos entiendan mis palabras mejor que aquellos que me escuchan directamente. Sea mi testigo O Alá que yo he comunicado Tu mensaje a Tu pueblo.

La Historia de la Compilación del Corán**

Durante la vida del Profeta Muhammad (570 - 632 CE)

- El Profeta solía recitar el Corán ante el ángel Gabriel una vez cada Ramadán, y lo recitó dos veces (en el mismo orden que lo tenemos hoy) en el último Ramadán antes de su muerte.
- Cada verso recibido era recitado por el Profeta, y su colocación con respeto a otros versos y capítulos era identificado por él.
- Los versos fueron escritos por escribanos, escogidos por el Profeta, sobre cualquier objeto adecuado – las hojas de árboles, pedazos de madera, pergamino o cuero, piedras planas, y omóplatos. Los escribanos incluyeron Ali Ibn Abi Talib, Mu'awiyah Ibn Abi Sufyan, Ubey Ibn Ka'ab, y Zayed Ibn Thabit. Algunos de los compañeros escribieron el Corán para su propio uso. Cientos de compañeros memorizaban el Corán de corazón.

Durante el califato de Abu Bakr (632 - 634 CE)

- Umar Ibn Al-Khattab le urgió a Abu Bakr que preservara y compilara el Corán. Esto fue incitado después de la batalla de Yamamah, donde muchas muertes fueron sufridas entre los que habían memorizado el Corán.
- Abu Bakr confió con Zayed la tarea de colectar el Corán. Zayed había estado presente durante la última recitación del Corán por el Profeta al Angel Gabriel.
- Zayed, con la ayuda de los compañeros que habían memorizado y escrito los versos del Corán, cumplieron con la tarea y le entregaron a Abu Bakú la primera copia autenticada del Corán. La copia fue mantenida en la residencia de Hafsah, hija de Umar y esposa del Profeta.

Durante el califato de Uthman (644 - 656 CE)

- Uthman les ordenó a Zayed Ibn Thabit, Abdullah Ibn Al Zubayr, Saeed Ibn Al-Aas, y Abdur-Rahman Ibn Harith que hicieran copias perfectas de la copia autenticada que se mantenía con Hafsah debido al crecimiento rápido del estado islámico y preocupaciones con respeto a diferencias en recitaciones.
- Copias fueron mandadas a varios lugares del mundo musulmán. La copia original fue devuelta a Hafsah, y una copia fue mantenida en Madinah.

Tres etapas de puntuación y diacritización

- Puntos fueron puestos como marcas sintácticas por Abu Al-Aswad Al Doaly, durante el periodo de Mu'awiya Ibn Abi Sufian (661-680 CE).
- Las letras fueron marcadas con puntuación diferente por Nasr Ibn Asem y Hayy ibn Ya'mor, durante el periodo de Abd Al-Malek Ibn Marawan (685-705 CE).
- Un sistema completo de marcas diacríticas (damma, fataha, kasra) fue inventado por Al Khaleel Ibn Ahmad Al Faraheedy (d. 786 CE).

**University of Southern California - MSA

Copias originales del Corán todavía existen: una en Tashkent, Uzbekistán y otra en Estambul, Turquía.

4 Califas después del Profeta Muhammad		
Nombre	**Periodo**	**Años**
Abu Bakr Siddique	632 - 634 CE	2
Omar Ibn Khattab	634 - 644 CE	10
Uthman Ibn Affan	644 - 656 CE	12
Ali ibn Abi Talib	656 - 661 CE	5

1. Exordio (Al Fatíha)

1:1 ¡En el nombre de Alá, el Compasivo, el Misericordioso!

1:2 Alabado sea Alá, Señor del universo,

1:3 el Compasivo, el Misericordioso,

1:4 Dueño del día del Juicio,

1:5 A Ti solo servimos y a Ti solo imploramos ayuda.

1:6 Dirígenos por la vía recta,

1:7 la vía de los que Tú has agraciado, no de los que han incurrido en la ira, ni de los extraviados.

2. La Vaca (Al Bacara)

¡En el nombre de Alá, el Compasivo, el Misericordioso!

2:1 `lm.

2:2 Ésta es la *Escritura*, exenta de dudas, como dirección para los temerosos de Alá,

2:3 que creen en lo oculto, hacen la azalá y dan limosna de lo que les hemos proveído.

2:4 creen en lo que se te ha revelado a ti y antes de ti, y están convencidos de la otra vida.

2:5 Ésos son los dirigidos por su Señor y ésos los que prosperarán.

2:6 Da lo mismo que adviertas o no a los infieles: no creen.

2:7 Alá ha sellado sus corazones y oídos; una venda cubre sus ojos y tendrán un castigo terrible.

2:8 Hay entre los hombres quienes dicen: «Creemos en Alá y en el último Día», pero no creen.

2:9 Tratan de engañar a Alá y a los que creen; pero, sin darse cuenta, sólo se engañan a sí mismos.

2:10 Sus corazones están enfermos y Alá les ha agravado su enfermedad. Tendrán un castigo doloroso por haber mentido.

2:11 Cuando se les dice: «¡No corrompáis en la tierra!», dicen: «Pero ¡si somos reformadores!»

2:12 ¡No son ellos, en realidad, los corruptores? Pero no se dan cuenta.

2:13 Cuando se les dice: «¡Creed como creen los demás!», dicen: «¿Es que vamos a creer como creen los tontos?» Son ellos los tontos, pero no lo saben.

2:14 Cuando encuentran a quienes creen, dicen: «¡Creemos!» Pero, cuando están a solas con sus demonios, dicen: «Estamos con vosotros, era sólo una broma».

2:15 Alá les devolverá la broma y les dejará que persistan en su rebeldía, errando ciegos.

2:16 Ésos son los que han trocado la Dirección por el extravío. Por eso, su negocio no ha resultado lucrativo y no han sido bien dirigidos.

2:17 Son como uno que alumbra un fuego. En cuanto éste ilumina lo que le rodea, Alá se les lleva la luz y les deja en tinieblas: no ven.

2:18 Son sordos, mudos, ciegos, no se convierten.

2:19 O como si viniera del cielo una nube borrascosa, cargada de tinieblas, truenos y relámpagos. Se ponen los dedos en los oídos contra el rayo, por temor a la muerte. Pero Alá cerca a los infieles.

2:20 El relámpago les arrebata casi la vista. Cuando les ilumina, caminan a su luz; pero, cuando les oscurece, se detienen. Si Alá hubiera querido, les habría quitado el oído y la vista. Alá es omnipotente.

2:21 ¡Hombres! Servid a vuestro Señor, Que os ha creado, a vosotros y a quienes os precedieron. Quizás, así, tengáis temor de Él.

2:22 Os ha hecho de la tierra lecho y del cielo edificio. Ha hecho bajar agua del cielo, mediante la cual ha sacado frutos para sustentaros. No atribuyáis iguales a Alá a sabiendas.

2:23 Si dudáis de lo que hemos revelado a Nuestro siervo, traed una sura semejante y, si es verdad lo que decís, llamad a vuestros testigos en lugar de llamar a Alá.

2:24 Pero, si no lo hacéis -y nunca podréis hacerlo-, guardaos del fuego cuyo combustible lo constituyen hombres y piedras, y que ha sido preparado para los infieles.

2:25 Anuncia la buena nueva a quienes creen y obran bien: tendrán jardines por cuyos bajos fluyen arroyos. Siempre que se les dé como sustento algún fruto de ellos, dirán: «Esto es igual que lo que se nos ha dado antes». Pero se les dará algo sólo parecido. Tendrán esposas purificadas y estarán allí eternamente.

2:26 Alá no se avergüenza de proponer la parábola que sea, aunque se trate de un mosquito. Los que creen saben que es la Verdad, que viene de su Señor. En cuanto a los que no creen, dicen: «¿Qué es lo que se propone Alá con esta parábola?» Así extravía Él a muchos y así también dirige a muchos. Pero no extravía así sino a los perversos.

2:27 Quienes violan la alianza con Alá después de haberla concluido, cortan los lazos que Alá ha ordenado mantener y corrompen en la tierra, ésos son los que pierden.

2:28 ¿Cómo podéis no creer en Alá, siendo así que os dio la vida cuando aún no existíais, que os hará morir y os volverá a la vida, después de lo cual seréis devueltos a Él?

2:29 Él es Quien creó para vosotros cuanto hay en la tierra. Y subió al cielo e hizo de él siete cielos. Es omnisciente.

2:30 Y cuando tu Señor dijo a los ángeles: «Voy a poner un sucesor en la tierra». Dijeron: «¿Vas a poner en ella a quien corrompa en ella y derrame sangre, siendo así que nosotros celebramos Tu alabanza y proclamamos Tu santidad?» Dijo: «Yo sé lo que vosotros no sabéis».

2:31 Enseñó a Adán los nombres de todos los seres y presentó éstos a los ángeles diciendo: «Informadme de los nombres de éstos, si es verdad lo que decís».

2:32 Dijeron: «¡Gloria a Ti! No sabemos más que lo que Tú nos has enseñado. Tú eres, ciertamente, el Omnisciente, el Sabio».

2:33 Dijo: «¡Adán! ¡Infórmales de sus nombres!» Cuando les informó de sus nombres, dijo: «¿No os he dicho que conozco lo oculto de los cielos y de la tierra y que sé lo que mostráis lo que ocultáis?»

2:34 Y cuando dijimos a los ángeles: «¡Prosternaos ante Adán!». Se prosternaron, excepto Iblis. Se negó y fue altivo: era de los infieles.

2:35 Dijimos: «¡Adán! ¡Habita con tu esposa en el Jardín y comed de él cuanto y donde queráis. pero no os acerquéis a este árbol! Si no, seréis de los impíos».

2:36 Pero el Demonio les hizo caer, perdiéndolo, y les sacó del estado en que estaban. Y dijimos: «¡Descended! Seréis enemigos unos de otros. La tierra será por algún tiempo vuestra morada y lugar de disfrute».

2:37 Adán recibió palabras de su Señor y Éste se volvió a él. Él es el Indulgente, el Misericordioso.

2:38 Dijimos: «¡Descended todos de él! Si. pues, recibís de Mí una dirección, quienes sigan Mi dirección no tendrán que. temer y no estarán tristes.

2:39 Pero quienes no crean y desmientan Nuestros signos, ésos morarán en el Fuego eternamente».

2:40 ¡Hijos de Israel! Recordad la gracia que os dispensé y sed fieles a la alianza que conmigo concluisteis. Entonces, Yo seré fiel a la que con vosotros concluí. ¡Temedme, pues, a Mí y sólo a Mí!

2:41 ¡Creed en lo que he revelado en confirmación de lo que habéis recibido! ¡No seáis los primeros en no creer en ello, ni malvendáis Mis signos! ¡Temedme, pues, a Mí. y sólo a Mí!

2:42 ¡No disfracéis la Verdad de falsedad, ni ocultéis la Verdad conociéndola!

2:43 ¡Haced la azalá, dad el azaque e inclinaos con los que se inclinan!

2:44 ¿Mandáis a los hombres que sean piadosos y os olvidáis de vosotros mismos siendo así que leéis la *Escritura*? ¿Es que no tenéis entendimiento?

2:45 ¡Buscad ayuda en la paciencia y en la azalá! Sí, es algo difícil, pero no para los humildes,

2:46 que cuentan con encontrar a su Señor y volver a Él.

2:47 ¡Hijos de Israel! Recordad la gracia que os dispensé y que os distinguí entre todos los pueblos.

2:48 Temed un día en que nadie pueda satisfacer nada por otro, ni se acepte la intercesión ajena, compensación ni auxilio.

2:49 Y cuando os salvamos de las gentes de Faraón, que os sometían a duro castigo, degollando a vuestros hijos varones y dejando con vida a vuestras mujeres. Con esto os probó vuestro Señor duramente.

2:50 Y cuando os separamos las aguas del mar y os salvamos, anegando a las gentes de Faraón en vuestra presencia.

2:51 Y cuando nos dimos cita con Moisés durante cuarenta días. Luego, cuando se fue, cogisteis el ternero, obrando impíamente.

2:52 Luego, después de eso, os perdonamos. Quizás, así, fuerais agradecidos.

2:53 Y cuando dimos a Moisés la *Escritura* y el Criterio. Quizás, así, fuerais bien dirigidos.

2:54 Y cuando Moisés dijo a su pueblo: ¡Pueblo! Habéis sido injustos con vosotros mismos al coger el ternero. ¡Volveos a vuestro Creador y mataos unos a otros.! Esto es mejor para vosotros a los ojos de vuestro Creador. Así se aplacará. Él es el Indulgente, el Misericordioso».

2:55 Y cuando dijisteis: «¡Moisés! No creeremos en ti hasta que veamos a Alá claramente». Y el Rayo se os llevó, viéndolo vosotros venir.

2:56 Luego, os resucitamos después de muertos. Quizás, así, fuerais agradecidos.

2:57 Hicimos que se os nublara y que descendieran sobre vosotros el maná y las codornices: «¡Comed de las cosas buenas de que os hemos proveído!» No fueron injustos con Nosotros, sino que lo fueron consigo mismos.

2:58 Y cuando dijimos: «¡Entrad en esta ciudad, y comed donde y cuando queráis de lo que en ella haya! ¡Entrad por la puerta prosternándoos y decid '¡Perdón!'» Os perdonaremos vuestros pecados y daremos más a quienes hagan el bien.

2:59 Pero los impíos cambiaron por otras las palabras que se les habían dicho e hicimos bajar contra los impíos un castigo del cielo por haber obrado perversamente.

2:60 Y cuando Moisés pidió agua para su pueblo. Dijimos: «¡Golpea la roca con tu vara!» Y brotaron de ella doce manantiales. Todos sabían de cuál debían beber. «¡Comed y bebed del sustento de Alá y no obréis mal en la tierra corrompiendo!»

2:61 Y cuando dijisteis: «¡Moisés! No podremos soportar una sola clase de alimento. ¡Pide a tu Señor de parte nuestra que nos saque algo de lo que la tierra produce: verduras, pepinos, ajos, lentejas y cebollas!» Dijo: «¿Vais a cambiar lo que es mejor por algo peor? ¡Bajad a Egipto y hallaréis lo que pedís!» La humillación y la miseria se abatieron sobre ellos e incurrieron en la ira de Alá. Porque no habían prestado fe a los signos de Alá y habían dado muerte a los profetas sin justificación. Porque habían desobedecido y violado la ley.

2:62 Los creyentes, los judíos, los cristianos, los sabeos, quienes creen en Alá y en el último Día y obran bien. ésos tienen su recompensa junto a su Señor. No tienen que temer y no estarán tristes.

2:63 Y cuando concertamos un pacto con vosotros y levantamos la montaña por encima de vosotros: «¡Aferraos a lo que os hemos dado y recordad su contenido! Quizás, así, seáis temerosos de Alá».

2:64 Luego, después de eso, os volvisteis atrás y, si no llega a ser por el favor de Alá en vosotros y por Su misericordia, habríais sido de los que pierden.

2:65 Sabéis, ciertamente, quiénes de vosotros violaron el sábado. Les dijimos: «¡Convertíos en monos repugnantes!»

2:66 E hicimos de ello un castigo ejemplar para los contemporáneos y sus descendientes, una exhortación para los temerosos de Alá.

2:67 Y cuando Moisés dijo a su pueblo: «Alá os ordena que sacrifiquéis una vaca». Dijeron: «¿Nos tomas a burla?» Dijo: «¡Alá me libre de ser de los ignorantes!»,

2:68 Dijeron: «Pide a tu Señor de nuestra parte que nos aclare cómo ha de ser ella». Dijo: «Dice que no es una vaca vieja ni joven, sino de edad media. Haced, pues, como se os manda».

2:69 Dijeron: «Pide a tu Señor de nuestra parte que nos aclare de qué color ha de ser». Dijo: «Dice que es una vaca amarilla de un amarillo intenso, que haga las delicias de los que la miran».

2:70 Dijeron: «Pide a tu Señor de nuestra parte que nos aclare cómo es, pues todas las vacas nos parecen iguales. Así. si Alá quiere, seremos, ciertamente, bien dirigidos».

2:71 Dijo: «Dice que es una vaca que no ha sido empleada en el laboreo de la tierra ni en el riego del cultivo, sana, sin tacha». Dijeron: «Ahora has dicho la verdad». Y la sacrificaron, aunque poco faltó para que no lo hicieran.

2:72 Y cuando matasteis a un hombre y os lo recriminasteis, pero Alá reveló lo que ocultabais.

2:73 Entonces dijimos: «¡Golpeadlo con un pedazo de ella!» Así Alá volverá los muertos a la vida y os hará ver Sus signos. Quizás, así, comprendáis.

2:74 Luego, después de eso, se endurecieron vuestros corazones y se pusieron como la piedra o aún más duros. Hay piedras de las que brotan arroyos, otras que se quiebran y se cuela el agua por ellas, otras que s vienen abajo por miedo a Alá. Alá está atento a lo que hacéis.

2:75 ¿Cómo vais a anhelar que os crean si algunos de los que escuchaban la Palabra de Alá la alteraron a sabiendas, después de haberla comprendido?

2:76 Y, cuando encuentran a quienes creen, dicen: «¡Creemos!» Pero, cuando están a solas, dicen. «¿Vais a contarles lo que Alá os ha revelado para que puedan esgrimirlo como argumento contra vosotros ante vuestro Señor? ¿Es que no razonáis?»

2:77 ¿No saben que Alá conoce lo que ocultan y lo que manifiestan?

2:78 Hay entre ellos gentiles que no conocen la *Escritura*, sino fantasías y no hacen sino conjeturar.

2:79 ¡Ay de aquéllos que escriben la *Escritura* con sus manos y luego dicen: Esto viene de Alá, para, luego, malvenderlo! ¡Ay de ellos por lo que sus manos han escrito! ¡Ay de ellos por lo que han cometido!

2:80 Dicen: «El fuego no nos tocará más que por días contados». Di: «¿Os ha prometido algo Alá? Pues Alá no faltará a Su promesa. ¿O es que decís contra Alá lo que no sabéis?»

2:81 ¡Pues sí! Quienes hayan obrado mal y estén cercados por su pecado, ésos morarán en el Fuego eternamente.

2:82 Pero quienes hayan creído y obrado bien, ésos morarán en el Jardín eternamente.

2:83 Y cuando concertamos un pacto con los hijos de Israel: «¡No sirváis sino a Alá! ¡Sed buenos con vuestros padres y parientes, con los huérfanos y pobres, hablad bien a todos, haced la azalá dad el azaque!» Luego, os desviasteis, exceptuados unos pocos, y os alejasteis.

2:84 Y cuando concertamos un pacto con vosotros: «¡No derraméis vuestra sangre ni os expulséis de casa unos a otros!» Lo aceptasteis, sois testigos.

2:85 Pero sois vosotros los que os matáis y expulsáis a algunos de los vuestros de sus casas, haciendo causa común contra ellos con pecado y violación de la ley. Y, si acuden a vosotros como cautivos, los rescatáis. El haberlos expulsado era ya ilícito. Entonces, ¿es que creéis en parte de la *Escritura* y dejáis de creer en otra parte? ¿Qué merecen quienes de vosotros tal hacen sino la ignominia en la vid de acá y ser enviados al castigo más duro el día de la Resurrección? Alá está atento a lo que hacéis.

2:86 Ésos son los que han comprado la vida de acá a cambio de la otra. No se les mitigará el castigo ni encontrarán quien les auxilie.

2:87 Dimos a Moisés la *Escritura* y mandamos enviados después de él. Dimos a Jesús, hijo de María, las pruebas claras y le fortalecimos con el Espíritu Santo. ¿Es que tenías que mostraros altivos siempre que venía a vosotros un enviado con algo que no deseabais? A unos les desmentisteis, a otros les disteis muerte.

2:88 Dicen: «Nuestros corazones están incircuncisos». ¡No! Alá les ha maldecido por su incredulidad. Es tan poco lo que creen...

2:89 Y cuando les vino de Alá una *Escritura* que confirmaba lo que ya tenían - antes, pedían un fallo contra los que no creían -, cuando vino a ellos lo que ya conocían, no le prestaron fe. ¡Que la maldición de Alá caiga sobre los infieles!

2:90 ¡Qué mal negocio han hecho, no creyendo en lo que Alá ha revelado, rebelados porque Alá favoreció a quien Él quiso de Sus siervos, e incurriendo en Su ira una y otra vez! Los infieles tendrán un castigo humillante.

2:91 Y cuando se les dice: «¡Creed en lo que Alá ha revelado!», dicen: «Creemos en lo que se nos ha revelado». Pero no creen en lo que vino después. que es la Verdad, en confirmación de lo que ya tenían. Di: «¿Por qué, pues, si erais creyentes, matasteis antes a los profetas de Alá?»,

2:92 Moisés os aportó pruebas claras. pero, ido, cogisteis el ternero, obrando impíamente.

2:93 Y cuando concertamos un pacto con vosotros y levantamos la montaña por encima de vosotros: «¡Aferraos a lo que os hemos dado y escuchad!» Dijeron: «Oímos y desobedecemos». Y, como castigo a su incredulidad, quedó empapado su corazón del amor al ternero. Di: «Si sois creyentes, malo es lo que vuestra fe os ordena».

2:94 Di: «Si se os reserva la Morada Postrera junto a Alá, con exclusión de otras gentes. entonces ¡desead la muerte. si sois consecuentes!»

2:95 Pero nunca la desearán por lo que sus manos han cometido. Alá conoce bien a los impíos.

2:96 Verás que son los más ávidos de vivir, más aún que los asociadores. Hay entre ellos quien desearía vivir mil años, pero eso no le libraría del castigo. Alá ve bien o que hacen.

2:97 Di: «Si hay alguien enemigo de Gabriel -él es quien. autorizado por Alá. lo reveló a tu corazón, en confirmación de los mensajes anteriores, como dirección y buena nueva para los creyentes-,

2:98 si hay alguien enemigo de Alá, de Sus ángeles, de Sus enviados, de Gabriel y de Miguel, Alá, a Su vez, es enemigo de los infieles».

2:99 Te hemos revelado, en verdad, signos claros y sólo los perversos pueden negarlos.

2:100 ¿Es que siempre que conciertan una alianza van algunos de ellos a rechazarla? No, la mayoría no creen.

2:101 Y, cuando viene a ellos un Enviado mandado por Alá, que confirma lo que han recibido, algunos de aquéllos a quienes se había dado la *Escritura* se echan la *Escritura* de Alá a la espalda, como si no supieran nada.

2:102 Han seguido lo que los demonios contaban bajo el dominio de Salomón. Salomón no dejó de creer, pero los demonios sí, enseñando a los hombres la magia y lo que se había revelado a los os ángeles, Harut y Marut, en Babel. Y éstos no enseñaban a nadie, que no dijeran que sólo eran una tentación y que, por tanto, no debía dejar de creer. Aprendieron de ellos cómo dividir a un hombre de su esposa. Y con ello no dañaban a nadie sino autorizados por Alá. Aprendieron lo que les dañaba y no les aprovechaba, sabiendo bien que quien adquiría eso no iba a tener parte en la otra vida. ¡Qué mal negocio han hecho! Si supieran...

2:103 Si hubieran creído y temido a Alá, la recompensa de Éste habría sido mejor. Si supieran...

2:104 ¡Creyentes! ¡No digáis: «¡Raina!», sino «¡Unzurna!» y escuchad! los infieles tendrán un castigo doloroso.

2:105 Los que no creen, tanto gente de la *Escritura* como asociadores, no desearían que vuestro Señor os enviara bien alguno. Pero Alá particulariza con Su misericordia a quien Él quiere. Alá es el Dueño del favor inmenso.

2:106 Si abrogamos una aleya o provocamos su olvido, aportamos otra mejor o semejante. ¿No sabes que Alá es omnipotente?

2:107 ¿No sabes que el dominio de los cielos y de la tierra es de Alá y que no tenéis. fuera de Alá, amigo ni auxiliar?

2:108 ¿O preferís pedir a vuestro Enviado, como fue Moisés pedido antes? Quien cambie la fe por la incredulidad se ha extraviado del camino recto.

2:109 A muchos de la gente de la *Escritura* les gustaría hacer de vosotros infieles después de haber sido creyentes, por envidia, después de habérseles manifestado la Verdad. Vosotros, empero, perdonad y olvidad hasta que venga Alá con su orden. Alá es omnipotente.

2:110 Haced la azalá y dad el azaque. El bien que hagáis como anticipo a vosotros mismos, volveréis a encontrarlo junto a Alá. Alá ve bien lo que hacéis.

2:111 Y dicen: «Nadie entrará en el Jardín sino los judíos o los cristianos.» Ésos son sus anhelos. Di: «¡Aportad vuestra prueba, si es verdad lo que decís!»

2:112 ¡Pues si! Quien se someta a Alá y haga el bien, tendrá su recompensa junto a su Señor. No tiene que temer y no estará triste.

2:113 Los judíos dicen: «Los cristianos carecen de base», y los cristianos dicen: «Los judíos carecen de base», siendo así que leen la *Escritura*. Lo mismo dicen quienes no saben. Alá decidirá entre ellos el día de la Resurrección sobre aquello en que discrepaban.

2:114 ¿Hay alguien que sea más impío que quien impide que se mencione Su nombre en las mezquitas de Alá y se empeña en arruinarlas? Hombres así no deben entrar en ellas sino con temor. ¡Que ,¿ sufran ignominia en la vida de acá y terrible castigo en la otra!

2:115 De Alá son el Oriente y el Occidente. Adondequiera que os volváis, allí está la faz de Alá. Alá es inmenso, omnisciente.

2:116 Dicen: «Alá ha adoptado un hijo». ¡Gloria a Él! ¡No! Suyo es lo que está en los cielos y en la tierra. Todo Le obedece.

2:117 Es el Creador de los cielos y de la tierra. Y cuando decide algo, le dice tan sólo: «¡Sé!» y es.

2:118 Los que no saben dicen: «¿Por qué Alá no nos habla o nos viene un signo?» Lo mismo decían sus antecesores. Sus corazones son iguales. En verdad, hemos aclarado los signos a gente que está convencida.

2:119 Te hemos enviado con la Verdad como nuncio de buenas nuevas y como monitor, y no tendrás que responder de los condenados al fuego de la gehena.

2:120 Ni los judíos ni los cristianos estarán satisfechos de ti mientras no sigas su religión. Di: «La dirección de Alá es la Dirección». Ciertamente, si sigues sus pasiones después e haber sabido tú lo que has sabido. no tendrás amigo ni auxiliar frente a Alá.

2:121 Aquéllos a quienes hemos dado la *Escritura* y la leen como debe ser leída. creen en ella. Quienes, en cambio, no creen en ella, ésos son los que pierden.

2:122 ¡Hijos de Israel! Recordad la gracia que os dispensé y que os distinguí entre todos los pueblos.

2:123 Temed un día en que nadie pueda satisfacer nada por otro, ni se acepte ninguna compensación ni aproveche ninguna intercesión. ni sea posible auxilio alguno.

2:124 Y cuando su Señor probó a Abraham con ciertas órdenes. Al cumplirlas, dijo: «Haré de ti guía para los hombres». Dijo: «¿Y de mi descendencia?» Dijo: "Mi alianza no incluye a los impíos».

2:125 Y cuando hicimos de la Casa lugar de reunión y de refugio para los hombres. Y: «¡Haced del lugar de Abraham un oratorio!» Y concertamos una alianza con Abraham e Ismael: que purificaran Mi Casa para los que dieran las vueltas, para los que acudieran a hacer un retiro, a inclinarse y a prosternarse.

2:126 Y cuando Abraham dijo: «¡Señor! Haz de ésta una ciudad segura y provee de frutos a su población, a aquéllos que crean en Alá y en el último Día». Dijo: «A quienes no crean, es dejaré que gocen por breve tiempo. Luego. les arrastraré al castigo del Fuego. ¡Qué mal fin...!»

2:127 Y cuando Abraham e Ismael levantaban los cimientos de la Casa: «¡Señor, acéptanoslo! ¡Tú eres Quien todo lo oye, Quien todo lo sabe!

2:128 ¡Y haz, Señor, que nos sometamos a Ti, haz de nuestra descendencia una comunidad sumisa a Ti, muéstranos nuestros ritos y vuélvete a nosotros! ¡Tú eres, ciertamente, el Indulgente, el Misericordioso!

2:129 ¡Señor! Suscita entre ellos a un Enviado de su estirpe que les recite Tus aleyas y les enseñe la *Escritura* y la Sabiduría les purifique! Tú eres, ciertamente, el Poderoso, el Sabio».

2:130 ¿Quién sino el necio de espíritu puede sentir aversión a la religión de Abraham? Le elegimos en la vida de acá y en la otra vida es, ciertamente, de los justos.

2:131 Cuando su Señor le dijo: «¡Sométete!». Dijo: «Me someto al Señor del universo».

2:132 Abraham ordenó hacer lo mismo a sus hijos varones, y también Jacob: «¡Hijos míos! Alá os ha escogido esta religión. Así, pues, no muráis sino sometidos a Él».

2:133 ¿Fuisteis, acaso, testigos de lo que dijo Jacob a sus hijos varones cuando iba a morir. «¿A quién serviréis cuando yo ya no esté?» Dijeron: «Serviremos a tu Dios, el Dios de tus padres Abraham, Ismael e Isaac, como a un Dios Uno. Nos sometemos a Él».

2:134 Ésa es una comunidad ya desaparecida. Ha recibido lo que merecía, como vosotros recibiréis lo que merezcáis. No tendréis que responder de lo que ellos hacían.

2:135 Dicen: «Si sois judíos o cristianos, estáis en la vía recta». Di: «No, antes bien la religión de Abraham, que fue *hanif* y no asociador».

2:136 Decid: «Creemos en Alá y en lo que se nos ha revelado, en lo que se reveló a Abraham, Ismael, Isaac, Jacob y las tribus, en lo que Moisés, Jesús y los profetas recibieron de su Señor. No hacemos distinción entre ninguno de ellos y nos sometemos a Él».

2:137 Así, pues, si creen en lo mismo que vosotros creéis, estarán en la vía recta. Pero si se desvían, estarán entonces en oposición. Alá te bastará contra ellos. Él e Quien todo lo oye. Quien todo lo sabe».

2:138 ¡Tinte de Alá! Y ¿Quién puede teñir mejor que Alá? Somos Sus servidores.

2:139 Di: «¿Vais a discutir con nosotros sobre Alá. siendo así que Él es nuestro Señor y Señor vuestro? Nosotros respondemos de nuestras obras y vosotros de las vuestras. Y Le servimos sinceramente.

2:140 ¿O diréis que Abraham, Ismael, Isaac, Jacob y las tribus fueron judíos o cristianos?» Di: «¿Quién sabe más? ¿Vosotros o Alá? ¿Hay alguien que sea más impío que quien oculta un testimonio que ha recibido de Alá? Alá está atento a lo que hacéis».

2:141 Ésa es una comunidad ya desaparecida. Ha recibido lo que merecía como vosotros recibiréis lo que merezcáis. No tendréis que responder de lo que ellos hacían.

2:142 Los necios de entre los hombres dirán: «Qué es lo que les ha inducido a abandonar la alquibla hacia la que se orientaban?» Di: «De Alá son el Oriente y el Occidente. Dirige a quien Él quiere a una vía recta».

2:143 Hemos hecho así de vosotros un comunidad moderada, para que seáis testigos de los hombres y para que el Enviado sea testigo de vosotros. No pusimos la alquibla hacia la que antes te orientabas sino para distinguir a quien seguía al Enviado de quien le daba la espalda. Ciertamente, es cosa grave, pero no para aquéllos a quienes Alá dirige. Alá no va a dejar que se pierda vuestra fe. Alá es manso para con los hombres, misericordioso.

2:144 Vemos cómo vuelves tu rostro al cielo. Haremos, pues, que te vuelvas hacia una dirección que te satisfaga. Vuelve tu rostro hacia la Mezquita Sagrada. Dondequiera que estéis, volved vuestro rostro hacia ella. Aquéllos que han recibido la *Escritura* saben bien que es la Verdad que viene de su Señor. Alá está atento a lo que hacen.

2:145 Aun si aportas toda clase de signos a quienes han recibido la *Escritura.*, no siguen tu alquibla, ni tú debes seguir la suya, ni siguen unos la alquibla de otros. Y, si sigues sus pasiones, después de haber sabido tú lo que has sabido, entonces, serás de los impíos.

2:146 Aquéllos a quienes hemos dado la *Escritura* la conocen como conocen a sus propios hijos varones. Pero algunos de ellos ocultan la Verdad a sabiendas.

2:147 La Verdad viene de tu Señor. ¡No seas, pues, de los que dudan!

2:148 Todos tienen una dirección adonde volverse. ¡Rivalizad en buenas obras! Dondequiera que os encontréis, Alá os juntará. Alá es omnipotente.

2:149 Vengas de donde vengas, vuelve tu rostro hacia la Mezquita Sagrada. Ésta es la Verdad que viene de tu Señor. Alá está atento a lo que hacéis.

2:150 Vengas de donde vengas. vuelve tu rostro hacia la Mezquita Sagrada. Estéis donde estéis, volved vuestros rostros hacia ella, de modo que nadie, excepto los que hayan obrado impíamente, puedan alegar nada contra vosotros. Y no les tengáis miedo a ellos, sino a Mí. Así completaré Mi gracia en vosotros. Y quizás. así, seáis bien dirigidos.

2:151 Igual que os hemos mandado un Enviado de entre vosotros para que os recite Nuestras aleyas, para que os purifique, para que os enseñe la *Escritura* y la Sabiduría, para que os enseñe lo que no sabíais.

2:152 ¡Acordaos de Mí, que Yo Me acordaré de vosotros! ¡Dadme las gracias y no Me seáis desagradecidos!

2:153 ¡Vosotros, los que creéis, buscad ayuda en la paciencia y en la azalá! Alá está con los pacientes.

2:154 ¡Y no digáis de quienes han caído por Alá que han muerto! No, sino que viven. Pero no os dais cuenta...

2:155 Vamos a probaros con algo de miedo, de hambre, de pérdida de vuestra hacienda, de vuestra vida, de vuestros frutos. Pero ¡anuncia buenas nuevas a los que tienen paciencia.

2:156 que, cuando les acaece una desgracia, dicen: «Somos de Alá y a Él volvemos»!

2:157 Ellos reciben las bendiciones y la misericordia de su Señor. Ellos son los que están en la buena dirección.

2:158 Safa y Marwa figuran entre los ritos prescritos por Alá. Por eso, quien hace la peregrinación mayor a la Casa o la menor, no hace mal en dar las vueltas alrededor de ambas. Y si uno hace el bien espontáneamente, Alá es agradecido, omnisciente.

2:159 Quienes ocultan las pruebas claras y la Dirección que hemos revelado, después de habérselo Nosotros aclarado a los hombres en la *Escritura*, incurren en la maldición de Alá y de los hombres.

2:160 Pero aquéllos que se arrepientan y se enmienden y aclaren, a ésos Me volveré. Yo soy el Indulgente, el Misericordioso.

2:161 Los que no crean y mueran siendo infieles, incurrirán en la maldición de Alá. de los ángeles y de los hombres, en la de todos ellos.

2:162 Eternos en ella, no se les mitigará el castigo, ni les será dado esperar.

2:163 Vuestro Dios es un Dios Uno. No hay más dios que Él, el Compasivo, el Misericordioso.

2:164 En la creación de los cielos y de la tierra, en la sucesión de la noche y el día, en las naves que surcan el mar con lo que aprovecha a los hombres, en el agua que Alá hace bajar del cielo, vivificando con ella la tierra después de muerta, diseminando por ella toda clase de bestias, en la variación de los vientos, en las nubes, sujetas entre el cielo y la tierra, hay, ciertamente, signos para gente que razona.

2:165 Hay hombres que, fuera de Alá, toman a otros que equiparan a Él y les aman como se ama a Alá. Pero los creyentes aman a Alá con un amor más fuerte. Si vieran los impíos, cuando vean e castigo, que la fuerza es toda de Alá y que Alá castiga severamente...

2:166 Cuando los corifeos se declaren irresponsables de sus secuaces, vean el castigo y se rompan los lazos que les unían...

2:167 Los secuaces dicen: «Si pudiéramos volver, nos declararíamos irresponsables de ellos, como ellos se han declarado de nosotros». Así Alá les mostrará sus obras para pesar de ellos. ¡Nunca saldrán del Fuego!

2:168 ¡Hombres! ¡Comed de los alimentos lícitos y buenos que hay en la tierra y no sigáis los pasos del Demonio! Es para vosotros un enemigo declarado.

2:169 Os ordena lo malo y lo deshonesto y que digáis contra Alá lo que no sabéis.

2:170 Y cuando se les dice: «¡Seguid lo que Alá ha revelado!», dicen: «¡No! Seguiremos las tradiciones de nuestros padres». Pero ¿y si sus padres eran incapaces de razonar y no estaban bien dirigidos?

2:171 Los incrédulos son como cuando uno grita al ganado, que no percibe más que una llamada, un grito: son sordos, mudos, ciegos, no razonan.

2:172 ¡Creyentes! ¡Comed de las cosas buenas de que os hemos proveído y dad gracias a Alá, si es a Él solo a Quien servís!

2:173 Os ha prohibido sólo la carne mortecina, la sangre. la carne de cerdo y la de todo animal sobre el que se haya invocado un nombre diferente del de Alá. Pero si alguien se ve compelido por la necesidad -no por deseo ni por afán de contravenirno peca. Alá es indulgente, misericordioso.

2:174 Quienes ocultan algo de la *Escritura* que Alá ha revelado y lo malvenden, sólo fuego ingerirán en sus entrañas y Alá no les dirigirá la palabra el día de la Resurrección ni les declarará puros. Tendrán un castigo doloroso.

2:175 Ésos son los que han trocado la Dirección por el extravío. el perdón por el castigo. ¿Cómo pueden permanecer imperturbables ante el Fuego?

2:176 Esto es así porque Alá ha revelado la *Escritura* con la Verdad. Y quienes discrepan sobre la *Escritura* están en marcada oposición.

2:177 La piedad no estriba en que volváis vuestro rostro hacia el Oriente o hacia el Occidente, sino en creer en Alá y en el último Día, en los ángeles, en la *Escritura* y en los profetas, en dar de la hacienda. por mucho amor que se le tenga, a los parientes, huérfanos, necesitados, viajero, mendigos y esclavos, en hacer la azalá y dar el azaque, en cumplir con los compromisos contraídos, en ser pacientes en el infortunio, en la aflicción y en tiempo de peligro. ¡Ésos son los hombres sinceros, ésos los temerosos de Alá!

2:178 ¡Creyentes! Se os ha prescrito la ley del talión en casos de homicidio: libre por libre, esclavo por esclavo, hembra por hembra. Pero, si a alguien le rebaja su hermano la pena, que la demanda sea conforme al uso la indemnización apropiada. Esto es un alivio por parte de vuestro Señor, una misericordia. Quien, después de esto. viole la ley, tendrá un castigo doloroso.

2:179 En la ley del talión tenéis vida, ¡hombres de intelecto! Quizás, así, temáis a Alá.

2:180 Se os ha prescrito que, cuando uno de vosotros vea que va a morir dejando bienes, haga testamento en favor de sus padres y parientes más cercanos conforme al uso. Esto constituye un deber para los temerosos de Alá.

2:181 Si alguien lo cambia luego de haberlo oído, pecará sólo el que lo cambie. Alá todo lo oye, todo lo sabe.

2:182 Pero, si alguien teme una injusticia o ilegalidad por parte del testador y consigue un arreglo entre los herederos, no peca. Alá es indulgente, misericordioso.

2:183 ¡Creyentes!; Se os ha prescrito el ayuno, al igual que se prescribió a los que os precedieron. Quizás, así, temáis a Alá.

2:184 Días contados. Y quien de vosotros esté enfermo o de viaje, un número igual de días. Y los que, pudiendo, no ayunen podrán redimirse dando de comer a un pobre. Y, si uno hace el bien espontáneamente, tanto mejor para él. Pero os conviene más ayunar. Si supierais...

2:185 Es el mes de ramadán, en que fue revelado el *Corán* como dirección para los hombres y como pruebas claras de la Dirección y del Criterio. Y quien de vosotros esté presente ese mes, que ayune en él. Y quien esté enfermo o de viaje, un número igual de días. Alá quiere hacéroslo fácil y no difícil. ¡Completad el número señalado de días y ensalzad a Alá por haberos dirigido! Quizás, así seáis agradecidos.

2:186 Cuando Mis siervos te pregunten por Mí, estoy cerca y respondo a la oración de quien invoca cuando Me invoca. ¡Que Me escuchen y crean en Mí! Quizás, así, sean bien dirigidos.

2:187 Durante el mes del ayuno os es lícito por la noche uniros con vuestras mujeres: son vestidura para vosotros y vosotros lo sois para ellas. Alá sabe que os engañabais a vosotros mismos. Se ha vuelto a vosotros y os ha perdonado. Ahora, pues, yaced con ellas y buscad lo que Alá os ha prescrito. Comed y bebed hasta que, a la alborada, se distinga un hilo blanco de un hilo negro. Luego, observad un ayuno riguroso hasta la caída de la noche. Y no las toquéis mientras estéis de retiro en la mezquita. Éstas son las leyes de Alá, no os acerquéis a ellas. Así explica Alá Sus aleyas a los hombres. Quizás, así, Le teman.

2:188 No os devoréis la hacienda injustamente unos a otros. No sobornéis con ella a los jueces para devorar una parte de la hacienda ajena injusta y deliberadamente.

2:189 Te preguntan acerca de los novilunios. Di: «Son indicaciones que sirven a los hombres para fijar la época de la peregrinación». La piedad no estriba en que entréis en casa por detrás. sino en que temáis a Alá. ¡Entrad en casa por la puerta y temed a Alá! Quizás, así prosperéis.

2:190 Combatid por Alá contra quienes combatan contra vosotros, pero no os excedáis. Alá no ama a los que se exceden.

2:191 Matadles donde deis con ellos, y expulsadles de donde os hayan expulsado. Tentar es más grave que matar. No combatáis contra ellos junto a la Mezquita Sagrada, a no ser que os ataquen allí. Así que, si combaten contra vosotros, matadles: ésa es la retribución de los infieles.

2:192 Pero, si cesan, Alá es indulgente, misericordioso.

2:193 Combatid contra ellos hasta que dejen de induciros a apostatar y se rinda culto a Alá. Si cesan, no haya más hostilidades que contra los impíos.

2:194 El mes sagrado por el mes sagrado. Las cosas sagradas caen bajo la ley del talión. Si alguien os agrediera, agredidle en la medida que os agredió. Temed a Alá y sabed que Él está con los que Él temen.

2:195 Gastad por la causa de Alá y no os entreguéis a la perdición. Haced el bien. Alá ama a quienes hacen el bien.

2:196 Llevad a cabo la peregrinación mayor y la menor por Alá. Pero, si os veis impedidos, ofreced una víctima conforme a vuestros medios. No os afeitéis la cabeza hasta que la víctima llegue al lugar del sacrificio. Si uno de vosotros está enfermo o tiene una dolencia en la cabeza, puede redimirse ayunando, dando limosna u ofreciendo un sacrificio. Cuando estéis en seguridad, quien aproveche para hacer la peregrinación menor, mientras llega el tiempo de la mayor, que ofrezca una víctima según sus posibilidades. Pero, si no encuentra qué ofrecer, deberá ayunar tres días durante la peregrinación mayor y siete a su regreso, esto es, diez completos. Esto atañe a aquél cuya familia no reside en las cercanías de la Mezquita Sagrada. ¡Temed a Alá! ¡Sabed que Alá es severo en castigar!

2:197 Ya se sabe cuáles son los meses de la peregrinación. Quien decida hacerla en esos meses se abstendrá durante la peregrinación de comercio carnal, de cometer actos impíos y de discutir. Alá conoce el bien que hacéis. ¡Aprovisionaos! La mejor provisión es el temor de Alá...¡Temedme, pues, hombres de intelecto!

2:198 No hacéis mal, si buscáis favor de vuestro Señor. Cuando os lancéis desde Arafat, ¡recordad a Alá junto al Monumento Sagrado! Recordadle... cómo os ha dirigido... cuando erais, ates, de los extraviados.

2:199 ¡Haced, luego, como los demás y pedid perdón a Alá! Alá es indulgente, misericordioso.

2:200 Cuando hayáis cumplido vuestros ritos, ¡recordad a Alá como recordáis a vuestros antepasados o con más fervor aún! Hay entre los hombres quienes dicen: «¡Señor! ¡Danos n la vida de acá!» Ésos no tendrán parte en la otra vida.

2:201 Otros dicen: «¡Señor! ¡Danos bien en la vida de acá y en la otra y presérvanos del castigo del Fuego!»

2:202 Ésos tendrán parte según sus méritos. Alá es rápido en ajustar cuentas...

2:203 ¡Recordad a Alá en días determinados! Quien los reduzca a dos días no hace mal; como tampoco quien se demore, si es que teme a Alá. ¡Temed a Alá! ¡Sabed que seréis congregados hacia Él!

2:204 Hay entre los hombres alguno cuya manera de hablar sobre la vida de acá te gusta, que toma a Alá por testigo de lo que su corazón encierra. Es un fogoso discutidor.

2:205 Pero, apenas te vuelve la espalda, se esfuerza por corromper en el país y destruir las cosechas y el ganado. Alá no ama la corrupción.

2:206 Y. cuando se le dice: «¡Teme a Alá!», se apodera de él un orgullo criminal. Tendrá la gehena como retribución. ¡Qué mal lecho...!

2:207 Hay entre los hombres quien se sacrifica por deseo de agradar a Alá. Alá es manso con Sus siervos.

2:208 ¡Creyentes! ¡Entrad todos en la Paz y no sigáis los pasos del Demonio! Es para vosotros un enemigo declarado.

2:209 Pero si, después de haber recibido las pruebas claras, cometéis un desliz, sabed que Alá es poderoso, sabio.

2:210 ¿Qué esperan sino que Alá y los ángeles vengan a ellos en un nublado? La cosa está ya decidida. Todo será devuelto a Alá.

2:211 Pregunta a los Hijos de Israel cuántos signos claros les dimos. Si uno, después de recibir la gracia de Alá, la cambia... Alá es severo en castigar.

2:212 La vida de acá ha sido engalanada a los ojos de los infieles, que se burlan de los que creen. Pero los temerosos de Alá estarán por encima de ellos el día de la Resurrección. Y Alá provee sin medida a quien Él quiere.

2:213 La Humanidad constituía una sola comunidad. Alá suscitó profetas portadores de buenas nuevas, que advertían, y reveló por su medio la *Escritura* con la Verdad para que decida entre los hombres sobre aquello en que discrepaban. Sólo aquéllos a quienes se les había dado discreparon sobre ella, a pesar de las pruebas claras recibidas, y eso por rebeldía mutua. Alá quiso dirigir a los creyentes hacia la Verdad, sobre la que los otros discrepaban. Alá dirige a quien Él quiere a una vía recta.

2:214 ¿O creéis que vais a entrar en el Jardín antes de pasar por lo mismo que pasaron quienes os precedieron? Sufrieron el infortunio y la tribulación y una conmoción tal que el Enviado y los que con él creían dijeron: «¿Cuándo vendrá el auxilio de Alá?» Sí, el auxilio de Alá está cerca.

2:215 Te preguntan qué deben gastar. Di «Los bienes que gastéis, que sean para los padres, los parientes más cercanos, los huérfanos, los necesitados y el viajero». Alá conoce perfectamente el bien que hacéis.

2:216 Se os ha prescrito que combatáis, aunque os disguste. Puede que os disguste algo que os conviene y améis algo que no os conviene. Alá sabe, mientras que vosotros no sabéis.

2:217 Te preguntan si está permitido combatir en el mes sagrado. Di: «Combatir en ese mes es pecado grave. Pero apartar del camino de Alá -

y negarle- y de la Mezquita Sagrada y expulsar de ella a la gente es aún más grave para Alá, así como tentar es más grave que matar». Si pudieran, no cesarían de combatir contra vosotros hasta conseguir apartaros de vuestra fe. Las obras de aquéllos de vosotros que apostaten de su fe y mueran como infieles serán vanas en la vida de acá y en la otra. Ésos morarán en el Fuego eternamente.

2:218 Quienes creyeron y quienes dejaron sus hogares, combatiendo esforzadamente por Alá, pueden esperar la misericordia de Alá. Alá es indulgente, misericordioso.

2:219 Te preguntan acerca del vino y del *maysir*, Di: «Ambos encierran pecado grave y ventajas para los hombres, pero su pecado es mayor que su utilidad». Te preguntan qué deben gastar. Di: «Lo superfluo». Así o explica Alá las aleyas, Quizás, así, meditéis

2:220 sobre la vida de acá y la otra. Te preguntan acerca de los huérfanos. Di: «Está bien mejorar su condición; pero, si mezcláis vuestra hacienda con la suya, tratadles como a hermanos». Alá distingue al corruptor del reformador. Y si Alá hubiera querido os habría afligido. Alá es poderoso, sabio.

2:221 No os caséis con mujeres asociadoras hasta que crean. Una esclava creyente es mejor que una asociadora, aunque ésta os guste más. No caséis con asociadores hasta que éstos crean. Un esclavo creyente es mejor que un asociador, aunque éste os guste más. Ésos os llaman al Fuego, en tanto que Alá os llama al Jardín y al perdón si quiere, y explica Sus aleyas a los hombres. Quizás, así, se dejen amonestar.

2:222 Te preguntan acerca de la menstruación. Di: «Es un mal. ¡Manteneos, pues, aparte de las mujeres durante la menstruación y no os acerquéis a ellas hasta que se hayan purificado! Y cuando se hayan purificado, id a ellas como Alá os ha ordenado». Alá ama a quienes se arrepienten. Y ama a quienes se purifican.

2:223 Vuestras mujeres son campo labrado para vosotros. ¡Venid, pues, a vuestro campo como queráis, haciendo preceder algo para vosotros mismos! ¡Temed a Alá y sabed que Le encontraréis! ¡Y anuncia la buena nueva a los creyentes!

2:224 Jurando por Alá, no hagáis de Él un obstáculo que os impida practicar la caridad, ser temerosos de Alá y reconciliar a los hombres. Alá todo lo oye, todo lo sabe.

2:225 Alá no tendrá en cuenta la vanidad de vuestros juramentos, pero sí tendrá en cuenta la intención de vuestros corazones. Alá es indulgente, benigno.

2:226 Quienes juren no acercarse a sus mujeres tienen de plazo cuatro meses. Si se retractan,... Alá es indulgente, misericordioso.

2:227 Si se deciden por el repudio,... Alá todo lo oye, todo lo sabe.

2:228 Las repudiadas deberán esperar tres menstruaciones. No les es lícito ocultar lo que Alá ha creado en su seno si es que creen en Alá y en el último Día. Durante esta espera, sus esposo tienen pleno derecho a tomarlas de nuevo si desean la reconciliación. Ellas tienen derechos equivalentes a sus obligaciones, conforme al uso, pero los hombres están un grado por encima de ellas. Alá es poderoso, sabio.

2:229 El repudio se permite dos veces. Entonces, o se retiene a la mujer tratándola como se debe o se la deja marchar de buena manera. No os es lícito recuperar nada de lo que les disteis, a menos que las dos partes teman no observar las leves de Alá. Y, si teméis que no observen las leyes de Alá, no hay inconveniente en que ella obtenga su libertad indemnizando al marido. Éstas son las leyes de Alá, no las violéis. Quienes violan las leyes de Alá, ésos son los impíos.

2:230 Si la repudia, ésta ya no le será permitida sino después de haber estado casada con otro. Si este último la repudia. no hay inconveniente en que aquéllos vuelvan a reunirse, si creen que observarán las leyes de Alá. Éstas son las leyes de Alá Las explica a gente que sabe.

2:231 Cuando repudiéis a vuestras mujeres y éstas alcancen su término, retenedlas como se debe o dejadlas en libertad como se debe. ¡No las sujetéis a la fuerza, en violación de las leyes de Alá! Quien esto hace es injusto consigo mismo. ¡No toméis a burla las aleyas de Alá, antes bien recordad la gracia de Alá para con vosotros y lo que os ha revelado de la *Escritura* y de la Sabiduría, exhortándoos con ello! ¡Temed a Alá y sabed que Alá es omnisciente!

2:232 Cuando repudiéis a vuestras mujeres y éstas alcancen su término, no les impidáis que se casen con sus maridos, si se ponen buenamente de acuerdo. A esto se exhorta a quien de vosotros crea en Alá y en el último Día. Esto es más correcto para vosotros y más puro. Alá sabe, mientras que vosotros no sabéis.

2:233 Las madres amamantarán a sus hijos durante dos años completos si desea que la lactancia sea completa. El padre debe sustentarlas y vestirlas conforme al uso. A nadie se le pedirá sino según sus posibilidades. No se dañará a la madre por razón de su hijo, ni al padre. Un deber semejante incumbe al heredero. Y no hay inconveniente en que el padre y la madre quieran, de mutuo acuerdo y luego de consultarse, destetar al niño. Y, si queréis emplear a una nodriza para vuestros hijos, no hacéis mal, siempre que paguéis lo acordado conforme al uso. ¡Temed a Alá y sabed que Alá ve bien lo que hacéis!

2:234 Las viudas que dejéis deben esperar cuatro meses y diez días; pasado ese tiempo, no seréis ya responsables de lo que ellas dispongan de sí mismas conforme al uso. Alá está bien informado de lo que hacéis.

2:235 No hacéis mal en proponer a tales mujeres casaros con ellas o en ocultarles vuestra intención de hacerlo. Alá sabe que pensaréis en ellas. Pero ¡no les prometáis nada en secreto! ¡Habladas, más bien, como se debe! ¡Y no decidáis concluir el matrimonio hasta que se cumpla el período prescrito de espera! ¡Sabed que Alá conoce lo que hay en vuestras mentes, de modo que cuidado con Él! Pero sabed que Alá es indulgente, benigno.

2:236 No hacéis mal en repudiar a vuestras mujeres mientras aún no las hayáis tocado o asignado dote. Proveedles, no obstante, como se debe, el acomodado según sus posibilidades y el pobre según las suyas. Esto constituye un deber para quienes hacen el bien.

2:237 Y, si las repudiáis antes de tocarlas y luego de haberles asignado dote, pagadles la mitad de lo asignado, a menos que ellas o aquél en cuya mano esté la conclusión del matrimonio renuncien a ello. La renuncia es más conforme al temor de Alá. No os olvidéis de mostraros generosos unos con otros. Alá ve bien lo que hacéis.

2:238 ¡Observad las azalás -sobre todo. la azalá intermedia- y estad con devoción ante Alá!

2:239 Si teméis algún peligro, de pie o montados. Y, cuando estéis en seguridad, ¡recordad a Alá... cómo os enseño lo que no sabíais...!

2:240 Los que de vosotros mueran dejando esposas deberían testar en favor de ellas para su mantenimiento durante un año sin echarlas. Y, si ellas se van, no se os reprochará lo que ellas hagan honradamente respecto a su persona. Alá es poderoso, sabio.

2:241 Hay que proveer a las repudiadas como se debe. Esto constituye un deber para los temerosos de Alá.

2:242 Así explica Alá Sus aleyas. Quizás, así, razonéis.

2:243 ¿No has visto a quienes, por millares, dejaron sus hogares por miedo a la muerte? Alá les había dicho: «¡Morid!» Luego, les resucitó. Sí, Alá dispensa Su favor a los hombres, pero la mayoría de los hombres no agradecen.

2:244 ¡Combatid por Alá y sabed que Alá todo lo oye, todo lo sabe!

2:245 ¿Quién será el que haga un préstamo generoso a Alá? Alá se lo devolverá multiplicado. Alá cierra y abre. Seréis devueltos a Él.

2:246 ¿No has visto a los dignatarios de los Hijos de Israel? Cuando, después de Moisés, dijeron a un profeta suyo: «¡Suscítanos a un rey para que combatamos por Alá!» Dijo: «Puede que no combatáis una vez que se os prescriba el combate». Dijeron: «¿Cómo no vamos a combatir por Alá si se nos ha expulsado de nuestros hogares y de nuestros hijos?» Pero, cuando se les prescribió el combate, volvieron la espalda, salvo unos pocos. Alá conoce bien a los impíos.

2:247 Su profeta les dijo: «Alá os ha suscitado a Saúl como rey». Dijeron: «¿Cómo va él a dominar sobre nosotros si nosotros tenemos más derecho que él al dominio y no se le ha concedido abundancia de hacienda?» Dijo: «Alá lo ha escogido prefiriéndolo a vosotros y le ha dado más ciencia y más cuerpo». Alá da Su dominio a quien Él quiere. Alá es inmenso, omnisciente.

2:248 Su profeta les dijo: «El signo de su dominio será que el Arca volverá a vosotros, llevada por los ángeles, con *sakina* de vuestro Señor y reliquia de lo que dejaron las gentes de Moisés y de Aarón. Ciertamente tenéis en ello un signo, si es que sois creyentes».

2:249 Y, cuando Saúl marchó con los soldados, dijo: «Alá os probará con un arroyo. Quien beba de él no será de los míos. Quien no lo pruebe, será de los míos, a menos que beba una sola vez del hueco de la mano». Y bebieron de él, salvo unos pocos. Y, cuando él y los que creían lo hubieron cruzado, dijeron: «Hoy no podemos nada contra Goliat y sus soldados». Los que contaban con encontrar a Alá dijeron: «¡Cuántas veces una tropa reducida ha vencido a otra considerable con permiso de Al á! Alá está con los que tienen paciencia».

2:250 Y, cuando salieron contra Goliat y sus soldados, dijeron: «¡Señor! ¡Infunde en nosotros paciencia, afirma nuestros pasos, auxílianos contra el pueblo infiel!»

2:251 Y les derrotaron con permiso de Alá. David mató a Goliat y Alá le dio el dominio y la sabiduría, y le enseñó lo que Él quiso. Si Alá no hubiera rechazado a unos hombres valiéndose de otros, la tierra se habría ya corrompido. Pero Alá dispensa Su favor a todos.

2:252 Éstas son las aleyas de Alá, que te recitamos conforme a la verdad. Ciertamente, tú eres uno de los enviados.

2:253 Éstos son los enviados. Hemos preferido a unos más que a otros. A alguno de ellos Alá ha hablado. Y a otros les ha elevado en categoría. Dimos a Jesús, hijo de María, las pruebas claras, y le fortalecimos con el Espíritu Santo. Si Alá hubiera querido, los que les siguieron no habrían combatido unos contra otros, después de haber recibido las pruebas claras. Pero discreparon: de ellos, unos creyeron y otros o. Si Alá hubiera querido, no habrían combatido unos contra otros. Pero Alá hace lo que quiere.

2:254 ¡Creyentes! Dad limosna de lo que os hemos proveído antes de que venga un día en que no sirvan ni comercio ni amistad ni intercesión. Los infieles, ésos son los impíos.

2:255 ¡Alá! No hay más dios que El. el Viviente, el Subsistente. Ni la somnolencia ni el sueño se apoderan de Él. Suyo es lo que está en los cielos y en la tierra. ¿Quién podrá interceder ante Él si no es con Su permiso? Conoce su pasado y su futuro, mientras que ellos no abarcan nada de Su ciencia, excepto lo que Él quiere. Su Trono se extiende sobre los cielos y sobre la tierra y su conservación no le resulta onerosa. Él es el Altísimo, el Grandioso.

2:256 No cabe coacción en religión. La buena dirección se distingue claramente del descarrío. Quien no cree en los *taguts* y cree en Alá, ese tal se ase del asidero más firme, de un asidero irrompible. Alá todo lo oye, todo lo sabe.

2:257 Alá es el Amigo de los que creen, les saca de las tinieblas a la luz. Los que no creen, en cambio, tienen como amigos a los *taguts*, que les sacan de la luz a las tinieblas. Ésos morarán en el Fuego eternamente.

2:258 ¿No has visto a quien disputaba con Abraham sobre su Señor porque Alá le había dado el dominio? Cuando Abraham dijo: «Mi Señor es Quien da la vida y da la muerte». Dijo: «Yo doy la vida y doy a muerte». Abraham dijo: «Alá trae el sol por oriente; tráelo tú por Occidente». Así fue confundido el infiel. Alá no dirige al pueblo impío.

2:259 O como quien pasó por una ciudad en ruinas. Dijo: «¿Cómo va Alá a devolver la vida a ésta después de muerta?» Alá le hizo morir y quedar así durante cien años. Luego, le resucitó y dijo: «¿Cuánto tiempo has permanecido así?» Dijo: «He permanecido un día o parte de un día». Dijo: «No, que has permanecido así cien años. ¡Mira tu alimento y tu bebida! N se han echado a perder. ¡Mira a tu asno! Para hacer de ti un signo para los hombres. ¡Mira los huesos, cómo los componemos y los cubrimos de carne!». Cuando lo vio claro, dijo: «Ahora sé que Alá es omnipotente».

2:260 Y cuando Abraham dijo: «¡Señor. muéstrame cómo devuelves la vida a los muertos!» Dijo: «¿Es que no crees?» Dijo: «Claro que sí, pero es para tranquilidad de mi corazón». Dijo: «Entonces, coge cuatro aves y despedázalas. Luego, pon en cada montaña un pedazo de ellas y llámalas. Acudirán a ti rápidamente. Sabe que Alá es poderoso, sabio».

2:261 Quienes gastan su hacienda por Alá son semejantes a un grano que produce siete espigas, cada una de las cuales contiene cien granos. Así dobla Alá a quien Él quiere. Alá es inmenso, omnisciente.

2:262 Quienes gastan su hacienda por Alá sin hacerlo seguir de alarde ni agravio tendrán su recompensa junto a su Señor. No tienen que temer y no estarán tristes.

2:263 Una palabra cariñosa, un perdón valen más que una limosna seguida de agravio. Alá Se basta a Sí mismo, es benigno.

2:264 ¡Creyentes! No malogréis vuestras limosnas alardeando de ellas o agraviando, como quien gasta su hacienda para ser visto de los hombres, sin creer en Alá ni en el último Día. Ese tal es semejante a una roca cubierta de tierra. Cae sobre ella un aguacero y la deja desnuda. No pueden esperar nada por lo que han merecido. Alá no dirige al pueblo infiel.

2:265 Quienes gastan su hacienda por deseo de agradar a Alá y por su propio fortalecimiento son semejantes a un jardín plantado en una colina. Si cae sobre él un aguacero, da fruto doble; si no cae, rocío. Alá ve bien lo que hacéis.

2:266 ¿Desearía alguno de vosotros poseer un jardín de palmeras y vides por cuyo bajo fluyeran arroyos, con toda clase de frutos, envejecer mientras sus hijos son aún débiles y que un torbellino de fuego cayera sobre el jardín y éste se incendiara? Así os explica Alá las aleyas. Quizás, así meditéis.

2:267 ¡Creyentes! ¡Dad limosna de las cosas buenas que habéis adquirido y de lo que, para vosotros, hemos sacado de la tierra! Y no elijáis lo malo para vuestras limosnas, como tampoco vosotros lo tomaríais a menos que tuvierais los ojos cerrados. Sabed que Alá Se basta a Sí mismo, es digno de alabanza.

2:268 El Demonio os amenaza con la pobreza y os ordena lo deshonesto, mientras que Alá os promete Su perdón y favor. Alá es inmenso, omnisciente.

2:269 Concede la sabiduría a quien Él quiere. Y quien recibe la sabiduría recibe mucho bien. Pero no se dejan amonestar sino los dotados de intelecto.

2:270 Sea cual sea la limosna que deis, sea cual sea el voto que hagáis, Alá lo conoce. Y los impíos no tendrán quien les auxilie.

2:271 Si dais limosna públicamente, es algo excelente. Pero, si la dais ocultamente y a los pobres, es mejor para vosotros y borrará en parte vuestras malas obras. Alá está bien informado de lo que hacéis.

2:272 No tienes tú por qué dirigirles sino que Alá dirige a quien Él quiere. Lo que hagáis de bien redundará en vuestro propio beneficio. Y no lo hagáis si no es por deseo de agradara Alá. Lo que hagáis de bien os será devuelto y no seréis tratados injustamente.

2:273 Para los pobres que están en la miseria por haberse dedicado a la causa de Alá y que no pueden desplazarse. El ignorante los cree ricos porque se abstienen. Les reconocerás por su aspecto. No piden a la gente inoportunamente. Y lo que hacéis de bien, Alá lo conoce perfectamente.

2:274 Los que gastan su hacienda de noche o de día, en secreto o en público, tendrán su recompensa junto a su Señor. No tienen que temer y no estarán tristes.

2:275 Quienes usurean no se levantarán sino como se levanta aquél a quien el Demonio ha derribado con sólo tocarle, y eso por decir que el comercio es como la usura, siendo así que Alá ha autorizado el comercio y prohibido la usura. Quien. exhortado por su Señor. renuncie conservará lo que haya ganado. Su caso está en manos de Alá. Los reincidentes, ésos serán los condenados al Fuego y en él permanecerán para siempre.

2:276 Alá hace que se malogre la usura, pero hace fructificar la limosna. Alá no ama a nadie que sea infiel pertinaz, pecador.

2:277 Los que hayan creído y obrado bien, los que hayan hecho la azalá y dado el azaque tendrán su recompensa junto a su Señor. No tienen que temer y no estarán tristes.

2:278 ¡Creyentes! ¡Temed a Alá! ¡Y renunciad a los provechos pendientes de la usura, si es que sois creyentes!

2:279 Si no lo hacéis así, podéis esperar guerra de Alá y Su Enviado. Pero, si os arrepentís, tendréis vuestro capital, no siendo injustos ni siendo tratados injustamente.

2:280 Si está en apuro, concededle un respiro hasta que se alivie su situación. Y aún sería mejor para vosotros que le condonarais la deuda. Si supierais...

2:281 Temed un día en que seréis devueltos a Alá. Entonces, cada uno recibirá su merecido. Y no serán tratados injustamente.

2:282 ¡Creyentes!. Si contraéis una deuda por un plazo determinado, ponedlo por escrito. Que un escribano tome fiel nota en vuestra presencia, sin rehusarse a escribir como Alá le dé a entender. Que escriba. Que el deudor dicte en el temor de Alá, su Señor, y que no deduzca nada. Y si el deudor fuera necio, débil o incapaz de dictar, que dicte su procurador con fidelidad. Llamad, para que sirvan de testigos, a dos de vuestros hombres; s no los hay, elegid a un hombre y a dos mujeres de entre quienes os plazcan como testigos, de tal modo que si una yerra, la otra subsane su error. Que los testigos no se sustraigan cuando se les llame. Que no os repugne subscribir una deuda, sea pequeña o grande, precisando su vencimiento. Esto es más equitativo ante Alá, es más correcto para el testimonio y da menos lugar a dudas. A menos que se trate de una operación concluida entre vosotros sin intermediarios; entonces, no hay inconveniente en que no lo pongáis por escrito. Pero ¡tomad testigos cuando os vendáis algo! ¡Y que no se moleste al escribano ni al testigo! Si lo hacéis, cometeréis una iniquidad. ¡Temed a Alá! Alá os instruye. Alá es omnisciente.

2:283 Y si estáis de viaje y no encontráis escribano, que se deposite una fianza. Si uno confía un depósito a otro, debe el depositario restituir el depósito en el temor de Alá, su Señor. Y no rehuséis deponer como testigos. Quien rehúsa tiene un corazón pecador. Alá sabe bien lo que hacéis.

2:284 De Alá es lo que está en los cielos y en la tierra. Lo mismo si manifestáis lo que tenéis en vosotros que si lo ocultáis, Alá os pedirá cuenta de ello Perdona a quien Él quiere y castiga a quien Él quiere. Alá es omnipotente.

2:285 El Enviado cree en cuanto le ha sido revelado por su Señor, y lo mismo los creyentes. Todos ellos creen en Alá, en Sus ángeles. en Sus *Escrituras* y en Sus enviados. No hacemos distinción ente ninguno de Sus enviados. Han dicho: «Oímos y obedecemos. ¡Tu perdón, Señor! ¡Eres Tú el fin de todo!»

2:286 Alá no pide nada a nadie más allá de sus posibilidades. Lo que uno haya hecho redundará en su propio bien o en su propio mal. ¡Señor! ¡No castigues nuestros olvidos o nuestras faltas! ¡Señor! ¡No nos impongas una carga como la que impusiste a quienes nos precedieron! ¡Señor! ¡No nos impongas más allá de nuestras fuerzas! ¡Y absuélvenos, perdónanos, apiádate d nosotros! ¡Tú eres nuestro Protector! ¡Auxílianos contra el pueblo infiel!

3. La Familia de Imran (Alí Emran)
¡En el nombre de Alá, el Compasivo, el Misericordioso!

3:1 `lm.

3:2 ¡Alá! No hay más dios que Él, el Viviente, el Subsistente.

3:3 Él te ha revelado la *Escritura* con la Verdad, en confirmación de los mensajes anteriores. Él ha revelado la *Toro* y el *Evangelio*

3:4 antes, como dirección para los hombres, y ha revelado el *Criterio*. Quienes no crean en los signos de Alá tendrán un castigo severo. Alá es poderoso, vengador.

3:5 No hay nada en la tierra ni en el cielo que se esconda de Alá.

3:6 Él es Quien os forma en el seno como quiere. No hay más dios que Él, el Poderoso, el Sabio.

3:7 Él es Quien te ha revelado la *Escritura*. Algunas de sus aleyas son unívocas y constituyen la *Escritura Matriz*; otras son equívocas. Los de corazón extraviado siguen las equívocas, por espíritu de discordia y por ganas de dar la interpretación de ello. Pero nadie sino Alá conoce la interpretación de ello. Los arraigados en la Ciencia dicen:«Creemos en ello. Todo procede de nuestro Señor». Pero no se dejan amonestar sino los dotados de intelecto.

3:8 ¡Señor! ¡No hagas que nuestros corazones se desvíen, después de habernos Tú dirigido! ¡Regálanos, de Ti, misericordia! Tú eres el Munífico.

3:9 ¡Señor! Tú eres quien va a reunir a los hombres para un día indubitable. Alá no falta a Su promesa.

3:10 A quienes no crean, ni su hacienda ni sus hijos les servirán de nada frente a Alá. Ésos servirán de combustible para el Fuego.

3:11 Como ocurrió con la gente de Faraón y con los que les precedieron: desmintieron Nuestros signos y Alá les castigó por sus pecados. Alá castiga severamente.

3:12 Di a quienes no creen: «Seréis vencidos y congregados hacia la gehena». ¡Qué mal lecho...!

3:13 Tuvisteis un signo en las dos tropas que se encontraron: la que combatía por Alá y la otra, infiel, que, a simple vista, creyó que aquélla le doblaba en número. Alá fortalece con Su auxilio a quien Él quiere. Sí, hay en ello motivo de reflexión para quienes tienen ojos.

3:14 El amor de lo apetecible aparece a los hombres engalanado: las mujeres, los hijos varones, el oro y la plata por quintales colmados, los caballos de raza, los rebaños los campos de cultivo... Eso es breve disfrute de la vida de acá. Pero Alá tiene junto a Sí un bello lugar de retorno.

3:15 Di: «¿Puedo informaros de algo mejor que eso?» Quienes teman a Alá encontrarán junto a su Señor jardines por cuyos bajos fluyen arroyos y en los que estarán eternamente, esposas purificadas y la satisfacción de Alá. Alá ve bien a Sus siervos,

3:16 que dicen: «¡Señor! ¡Nosotros creemos! ¡Perdónanos, pues, nuestros pecados y presérvanos del castigo del Fuego!»,

3:17 pacientes, sinceros, devotos, que practican la caridad y piden perdón al rayar el alba.

3:18 Alá atestigua, y con Él los ángeles y los hombres dotados de ciencia, que no hay más dios que Él, Que vela por la equidad. No hay más dios que Él, el Poderoso, el Sabio.

3:19 Ciertamente, la Religión, para Alá, es el islam. Aquéllos a quienes se dio la *Escritura* no se opusieron unos a otros, por rebeldía mutua, sino después de haber recibido la Ciencia. Quien no cree en los signos de Alá,... Alá es rápido en ajustar cuentas.

3:20 Si disputan contigo, di: «Yo me someto a Alá y lo mismo hacen quienes me siguen». Y di a quienes recibieron la *Escritura* y a quienes no la recibieron. «¿Os convertís al islam?», Si se convierten , están bien dirigidos; si vuelven la espalda, a ti sólo te incumbe la transmisión. Alá ve bien a Sus siervos.

3:21 Anuncia un castigo doloroso a quienes no creen en los signos de Alá, matan a los profetas sin justificación y matan a los hombres que ordenan la equidad.

3:22 Ésos son aquéllos cuyas obras son vanas en la vida de acá y en la otra y no tendrán quienes les auxilien.

3:23 ¿No has visto a quienes han recibido una porción de la *Escritura* ? Se les invita a que acepten la *Escritura* de Alá para que decida entre ellos, pero algunos vuelven la espalda y se van.

3:24 Es que han dicho: «El fuego no nos tocará más que por días contados». Sus propias mentiras les han engañado en su religión.

3:25 ¿Qué pasará cuando les reunamos para un día indubitable y cada uno reciba su merecido? Y no serán tratados injustamente.

3:26 Di: «¡Oh, Alá, Dueño del dominio! Tú das el dominio a quien quieres y se lo retiras a quien quieres, exaltas a quien quieres y humillas a quien quieres. En Tu mano está el bien. Eres omnipotente.

3:27 Tú haces que la noche entre en el día y que el día entre en la noche. Tú sacas al vivo del muerto y al muerto del vivo. Tú provees sin medida a quien quieres».

3:28 Que no tomen los creyentes como amigos a los infieles en lugar de tomar a los creyentes -quien obre así notendrá ninguna participación en Alá-, a menos quetengáis algo que temer de ellos. Al á os advierte quetengáis cuidado con Él. ¡Alá es el fin de todo!

3:29 Di: «Lo mismo si escondéis lo que tenéis en vuestros pechos que si lo manifestáis, Alá lo conoce». Y conoce lo que está en los cielos y en la tierra. Alá es omnipotente.

3:30 El día que cada uno se encuentre frente al bien y el mal que ha hecho, deseará tener bien lejos ese día. Alá advierte que tengáis cuidado con Él. Alá es manso con Sus siervos.

3:31 Di: «Si amáis a Alá ,¡seguidme! Alá os amará y os perdonará vuestros pecados. Alá es indulgente, misericordioso».

3:32 Di: «¡Obedeced a Alá y al Enviado!»Si vuelven la espalda,... Alá no ama a los infieles.

3:33 Alá ha escogido a Adán, a Noé, a la familia de Abraham y a la de Imran por encima de todos.

3:34 Como descendientes unos de otros. Alá todo lo oye. todo lo sabe.

3:35 Cuando la mujer de Imran dijo: «¡Señor! Te ofrezco en voto, a Tu exclusivo servicio, lo que hay en mi seno. ¡Acéptamelo! Tú eres Quien todo lo oye, Quien todo lo sabe».

3:36 Y cuando dio a luz a una hija, dijo:«¡Señor! Lo que he dado a luz es una hembra -bien sabía Alá lo que había dado a luz- y un varón no es igual que una hembra. Le he puesto por nombre María y la pongo bajo Tu protección contra el maldito Demonio, y también a su descendencia».

3:37 Su Señor la acogió favorablemente, la hizo crecer bien y la confió a Zacarías. Siempre que Zacarías entraba en el Templo para verla, encontraba sustento junto a ella. Decía:«María!, ¿de dónde te viene eso?» Decía ella:«De Alá. Alá provee sin medida a quien Él quiere».

3:38 Entonces, Zacarías invocó a su Señor diciendo: «¡Señor! ¡Regálame, de Ti, una descendencia buena! Tú escuchas a quien Te invoca».

3:39 Los ángeles le llamron cuando, de pie, oraba en el Templo: «Alá te anuncia la buena nueva de Juan, en confirmación de una Palabra que procede de Alá, y que será jefe, abstinente, profeta, de l os justos».

3:40 «¡Señor!» dijo, «¿cómo puedo tener un muchacho si soy ya viejo y mi mujer estéril?» Dijo:«Así será. Alá hace lo que Él quiere».

3:41 Dijo: «¡Señor! ¡Dame un signo!»Dijo. «Tu signo será que no podrás hablar a la gente durante tres días sino por señas. Recuerda mucho a tu Señor y glorifícale, al anochecer y al alba».

3:42 Y cuando los ángeles dijeron:«¡María! Alá te ha escogido y purificado. Te ha escogido entre todas las mujeres del universo.

3:43 ¡María! ¡Ten devoción a tu Señor, prostérnate e inclínate con los que se inclinan!»

3:44 Esto forma parte de las historias referentes a lo oculto, que Nosotros te revelamos. Tú no estabas con ellos cuando echaban suertes con sus cañas para ver quién de ellos iba a encargarse de María. Tú no estabas con ellos cuando disputaban.

3:45 Cuando los ángeles dijeron: «¡María! Alá te anuncia la buena nueva de una Palabra que procede de Él. Su nombre es el Ungido, Jesús, hijo de María, considerado en la vida de acá y en la otra y será de los allegados.

3:46 Hablará a la gente en la cuna y de adulto, y será de los justos».

3:47 Dijo ella:«¡Señor! ¿Cómo puedo tener un hijo, si no me ha tocado mortal?» Dijo: «Así será. Alá crea lo que Él quiere. Cuando decide algo, le dice tan sólo: "¡Sé!" y es.

3:48 Él le enseñara la *Escritura*, la Sabiduría, la *Tora* y el*Evangelio*».

3:49 Y como enviado a los Hijos de Israel: «Os he traído un signo que viene de vuestro Señor. Voy a crear para vosotros, de la arcilla, a modo de pájaros. Entonces, soplaré en ellos y, con permiso de Alá, se convertirán en pájaros. Con permiso de Alá, curaré al ciego de nacimiento y al leproso y resucitaré a los muertos. Os informaré de lo que coméis y de lo que almacenáis en vuestras casas. Ciertamente, tenéis en ello un signo, si es que sois creyentes.

3:50 Y en confirmación de la *Tora*anterior a mí y para declararos lícitas algunas de las cosas que se os han prohibido. Y os he traído un signo que viene de vuestro Señor. ¡Temed, pues, a Alá y obedecedme!

3:51 Alá es mi Señor y Señor vuestro. ¡Servidle, pues! Esto es una vía recta».

3:52 Pero, cuando Jesús percibió su incredulidad, dijo: «¿Quiénes son mis auxiliares en la vía que lleva a Alá?» Los apóstoles dijeron: «Nosotros somos los auxiliares de Alá. ¡Creemos en Alá! ¡Sé testigo de nuestra sumisión!

3:53 ¡Señor! Creemos en lo que has revelado y seguimos al enviado. Inscríbenos, pues, entre los que dan testimonio».

3:54 E intrigaron y Alá intrigó también. Pero Alá es el Mejor de los que intrigan.

3:55 Cuando Alá dijo: «¡Jesús! Voy a llamarte a Mí, voy a elevarte a Mí, voy a librarte de los que no creen y poner, hasta el día de la Resurrección, a los que te siguen por encima de los que no creen. Luego, volveréis a Mí y decidiré entre vosotros sobre aquello en que discrepabais.

3:56 A quienes no crean les castigaré severamente en la vida de acá y en la otra. Y no tendrán quienes les auxilien.

3:57 En cuanto a quienes crean y obren bien, Él les remunerará debidamente. Alá no ama a los impíos».

3:58 Esto te recitamos de las aleyas y de la sabia Amonestación.

3:59 Para Alá, Jesús es semejante a Adán, a quien creó de tierra y a quien dijo:«¡Sé!» y fue.

3:60 La Verdad viene de tu Señor. ¡No seas, pues, de los que dudan!

3:61 Si alguien disputa contigo a este propósito, después de haber sabido tú lo que has sabido, di:«¡Venid! Vamos a llamar a nuestros hijos varones y a vuestros hijos varones, a nuestras mujeres y a vuestra s mujeres, a nosotros mismos y a vosotros mismos. Execrémonos mutuamente e imprequemos la maldición de Alá sobre quienes mientan».

3:62 Ésta es la exposición auténtica. No hay ningún otro dios que Alá. Alá es el Poderoso, el Sabio.

3:63 Si vuelven la espalda... Alá conoce bien a los corruptores.

3:64 Di: «¡Gente de la *Escritura* !Convengamos en una fórmula aceptable a nosotros y a vosotros, según la cual no serviremos sino a Alá, no Le asociaremos nada y no tomaremos a nadie de entre nosotros como Señor fuera de Alá». Y, si vuelven la espalda, decid: «¡Sed testigos de nuestra sumisión!»

3:65 ¡Gente dela *Escritura* ! ¿Por qué disputáis de Abraham, siendo así que la *Tora* y el *Evangelio* no fueron revelados sino después de él? ¿Es que no razonáis?

3:66 ¡Mirad cómo sois! Disputabais de lo que conocíais. ¿Vais a disputar de lo que no conocéis? Alá sabe, mientras que vosotros no sabéis.

3:67 Abraham no fue judío ni cristiano, sino que fue *hanif*, sometido a Alá, no asociador.

3:68 Los más allegados a Abraham son los que le han seguido, así como este Profeta y los que han creído. Alá es el Amigo de los creyentes.

3:69 Un grupo de la gente de la *Escritura* desearía extraviaros; pero a nadie sino a sí mismos extravían y no se dan cuenta.

3:70 ¡Gente de la *Escritura* ! ¿Porqué no creéis en los signos de Alá, siendo, como sois, testigos de ellos?

3:71 ¡Gente de la*Escritura* ! ¿Por qué disfrazáis la Verdad de falsedad y ocultáis la Verdad conociéndola?

3:72 Otro grupo de la gente de la *Escritura*dice: «¡Creed al comenzar el día en lo que se ha revelado a los que creen y dejad de creer al terminar el día! Quizás, así, se conviertan.

3:73 Y no creáis sino a quienes siguen vuestra religión». Di: «La Dirección es la dirección de Alá. Que no se dé a otro lo que se os ha dado a vosotros, que no discutan con vosotros ante vuestro Señor». Di: «El favor está en la mano de Alá, Que lo dispensa a quien Él quiere». Alá es inmenso, omnisciente.

3:74 Particulariza con Su misericordia a quien Él quiere. Alá es el Dueño del favor inmenso.

3:75 Entre la gente de la*Escritura* hay quien, si le confías un quintal, te lo devuelve y hay quien, si le confías un dinar, no te lo devuelve sino es atosigándole. Y esto es así porque dicen: «No tenemos por qué ser escrupulosos con los gentiles». Mienten contra Alá a sabiendas.

3:76 ¡Pues sí! Si uno cumple su promesa y teme a Alá,... Alá ama quienes le temen.

3:77 Quienes malvenden la alianza con Alá y sus juramentos no tendrán parte en la otra vida. Alá no les dirigirá la palabra ni les mirará el día de la Resurrección, no les declarará puros y tendrán un castigo doloroso.

3:78 Algunos de ellos trabucan con sus lenguas la *Escritura* para que creáis que está en la *Escritura* lo que no está en la *Escritura*, diciendo que viene de Alá, siendo así que n o viene de Alá. Mienten contra Alá a sabiendas.

3:79 No está bien que un mortal a quien Alá da la *Escritura*, el jucio y el profetismo, vaya diciendo a la gente: «¡Sed siervos míos y no de Alá!» Antes bien: «¡Sed maestros, puesto que enseñáis la *Escritura* y la estudiáis!»

3:80 Alá no os ordena que toméis como señores a los ángeles y a los profetas. ¿Es que iba a ordenaros que fuerais infieles, después de haberos sometido a Él?

3:81 Y cuando Alá concertó un pacto con los profetas: «Cuando venga a vosotros un Enviado que confirme lo que de Mí hayáis recibido como*Escritura* y como Sabiduría. habéis de creer en él y auxiliarle». Dijo: «¿Estáis dispuestos a aceptar mi alianza con esa condición?» Dijeron: «Estamos dispuestos». Dijo:«Entonces, ¡sed testigos! Yo también. con vosotros, soy testigo».

3:82 Quienes, después de esto, vuelvan la espalda serán los perversos.

3:83 ¿Desearían una religión diferente de la de Alá, cuando los que están en los cielos y en la tierra se someten a Él de grado o por fuerza? Y serán devueltos a Él.

3:84 Di «Creemos en Alá y en lo que se nos ha revelado, en lo que se ha revelado a Abraham, Ismael, Isaac, Jacob y las tribus, en lo que Moisés, Jesús y los profetas han recibido de su Señor. No hacemos distinción entre ninguno de ellos y nos sometemos a Él».

3:85 Si alguien desea una religión diferente del islam, no se le aceptará y en la otra vida será de los que pierdan.

3:86 ¿Cómo va Alá a dirigir a un pueblo que ha dejado de creer después de haber creído, de haber sido testigo de la veracidad del Enviado y de haber recibido las pruebas claras? Alá no dirige al pueblo impío.

3:87 Esos tales incurrirán, como retribución, en la maldición de Alá, de los ángeles y de los hombres, en la de todos ellos.

3:88 Eternos en ella, no se les mitigará el castigo, ni les será dado esperar.

3:89 Serán exceptuados quienes, después de eso, se arrepientan y se enmienden. Alá es indulgente, misericordioso.

3:90 A quienes dejen de creer, después de haber creído, y luego se obstinen en su incredulidad, no se les aceptará el arrepentimiento. Ésos son los extraviados.

3:91 Si uno que no cree muere siendo infiel, aunque ofrezca como precio de rescate la tierra llena de oro, no se le aceptará. Esos tales tendrán un castigo doloroso y no encontrarán quienes les auxilien.

3:92 No alcanzaréis la piedad auténtica mientras no gastéis algo de lo que amáis. Y Alá conoce bien cualquier cosa que gastáis.

3:93 Antes de que fuera revelada la *Tora*, todo alimento era lícito para los Hijos de Israel, salvo lo que Israel se había vedado a sí mismo. Di: «Si es verdad lo que decís., ¡traed la *Tora* y leedla!»,

3:94 Quienes, después de eso, inventen la mentira contra Alá, ésos son los impíos.

3:95 Di: «Alá ha dicho la verdad. Seguid, pues, la religión de Abraham, que fue *hanif* y no asociador».

3:96 La primera Casa erigida para los hombres es, ciertamente, la de Bakka, casa bendita y dirección para todos.

3:97 Hay en ella signos claros. Es el lugar de Abraham y quien entre en él estará seguro. Alá ha prescrito a los hombres la peregrinación a la Casa, si disponen de medios. Y quien no crea... Alá puede prescindir de las criaturas.

3:98 Di: «¡Gente de la *Escritura* !¿Por qué no creéis en los signos de Alá? Alá es testigo de lo que hacéis».

3:99 Di: «¡Gente de la *Escritura* !¿Por qué desviáis a quien cree del camino de Alá, deseando que sea tortuoso, siendo así que sois testigos? Alá está atento a lo que hacéis».

3:100 ¡Creyentes! Si obedecéis a algunos de los que han recibido la *Escritura*, harán que, luego de haber creído, no creáis.

3:101 ¿Cómo podéis dejar de creer si se os recitan las aleyas de Alá y Su Enviado se halla entre vosotros? Quien se aferre a Alá será dirigido a una vía recta.

3:102 ¡Creyentes! Temed a Alá con el temor que Le es debido y no muráis sino como musulmanes.

3:103 Aferraos al pacto de Alá, todos juntos, sin dividiros. Recordad la gracia que Alá os dispensó cuando erais enemigos: reconcilió vuestros corazones y, por Su gracia, os transformasteis en hermanos; estabais al borde de un abismo de fuego y os libró de él. Así os explica Alá Sus signos. Quizás, así, seáis bien dirigidos.

3:104 ¡Que constituyáis una comunidad que llame al bien, ordenando lo que está bien y prohibiendo lo que está mal! Quienes obren así serán los que prosperen.

3:105 ¡No seáis como quienes, después de haber recibido las pruebas claras, se dividieron y discreparon! Esos tales tendrán un castigo terrible

3:106 el día que unos rostros estén radiantes y otros hoscos. A aquéllos cuyos rostros estén hoscos: «¿Habéis dejado de creer luego de haber creído? Pues ¡gustad el castigo por no haber creído!»

3:107 En cuanto a aquéllos cuyos rostros estén radiantes, gozarán eternamente de la misericordia de Alá.

3:108 Éstas son las aleyas de Alá, que te recitamos conforme a la verdad. Alá no quiere la injusticia para las criaturas.

3:109 De Alá es lo que está en los cielos y en la tierra. Todo será devuelto a Alá.

3:110 Sois la mejor comunidad humana que jamás se haya suscitado: ordenáis lo que está bien, prohibís lo que está mal y creéis en Alá. Si la gente de la *Escritura* creyera, les iría mejor. Hay entre ellos creyentes, pero la mayoría son perversos.

3:111 Os dañarán, pero poco. Y si os combaten, os volverán la espalda. Luego, no seles auxiliará.

3:112 Han sido humillados dondequiera que se ha dado con ellos, excepto los protegidos por un pacto con Alá o por un pacto con los hombres. Han incurrido en la ira de Alá y les ha señalado la miseria. Por no haber creído en los signos de Alá y por haber matado a los profetas sin justificación. Por haber desobedecido y violado la ley.

3:113 No todos son iguales. Entre la gente de la *Escritura* hay una comunidad honrada: durante la noche, recitan las aleyas de Alá y se prosternan,

3:114 creen en Alá y en el último Día, ordenan lo que está bien, prohiben lo que está mal y rivalizan en buenas obras. Esos tales son de los justos.

3:115 No se les desagradecerá el bien que hagan. Alá conoce bien a los que Le temen.

3:116 A quienes no crean, ni su hacienda ni sus hijos les servirán de nada frente a Alá. Esos tales morarán en el Fuego eternamente.

3:117 Lo que gastan en la vida de acá es semejante a un viento glacial que bate la cosecha de gente que se ha dañado a sí misma y la destruye. No es Alá quien ha sido injusto con ellos, sino que ellos lo han sido consigo mismos.

3:118 ¡Creyentes! No intiméis con nadie ajeno a vuestra comunidad. Si no, no dejarán de dañaros. Desearían vuestra ruina. El odio asomó a sus bocas, pero lo que ocultan sus pechos es peor. Os hemos explicado las aleyas. Si razonarais...

3:119 Vosotros, bien que les amáis, pero ellos no os aman. Vosotros creéis en toda la *Escritura*... Ellos, cuando os encuentran, dicen: «¡Creemos!» pero, cuando están a solas, se muerden las puntas d e los dedos, de rabia contra vosotros. Di:«¡Morid de rabia!» Alá sabe bien lo que encierran los pechos.

3:120 Si os sucede un bien. les duele; si os hiere un mal, se alegran. Pero, si tenéis paciencia y teméis a Alá, sus artimañas no os harán ningún daño. Alá abarca todo lo que hacen.

3:121 Y cuando dejaste por la mañana temprano a tu familia para asignar a los creyentes sus puestos de combate. Alá todo lo oye, todo lo sabe.

3:122 Cuando dos de vuestras tropas proyectaron abandonar, a pesar de ser Alá su Amigo. ¡Que los creyentes confíen en Alá!

3:123 Alá, ciertamente, os auxilió en Badr cuando erais humillados. ¡Temed a Alá! Quizás, así, seáis agradecidos.

3:124 Cuando decías a los creyentes: «¿No os basta que vuestro Señor os refuerce con tres mil ángeles enviados abajo?

3:125 ¡Pues sí! Si tenéis paciencia y teméis a Alá, si os acometen así de súbito, vuestro Señor os reforzará con cinco mil ángeles provistos de distintivos».

3:126 Alá no lo hizo sino como buena nueva para vosotros y para que, con ello, se tranquilizaran vuestros corazones -la victoria no viene sino de Alá, el Poderoso, el Sabio-,

3:127 para despedazar a los que no creían o derrotarlos y que regresaran, así, decepcionados.

3:128 No es asunto tuyo si Él se vuelve a ellos o les castiga. Han obrado impíamente.

3:129 De Alá es lo que está en los cielos y en la tierra. Perdona a quien Él quiere y castiga a quien Él quiere. Alá es indulgente, misericordioso.

3:130 ¡Creyentes! ¡No usureéis, doblando una y otra vez! ¡Y temed a Alá! Quizás, así, prosperéis.

3:131 ¡Y temed el fuego preparado para los infieles!

3:132 ¡Y obcdeced a Alá y al Enviado!; Quizás, así, se os tenga piedad.

3:133 ¡Y apresuraos a obtener el perdón de vuestro Señor y un Jardín tan vasto como los cielos y la tierra, que ha sido preparado para los temerosos de Alá,

3:134 que dan limosna tanto en la prosperidad como en la adversidad, reprimen la ira, perdonan a los hombres -Alá ama a quienes hacen el bien-,

3:135 que, si cometen una indecencia o son injustos consigo mismos, recuerdan a Alá, piden perdón por sus pecados -¿y quién puede perdonarlos pecados sino Alá?- y no reinciden a sabiendas!

3:136 Su retribución será el perdón de su Señor y jardines por cuyos bajos fluyen arroyos, en los que estarán eternamente. ¡Qué grata es la recompensa de los que obran bien!

3:137 Antes de vosotros han ocurrido casos ejemplares. ¡Id por la tierra y mirad cómo terminaron los desmentidores!

3:138 Ésta es una explicación para los hombres, dirección, exhortación para los temerosos de Alá.

3:139 ¡No os desaniméis ni estéis tristes, ya que seréis vosotros quienes ganen! Si es que sois creyentes...

3:140 Si sufrís una herida, otros han sufrido una herida semejante. Nosotros hacemos alternar esos días entre los hombres para que reconozca Alá a quienes crean y tome testigos de entre vosotros -Alá no ama a los impíos-,

3:141 para que pruebe Alá a los creyentes y extermine a los infieles.

3:142 O ¿creéis que vais a entrar en el Jardín sin que Alá haya sabido quiénes de vosotros han combatido y quiénes han tenido paciencia?

3:143 Sí, deseabais la muerte antes de encontrarla. Ya la habéis visto, pues, con vuestros propios ojos.

3:144 Mahoma no es sino un enviado, antes del cual han pasado otros enviados. Si, pues, muriera o le mataran, ¿ibais a volveros atrás? Quien se vuelva atrás no causará ningún daño A Alá. Y Alá retribuirá a los agradecidos.

3:145 Nadie puede morir sino con permiso De Alá y según el plazo fijado. A quien quiera la recompensa dela vida de acá, le daremos de ella. Y a quien quiera la recompensa de la otra vida, le daremos de ella. Y retribuiremos a los agradecidos.

3:146 ¡Qué de profetas ha habido, junto a los cuales combatieron muchas miriadas, y no se descorazonaron por los reveses padecidos por Alá, no flaquearon, no cedieron! Alá ama a los tenaces.

3:147 No decían más que:«¡Señor! ¡Perdónanos nuestros pecados y los excesos que hemos cometido! ¡Afirma nuestros pasos! ¡Auxílianos contra el pueblo infiel!»

3:148 Alá les dio la recompensa de la vida de acá y la buena recompensa de la otra. Alá ama a quienes hacen el bien.

3:149 ¡Creyentes! Si obedecéis a quienes no creen, os harán retroceder y regresaréis habiendo perdido.

3:150 ¡No! Alá es vuestro Protector y el Mejor de los auxiliares.

3:151 Infundiremos el terror en los corazones de los que no crean, por haber asociado a Alá algo a lo que Él no ha conferido autoridad. Su morada será el Fuego. ¡Qué mala es la mansión de los impíos!

3:152 Alá ha cumplido la promesa que os hizo cuando, con Su permiso, les vencíais, hasta que, por fin, flaqueasteis, discutisteis sobre el particular y desobedecisteis, después de haberos Él dejado ver 1 a victoria que queríais. -De vosotros unos desean la vida de acá y otros desean la otra vida-. Luego, hizo que os retirarais de ellos para probaros. Ciertamente, os ha perdonado. Alá dispensa su favor a los creyentes.

3:153 Cuando subíais sin preocuparos de nadie, mientras que el Enviado os llamaba a retaguardia. Os atribulaba una y otra vez para que no estuvierais tristes por lo que se os había escapado ni por lo que os había ocurrido. Alá está bien informado de lo que hacéis.

3:154 Luego, pasada la tribulación, hizo descender sobre vosotros seguridad: un sueño que venció a algunos de vosotros. Otros, en cambio, preocupados tan sólo por su suerte y pensando de Alá equivocadamente, a la manera de los paganos, decían: «¿Tenemos nosotros algo que ver con esto?» Di: «Todo está en manos De Alá». Ocultan para sí lo que no te manifiestan. Dicen: «Si hubiera dependido de nosotros, no habríamos tenido muertos aquí» Di: «También. si os hubierais quedado en casa, la muerte habría sorprendido en sus lechos a aquéllos de quienes estaba ya escrita. Alá ha hecho esto para probar lo que hay en vuestros pechos y purificar lo que hay en vuestros corazones. Alá sabe bien lo que encierran los pechos».

3:155 Si algunos de los vuestros huyeron el día que se encontraron los dos ejércitos, fue porque el Demonio les hizo caer por alguna culpa que habían cometido. Pero Alá les ha perdonado ya. Alá es indulgente, benigno.

3:156 ¡Creyentes! ¡No seáis como quienes no creen y dicen de sus hermanos que están de viaje o de incursión: «Si se hubieran quedado con nosotros, no habrían muerto o no les habrían matado»! ¡Haga Alá que les pese esto en sus corazones! Alá da la vida y da la muerte. Alá ve bien lo que hacéis.

3:157 Y si sois muertos por Alá o morís de muerte natural, el perdón y misericordia de Alá son mejores que lo que ellos amasan.

3:158 Si morís de muerte natural o sois muertos, seréis, si, congregados hacia Alá.

3:159 Por una misericordia venida de Alá, has sido suave con ellos. Si hubieras sido áspero y duro de corazón, se habrían escapado de ti. ¡Perdónales, pues, y pide el perdón de Alá en su favor y consúltales sobre el asunto! Pero, cuando hayas tomado una decisión. confía en Alá. Alá ama a los que confían en Él.

3:160 Si Alá os auxilia, no habrá nadie que pueda venceros. Pero, si os abandona, ¿quién podrá auxiliaros fuera de Él? ¡Que los creyentes confíen en Alá!

3:161 No es propio de un profeta el cometer fraude. Quien defraude llevará lo defraudado el día de la Resurrección. Luego, cada uno recibirá su merecido. Y no serán tratados injustamente.

3:162 ¿Es que quien busca agradar a Alá es como quien incurre en la ira de Alá y tiene por morada la gehena? ¡Qué mal fin...!

3:163 Estarán por categorías junto a Alá. Alá ve bien lo que hacen.

3:164 Alá ha agraciado a los creyentes al enviarles un Enviado salido de ellos, que les recita Sus aleyas, les purifica y les enseña la *Escritura* y la Sabiduría. Antes estaban evidentemente extraviados.

3:165 ¿Cómo, cuando os sobreviene una desgracia, después de haber infligido el doble de aquélla, decís aún:«¿De dónde viene esto?» Di: «De vosotros mismos». Aláes omnipotente.

3:166 Y lo que os pasó el día que se encontraron los dos ejércitos fue porque lo permitió Alá y para que supiera quiénes eran los creyentes

3:167 y quiénes los hipócritas. Se les dijo: «¡Vamos! ¡Combatid por Alá o rechazad al enemigo!» Dijeron: «Si supiéramos combatir, os seguiríamos». Aquel día estaban más cerca de la incredulidad que de la fe. Dicen con la boca lo que no tienen en el corazón. Pero Alá sabe bien lo que ocultan.

3:168 Son ellos quienes, mientras se quedaban en casa, decían de sus hermanos: «Si nos hubieran escuchado, no les habrían matado». Di: «¡Apartad, pues la muerte de vosotros, si es verdad lo que decís»

3:169 Y no penséis que quienes han caído por Alá hayan muerto. ¡Al contrario! Están vivos y sustentados junto a su Señor.

3:170 contentos por el favor que Alá les ha hecho y alegres por quienes aún no les han seguido, porque no tienen que temer y no estarán tristes,

3:171 alegres por una gracia y favor de Alá y porque Alá no deja de remunerar a los creyentes.

3:172 A quienes escucharon a Alá y al Enviado, luego de la herida recibida, a quienes, entre ellos, hicieron el bien y temieron a Alá, se les reserva una magnífica recompensa.

3:173 A aquéllos a quienes se dijo: «La gente se ha agrupado contra vosotros, ¡tenedles miedo!», esto les aumentó la fe y dijeron: «Alá nos basta! ¡Es un protector excelente!»

3:174 Y regresaron por una gracia y favor de Alá, sin sufrir mal. Buscaron la satisfacción de Alá. Y Alá es el Dueño del favor inmenso.

3:175 Así es el Demonio: hace tener miedo de sus amigos. Pero, si sois creyentes, no tengáis miedo de ellos, sino de Mí.

3:176 Que no te entristezca ver a quienes se precipitan en la incredulidad. No podrán causar ningún daño a Alá. Alá no quiere darles parte en la otra vida. Tendrán un castigo terrible.

3:177 Quienes compren la incredulidad con la fe no causarán ningún daño a Alá y tendrán un castigo doloroso.

3:178 Que no piensen los infieles que el que les concedamos una prórroga supone un bien para ellos. El concedérsela es para que aumente su pecado. Tendrán un castigo humillante.

3:179 No va Alá a dejar a los creyentes en la situación en que os halláis hasta que distinga al malo del bueno. Ni va Alá a enteraros de lo oculto. Pero Alá elige de entre Sus enviados a quien Él quiere. Creed, pues, en Alá y en Sus enviados. Si creéis y teméis a Alá, tendréis una magnífica recompensa.

3:180 Que no crean quienes se muestran avaros del favor recibido de Alá que eso es bueno para ellos. Al contrario, es malo. El día de la Resurrección llevarán a modo de collar el objeto de su avaricia. L a herencia de los cielos y de la tierra pertenece a Alá. Alá está bien informado de lo que hacéis.

3:181 Alá ha oído las palabras de quienes han dicho.«Alá es pobre y nosotros somo ricos». Tomaremos nota de lo que han dicho y de que han matado a los profetas sin justificación. Y les diremos: «¡Gustad el castigo del fuego de la gehena!

3:182 Esto es lo que vuestras obras han merecido, que Alá no es injusto con Sus siervos».

3:183 Esos mismos han dicho:«Alá ha concertado una alianza con nosotros: que no creamos en ningún enviado hasta tanto que nos traiga una oblación que el fuego consuma». Di: «Antes de mí, otros enviados os trajeron las pruebas claras y lo que habéis pedido. ¡Por qué, pues, les matasteis, si es verdad lo que decís?»

3:184 Y si te desmienten, también fueron desmentidos otros enviados antes de ti, que vinieron con las pruebas claras, las *Escrituras* y la *Escritura* luminosa.

3:185 Cada uno gustará la muerte, pero no recibiréis vuestra recompensa íntegra hasta el día dela Resurrección. Habrá triunfado quien sea preservado del Fuego e introducido en el Jardín. La vida de acá no es más que falaz disfrute.

3:186 Seréis, ciertamente, probados en vuestra hacienda y en vuestras personas. Y oiréis, ciertamente, muchas cosas malas de aquéllos que han recibido la *Escritura* antes de vosotros y de los asociadores ; pero, si sois pacientes y teméis a Alá, eso sí que es dar muestras de resolución.

3:187 Cuando Alá concertó un pacto con los que habían recibido la *Escritura*: «Tenéis que explicársela a los hombres, no se la ocultéis». Pero se la echaron a la espalda y la malvendieron. ¡Qué mal negocio...!

3:188 No creas, no, que quienes se alegran delo que han hecho y gustan de ser alabados por lo que han dejado de hacer, no creas, no, que vayan a librarse del castigo. Tendrán un castigo doloroso.

3:189 El dominio de los cielos y dela tierra pertenece a Alá. Alá es omnipotente.

3:190 En la creación de los cielos y de la tierra y en la sucesión de la noche y el día hay, ciertamente, signos para los dotados de intelecto.

3:191 que recuerdan a Alá de pie, sentados o echados, y que meditan en la creación de los cielos y de la tierra:«¡Señor! No has creado todo esto en vano ¡Gloria a Ti! ¡Presérvanos del castigo del Fuego!».

3:192 ¡Señor! Tú cubres de oprobio a quien introduces en el Fuego. Los impíos no tendrán quien les auxilie.

3:193 ¡Señor! ;Hemos oído a uno que llamaba a la fe: «¡Creed en Vuestro Señor!» y hemos creído. ¡Señor!¡ Perdónanos nuestros pecados! ¡Borra nuestras malas obras y recíbenos. cuando muramos, entre los justos!

3:194 ¡Y danos, Señor, lo que nos has prometido por Tus enviados y no nos cubras de oprobio el día de la Resurrección! Tú no faltas a Tu promesa.

3:195 Su Señor escuchó su plegaria: «No dejaré que se pierda obra de ninguno de vosotros, lo mismo si es varón que si es hembra, que habéis salido los unos de los otros. He de borrar las malas obras de quienes emigraron y fueron expulsados de sus hogares, de quienes padecieron por causa Mía, de quienes combatieron y fueron muertos, y he de introducirles en jardines por cuyos bajos fluyen arroyos: recompensa de Alá». Alá tiene junto a Sí la bella recompensa.

3:196 ¡Que no te desconcierte ver a los infieles yendo de acá para allá por el país!

3:197 ¡Mezquino disfrute! Luego, su morada será la gehena. ¡Qué mal lecho...!

3:198 En cambio, quienes teman a su Señor tendrán jardines por cuyos bajos fluyen arroyos, en los que estarán eternamente, como alojamiento que Alá les brinda. Y lo que hay junto a Alá es mejor para los justos.

3:199 Hay entre la gente de la *Escritura*quienes creen en Alá y en la Revelación hecha a vosotros y a ellos. Humildes ante Alá, no han malvendido los signos de Alá. Esos tales tendrán su re compensa junto a su Señor. Alá es rápido en ajustar cuentas.

3:200 ¡Creyentes! ¡Tened paciencia, rivalizad en ella! ¡Sed firmes! ¡Temed a Alá! Quizás así, prosperéis.

4. Las Mujeres (An Nísa)

¡En el nombre de Alá, el Compasivo, el Misericordioso!

4:1 ¡Hombres! ¡Temed a vuestro Señor, Que os ha creado de una sola persona, de la que ha creado a su cónyuge, y de los que ha diseminado un gran número de hombres y de mujeres! ¡Temed a Alá, en Cuyo nombre os pedís cosas, y respetad la consanguinidad! Alá siempre os observa.

4:2 Dad a los huérfanos los bienes que les pertenecen. No sustituyáis lo malo por lo bueno. No consumáis su hacienda agregándola a la vuestra. Sería un gran pecado.

4:3 Si teméis no ser equitativos con los huérfanos, entonces, casaos con las mujeres que os gusten: dos, tres o cuatro. Pero. si teméis no obrar con justicia, entonces con una sola o con vuestras esclavas. Así, evitaréis mejor el obrar mal.

4:4 Dad a vuestras mujeres su dote gratuitamente. Pero, si renuncian gustosas a una parte en vuestro favor, haced uso de ésta tranquilamente.

4:5 ¡No confiéis a los incapaces la hacienda que Alá os ha dado para subsistir!, ¡sustentadles de ella y vestidles! ¡Y habladles con cariño!

4:6 Tantead a los huérfanos hasta que alcancen la nubilidad, Cuando los creáis ya maduros, pasadles su hacienda. No la consumáis pródiga y prematuramente antes de que alcancen la mayoría de edad. El rico, que no se aproveche. El pobre, que gaste como es debido. Cuando les entreguéis su hacienda, requerid la presencia de testigos. Alá basta para ajustar cuentas...

4:7 Sea para los hombres una parte de lo que los padres y parientes más cercanos dejen; y para las mujeres una parte de lo que los padres y parientes más cercanos dejen. Poco o mucho, es una parte determinada.

4:8 Si asisten al reparto parientes, huérfanos, pobres, dadles algún sustento de ello y habladles con cariño.

4:9 Quienes dejen menores de edad y estén intranquilos por ellos, que tengan miedo. Que teman a Alá y digan palabras oportunas.

4:10 Quienes consuman injustamente la hacienda de los huérfanos, sólo fuego ingerirán en sus entrañas y arderán en fuego de la gehena.

4:11 Alá os ordena lo siguiente en lo que toca a vuestros hijos: que la porción del varón equivalga a la de dos hembras. Si éstas son más de dos, les corresponderán dos tercios de la herencia. Si es hija única. la mitad. A cada uno de los padres le corresponderá un sexto de la herencia, si deja hijos; pero, si no tiene hijos y le heredan sólo sus padres, un tercio es para la madre. Si tiene hermanos, un sexto es para la madre. Esto, luego de satisfacer sus legados o deudas. De vuestros ascendientes o descendientes no sabéis quiénes os son más útiles. Ésta es obligación de Alá. Alá es omnisciente, sabio.

4:12 A vosotros os corresponde la mitad de lo que dejen vuestras esposas si no tienen hijos. Si tienen, os corresponde un cuarto. Esto, luego de satisfacer sus legados o deudas. Si no tenéis hijos, a ellas les corresponde un cuarto de lo que dejéis. Si tenéis, un octavo de lo que dejéis. Esto. luego de satisfacer vuestros legados o deudas. Si los herederos de un hombre o de una mujer son parientes colaterales y le sobrevive un hermano o una hermana, entonces, les corresponde, a cada uno de los dos, un sexto. Si son más, participarán del tercio de la herencia, luego de satisfacer los legados o deudas, sin dañar a nadie. Ésta es disposición de Alá. Alá es omnisciente, benigno.

4:13 Éstas son las leyes de Alá. A quien obedezca a Alá y a Su Enviado, Él le introducirá en jardines por cuyos bajos fluyen arroyos, en los que estarán eternamente. ¡Éste es el éxito grandioso!

4:14 A quien, al contrario, desobedezca a Alá y a Su Enviado y viole Sus leyes. Él le introducirá en un Fuego, eternamente. Tendrá un castigo humillante.

4:15 Llamad a cuatro testigos de vosotros contra aquéllas de vuestras mujeres que cometan deshonestidad. Si atestiguan, recluidlas en casa hasta que mueran o hasta que Alá les procure una salida.

4:16 Si dos de los vuestros la cometen, castigad a ambos severamente. Pero, si se arrepienten y enmiendan, dejadles en paz. Alá es indulgente, misericordioso.

4:17 Alá perdona sólo a quienes cometen el mal por ignorancia y se arrepienten en seguida. A éstos se vuelve Alá. Alá es omnisciente, sabio.

4:18 Que no espere perdón quien sigue obrando mal hasta que, en el artículo de la muerte, dice: «Ahora me arrepiento». Ni tampoco quienes mueren siendo infieles. A éstos les hemos preparado un castigo doloroso.

4:19 ¡Creyentes! No es lícito recibir en herencia a mujeres contra su voluntad, ni impedirles que vuelvan a casarse para quitarles parte de lo que les habíais dado, a menos que sean culpables de deshonestidad manifiesta. Comportaos con ellas como es debido. Y si os resultan antipáticas, puede que Alá haya puesto mucho bien en el objeto de vuestra antipatía.

4:20 Y si queréis cambiar de esposa y le habíais dado a una de ellas un quintal, no volváis a tomar nada de él. ¿Ibáis a tomarlo con infamia y pecado manifiesto?

4:21 Y ¿cómo ibais a tomarlo, después de haber yacido y de haber concertado ella con vosotros un pacto solemne?

4:22 En adelante. no os caséis con las mujeres con que han estado casados vuestros padres. Sería deshonesto y aborrecible. ¡Mal camino...!

4:23 En adelante, os están prohibidas vuestras madres, vuestras hijas, vuestras hermanas, vuestras tías paternas o maternas, vuestras sobrinas por parte de hermano o de hermana, vuestras madres de leche, vuestras hermanas de leche, las madres de vuestras mujeres, vuestras hijastras que están bajo vuestra tutela, nacidas de mujeres vuestras con las que habéis consumado el matrimonio -si no, no hay culpa-, las esposas de vuestros propios hijos, así como casaros con dos hermanas a un tiempo. Alá es indulgente, misericordioso.

4:24 Y las mujeres casadas, a menos que sean esclavas vuestras. ¡Mandato de Alá! Os están permitidas todas las otras mujeres, con tal que las busquéis con vuestra hacienda, con intención de casaros, no por fornicar. Retribuid, como cosa debida, a aquéllas de quienes habéis gozado como esposas. No hay inconveniente en que decidáis algo de común acuerdo después de cumplir con lo debido. Alá es omnisciente, sabio.

4:25 Quien de vosotros no disponga de los medios necesarios para casarse con mujeres libres creyentes, que tome mujer de entre vuestras jóvenes esclavas creyentes. Alá conoce bien vuestra fe. Salís los unos de los otros. Casaos con ellas con permiso de sus amos y dadles la dote conforme al uso, como a mujeres honestas, no como a fornicadoras o como a amantes. Si estas mujeres se casan y cometen una deshonestidad, sufrirán la mitad del castigo que las mujeres libres. Esto va dirigido a aquéllos de vosotros que tengan miedo de caer en pecado. Sin embargo, es mejor para vosotros que tengáis paciencia. Alá es indulgente, misericordioso.

4:26 Alá quiere aclararos y dirigiros según la conducta de los que os precedieron, y volverse a vosotros. Alá es omnisciente, sabio.

4:27 Alá quiere volverse a vosotros, mientras que los que siguen lo apetecible quieren que os extraviéis por completo.

4:28 Alá quiere aliviaros, ya que el hombre es débil por naturaleza.

4:29 ¡Creyentes! No os devoréis la hacienda injustamente unos a otros. Es diferente si comerciáis de común acuerdo. No os matéis unos a otros. Alá es misericordioso con vosotros.

4:30 A quien obre así, violando la ley impíamente, le arrojaremos a un Fuego. Es cosa fácil para Alá.

4:31 Si evitáis los pecados graves que se os han prohibido, borraremos vuestras malas obras y os introduciremos con honor.

4:32 No codiciéis aquello por lo que Alá ha preferido a unos de vosotros más que a otros. Los hombres tendrán parte según sus méritos y las mujeres también. Pedid a Alá de Su favor. Alá es omnisciente.

4:33 Hemos designado para todos herederos legales de lo que dejen: los padres, los parientes más cercanos, los unidos a vosotros por juramento. Dadles su parte. Alá es testigo de todo.

4:34 Los hombres tienen autoridad sobre las mujeres en virtud de la preferencia que Alá ha dado a unos más que a otros y de los bienes que gastan. Las mujeres virtuosas son devotas y cuidan, en ausencia de sus maridos, de lo que Alá manda que cuiden. ¡Amonestad a aquéllas de quienes temáis que se rebelen, dejadlas solas en el lecho, pegadles! Si os obedecen, no os metáis más con ellas. Alá es excelso, grande.

4:35 Si teméis una ruptura entre los esposos, nombrad un árbitro de la familia de él y otro de la de ella. Si desean reconciliarse, Alá hará que lleguen a un acuerdo. Alá es omnisciente, está bien informado.

4:36 ¡Servid a Alá y no Le asociéis nada! ¡Sed buenos con vuestros padres, parientes, huérfanos, pobres, vecinos -parientes y no parientes-, el compañero de viaje, el viajero y vuestros esclavos! Alá no ama al presumido, al jactancioso,

4:37 a los avaros y a los que empujan a otros a ser avaros, a los que ocultan el favor que Alá les ha dispensado, -hemos preparado para los infieles un castigo humillante-.

4:38 a los que gastan su hacienda para ser vistos de los hombres, sin creer en Alá ni en el último Día. Y si alguien tiene por compañero al Demonio, mal compañero tiene...

4:39 ¿Qué les habría costado haber creído en Alá y en el último Día y haber gastado en limosnas parte de aquello de que Alá les ha proveído? Alá les conoce bien.

4:40 Alá no hará ni el peso de un átomo de injusticia a nadie. Y si se trata de una obra buena, la doblará y dará, por Su parte, una magnífica recompensa.

4:41 ¿Qué pasará cuando traigamos a un testigo de cada comunidad y te traigamos a ti como testigo contra éstos?

4:42 Ese día, los que fueron infieles y desobedecieron al Enviado querrán que la tierra se aplane sobre ellos. No podrán ocultar nada a Alá.

4:43 ¡Creyentes! No os acerquéis ebrios a la azalá. Esperad a que estéis en condiciones de saber lo que decís. No vayáis impuros -a no ser que estéis de viaje- hasta que os hayáis lavado. Y si estáis enfermos o de viaje, si viene uno de vosotros de hacer sus necesidades, o habéis tenido contacto con mujeres y no encontráis agua, recurrid a arena limpia y pasadla por el rostro y por las manos. Alá es perdonador, indulgente.

4:44 ¿No has visto a quienes han recibido una porción de la *Escritura* ? Compran el extravío y quieren que vosotros os extraviéis del Camino.

4:45 Alá conoce mejor que nadie a vuestros enemigos. Alá basta como amigo. Alá basta como auxiliar.

4:46 Algunos judíos alteran el sentido de las palabras y dicen: «Oímos y desobedecemos... ¡Escucha, sin que se pueda oír! ¡*Raina!*», trabucando con sus lenguas y atacando la Religión. Si dijeran: «Oímos y obedecemos...¡Escucha! ¡*Unzurna!*», sería mejor para ellos y más correcto. Pero Alá les ha maldecido por su incredulidad. Creen, pero poco.

4:47 Vosotros, los que habéis recibido la *Escritura*, ¡creed en lo que hemos revelado, en confirmación de lo que ya poseíais, antes de que borremos los rasgos de los rostros, antes de que los pongamos del revés o les maldigamos como maldijimos a los del sábado! ¡La orden de Alá se cumple!

4:48 Alá no perdona que se Le asocie. Pero perdona lo menos grave a quien Él quiere. Quien asocia a Alá comete un gravísimo pecado.

4:49 ¿No has visto a quienes se consideran puros? No, es Alá Quien declara puro a quien Él quiere y nadie será tratado injustamente en lo más mínimo.

4:50 ¡Mira cómo inventan la mentira contra Alá! Basta eso como pecado manifiesto.

4:51 ¿No has visto a quienes han recibido una porción de la *Escritura* ? Creen en el *chibt* y en los *taguts* y dicen de los infieles: «Éstos están mejor dirigidos que los creyentes».

4:52 A ésos son a quienes Alá ha maldecido, y no encontrarás quien auxilie a quien Alá maldiga.

4:53 Aunque tuvieran parte en el dominio no darían a la gente lo más mínimo.

4:54 ¿Envidiarán a la gente por el favor que Alá les ha dispensado? Hemos dado a la familia de Abraham la *Escritura* y la Sabiduría. les hemos dado un dominio inmenso.

4:55 De ellos, unos creen en ella y otros se apartan de ella. La gehena les bastará como fuego.

4:56 A quienes no crean en Nuestros signos les arrojaremos a un Fuego. Siempre que se les consuma la piel, se la repondremos, para que gusten el castigo. Alá es poderoso, sabio.

4:57 A quienes crean y obren bien, les introduciremos en jardines por cuyos bajos fluyen arroyos, en los que estarán eternamente, para siempre. Allí tendrán esposas purificadas y haremos que les dé una sombra espesa.

4:58 Alá os ordena que restituyáis los depósitos a sus propietarios y que cuando decidáis entre los hombres lo hagáis con justicia. ¡Qué bueno es aquello a que Alá os exhorta! Alá todo lo oye, todo lo ve.

4:59 ¡Creyentes! Obedeced a Alá, obedeced al Enviado y a aquéllos de vosotros que tengan autoridad. Y, si discutís por í algo, referidlo a Alá y al Enviado, si es que créis en Alá y en el último Día. Es lo mejor y la solución más apropiada.

4:60 ¿No has visto a quienes pretenden creer en lo que se te ha revelado a ti y en lo que se ha revelado antes de ti? Quieren recurrir al arbitraje de los *taguts*, a pesar de que se les ha ordenado no creer en ellos. El Demonio quiere extraviarles profundamente.

4:61 Cuando se les dice: «¡Venid a lo que Alá ha revelado, venid al Enviado!», ves que los hipócritas se apartan de ti completamente.

4:62 ¿Qué harán, entonces, cuando les aflija una desgracia por lo que ellos mismos han cometido y vengan a ti, jurando por Alá: «No queríamos sino hacer bien y ayudar»?

4:63 Esos tales son aquéllos de quienes Alá conoce lo que encierran sus corazones ¡Apártate de ellos, amonéstales, diles palabras persuasivas que se apliquen a su caso!

4:64 No hemos mandado a ningún Enviado sino para, con permiso de Alá, ser obedecido. Si, cuando fueron injustos consigo mismos, hubieran venido a ti y pedido el perdón de Alá, y si el Enviado hubiera también pedido el perdón por ellos, habrían encontrado a Alá indulgente, misericordioso.

4:65 Pero ¡no, por tu Señor! No creerán hasta que te hayan hecho juez de su disputa; entonces, ya no encontrarán en sí mismos dificultad en aceptar tu decisión y se adherirán plenamente.

4:66 Si les hubiéramos prescrito: «¡Mataos unos a otros!» o «¡Salid de vuestros hogares!», no lo habrían hecho, salvo unos pocos de ellos. Pero, si se hubieran conformado a las exhortaciones recibidas, habría sido mejor para ellos y habrían salido más fortalecidos.

4:67 les habríamos dado entonces, por parte Nuestra, una magnífica recompensa

4:68 y les habríamos dirigido por una vía recta.

4:69 Quienes obedecen a Alá y al Enviado, están con los profetas, los veraces, los testigos y los justos a los que Alá ha agraciado. ¡Qué buena compañía!

4:70 Así es el favor de Alá. Alá basta como omnisciente.

4:71 ¡Creyentes! ¡Tened cuidado! Acometed en destacamentos o formando un solo cuerpo.

4:72 Hay entre vosotros quien se queda rezagado del todo y, si os sobreviene una desgracia, dice: «Alá me ha agraciado, pues no estaba allí con ellos».

4:73 Pero, si Alá os favorece, seguro que, dice, como si no existiera ninguna amistad entre vosotros y él: «¡Ojalá hubiera estado con ellos, habría obtenido un éxito grandioso!»

4:74 ¡Que quienes cambian la vida de acá por la otra combatan por Alá! A quien. combatiendo por Alá, sea muerto o salga victorioso, le daremos una magnífica recompensa.

4:75 ¿Por qué no queréis combatir por Alá y por los oprimidos -hombres, mujeres y niños que dicen: «¡Señor! ¡Sácanos de esta ciudad, de impíos habitantes! ¡Danos un amigo designado por Ti! ¡Danos un auxiliar designado por tí!»?

4:76 Quienes creen, combaten por Alá. Quienes no creen, combaten por los *taguts*. Combatid, pues, contra los amigos del Demonio. ¡Las artimañas del Demonio son débiles!

4:77 ¿No has visto a aquéllos a quienes se dijo: «¡Deponed las armas! ¡Haced la azalá y dad el azaque!»? Cuando se les prescribe el combate, algunos de ellos tienen tanto miedo de los hombres como deberían tener de Alá, o aún más, y dicen: «¡Señor! ¿Por qué nos has ordenado combatir? Si nos dejaras para un poco más tarde...» Di: «El breve disfrute de la vida de acá es mezquino. La otra vida es mejor para quien teme a Alá. No se os tratará injustamente en lo más mínimo».

4:78 Dondequiera que os encontréis, la muerte os alcanzará, aun si estáis en torres elevadas. Si les sucede un bien, dicen: «Esto viene de Alá». Pero, si es un mal, dicen: «Esto viene de ti». Di: «Todo viene de Alá». Pero ¿qué tienen éstos, que apenas comprenden lo que se les dice?

4:79 Lo bueno que te sucede viene de Alá. Lo malo que te sucede viene de ti mismo. Te hemos mandado a la Humanidad como Enviado. Alá basta como testigo.

4:80 Quien obedece al Enviado, obedece a Alá. Quien se aparta... Nosotros no te hemos mandado para que seas su custodio.

4:81 Y dicen: «¡Obediencia! Pero, cuando salen de tu presencia, algunos traman de noche hacer otra cosa diferente de lo que tú dices. Alá toma nota de lo que traman de noche. ¡Apártate, pues, de ellos y confía en Alá! ¡Alá basta como protector!

4:82 ¿No meditan en el *Corán* ? Si hubiera sido de otro que de Alá, habrían encontrado en él numerosas contradicciones.

4:83 Cuando se enteran de algo referente a la seguridad o al temor, lo difunden. Si lo hubieran referido al Enviado y a quienes de ellos tienen autoridad, los que deseaban averiguar la verdad habrían sabido si dar crédito o no. Si no llega a ser por el favor que de Alá habéis recibido y por Su misericordia, habríais seguido casi todos al Demonio.

4:84 ¡Combate, pues, por Alá! Sólo de ti eres responsable. ¡Anima a los creyentes! Puede que Alá contenga el ímpetu de los infieles. Alá dispone de más violencia y es más terrible en castigar.

4:85 Quien intercede de buena manera tendrá su parte y quien intercede de mala manera recibirá otro tanto. Alá vela por todo.

4:86 Si os saludan, saludad con un saludo aún mejor, o devolvedlo igual. Alá tiene todo en cuenta.

4:87 ¡Alá! ¡No hay más dios que Él! Él ha de reuniros para el día indubitable de la Resurreción. Y ¿quién es más veraz que Alá cuando dice algo?

4:88 ¿Por qué vais a dividiros en dos partidos a propósito de los hipócritas? Alá les ha rechazado ya por lo que han hecho. ¿Es que queréis dirigir a quien Alá ha extraviado? No encontrarás camino para aquél a quien Alá extravía.

4:89 Querrían que, como ellos, no creyerais, para ser iguales que ellos. No hagáis, pues, amigos entre ellos hasta que hayan emigrado por Alá. Si cambian de propósito, apoderaos de ellos y matadles donde les encontréis. No aceptéis su amistad ni auxilio,

4:90 a menos que sean aliados de gente con la que os una un pacto, o que vengan a vosotros con el ánimo oprimido por tener que combatir contra vosotros o contra su propia gente. Si Alá hubiera querido, les habría dado poder sobre vosotros y habrían combatido contra vosotros. Si se mantienen aparte, si no combaten contra vosotros y os ofrecen someterse, entonces no tendréis justificación ante Alá contra ellos.

4:91 Hallaréis a otros que desean vivir en paz con vosotros y con su propia gente. Siempre que se les invita a la apostasía, caen en ella. Si no se mantienen aparte, si no os ofrecen someterse, si no deponen las armas, apoderaos de ellos y matadles donde deis con ellos. Os hemos dado pleno poder sobre ellos.

4:92 Un creyente no puede matar a otro creyente, a menos que sea por error. Y quien mate a un creyente por error deberá manumitir a un esclavo creyente y pagar el precio de sangre a la familia de la víctima, a menos que ella renuncie al mismo como limosna. Y si la víctima era creyente y pertenecía a gente enemiga vuestra, deberá manumitir a un esclavo creyente. Pero, si pertenecía a gente con la que os une un pacto, el precio de sangre debe pagarse a la familia de la víctima, aparte de la manumisión de un esclavo creyente. Y quien no disponga de medios, ayunará dos meses consecutivos, como expiación impuesta por Alá. Alá es omnisciente, sabio.

4:93 Y quien mate a un creyente premeditadamente, tendrá la gehena como retribución, eternamente. Alá se irritará con él, le maldecirá y le preparará un castigo terrible.

4:94 ¡Creyentes! cuando acudáis a combatir por Alá, cuidado no digáis al primero que os salude: «¡Tú no eres creyente!», buscando los bienes de la vida de acá. Alá ofrece abundantes ocasiones de obtener botín. Vosotros también erais así antes s Alá os agració! ¡Cuidado, pues, que Alá está bien informado de lo que hacéis!

4:95 Los creyentes que se quedan en casa, sin estar impedidos, no son iguales que los que combaten por Alá con su hacienda y sus personas. Alá ha puesto a los que combaten con su hacienda y sus personas un grado por encima de los que se quedan en casa. A todos, sin embargo, ha prometido Alá lo mejor, pero Alá ha distinguido a los combatientes por encima de quienes se quedan en casa con una magnífica recompensa,

4:96 con el rango que junto a Él ocupan, con perdón y misericordia. Alá es indulgente, misericordioso.

4:97 Los ángeles dirán a aquéllos a quienes llamen y que han sido injustos consigo mismos: «Cuál era vuestra situación?» Dirán: «Éramos oprimidos en la tierra». Dirán: «¿Es que la tierra de Alá no era vasta como para que pudierais emigrar?» Esos tales tendrán la gehena como morada. ¡¡Mal fin...!

4:98 Quedan exceptuados los oprimidos -hombres, mujeres y niños-, que no disponen de posibilidades y no son dirigidos por el Camino.

4:99 A éstos puede que Alá les perdone. Alá es perdonador, indulgente.

4:100 Quien emigre por Alá, encontrará en la tierra mucho refugio y espacio. La recompensa de aquél a quien sorprenda la muerte, después de dejar su casa para emigrar a Alá y a Su enviado, incumbe a Alá. Alá es indulgente, misericordioso.

4:101 Cuando estéis de viaje, no hay incoveniente en que abreviéis la azalá, si teméis un ataque de los infieles. Los infieles son para vosotros un enemigo declarado.

4:102 Cuando estés con ellos y les dirijas la azalá, que un grupo se mantenga de pie a tu lado, arma en mano. Cuando se hayan prosternado, que vayan atrás y que otro grupo que aún no haya orado venga y ore contigo. ¡Que tengan cuidado y no dejen las armas de la mano! Los infieles querrían que descuidarais vuestras armas e impedimenta para echarse de improviso sobre vosotros. No hay inconveniente en que dejéis a un lado las armas si la lluvia os molesta o estáis enfermos, pero ¡tened cuidado! Alá ha preparado un castigo humillante para los infieles.

4:103 Cuando hayáis terminado la azalá recordad a Alá de pie, sentados o echados. Y, si os sentís tranquilos, haced la azalá. La azalá se ha prescrito a los creyentes en tiempos determinados.

4:104 No dejéis de perseguir a esa gente. Si os cuesta, también a ellos, como a vosotros, les cuesta, pero vosotros esperáis de Alá lo que ellos no esperan. Alá es omnisciente, sabio.

4:105 Te hemos revelado la *Escritura* con la Verdad para que decidas entre los hombres como Alá te dé a entender. ¡No abogues por los traidores!

4:106 ¡Pide perdón a Alá! Alá es indulgente, misericordioso.

4:107 ¡No discutas defendiendo a los que obran deslealmente consigo mismos! Alá no ama al que es traidor contumaz, pecador.

4:108 Se esconden de los hombres, pero no pueden esconderse de Alá, Que está presente cuando traman de noche algo que no Le satisface. Alá abarca todo lo que hacen.

4:109 ¡Mirad cómo sois! Discutís en favor de ellos en la vida de acá, pero ¿quién va a defenderles contra Alá el día de la Resurrección? ¿Quién será entonces su protector?

4:110 Quien obra mal o es injusto consigo mismo, si luego pide perdón a Alá, encontrará a Alá indulgente, misericordioso.

4:111 Quien peca, peca, en realidad, en detrimento propio. Alá es omnisciente, sabio.

4:112 Quien comete una falta o un pecado y acusa de ello a un inocente, carga con una infamia y con un pecado manifiesto.

4:113 Si no llega a ser por el favor de Alá en ti y por Su misericordia, algunos de ellos habrían preferido extraviarte. Pero sólo se extravían a sí mismos y no pueden, en modo alguno, dañarte. Alá te ha revelado la *Escritura* y la Sabiduría y te ha enseñado lo que no sabías. El favor de Alá en ti es inmenso.

4:114 En muchos de sus conciliábulos no hay bien, salvo cuando uno ordena la limosna, lo reconocido como bueno o la , reconciliación entre los hombres. A quien haga esto por deseo de agradar a Alá, le daremos una magnífica recompensa.

4:115 A quien se separe del Enviado después de habérsele manifestado claramente la Dirección y siga un camino diferente del de los creyentes, le abandonaremos en la medida que él abandone y le arrojaremos a la gehena. ¡Mal fin...!

4:116 Alá no perdona que se Le asocie. Pero perdona lo menos grave a quien Él quiere. Quien asocia a Alá está profundamente extraviado.

4:117 En lugar de invocarle a Él, no invocan sino a deidades femeninas. No invocan más que a un demonio rebelde.

4:118 ¡Que Alá le maldiga! Ha dicho: «He de tomar a un número determinado de Tus siervos,

4:119 he de extraviarles, he de inspirarles vanos deseos, he de ordenarles que hiendan las orejas del ganado y que alteren la creación de Alá!» Quien tome como amigo al Demonio, en lugar de tomar a Alá, está manifiestamente perdido.

4:120 Les hace promesas y les inspira vanos deseos, pero el Demonio no les promete sino falacia.

4:121 La morada de esos tales será la gehena y no hallarán medio de escapar de ella.

4:122 A quienes crean y obren bien, les introduciremos en jardines por cuyos bajos fluyen arroyos, en los que estarán eternamente, para siempre. ¡Promesa de Alá. verdad! Y ¿quién es más veraz que Alá cuando dice algo?

4:123 Esto no depende de lo que vosotros anheléis ni de lo que anhele la gente de la *Escritura*. Quien obre mal será retribuido por ello y no encontrará, fuera de Alá, amigo ni auxiliar.

4:124 El creyente, varón o hembra, que obre bien, entrará en el Jardín y no será tratado injustamente en lo más mínimo.

4:125 ¿Quién es mejor, tocante a religión. que quien se somete a Alá, hace el bien y sigue la religión de Abraham, que fue *hanif*? Alá tomó a Abraham como amigo.

4:126 De Alá es lo que está en los cielos y en la tierra. Alá todo lo abarca.

4:127 Te consultan a propósito de las mujeres. Di: «Alá os da a conocer Su parecer sobre ellas, aparte de lo que ya se os ha recitado en la *Escritura* a propósito de las huérfanas a las que aún no habéis dado la parte que les corresponde y con las que deseáis casaros, y a propósito de los niños débiles, y que tratéis con equidad a los huérfanos. Alá conoce perfectamente el bien que hacéis.

4:128 Y si una mujer teme malos tratos o aversión por parte de su marido, no hay inconveniente en que se reconcilien, pues es mejor la reconciliación. El ánimo es propenso a la codicia, pero si hacéis bien a otros y teméis a Alá,... Alá está bien informado de lo que hacéis.

4:129 No podréis ser justos con vuestras mujeres, aun si lo deseáis. No seáis, pues, tan parciales que dejéis a una de ellas como en suspenso. Si ponéis paz y teméis a Alá,... Alá es indulgente, misericordioso.

4:130 Si se separan, Alá enriquecerá a cada uno con Su abundancia. Alá es inmenso, sabio.

4:131 De Alá es lo que está en los cielos y en la tierra. Hemos ordenado a quienes, antes de vosotros, recibieron la *Escritura*, y a vosotros también, el temor de Alá. Si no creéis,... de Alá es lo que está en los cielos y en la tierra. Alá Se basta a Sí mismo es digno de alabanza.

4:132 De Alá es lo que está en los cielos y en la tierra. Alá basta como protector.

4:133 ¡Hombres! Si Él quisiera, os haría desaparecer y os sustituiría por otros. Alá es capaz de hacerlo.

4:134 Quien desee la recompensa de la vida de acá, sepa que Alá dispone de la recompensa de la vida de acá y de la otra. Alá todo lo oye, todo lo ve.

4:135 ¡Creyentes! Sed íntegros en la equidad, cuando depongáis como testigos de Alá, aun en contra vuestra, o de vuestros padres o parientes más cercanos. Lo mismo si es rico que si es pobre, Alá está más cerca de él. No sigáis la pasión faltando a la justicia. Si levantáis falso testimonio u os zafáis,... Alá está bien informado de lo que hacéis.

4:136 ¡Creyentes! Creed en Alá, en Su Enviado, en la *Escritura* que ha revelado a Su Enviado y en la *Escritura* que había revelado antes. Quien no cree en Alá, en Sus ángeles, en Sus *Escrituras*, en Sus enviados y en el último Día, ese tal está profundamente extraviado.

4:137 A quienes crean y luego dejen de creer, vuelvan a creer y de nuevo dejen de creer, creciendo en su incredulidad, Alá no está para perdonarles ni dirigirles por un camino.

4:138 Anuncia a los hipócritas que tendrán un castigo doloroso.

4:139 Toman a los infieles como amigos, en lugar de tomar a los creyentes. ¿Es que buscan en ellos el poder? El poder pertenece en su totalidad a Alá.

4:140 Él os ha revelado en la *Escritura* : «Cuando oigáis que las aleyas de Alá no son creídas y son objeto de burla, no os sentéis con ellos mientras no cambien de tema de conversación; si no, os haréis como ellos». Alá reunirá a los hipócritas y a los infieles, todos juntos, en la gehena.

4:141 Están a la expectativa, a ver cómo os va. Cuando tenéis éxito con la ayuda de d Alá, dicen: «Pues ¿no estábamos con vosotros?» Pero, si los infieles obtienen un éxito parcial, dicen: «¿No tuvimos ocasión de venceros y, en cambio, os defendimos contra los creyentes?» Alá decidirá entre vosotros el día de la Resurrección. Alá no permitirá que los infieles prevalezcan sobre los creyentes.

4:142 Los hipócritas tratan de engañar a Alá, pero es Él Quien les engaña. Cuando se disponen a hacer la azalá lo hacen perezosamente, sólo para ser vistos de los hombres, apenas piensan en Alá.

4:143 Vacilantes, no se pronuncian por unos ni por otros. No encontrarás camino para aquél a quien Alá extravía.

4:144 ¡Creyentes! No toméis a los infieles como amigos, en lugar de tomar a los creyentes. ¿Queréis dar a Alá un argumento manifiesto en contra vuestra?

4:145 Los hipócritas estarán en lo más profundo del Fuego y no encontrarás quien les auxilie,

4:146 salvo si se arrepienten, se enmiendan, se aferran a Alá y rinden a Alá un culto sincero. Éstos estarán en compañía de los creyentes y Alá dará a los creyentes una magnífica recompensa.

4:147 ¿Por qué va Alá a castigaros si sois agradecidos y creéis? Alá es agradecido, omnisciente.

4:148 A Alá no le gusta la maledicencia en voz alta, a no ser que quien lo haga haya sido tratado injustamente. Alá todo lo oye, todo lo sabe.

4:149 Que divulguéis un bien o lo ocultéis, que perdonéis un agravio... Alá es perdonador, poderoso.

4:150 Quienes no creen en Alá ni en Sus enviados y quieren hacer distingos entre Alá y Sus enviados, diciendo: «¡Creemos en unos, pero en otros no!», queriendo adoptar una postura intermedia,

4:151 ésos son los infieles de verdad. Y para los infieles tenemos preparado un castigo humillante.

4:152 Pero a quienes crean en Alá y en Sus enviados, sin hacer distingos entre ellos, Él les remunerará. Alá es indulgente, misericordioso.

4:153 La gente de la *Escritura* te pide que les bajes del cielo una *Escritura*. Ya habían pedido a Moisés algo más grave que eso, cuando dijeron: «¡Muéstranos a Alá claramente!» Como castigo a su impiedad el Rayo se los llevó. Luego, cogieron el ternero, aun después de haber recibido las pruebas claras. Se lo perdonamos y dimos a Moisés una autoridad manifiesta.

4:154 Levantamos la montaña por encima de ellos en señal de pacto con ellos y les dijimos: «¡Prosternaos al entrar por la puerta!» Y les dijimos: «¡No violéis el sábado!» Y concertamos con ellis un pacto solemne.

4:155 ...por haber violado su pacto, por no haber creído en los signos de Alá, por haber matado a los profetas sin justificación y por haber dicho: «Nuestros corazones están incircuncisos». ¡No! Alá los ha sellado por su incredulidad, de modo que tienen fe, pero poca.

4:156 ...por su incredulidad por haber proferido contra María una enorme calumnia,

4:157 y por haber dicho: «Hemos dado muerte al Ungido, Jesús, hijo de María, el enviado de Alá», siendo así que no le mataron ni le crucificaron, sino que les pareció así. Los que discrepan acerca de él, dudan. No tienen conocimiento de él, no siguen más que conjeturas. Pero, ciertamente no le mataron,

4:158 sino que Alá lo elevó a Sí. Alá es poderoso, sabio.

4:159 Entre la gente de la *Escritura* no has nadie que no crea en Él antes de su muerte. El día de la Resurrección servirá de testigo contra ellos.

4:160 Prohibimos a los judíos cosas buenas que antes les habían sido lícitas, por haber sido impíos y por haber desviado a tantos del camino de Alá.

4:161 por usurear, a pesar de habérseles prohibido, y por haber devorado la hacienda ajena injustamente. A los infieles de entre ellos les hemos preparado un castigo doloroso.

4:162 Pero a los que, de ellos, están arraigados en la Ciencia, a los creyentes, que , creen en lo que se te ha revelado a ti y a otros antes de ti, a los que hacen la azalá, a los que dan el azaque, a los que creen en Alá y en el último Día, a ésos les daremos una magnífica recompensa.

4:163 Te hemos hecho una revelación, como hicimus una revelación a Noé y a los profeta que le siguieron. Hicimos una revelación a Abraham, Ismael, Isaac, Jacob, as tribus, Jesús, Job, Jonás, Aarón y Salomón. Y dimos a David *Salmos*.

4:164 Te hemos contado previamente de algunos enviados, de otros no -con Moisés Alá habló de hecho-,

4:165 enviados portadores de buenas nuevas y que advertían, para que los hombres no pudieran alegar ningún pretexto ante Alá después de la venida de los enviados. Alá es poderoso, sabio.

4:166 Pero Alá es testigo de que lo que El te ha revelado lo ha revelado con Su ciencia. Los ángeles también son testigos, aunque basta Alá como testigo.

4:167 Los que no creen y desvían a otros del camino de Alá están profundamente extraviados.

4:168 A los que no crean y obren impíamente Alá nunca les perdonará ni les dirigirá por otro camino

4:169 que el camino de la gehena, en la que estarán eternamente, para siempre. Es cosa fácil para Alá.

4:170 ¡Hombres! Ha venido a vosotros el Enviado con la Verdad que viene de vuestro Señor. Creed, pues, será mejor para vosotros. Si no creéis... De Alá es lo que está en los cielos y en la tierra. Alá es omnisciente, sabio.

4:171 ¡Gente de la *Escritura*! ¡No exageréis en vuestra religión! ¡No digáis de Alá sino la verdad: que el Ungido, Jesús, hijo de María, es solamente el enviado de Alá y Su Palabra, que Él ha comunicado a María, y un espíritu que procede de Él! ¡Creed, pues, en Alá y en Sus enviados! ¡No digáis "Tres"! ¡Basta ya, será mejor para vosotros! Alá es sólo un Dios Uno. ¡Gloria a Él Tener un hijo...Suyo es lo que está en los cielos y en la tierra... ¡Alá basta como protector!

4:172 El Ungido no tendrá a menos ser siervo de Alá, ni tampoco los ángeles allegados. A todos aquéllos que tengan a menos servirle y hayan sido altivos les congregará hacia Sí.

4:173 En cuanto a quienes hayan creído y obrado bien, Él les dará, por favor, Su recompensa y aún más. Pero a quienes hayan tenido a menos servirle y hayan sido altivos, les infligirá un castigo doloroso. No encontrarán, fuera de Alá, amigo ni auxiliar.

4:174 ¡Hombres! Os ha venido de vuestro Señor una prueba. Y os hemos hecho bajar una Luz manifiesta.

4:175 A quienes hayan creído en Alá y se hayan aferrado a Él, les introducirá en Su misericordia y favor y les dirigirá a Sí por una vía recta.

4:176 Te piden tu parecer. Di: «Alá os da el Suyo a propósito de los parientes colaterales. Si un hombre muere sin dejar hijos, pero sí una hermana, ésta heredará la mitad de lo que deja, y si ella muere sin dejar hijos, él heredará todo de ella. Si el difunto deja dos, éstas heredarán los dos tercios de lo que deje. Si tiene hermanos, varones y hembras, a cada varón le corresponderá tanto como a dos hembras juntas. Alá os aclara esto para que no os extraviéis. Alá es omnisciente».

5. La Mesa Servida (Al Maeda)
¡En el nombre de Alá, el Compasivo, el Misericordioso!

5:1 ¡Creyentes! ¡Respetad vuestros compromisos! La bestia de los rebaños os está permitida, salvo lo que se os recita. La caza no os está permitida mientras estéis sacralizados. Alá decide lo que Él quiere.

5:2 ¡Creyentes! No profanéis las cosas sagradas de Alá, ni el mes sagrado, ni la víctima, ni las guirnaldas, ni a los que se dirigen a la Casa Sagrada, buscando favor de su Señor y satisfacerle. Podéis cazar cuando dejáis de estar sacralizados. Que el odio que tenéis a gente que hace poco os apartaba de la Mezquita Sagrada no os incite a violar la ley. Ayudaos unos a otros a practicar la piedad y el temor de Alá, no el pecado y la violación de la ley. ¡Y temed a Alá! Alá castiga severamente...

5:3 Os está vedada la carne mortecina, la sangre, la carne de cerdo, la de animal sobre el que se haya invocado un nombre diferente del de Alá, la de animal asfixiado o muerto a palos, de una caída, de una cornada, la del devorado parcialmente por las fieras -excepto si aún lo sacrificáis vosotros-, la del inmolado en piedras erectas. Consultar la suerte valiéndose de flechas es una pervesidad. Hoy quienes no creen han desesperado de vuestra religión. ¡No les tengáis, pues, miedo a ellos, sino a Mí! Hoy os he perfeccionado vuestra religión, he completado Mi gracia en vosotros y Me satisface que sea el islam vuestra religión. Si alguien se ve compelido durante un hambre, sin intención de pecar,...Alá es indulgente, misericordioso.

5:4 Te preguntan qué les está permitido. Di: «Os están permitidas las cosas buenas. Podéis comer de lo que os cojan los animales de presa que habéis adiestrado para la caza, tal como Alá os ha enseñado. ¡Y mencionad el nombre de Alá sobre ello! ¡Y temed a Alá». Alá es rápido en ajustar cuentas.

5:5 Hoy se os permiten las cosas buenas. Se os permite el alimento de quienes han recibido la *Escritura*, así como también se les permite a ellos vuestro alimento. Y las mujeres creyentes honestas y las honestas del pueblo que, antes que vosotros, había recibido la *Escritura*, si les dais la dote tomándolas en matrimonio, no como fornicadores o como amantes. Vanas serán las obras de quien rechace la fe y en la otra vida será de los que pierdan.

5:6 ¡Creyentes! Cuando os dispongáis a hacer la azalá, lavaos el rostro y los brazos hasta el codo, pasad las manos por la cabeza y lavaos los pies hasta el tobillo. Si estáis en estado de impureza legal, purificaos. Y si estáis enfermos o de viaje, si viene uno de vosotros de hacer sus necesidades, o habéis tenido contacto con mujeres y no encontráis agua, recurrid a arena limpia y pasadla por el rostro y por las manos. Alá no quiere imponeros ninguna carga, sino purificaros y completar Su gracia en vosotros. Quizás, así seáis agradecidos.

5:7 Recordad la gracia que Alá os dispensó y el pacto que concluyó con vosotros cuando dijisteis: «Oímos y obedecemos». ¡Temed a Alá! Alá sabe bien lo que encierran los pechos.

5:8 ¡Creyentes! ¡Sed íntegros ante Alá cuando depongáis con equidad! ¡Que el odio a una gente no os incite a obrar injustamente! ¡Sed justos! Esto es lo más próximo al temor de Alá! ¡Y temed a Alá! Alá está bien informado de lo que hacéis.

5:9 Alá ha prometido a quienes crean y obren bien perdón y una magnífica recompensa.

5:10 Quienes no crean y desmientan Nuestros signos morarán en el fuego de la gehena.

5:11 ¡Creyentes! Recordad la gracia que Alá os dispensó cuando una gente habría preferido poneros las manos encima y Él se lo impidió. ¡Y temed a Alá! ¡Que los creyentes confíen en Alá!

5:12 Alá concertó un pacto con los Hijos de Israel. Suscitamos de entre ellos a doce jefes. Y Alá dijo: «Yo estoy con vosotros. Si hacéis la azalá, dais el azaque, creéis en Mis enviados y les auxiliáis, si hacéis un préstamo generoso a Alá, he de borrar vuestras malas obras e introduciros en jardines por cuyos bajos fluyen arroyos. Quien de vosotros, después de eso, no crea se habrá extraviado del camino recto».

5:13 Por haber violado su pacto les hemos maldecido y hemos endurecido sus corazones. Alteran el sentido de las palabras; olvidan parte de lo que se les recordó. Siempre descubrirás en ellos alguna traición, salvo en unos pocos. ¡Borra sus faltas, perdónales! Alá ama a quienes hacen el bien.

5:14 Concertamos un pacto con quienes decían: «Somos cristianos». Pero olvidaron parte de lo que se les recordó y, por eso,. provocamos entre ellos enemistad y odio hasta el día de la Resurrección. Pero ya les informará Alá de lo que hacían.

5:15 ¡Gente de la *Escritura* ! Nuestro Enviado ha venido a vosotros, aclarándoos mucho de lo que de la *Escritura* habíais ocultado y revocando mucho también. Os ha venido de Alá una Luz, una *Escritura* clara,

5:16 por medio de la cual Alá dirige a quienes buscan satisfacerle por caminos de paz y les saca, con Su permiso, de las tinieblas a la luz, y les dirige a una vía recta.

5:17 No creen, en realidad, quienes dicen: «Alá es el Ungido, hijo de María». Di: «¿Quién podría impedir a Alá que. si Él quisiera, hiciera morir al Ungido, hijo de María, a su madre y a todos los de la tierra?» De Alá es el dominio de los cielos, de la tierra y de lo que entre ellos está. Crea lo que Él quiere. Alá es omnipotente.

5:18 Los judíos y los cristianos dicen: «Somos los hijos de Alá y Sus predilectos». Di: «¿Por qué, pues, os castiga por vuestros pecados? No, sino que sois mortales, de Sus criaturas. Perdona a quien Él quiere y castiga a quien Él quiere». De Alá es el dominio de los cielos y de la tierra y de lo que entre ellos está. Es Él el fin de todo.

5:19 ¡Gente de la *Escritura* ! Nuestro Enviado ha venido a vosotros para instruiros, después de una interrupción de enviados, no sea que dijerais: «No ha venido a nosotros ningún nuncio de buenas nuevas, ni monitor alguno». Así, pues, sí que ha venido a vosotros un nuncio de buenas nuevas y un monitor. Alá es omnipotente.

5:20 Y cuando Moisés dijo a su pueblo: «¡Pueblo! Recordad la gracia que Alá os dispensó cuando suscitó de entre vosotros a profetas e hizo de vosotros reyes, dándoos lo que no se había dado a ninguno en el mundo.

5:21 ¡Pueblo! ¡Entrad en la Tierra Santa que Alá os destinó y no volváis sobre vuestros pasos; si no, regresaréis habiendo perdido!».

5:22 Dijeron: «¡Moisés! Hay en ella un pueblo de hombres fuertes y no entraremos mientras no salgan de ella. Si salen de ella, entonces, sí que entraremos».

5:23 Dos de sus hombres, temerosos de Alá, a quienes Alá había agraciado, dijeron: «Entrad contra ellos por la puerta. Una vez franqueada, la victoria será vuestra. Si sois creyentes, ¡confiad en Alá!».

5:24 Dijeron: «¡Moisés! No entraremos nunca en ella mientras ellos estén dentro. ¡Ve, pues, tú con tu Señor, y combatid, que nosotros nos quedamos aquí!».

5:25 Dijo: «¡Señor! Yo no puedo más que conmigo y con mi hermano. Haz distinción, pues, entre nosotros y este pueblo perverso».

5:26 Dijo: «Les estará prohibida durante cuarenta años, tiempo en el que vagarán por la tierra. ¡No te preocupes por este pueblo perverso!».

5:27 ¡Y cuéntales la historia auténtica de los dos hijos de Adán, cuando ofrecieron una oblación y se le aceptó a uno, pero al otro no! Dijo: «¡He de matarte!». Dijo: «Alá sólo acepta de los que Le temen.

5:28 Y si tú pones la mano en mí para matarme, yo no voy a ponerla en ti para matarte, porque temo a Alá, Señor del universo.

5:29 Quiero que cargues con tu pecado contra mí y otros pecados y seas así de los moradores del Fuego. Ésa es la retribución de los impíos».

5:30 Entonces, su alma le instigó a que s matara a su hermano y le mató, pasando a ser de los que pierden.

5:31 Alá envió un cuervo, que escarbó la tierra para mostrarle cómo esconder el cadáver de su hermano. Dijo: «¡Ay de mí! ¿Es que no soy capaz de imitar a este cuervo y esconder el cadáver de mi hermano?». Y pasó a ser de los arrepentidos.

5:32 Por esta razón, prescribimos a los Hijos de Israel que quien matara a una persona que no hubiera matado a nadie ni corrompido en la tierra, fuera como si hubiera matado a toda la Humanidad. Y que quien salvara una vida, fuera como si hubiera salvado las vidas de toda la Humanidad. Nuestros enviados vinieron a ellos con las pruebas claras, pero, a pesar de ellas, muchos cometieron excesos en la tierra.

5:33 Retribución de quienes hacen la guerra a Alá y a Su Enviado y se dan a corromper en la tierra: serán muertos sin piedad, o crucificados, o amputados de manos y pies opuestos, o desterrados del país. Sufrirán ignominia en la vida de acá y terrible castigo en la otra.

5:34 Quedan exceptuados quienes se arrepientan antes de caer en vuestras manos. Sabed, en efecto, que Alá es indulgente, misericordioso.

5:35 ¡Creyentes! ¡Temed a Alá y buscad el medio de acercaros a Él! ¡Combatid por Su causa! Quizás, así, prosperéis.

5:36 Si poseyeran los infieles todo cuanto hay en la tierra y otro tanto, y lo ofrecieran como rescate para librarse del castigo del día de la Resurrección, no se les aceptaría Tendrán un castigo doloroso.

5:37 Querrán salir del Fuego, pero no podrán. Tendrán un castigo permanente.

5:38 Al ladrón y a la ladrona, cortadles las manos como retribución de lo que han cometido, como castigo ejemplar de Alá. Alá es poderoso, sabio.

5:39 Si uno se arrepiente, después de haber obrado impíamente y se enmienda, Alá se volverá a él. Alá es indulgente, misericordioso.

5:40 ¿No sabes que es de Alá el dominio de los cielos y de la tierra? Castiga a quien Él quiere y perdona a quien Él quiere. Alá es omnipotente.

5:41 ¡Enviado! Que no te entristezcan quienes se precipitan en la incredulidad. Son de los que dicen con la boca: «Creemos», pero no creen de corazón, y de los judíos. Dan oídos a la mentira, dan oídos a otra gente que no ha venido a ti. Alteran el sentido de las palabras y dicen: «Si se os ha dado esto, ¡tomadlo!; pero, si no es esto lo que se os ha dado. ¡guardaos!». Si Alá quiere que alguien sea tentado, tú no puedes hacer nada por él contra Alá. Esos tales son aquéllos cuyos corazones Alá no ha querido purificar. Sufrirán ignominia en la vida de acá y terrible castigo en la otra.

5:42 Dan oído a la mentira y devoran el soborno. Si vienen a ti, decide entre ellos o retírate. Si te retiras, no podrán hacerte ningún daño. Si decides, hazlo con equidad. Alá ama a los que observan la equidad.

5:43 Pero ¿cómo van a hacerte juez teniendo como tienen la *Tora*, en la que se contiene la decisión de Alá? Luego, después de eso, se retiran. Esos tales no son creyentes.

5:44 Hemos revelado la *Tora*, que contiene Dirección y Luz. Los profetas que se habían sometido administraban justicia a los judíos según ella, como hacían los maestros y doctores, según lo que de la *Escritura* de Alá se les había confiado y de lo cual eran testigos. ¡No tengáis, pues, miedo a los hombres, sino a Mí! ¡Y no malvendáis Mis signos! Quienes no decidan según lo que Alá ha revelado, ésos son los infieles.

5:45 Les hemos prescrito en ella: «Vida por vida, ojo por ojo, nariz por nariz, oreja por oreja, diente por diente y la ley del talión por las heridas». Y si uno renuncia a ello, le servirá de expiación. Quienes no decidan según lo que Alá ha revelado, ésos son los impíos.

5:46 Hicimos que les sucediera Jesús, hijo de María, en confirmación de lo que ya había de la *Tora*. Le dimos el *Evangelio*, que contiene Dirección y Luz, en confirmación de lo que ya había de la *Tora* y como Dirección y Exhortación para los temerosos de Alá.

5:47 Que la gente del *Evangelio* decida según lo que Alá ha revelado en él. Quienes no decidan según lo que Alá ha revelado ésos son los perversos.

5:48 Te hemos revelado la *Escritura* con la Verdad, en confirmación y como custodia de lo que ya había de la *Escritura*. Decide, pues, entre ellos según lo que Alá ha revelado y no sigas sus pasiones, que te apartan de la Verdad que has recibido. A cada uno os hemos dado una norma y una vía. Alá, si hubiera querido, habría hecho de vosotros una sola comunidad, pero quería probaros en lo que os dio. ¡Rivalizad en buenas obras! Todos volveréis a Alá. Ya os informará Él de aquello en que discrepabais.

5:49 Debes decidir entre ellos según lo que Alá ha revelado. No sigas sus pasiones. ¡Guárdate de ellos, no sea que te seduzcan, desviándote de parte de lo que Alá te ha revelado! Y, si se apartan, sabe que Alá desea afligirles por algunos de sus pecados. Muchos hombres son, ciertamente, perversos.

5:50 ¿Es una decisión a la pagana lo que desean? Y ¿quién puede decidir mejor que Alá para gente que está convencida?

5:51 ¡Creyentes! ¡No toméis como amigos a los judíos y a los cristianos! Son amigos unos de otros. Quien de vosotros trabe amistad con ellos, se hace uno de ellos. Alá no guía al pueblo impío.

5:52 Ves a los enfermos de corazón precipitarse a ellos, diciendo: «Tenemos miedo de un revés de fortuna». Pero puede que Alá traiga el éxito u otra cosa de Él y, entonces, se dolerán de lo que habían pensado en secreto.

5:53 Los creyentes dirán «Son éstos los que juraban solemnemente por Alá que sí, que estaban con vosotros? Sus obras serán vanas y saldrán perdiendo».

5:54 ¡Creyentes! Si uno de vosotros apostata de su fe... Alá suscitará una gente a la cual Él amará y de la cual será amado, humilde con los creyentes, altivo con los infieles, que Alá y que no temerá la censura de nadie. Éste es el favor de Alá. Lo dispensa a quien Él quiere. Alá es inmenso, omnisciente.

5:55 Sólo es vuestro amigo Alá, Su Enviado y los creyentes, que hacen la azalá, dan el azaque y se inclinan.

5:56 Quien tome como amigo a Alá, a Su Enviado y a los creyentes... Los partidarios de Alá serán los que venzan.

5:57 ¡Creyentes! No toméis como amigos a quienes, habiendo recibido la *Escritura* antes que vosotros, toman vuestra religión a burla y a juego, ni tampoco a los infieles. ¡Y temed a Alá, si es que sois creyentes!

5:58 Cuando llamáis a la azalá, la toman a burla y a juego, porque son gente que no razona.

5:59 Di: «¡Gente de la *Erscritura* ! ¿Es que no tenéis más motivo para censurarnos que el que creamos en Alá y en la Revelación hecha a nosotros y a los que nos precedieron y que la mayoría seáis unos perversos?».

5:60 Di: «No sé si informaros de algo peor aún que eso respecto a una retribución junto a Alá. Los que Alá ha maldecido, los que han incurrido en Su ira, los que Él ha convertido en monos y cerdos, los que han servido a los *taguts*, ésos son los que se encuentran en la situación peor y los más extraviados del camino recto».

5:61 Cuando vienen a Ti, dicen: «¡Creemos!». Pero entran sin creer y sin creer salen. Alá sabe bien lo que ocultan.

5:62 Ves a muchos de ellos precipitarse al pecado y a la violación de la ley y a devorar el soborno. ¡Qué mal está lo que hacen!

5:63 ¿Por qué los maestros y los doctores no les prohíben sus expresiones pecaminosas y que devoren el soborno? ¡Qué mal está lo que hacen!

5:64 Los judíos dicen: «La mano de Alá está cerrada». ¡Que sus propias manos estén cerradas y sean malditos por lo que dicen! Al contrario, Sus manos están abiertas y Él distribuye Sus dones como quiere. Pero la Revelación que tú has recibido de tu Señor acrecentará en muchos de ellos su rebelión e incredulidad. Hemos suscitado entre ellos hostilidad y odio hasta el día de la Resurrección. Siempre que encienden el fuego de la guerra, Alá se lo apaga. Se dan a corromper en la tierra y Alá no ama a los corruptores.

5:65 Si la gente de la *Escritura* creyera y temiera a Alá, les borraríamos sus malas obras y les introduciríamos en los jardines de la Delicia.

5:66 Si obsevaran la *Tora*, el *Evangelio* y la Revelación que han recibido de su Señor, disfrutarían de los bienes del cielo y de la tierra. Hay entre ellos una comunidad que se mantiene moderada, pero ¡qué mal hacen muchos otros de ellos!

5:67 ¡Enviado! ¡Comunica la Revelación que has recibido de tu Señor, que, si no lo haces, no comunicas Su mensaje! Alá te í, protegerá de los hombres. Alá no dirige al pueblo infiel.

5:68 Di: «¡Gente de la *Escritura* ! No hacéis nada de fundamento mientras no observéis la *Tora*. el *Evangelio* y la Revelación que habéis recibido de vuestro Señor». Pero la Revelación que tú has recibido de tu Señor acrecentará en muchos de ellos su rebelión e incredulidad. ¡No te aflijas, pues, por el pueblo infiel!

5:69 Los creyentes, los judíos, los sabeos y los cristianos -quienes creen en Alá y en el último Día y obran bien- no tienen que temer y no estarán tristes.

5:70 Concertamos un pacto con los Hijos de Israel y les mandamos enviados. Siempre T que un enviado venía a ellos con algo que no era de su gusto, le desmentían o le daban muerte.

5:71 Creían que no iban a ser probados y se portaron como ciegos y sordos. Alá se volvió a ellos, pero muchos de ellos vol- vieron a portarse como ciegos y sordos. Alá ve bien lo que hacen.

5:72 No creen, en realidad, quienes dicen: «Alá es el Ungido, hijo de María», siendo así que el mismo Ungido ha dicho: «¡Hijos de Israel, servid a Alá, mi Señor y Señor vuestro!». Alá veda el Jardín a quien asocia a Alá. Su morada será el Fuego. Los impíos no tendrán quien les auxilie.

5:73 No creen, en realidad, quienes dicen: «Alá es el tercero de tres». No hay ningún otro dios que Dios Uno y, si no paran de decir eso, un castigo doloroso alcanzará a quienes de ellos no crean.

5:74 ¿No se volverán a Alá pidiéndole, perdón? Alá es indulgente, misericordioso.

5:75 El Ungido, hijo de María, no es sino un enviado, antes del cual han pasado otros enviados, y su madre, veraz. Ambos tomaban alimentos. ¡ Mira cómo les explicamos los signos! ¡Y mira cómo son desviados!

5:76 Di: «¿Vais a servir, en lugar de servir a Alá, lo que no puede dañaros ni aprovecharos?» Alá es Quien todo lo oye, Quien todo lo sabe.

5:77 Di: «¡Gente de la *Escritura* ! No exageréis en vuestra religión profesando algo diferente de la Verdad y no sigáis las pasiones de una gente que ya antes se extravió, extravió a muchos y se apartó del recto camino».

5:78 Los Hijos de Israel que no creyeron fueron maldecidos por boca de David y de Jesús, hijo de María, por haber desobedecido y violado la ley.

5:79 No se prohibían mutuamente las acciones reprobables que cometían. ¡Qué mal hacían!

5:80 Ves a muchos de ellos que traban amistad con los que no creen. Lo que han hecho antes está tan mal que Alá está irritado con ellos y tendrán un castigo eterno.

5:81 Si hubieran creído en Alá, en el r Profeta y en la Revelación que éste recibió, no les habrían tomado como amigos. pero muchos de ellos son perversos.

5:82 Verás que los más hostiles a los creyentes son los judíos y los asociadores, y que los más amigos de los creyentes son los que dicen: «Somos cristianos». Es que hay entre ellos sacerdotes y monjes y no son altivos.

5:83 Cuando oyen lo que se ha revelado al Enviado, ves que sus ojos se inundan de lágrimas de reconocimiento de la Verdad. Dicen: «¡Señor! ¡Creemos! ¡Apúntanos, pues. como testigos!

5:84 ¿Cómo no vamos a creer en Alá y en la Verdad venida a nosotros si anhelamos que nuestro Señor nos introduzca con los justos?»

5:85 Alá les recompensará por lo que han dicho con jardines por cuyos bajos fluyen arroyos, en los que estarán eternamente. Ésa es la retribución de quienes hacen el bien.

5:86 Pero quienes no crean y desmientan Nuestros signos morarán en el fuego de la gehena.

5:87 ¡Creyentes! ¡No prohibáis las cosas buenas que Alá os ha permitido! ¡Y no violéis la ley, que Alá no ama a los que la violan !

5:88 ¡Comed de lo lícito y bueno de que Alá os ha proveído! ¡Y temed a Alá, en Quien creéis!

5:89 Alá no os tendrá en cuenta la vanidad de vuestros juramentos, pero sí el que hayáis jurado deliberadamente. Como expiación, alimentaréis a diez pobres como soléis alimentar a vuestra familia, o les vestiréis, o manumitiréis a un esclavo. Quien no pueda, que ayune tres días. Cuando juréis, ésa será la expiación por vuestros juramentos. ¡Sed fieles a lo que juráis! Así os explica Alá Sus aleyas. Quizás, así, seáis agradecidos.

5:90 ¡Creyentes! El vino, el *maysir*, las piedras erectas y las flechas no son sino abominación y obra del Demonio. ¡Evitadlo, pues! Quizás, así, prosperéis.

5:91 El Demonio quiere sólo crear hostilidad y odio entre vosotros valiéndose del vino y del *maysir*, e impediros que recordéis a Alá y hagáis la azalá. ¿Os abstendréis, pues?

5:92 ¡Obedeced a Alá, obedeced al Enviado y guardaos! Pero, si volvéis la espalda, sabed que a Nuestro Enviado le incumbe sólo la transmisión clara.

5:93 Quienes creen y obran bien, no pecan en su comida si temen a Alá, creen y obran bien, luego temen a Alá y creen, luego temen a Alá y hacen el bien. Alá ama a quienes hacen el bien.

5:94 ¡Creyentes! Alá ha de probaros con alguna caza obtenida con vuestras manos o con vuestras lanzas, para saber quién Le teme en secreto. Quien, después de esto, viole la ley, tendrá un castigo doloroso.

5:95 ¡Creyentes! No matéis la caza mientras estéis sacralizados. Si uno de vosotros la mata deliberadamente, ofrecerá como víctima a la Caaba, en compensación, una res de su rebaño, equivalente a la caza que mató -a juicio de dos personas justas de entre vosotros-, o bien expiará dando de comer a los pobres o ayunando algo equivalente, para que guste la gravedad de su conducta. Alá perdona lo pasado, pero Alá se vengará del reincidente. Alá es poderoso, vengador.

5:96 Os es lícita la pesca y alimentaros de ella para disfrute vuestro y de los viajeros, pero os está prohibida la caza mientras dure vuestra sacralización. Y temed a Alá hacia Quien seréis congregados.

5:97 Alá ha hecho de la Caaba, la Casa Sagrada, estación para los hombres, y ha instituido el mes sagrado, la víctima y las guirnaldas para que sepáis que Alá conoce lo que está en los cielos y en la tierra y que Alá es omnisciente.

5:98 Sabed que Alá es severo en castigar, pero también que Alá es indulgente, misericordioso.

5:99 Al Enviado no le incumbe sino la transmisión. Alá sabe lo que manifestáis y lo que ocultáis.

5:100 Di: «No es lo mismo el mal que el bien, aunque te plazca lo mucho malo que hay. ¡Temed, pues, a Alá, hombres de intelecto! Quizás, así, prosperéis».

5:101 ¡Creyentes! No preguntéis por cosas que, si se os dieran a conocer, os dañarían. Si, con todo, preguntáis por ellas cuando se revela el *Corán*, se os darán a conocer y Alá os perdonará por ello. Alá es indulgente, benigno.

5:102 Gente que os precedió hizo esas mismas preguntas y, por ellas, se hizo infiel.

5:103 Alá no ha instituido ni *bahira*, ni *saibas* ni *wasila*, ni *hami*. Son los infieles quienes han inventado la mentira contra Alá. Y la mayoría no razonan.

5:104 Y cuando se les dice: «Venid a la Revelación de Alá y al Enviado», dicen: «Nos basta aquello en que encontramos a nuestros padres». ¡Cómo! ¿Y si sus padres no sabían nada, ni estaban bien dirigidos?

5:105 ¡Creyentes! ¡Preocupaos de vosotros mismos! Quien se extravía no puede dañaros, si estáis en la buena dirección. Todos volveréis a Alá. Ya os informará Él de lo que hacíais.

5:106 ¡Creyentes! Cuando, a punto de morir, hagáis testamento, llamad como testigos a dos personas justas de los vuestros o bien a dos de fuera si estáis de viaje y os sobreviene la muerte. Retenedlas después de la azalá. Si dudáis de ellas, que juren por Alá: «¡No nos venderemos, aunque se trate de un pariente, ni ocultaremos el testimonio de Alá! Si no, seríamos de los pecadores».

5:107 Si se descubre que son reos de pecado, otros dos, los más próximos, les sustituirán, elegidos entre los perjudicados por el perjurio y jurarán por Alá: «Nuestro testimonio es más auténtico que el de los otros dos. Y no hemos violado la ley. Si no, seríamos de los impíos».

5:108 Así, será más fácil conseguir que presten testimonio como es debido, o que teman ver rechazados sus juramentos después de prestados. ¡Temed a Alá y escuchad! Alá no dirige al pueblo perverso.

5:109 El día que Alá congregue a los enviados y diga: «¿Qué se os ha respondido?», dirán: «No sabemos. Tú eres Quien conoce a fondo las cosas ocultas».

5:110 Cuando dijo Alá: «¡Jesús, hijo de María!; Recuerda Mi gracia, que os dispensé a ti y a tu madre cuando te fortalecí con el Espíritu Santo y hablaste a la gente en la cuna y de adulto, y cuando le enseñé la *Escritura*, la Sabiduría, la *Tora* y el *Evangelio*. Y cuando creaste de arcilla a modo de pájaros con Mi permiso, soplaste en ellos y se convirtieron en pájaros con Mi permiso. Y curaste al ciego de nacimiento y al leproso con Mi permiso. Y cuando resucitaste a los muertos con Mi permiso. Y cuando alejé de ti a los Hijos de Israel cuando viniste a ellos con las pruebas claras y los que de ellos no creían dijeron: 'Esto no es sino manifiesta magia'.

5:111 Y cuando inspiré a los apóstoles: '¡Creed en Mí y en Mi enviado!' Dijeron: «¡Creemos! ¡Sé testigo de nuestra sumisión!'».

5:112 Cuando dijeron los apóstoles: «¡Jesús, hijo de María! ¿Puede tu Señor hacer que nos baje del cielo una mesa servida?». Dijo: «¡Temed a Alá, si sois creyentes!».

5:113 Dijeron: «Queremos comer de ella. Así, nuestros corazones se tranquilizarán, sabremos que nos has hablado verdad y podremos ser testigos de ella».

5:114 Dijo Jesús, hijo de María: «¡Alá, Señor nuestro! Haz que nos baje del cielo una mesa servida, que sea para nosotros, el primero como el último, motivo de regocijo y signo venido de Ti. ¡Provéenos del sustento necesario, Tú, Que eres el Mejor de los proveedores!».

5:115 Dijo Alá: «Sí, voy a hacer que os baje. Pero, si uno de vosotros, después de eso, no cree, le castigaré como no he castigado a nadie en el mundo».

5:116 Y cuando dijo Alá: «¡Jesús, hijo de María! ¡Eres tú quien ha dicho a los hombres: '¡Tomadnos a mí y a mi madre como a dioses, además de tomar a Alá!'?». Dijo: «¡Gloria a Ti! ¿Cómo voy a decir algo que no tengo por verdad? Si lo hubiera dicho, Tú lo habrías sabido. Tú sabes lo que hay en mí, pero yo no sé lo que hay en Ti. Tú eres Quien conoce a fondo las cosas ocultas.

5:117 No les he dicho más que lo que Tú me has ordenado: '¡Servid a Alá, mi Señor y Señor vuestro!' Fui testigo de ellos mientras estuve entre ellos, pero, después de llamarme a Ti, fuiste Tú Quien les vigiló. Tú eres testigo de todo.

5:118 Si les castigas, son Tus siervos, Si les perdonas, Tú eres el Poderoso, el Sabio».

5:119 Alá dice: «Este es un día en que su sinceridad aprovechará a los sinceros. Tendrán jardines por cuyos bajos fluyen arroyos, en los que estarán eternamente, para siempre». Alá está satisfecho de ellos y ellos lo están de Él. ¡Ése es el éxito grandioso!

5:120 De Alá es el dominio de los cielos y de la tierra y de lo que en ellos está. Es omnipotente.

6. Los Rebaños (Al Anam)

¡En el nombre de Alá, el Compasivo, el Misericordioso!

6:1 ¡Alabado sea Alá, Que creó los cielos y la tierra e instituyó las tinieblas y la luz! Aun así, los que no creen equiparan a otros a su Señor.

6:2 Él es Quien os creó de arcilla y decretó a cada uno un plazo. Ha sido fijado un plazo junto a Él. Y aún dudáis...

6:3 Él es Alá en los cielos y en la tierra. Sabe lo que ocultáis y lo que manifestáis. Sabe lo que merecéis.

6:4 Siempre que viene a ellos uno de los signos de su Señor, se apartan de él.

6:5 Han desmentido la Verdad cuando ha venido a ellos, pero recibirán noticias de aquello de que se burlaban.

6:6 ¿Es que no ven a cuántas generaciones precedentes hemos hecho perecer? Les habíamos dado poderío en la tierra como no os hemos dado a vosotros. Les enviamos del cielo una lluvia abundante. Hicimos que fluyeran arroyos a sus pies. Con todo, les destruimos por sus pecados y suscitamos otras generaciones después de ellos.

6:7 Si hubiéramos hecho bajar sobre ti una *Escritura* escrita en pergamino y la hubieran palpado con sus manos, aun así, los que no creen habrían dicho: «Esto no es sino manifiesta magia».

6:8 Dicen: «¿Por qué no se ha hecho descender a un ángel sobre él?» Si hubiéramos hecho descender a un ángel, ya se habría decidido la cosa y no les habría sido dado esperar.

6:9 Si hubiéramos hecho de él un ángel, le habríamos dado apariencia humana y, con ello, habríamos contribuido a su confusión.

6:10 Se burlaron de enviados que te precedieron, pero los que se burlaban se vieron cercados por aquello de que se burlaban.

6:11 Di: «¡Id por la tierra y mirad cómo terminaron los desmentidores!».

6:12 Di: «¿A quién pertenece lo que está en los cielos y en la tierra?» Di: «¡A Alá!», Él mismo Se ha prescrito la misericordia. Él os reunirá, ciertamente, para el día indubitable de la Resurrección. Quienes se hayan perdido, no creerán.

6:13 A Él pertenece lo que sucede de noche y de día. Él es Quien todo lo oye, todo lo sabe.

6:14 Di: «¿Tomaré como amigo a otro distinto de Alá, creador de los cielos y de la tierra, Que alimenta sin ser alimentado?» Di: «He recibido la orden de ser el primero en someterse a Alá y no ser de los asociadores».

6:15 Di: «Temo, si desobedezco a mi Señor, el castigo de un día terrible».

6:16 Él se habrá apiadado de aquél a quien ese día se le haya alejado. Ése es el éxito manifiesto.

6:17 Si Alá te aflige con una desgracia, nadie más que Él podrá retirarla. Si te favorece con un bien... Él es omnipotente.

6:18 Él es Quien domina a Sus siervos. Él es el Sabio, el Bien Informado.

6:19 Di: «¿Cuál es el testimonio de más peso?» Di: «Alá es testigo entre yo y vosotros. Este *Corán* me ha sido revelado para que, por él. os advierta a vosotros y a aquéllos a quienes alcance. ¿Atestiguaríais, de verdad, que hay otros dioses junto con Alá?» Di: «No, no lo haría». Di: «Él es sólo un Dios Uno y soy inocente de lo que vosotros Le asociáis».

6:20 Aquéllos a quienes hemos dado la *Escritura* la conocen como conocen a sus propios hijos varones. Quienes se hayan perdido, no creerán.

6:21 ¿Hay alguien que sea más impío que quien inventa una mentira contra Alá o desmiente Sus signos? Los impíos no prosperarán.

6:22 El día que les congreguemos a todos, diremos a los que hayan asociado: «¿Dónde están vuestros pretendidos asociados?»

6:23 En su confusión, no sabrán decir más que: «¡Por Alá, Señor nuestro, que no éramos asociadores!»

6:24 ¡Mira cómo mienten contra sí mismos y cómo se han esfumado sus invenciones!

6:25 Hay entre ellos quienes te escuchan, pero hemos velado sus corazones y endurecido sus oídos para que no lo entiendan. Aunque vieran toda clase de signos, no creerían en ellos. Hasta el punto de que, cuando vienen a disputar contigo, dicen los que no creen: «Éstas no son sino patrañas de los antiguos».

6:26 Se lo impiden a otros y ellos mismos se mantienen a distancia. Pero sólo se arruinan a sí mismos, sin darse cuenta.

6:27 Si pudieras ver cuando, puestos de pie ante el Fuego, digan: «¡Ojalá se nos devolviera! No desmentiríamos los signos de nuestro Señor, sino que seríamos de los creyentes».

6:28 Pero ¡no! Se les mostrará claramente lo que antes ocultaban. Si se les devolviera, volverían a lo que se les prohibió. ¡Mienten, ciertamente!

6:29 Dicen: «No hay más vida que la de acá y no seremos resucitados».

6:30 Si pudieras ver cuando, puestos de pie ante su Señor... Dirá: «¿No es esto la Verdad?» Dirán: «¡Claro qué sí, por nuestro Señor!» Dirá: «¡Gustad, pues, el castigo por no haber creído!»

6:31 Perderán quienes hayan desmentido el encuentro de Alá. Cuando, al fin, de repente, les venga la Hora, dirán: «¡Ay de nosotros, que nos descuidamos!» Y llevarán su carga a la espalda. ¿No es carga mala la que llevan?

6:32 La vida de acá no es sino juego y distracción. Sí, la Morada Postrera es mejor para quienes temen a Alá. ¿Es que no razonáis...?

6:33 Ya sabemos que lo que dicen te entristece. No es a ti a quien desmienten, sino que, más bien, lo que los impíos rechazan son los signos de Alá.

6:34 También fueron desmentidos antes de ti otros enviados, pero sufrieron con paciencia ese mentís y vejación hasta que les llegó Nuestro auxilio. No hay quien pueda cambiar las palabras de Alá. Tú mismo has oído algo acerca de los enviados.

6:35 Y si te resulta duro que se alejen, auque pudieras encontrar un agujero en la tierra o una escala en el cielo para traerles un signo,... Alá, si hubiera querido, les habría congregado a todos para dirigirles. ¡No seas, pues, de los ignorantes!

6:36 Sólo escuchan quienes oyen. En cuanto a los muertos, Alá les resucitará y serán devueltos a Él.

6:37 Dicen: «¿Por qué no se le ha revelado un signo que procede de su Señor?» Di: «Alá es capaz de revelar un signo». Pero la mayoría no saben.

6:38 No hay animal en la tierra, ni ave que vuele con sus alas, que no constituyan comunidades como vosotros. No hemos descuidado nada en la *Escritura*. Luego, serán congregados hacia su Señor.

6:39 Quienes desmienten Nuestros signos son sordos, mudos, vagan entre tinieblas. Alá extravía a quien Él quiere, y a quien Él quiere le pone en una vía recta.

6:40 Di: «¿Qué crees que iba a ser de vosotros si os viniera el castigo de Alá u os viniera la Hora? ¿Invocaríais a otros diferentes de Alá? Sinceramente...»

6:41 ¡No!, antes bien, le invocaríais a Él y quitaría, si Él quisiera, el objeto de vuestra invocación. Y olvidaríais lo que ahora Le asociáis.

6:42 Antes de ti, hemos mandado enviados a comunidades y hemos causado a éstas miseria y desgracia. Quizás, así, se humillaran.

6:43 Si se hubieran humillado cuando Nuestro rigor les alcanzó... Pero sus corazones se endurecieron y el Demonio engalanó lo que hacían.

6:44 Y cuando hubieron olvidado lo que se les había recordado, les abrimos las puertas de todo. Cuando hubieron disfrutado de lo que se les había concedido, Nos apoderamos de ellos de repente y fueron presa de la desesperación.

6:45 Así fue extirpado el pueblo que obró impíamente. ¡Alabado sea Alá, Señor del universo!

6:46 Di: «¿Qué os parece? Si Alá os privara del oído y de la vista y sellara vuestros corazones, qué dios otro que Alá podría devolvéroslos?» ¡Mira cómo exponemos las aleyas! Aun así, ellos se apartan.

6:47 Di: «¿Qué crees que iba a ser de vosotros si os sorprendiera el castigo de Alá repentina o visiblemente? ¿Quién iba a ser destruido sino el pueblo impío?»

6:48 No mandamos a los enviados sino como nuncios de buenas nuevas y para advertir. Quienes crean y se enmienden, no tienen que temer y no estarán tristes.

6:49 A quienes desmientan Nuestros signos les alcanzará el castigo por haber sido perversos.

6:50 Di: «Yo no pretendo poseer los tesoros de Alá, ni conozco lo oculto, ni pretendo ser un ángel. No hago sino seguir lo que se me ha revelado». Di: «¿Son iguales el ciego y el vidente? ¿Es que no reflexionáis?»

6:51 Advierte por su medio a quienes teman ser congregados hacia su Señor que no tendrán, fuera de Él, amigo ni intercesor. Quizás. así, teman a Alá.

6:52 No rechaces a quienes invocan a su Señor mañana y tarde por deseo de agradarle. No tienes tú que pedirles cuentas de nada, ni ellos a ti. Y, si les rechazas, serás de los impíos.

6:53 Así hemos probado a unos por otros para que digan: «¿Es a éstos a quienes Alá ha agraciado de entre nosotros?» ¿No conoce Alá mejor que nadie a los agradecidos?

6:54 Cuando vengan a ti los que creen en Nuestros signos, di: «¡Paz sobre vosotros!» Vuestro Señor Se ha prescrito la misericordia, de modo que si uno de vosotros obra mal por ignorancia, pero luego se arrepiente y enmienda... Él es indulgente, misericordioso.

6:55 Así es como exponemos los signos, para que aparezca claro el camino de los pecadores.

6:56 Di: «Se me ha prohibido servir a aquéllos que invocáis en lugar de invocar a Alá». Di: «No seguiré vuestras pasiones; si no, me extraviaría y no sería de los bien dirigidos».

6:57 Di: «Me baso en una prueba clara venida de mi Señor y vosotros lo desmentís. Yo no tengo lo que pedís con tanto apremio. La decisión pertenece sólo a Alá: Él cuenta la verdad y Él es el Mejor en fallar».

6:58 Di: «Si yo tuviera lo que pedís con tanto apremio, ya se habría decidido la cosa entre yo y vosotros». Alá conoce mejor que nadie a los impíos.

6:59 Él posee las llaves de lo oculto, sólo Él las conoce. Él sabe lo que hay en la tierra y en el mar. No cae ni una hoja sin que Él lo sepa, no hay grano en las tinieblas de la tierra, no hay nada verde, nada seco, que no esté en una *Escritura* clara.

6:60 Él es quien os llama de noche y sabe lo que habéis hecho durante el día. Luego, os despierta en él. Esto es así para que se cumpla un plazo fijo. Luego, volveréis a Él y os informará de lo que hacíais.

6:61 Él es Quien domina a Sus siervos. Envía sobre vosotros a custodios. Cuando, al fin, viene la muerte a uno de vosotros, Nuestros enviados le llaman, no se descuidan.

6:62 Luego, son devueltos a Alá, su verdadero Dueño. ¿No es a Él a quien toca decidir? Él es el más rápido en ajustar cuentas.

6:63 Di: «¿Quién os librará de las tinieblas de la tierra y del mar?» Le invocáis humildemente y en secreto: «Si nos libra de ésta, seremos, ciertamente, de los agradecidos».

6:64 Di: «Alá os libra de ésta y de todo apuro, pero vosotros de nuevo Le asociáis».

6:65 Di: «Él es el Capaz de enviaros un castigo de arriba o de abajo, o de desconcertaros con partidos diferentes y haceros gustar vuestra mutua violencia». ¡Mira cómo exponemos las aleyas! Quizás, así comprendan mejor.

6:66 Pero tu pueblo lo ha desmentido, que es la Verdad. Di: «Yo no soy vuestro protector.

6:67 Todo anuncio tiene su tiempo oportuno y pronto lo sabréis».

6:68 Cuando veas a los que parlotean de Nuestros signos, déjales hasta que cambien de conversación. Y, si el Demonio hace que te olvides, entonces, después de la amonestación, no sigas con los impíos.

6:69 Quienes temen a Alá no deben pedirles cuentas de nada, sino tan sólo amonestarles. Quizás, así, teman a Alá.

6:70 ¡Deja a quienes toman su religión a juego y distracción y a quienes ha engañado la vida de acá! ¡Amonéstales por su medio, no sea que alguien se pierda por razón de sus obras! No tendrá, fuera de Alá, amigo ni intercesor y, aunque ofrezca toda clase de compensaciones, no se le aceptarán. Ésos son los que se han perdido por razón de sus obras. Se les dará a beber agua muy caliente y tendrán un castigo doloroso por no haber creído.

6:71 Di: «¿Invocaremos, en lugar de invocar a Alá, lo que no puede aprovecharnos ni dañarnos? ¿Volveremos sobre nuestros pasos después de habernos dirigido Alá?» Como aquél a quien los demonios han seducido y va desorientado por la tierra... Sus compañeros le llaman, invitándole a la Dirección: «¡Ven a nosotros!» Di: «La dirección de Alá es la Dirección. Hemos recibido la orden de someternos al Señor del universo.

6:72 ¡Haced la azalá! ¡Temedle! Es Él hacia Quien seréis congregados».

6:73 Es Él Quien ha creado con un fin los cielos y la tierra. El día que dice: «¡Sé!», es. Su palabra es la Verdad. Suyo será el dominio el día que se toque la trompeta. El Conocedor de lo oculto y de lo patente. Él es el Sabio, el Bien Informado.

6:74 Y cuando Abraham dijo a su padre Azar: «¿Tomas a los ídolos como dioses? Sí, veo que tú y tu pueblo estáis evidentemente extraviados».

6:75 Y así mostramos a Abraham el reino de los cielos y de la tierra, para que fuera de los convencidos.

6:76 Cuando cerró la noche sobre él, vio una estrella y dijo: «¡Éste es mi Señor!». Pero, cuando se puso, dijo: «No amo a los que se ponen».

6:77 Cuando vio la luna que salía, dijo: «Éste es mi Señor». Pero, cuando se puso, dijo: «Si no me dirige mi Señor, voy a ser, ciertamente, de los extraviados».

6:78 Cuando vio el sol que salía, dijo: «Éste es mi Señor! ¡Éste es mayor!». Pero, cuando se puso, dijo: «¡Pueblo! Soy inocente de lo que Le asociáis.

6:79 Vuelvo mi rostro, como *hanif*, hacia Quien ha creado los cielos y la tierra. Y no soy asociador».

6:80 Su pueblo disputó con él. Dijo: «¿Disputáis conmigo sobre Alá, a pesar de haberme Él dirigido? No temo lo que Le asociáis, a menos que mi Señor quiera algo. Mi Señor lo abarca todo en Su ciencia. ¿Es que no os dejaréis amonestar?

6:81 ¿Cómo voy a temer lo que Le habéis asociado si vosotros no teméis asociar a Alá algo para lo que Él no os ha conferido autoridad? ¿Cuál, pues, de las dos partes tiene más derecho a seguridad? Si es que lo sabéis...».

6:82 Quienes creen y no revisten su fe de impiedad, ésos son los que están en seguridad, los que están dirigidos.

6:83 Ése es el argumento Nuestro que dimos a Abraham contra su pueblo. Ascendemos la categoría de quien queremos. Tu Señor es sabio, omnisciente.

6:84 Le regalamos a Isaac y a Jacob. Dirigimos a los dos. A Noé ya le habíamos dirigido antes y, de sus descendientes, a David, a Salomón, a Job, a José, a Moisés y a Aarón. Así retribuimos a quienes hacen el bien.

6:85 Y a Zacarías, a Juan, a Jesús y a Elías, todos ellos de los justos.

6:86 Y a Ismael, a Eliseo, a Jonás y a Lot. A cada uno de ellos le distinguimos entre todos los hombres,

6:87 así como a algunos de sus antepasados, descendientes y hermanos. Les elegimos y dirigimos a una vía recta.

6:88 Ésta es la dirección de Alá, por la que dirige a quien Él quiere de Sus siervos. Si hubieran sido asociadores, todas sus obras habrían sido vanas.

6:89 Fue a éstos a quienes dimos la *Escritura*, el juicio y el profetismo. Y, si éstos no creen en ello, lo hemos confiado a otro pueblo, que sí que cree.

6:90 A éstos ha dirigido Alá. ¡Sigue, pues, su Dirección! Di: «No os pido salario a cambio. No es más que una Amonestación dirigida a todo el mundo».

6:91 No han valorado a Alá debidamente cuando han dicho: «Alá no ha revelado nada a un mortal». Di: «Y ¿quién ha revelado la *Eiscrituro* que Moisés trajo, luz y dirección para los hombres? la ponéis en pergaminos, que enseñáis, pero ocultáis una gran parte. Se os enseñó lo que no sabíais, ni vosotros ni vuestros padres». Di: «¡Fue Alá!». Y déjales que pasen el rato en su parloteo.

6:92 Es ésta una *Escritura* bendita que hemos revelado, que confirma la revelación anterior, para que adviertas a la metrópoli y a los que viven en sus alrededores. Quienes creen en la otra vida, creen también en ella y observan su azalá.

6:93 ¿Hay alguien que sea más impío que quien inventa una mentira contra Alá, o quien dice: «He recibido una revelación», siendo así que no se le ha revelado nada, o quien dice: «Yo puedo revelar otro tanto de lo que Alá ha revelado»? Si pudieras ver cuando estén los impíos en su agonía y los ángeles extiendan las manos: «¡Entregad vuestras almas! Hoy se os va a retribuir con un castigo degradante, por haber dicho falsedades contra Alá y por haberos desviado altivamente de Sus signos».

6:94 «Habéis venido uno a uno a Nosotros, como os creamos por vez primera, y habéis dejado a vuestras espaldas lo que os habíamos otorgado. No vemos que os acompañen vuestros intercesores, que pretendíais eran vuestros asociados. Se han roto ya los lazos que con ellos os unían, se han esfumado vuestras pretensiones».

6:95 Alá hace que germinen el grano y el hueso del dátil, saca al vivo del muerto y al muerto del vivo. ¡Ése es Alá! ¡Cómo podéis, pues, ser tan desviados!

6:96 Quien hace que el alba apunte, Quien hizo de la noche descanso y del sol y de la luna cómputo. Esto es lo que ha decretado el Poderoso, el Omnisciente.

6:97 Y Él es Quien ha hecho, para vosotros, las estrellas, con objeto de que podáis dirigiros por ellas entre las tinieblas de la tierra y del mar. Hemos expuesto así los signos a gente que sabe.

6:98 Y Él es Quien os ha creado de una sola persona. Receptáculo y depósito. Hemos expuesto así los signos a gente que entiende.

6:99 Y Él es Quien ha hecho bajar agua del cielo. Mediante ella hemos sacado toda clase de plantas y follaje, del que sacamos granos arracimados. Y de las vainas de la palmera, racimos de dátiles al alcance. Y huertos plantados de vides, y los olivos y los granados, parecidos y diferentes. Cuando fructifican, ¡mirad el fruto que dan y cómo madura! Ciertamente, hay en ello signos para gente que cree.

6:100 Han hecho de los genios asociados de Alá, siendo así que Él es Quien los ha creado. Y Le han atribuido, sin conocimiento, hijos e hijas. ¡Gloria a Él! ¡Está por encima de lo que Le atribuyen!

6:101 Creador de los cielos y de la tierra. ¿Cómo iba a tener un hijo si no tiene compañera, si lo ha creado todo y lo sabe todo?

6:102 Ése es Alá, vuestro Señor. No hay más dios que Él. Creador de todo. ¡Servidle, pues! Él vela por todo.

6:103 La vista no Le alcanza, pero Él sí que alcanza la vista. Es el Sutil, el Bien Informado.

6:104 «Habéis recibido intuiciones de vuestro Señor. Quien ve claro, ve en beneficio propio. Quien está ciego, lo está en detrimento propio. Yo no soy vuestro custodio.»

6:105 Así exponemos las aleyas para que digan: «Tú has estudiado» y para explicarlo Nosotros a gente que sabe.

6:106 Sigue lo que se te ha revelado, procedente de tu Señor. No hay más dios que Él. Y apártate de los asociadores.

6:107 Si Alá hubiera querido, no habrían sido asociadores. No te hemos nombrado custodio de ellos, ni eres su protector.

6:108 No insultéis a los que ellos invocan en lugar de invocar a Alá, no sea que, por hostilidad, insulten a Alá sin conocimiento. Así, hemos engalanado las obras de cada comunidad. Luego, volverán a su Señor y ya les informará Él de lo que hacían.

6:109 Han jurado solemnemente por Alá que si les viene un signo creerán, ciertamente, en él. Di: «Sólo Alá dispone de los signos». Y ¿qué es lo que os hace prever que, si ocurre, vayan a creer?

6:110 Desviaremos sus corazones y sus ojos, como cuando no creyeron por primera vez, y les dejaremos que yerren ciegos en su rebeldía.

6:111 Aunque hubiéramos hecho que los ángeles descendieran a ellos, aunque les hubieran hablado los muertos, aunque hubiéramos juntado ante ellos todas las cosas, no habrían creído, a menos que Alá hubiera querido. Pero la mayoría son ignorantes.

6:112 Así hemos asignado a cada profeta un enemigo: hombres endemoniados o genios endemoniados, que se inspiran mutuamente pomposas palabras para engañarse. Si tu Señor hubiera querido, no lo habrían hecho. ¡Déjales con sus invenciones!

6:113 ¡Que los corazones de los que no creen en la otra vida se vean atraídos a ello! ¡Que les plazca! ¡Que lleven su merecido!

6:114 «¿Buscaré, pues, a otro diferente de Alá como juez, siendo Él Quien os ha revelado la *Escritura* explicada detalladamente?» Aquéllos a quienes Nosotros hemos dado la *Escritura* saben bien que ha sido revelada por tu Señor con la Verdad. ¡No seáis, pues, de los que dudan!

6:115 La Palabra de tu Señor se ha cumplido en verdad y en justicia. Nadie puede cambiar Sus palabras. Él es Quien todo lo oye, todo lo sabe.

6:116 Si obedecieras a la mayoría de los que están en la tierra, te extraviarían del camino de Alá. No siguen sino conjeturas, no formulan sino hipótesis.

6:117 Ciertamente, tu Señor conoce mejor que nadie quién se extravía de Su camino y quiénes son los bien dirigidos.

6:118 Comed, pues, de aquello sobre lo que se ha mencionado el nombre de Alá si creéis en Sus signos.

6:119 ¿Qué razón tenéis para no comer de aquello sobre lo que se ha mencionado el nombre de Alá, habiéndoos Él detallado lo ilícito -salvo en caso de extrema necesidad-? Muchos sin conocimiento extravían a otros con sus pasiones. Tu Señor conoce mejor que nadie a quienes violan la ley.

6:120 Evitad el pecado, público o privado. Los que cometan pecado serán retribuidos conforme a su merecido.

6:121 No comáis de aquello sobre lo que no hayáis mencionado el nombre de Alá, pues seria una perversidad. Sí, los demonios inspiran a sus amigos que discutan con vosotros. Si les obedecéis, sois asociadores.

6:122 El que estaba muerto y que luego hemos resucitado dándole una luz con la cual anda entre la gente, ¿es igual que el que está entre tinieblas sin poder salir? De este modo han sido engalanadas las obras de los infieles...

6:123 Así, hemos puesto en cada ciudad a los más pecadores de ella para que intriguen. Pero, al intrigar, no lo hacen sino contra sí mismos, sin darse cuenta.

6:124 Cuando les viene un signo dicen: «No creeremos hasta que se nos dé tanto cuanto se ha dado a los enviados de Alá». Pero Alá sabe bien a quién confiar Su mensaje. La humillación ante Alá y un castigo severo alcanzarán a los pecadores por haber intrigado.

6:125 Alá abre al islam el pecho de aquél a quien Él quiere dirigir. Y estrecha y oprime el pecho de aquél a quien Él quiere extraviar, como si se elevara en el aire. Así muestra Alá la indignación contra quienes no creen.

6:126 Ésta es la vía de tu Señor, recta. Hemos expuesto las aleyas a gente que se deja amonestar.

6:127 La Morada de la Paz junto a su Señor es para ellos -Él es su amigo-, como premio a sus obras.

6:128 El día que Él les congregue a todos: «¡Asamblea de genios! ¡Habéis abusado de los hombres!» y los hombres que fueron amigos de los genios dirán: «¡Señor! Unos hemos sacado provecho de otros y hemos llegado ya al término que Tú nos habías señalado». Dirá: «Tendréis el Fuego por morada, en el que estaréis eternamente, a menos que Alá disponga otra cosa». Tu Señor es sabio, omnisciente.

6:129 Así conferimos a algunos impíos autoridad sobre otros por lo que han cometido.

6:130 «¡Asamblea de genios y de hombres! ¿No vinieron a vosotros enviados, salidos de vosotros, para contaros Mis signos y preveniros contra el encuentro de este vuestro día?» Dirán: «Atestiguamos contra nosotros mismos». Pero la vida de acá les engañó y atestiguarán contra sí mismos su incredulidad.

6:131 Porque tu Señor no va a destruir injustamente ciudades sin haber antes apercibido a sus habitantes.

6:132 Para todos habrá categorías según sus obras. Tu Señor está atento a lo que hacen.

6:133 Tu Señor es Quien Se basta a Sí mismo, el Dueño de la misericordia. Si quisiera, os retiraría y os sustituiría por quien Él quisiera, igual que os ha suscitado a vosotros de la descendencia de otra gente.

6:134 ¡Ciertamente, aquello con que se os ha amenazado vendrá! Y no podréis escapar.

6:135 Di: «¡Pueblo! ¡Obrad según vuestra situación! Yo también obraré... Pronto sabréis para quién será la Morada Postrera. Los impíos no prosperarán».

6:136 Reservan a Alá una parte de la cosecha y de los rebaños que Él ha hecho crecer. Y dicen: «Esto es para Alá» -eso pretenden- «y esto para nuestros asociados». Pero lo que es para quienes ellos asocian no llega a Alá y lo que es para Alá llega a quienes ellos asocian. ¡Qué mal juzgan!

6:137 Así, los que ellos asocian han hecho creer a muchos asociadores que estaba bien que mataran a sus hijos. Esto era para perderles a ellos mismos y oscurecerles su religión. Si Alá hubiera querido, no lo habrían, hecho. Déjales, pues, con sus invenciones.

6:138 Y dicen: «He aquí unos rebaños y una cosecha que están consagrados. Nadie se alimentará de ellos sino en la medida que nosotros queramos». Eso pretenden. Hay bestias de dorso prohibido y bestias sobre las que no mencionan el nombre de Alá. Todo eso es una invención contra Él. Él les retribuirá por sus invenciones.

6:139 Y dicen: «Lo que hay en el vientre de estas bestias está reservado para nuestros, varones y vedado a nuestras esposas». Pero, si estuviera muerta, participarían de ella. Él les retribuirá por lo que cuentan. Él es sabio, omnisciente.

6:140 Saldrán perdiendo quienes, sin conocimiento, maten a sus hijos tontamente y que, inventando contra Alá, prohíban aquello de que Alá les ha proveído. Están extraviados, no están bien dirigidos.

6:141 Él es Quien ha creado huertos, unos con emparrados y otros sin ellos, las palmeras, los cereales de alimento vario, los olivos, los granados, parecidos y diferentes. ¡Comed de su fruto, si lo tienen, pero dad lo debido el día de la cosecha! ¡Y no cometáis excesos, que Alá no ama a los inmoderados!.

6:142 De las bestias, unas sirven de carga y otras con fines textiles. ¡Comed de lo que Alá os ha proveído y no sigáis los pasos del Demonio! Es para vosotros un enemigo declarado.

6:143 Cuatro parejas de reses: una de ganado ovino y otra de ganado caprino -di: «¿Ha prohido los dos machos, o las dos hembras, o lo que encierran los úteros de las dos hembras? ¡Informadme con conocimiento, si sois sinceros!»-,

6:144 una de ganado camélido y otra de ganado bovino -di: «¿Ha prohibido los dos machos o las dos hembras o lo que encierran los úteros de las dos hembras? ¿Fuisteis, acaso, testigos cuando Alá os ordenó esto? ¿Hay alguien más impío que aquél que inventa una mentira contra Alá para, sin conocimiento, extraviar a los hombres?»-. Ciertamente, Alá no dirige al pueblo impío.

6:145 Di: «En lo que se me ha revelado no encuentro nada que se prohíba comer, excepto carne mortecina, sangre derramada o carne de cerdo -que es una suciedad-, o aquello sobre lo que, por pervesidad, se haya invocado un nombre diferente del de Alá. Pero, si alguien se ve compelido por la necesidad -no por deseo ni por afán de contravenir-... Tu Señor es indulgente, misericordioso».

6:146 A los judíos les prohibimos toda bestia ungulada y la grasa de ganado bovino y de ganado menor, excepto la que tengan en los lomos o en las entrañas o la mezclada con los huesos. Así les retribuimos por su rebeldía. Decimos, sí, la verdad.

6:147 Si te desmienten, di: «Vuestro Señor es el Dueño de una inmensa misericordia, pero no se alejará Su rigor del pueblo pecador».

6:148 Los asociadores dirán: «Si Alá hubiera querido, no habríamos sido asociadores, ni tampoco nuestros padres, ni habríamos declarado nada ilícito». Así desmintieron sus antecesores, hasta que gustaron Nuestro rigor. Di: «¿Tenéis alguna ciencia que podáis mostrarnos?» No seguís sino conjeturas, no formuláis sino hipótesis.

6:149 Di: «Es Alá quien posee el argumento definitivo y, si hubiera querido, os habría dirigido a todos».

6:150 Di: «¡Traed a vuestros testigos y que atestiguen que Alá ha prohibido esto!» Si atestiguan, no atestigüéis con ellos. No sigas las pasiones de quienes han desmentido Nuestros signos, de quienes no creen en la otra vida y equiparan a otros a su Señor.

6:151 Di: «¡Venid, que os recitaré lo que vuestro Señor os ha prohibido: que Le asociéis nada! ¡Sed buenos con vuestros padres, no matéis a vuestros hijos por miedo de empobreceros -ya os proveeremos Nosotros, y a ellos,- alejaos de las deshonestidades, públicas o secretas, no matéis a nadie que Alá haya prohibido, sino con justo motivo ¡Esto os ha ordenado Él. Quizás, así, razonéis».

6:152 «¡No toquéis la hacienda del huérfano, sino de manera conveniente, hasta que alcance la madurez! ¡Dad con equidad la medida y el peso justos! No pedimos a nadie sino según sus posibilidades. Sed justos cuando declaréis, aun si se trata de un pariente! ¡Sed fieles a la alianza con Alá! Esto os ha ordenado Él. Quizás, así os dejéis amonestar».

6:153 Y: «Ésta es Mi vía, recta. Seguidla, pues, y no sigáis otros caminos, que os desviarían de Su camino. Esto os ha ordenado Él. Quizás, así temáis a Alá».

6:154 Dimos, además, la *Escritura* a Moisés como complemento, por el bien que había hecho, como explicación detallada de todo, como dirección y misericordia. Quizás, así, crean en el encuentro de su Señor.

6:155 Es ésta una *Escritura* bendita que hemos revelado. ¡Seguidla, pues, y temed a Alá! Quizás, así se os tenga piedad.

6:156 No sea que dijerais: «Sólo se ha revelado la *Escritura* a dos comunidades antes que a nosotros y no nos preocupábamos de lo que ellos estudiaban».

6:157 O que dijerais: «Si se nos hubiera revelado la *Escritura*, habríamos sido mejor dirigidos que ellos». Pues ya ha venido a vosotros de vuestro Señor una prueba clara, dirección y misericordia. Y ¿hay alguien más impío que quien desmiente los signos de Alá y se aparta de ellos? Retribuiremos con un mal castigo a quienes se aparten de nuestros mensajes, por haberse apartado.

6:158 ¿Qué esperan sino que vengan a ellos los ángeles, o que venga tu Señor, o que vengan algunos de los signos de tu Señor? El día que vengan algunos de los signos de tu Señor, no aprovechará su fe a nadie que antes no haya creído o que, en su fe, no haya hecho bien. Di: «¡Esperad! ¡Nosotros esperamos!»

6:159 En cuanto a los que han escindido su religión en sectas, es asunto que no te incumbe. Su suerte está sólo en manos de Alá. Luego, ya les informará Él de lo que hacían.

6:160 Quien presente una buena obra, recibirá diez veces más. Y quien presente una mala obra, será retribuido con sólo una pena semejante. No serán tratados injustamente.

6:161 Di: «A mí, mi Señor me ha dirigido a una vía recta, una fe verdadera, la religión de Abraham, que fue *hanif* y no asociador»

6:162 Di: «Mi azalá, mis prácticas de piedad, mi vida y mi muerte pertenecen a Alá, Señor del universo.

6:163 No tiene asociado. Se me ha ordenado esto y soy el primero en someterse a Él»

6:164 Di: «¿Buscaré a otro diferente de Alá como Señor. Él que es el Señor de todo?» Nadie comete mal sino en detrimento propio. Nadie cargará con la carga ajena. Luego, volveréis a vuestro Señor y ya os informará Él de aquello en que discrepabais.

6:165 Él es Quien os ha hecho sucesores en la tierra y Quien os ha distinguido en categoría a unos sobre otros, para probaros en lo que os ha dado. Tu Señor es rápido en castigar, pero también es indulgente, misericordioso.

7. Los Lugares Elevados (Al Araf)

¡En el nombre de Alá, el Compasivo, el Misericordioso!

7:1 *'lms.*

7:2 Ésta es una *Escritura* que se te ha revelado -¡no te apures por ella!-, para que adviertas por ella, y como amonestación para los creyentes.

7:3 ¡Seguid lo que vuestro Señor os ha revelado y no sigáis a otros amigos en lugar de seguirle a Él! ¡Qué poco os dejáis amonestar!

7:4 ¡Cuántas ciudades hemos destruido! Les alcanzó Nuestro rigor de noche o durante la siesta.

7:5 Cuando les alcanzó Nuestro rigor, no gritaron más que: «¡Fuimos impíos!».

7:6 Pediremos, ciertamente, responsabilidades a aquéllos a quienes mandamos enviados, como también a los enviados.

7:7 Les contaremos, ciertamente, con conocimiento. No estábamos ausentes.

7:8 La pesa ese día será la Verdad. Aquéllos cuyas obras pesen mucho serán los que prosperen,

7:9 mientras que aquéllos cuyas obras pesen poco perderán, porque obraron impíamente con Nuestros signos.

7:10 Os hemos dado poderío en la tierra y os hemos puesto en ella medios de subsistencia. ¡Qué poco agradecidos sois!

7:11 Y os creamos. Luego, os formamos. Luego dijimos a los ángeles: «¡Prosternaos ante Adán!» Se prosternaron, excepto Iblis. No fue de los que se prosternaron.

7:12 Dijo: «¿Qué es lo que te ha impedido prosternarte cuando Yo te lo he ordenado?» Dijo: «Es que soy mejor que él. A mí me creaste de fuego, mientras que a él le creaste de arcilla».

7:13 Dijo: «¡Desciende, pues, de aquí! ¡No vas a echártelas de soberbio en este lugar...! ¡Sal, pues, eres de los despreciables!»

7:14 Dijo: «¡Déjame esperar hasta el día de la Resurreción!»

7:15 Dijo: «¡Cuéntate entre aquellos a quienes es dado esperar!»

7:16 Dijo: «Como me has descarriado, he de acecharles en Tu vía recta.

7:17 He de atacarles por delante y por detrás, por la derecha y por la izquierda. Y verás que la mayoría no son agradecidos».

7:18 Dijo: «¡Sal de aquí, detestable, vil! ¡He de llenar la gehena de tus secuaces ¡De todos vosotros!»

7:19 «¡Adán! ¡Habita con tu esposa en el Jardín y comed de lo que queráis, pero no os acerquéis a este árbol! Si no, seréis de los impíos».

7:20 Pero el Demonio les insinuó el mal, mostrándoles su escondida desnudez, y dijo: «Vuestro Señor no os ha prohibido acercaros a este árbol sino por temor de que os convirtáis en ángeles u os hagáis inmortales».

7:21 Y les juró: «¡De veras, os aconsejo bien!»

7:22 Les hizo, pues, caer dolosamente. Y cuando hubieron gustado ambos del árbol, se les reveló su desnudez y comenzaron a cubrirse con hojas del Jardín. Su Señor les llamó: «¿No os había prohibido ese árbol y dicho que el Demonio era para vosotros un enemigo declarado?»

7:23 Dijeron: «¡Señor! Hemos sido injustos con nosostros mismos. Si no nos perdonas y Te apiadas de nosotros, seremos, ciertamente, de los que pierden».

7:24 Dijo: «¡Descended! Seréis enemigos unos de otros. La tierra será por algún tiempo vuestra morada y lugar de disfrute»

7:25 Dijo: «En ella viviréis, en ella moriréis y de ella se os sacará».

7:26 ¡Hijos de Adán! Hemos hecho bajar para vosotros una vestidura para cubrir vuestra desnudez y para ornato. Pero la vestidura del temor de Alá, ésa es mejor. Ése es uno de los signos de Alá. Quizás, así, se dejen amonestar.

7:27 ¡Hijos de Adán! Que el Demonio no os tiente, como cuando sacó a vuestros padres del Jardín, despojándoles de su vestidura para mostrarles su desnudez. Él y su hueste os ven desde donde vosotros no les veis. A los que no creen les hemos dado los demonios como amigos.

7:28 Cuando cometen una deshonestidad, dicen: «Encontramos a nuestros padres haciendo lo mismo y Alá nos lo ha ordenado». Di: «Ciertamente, Alá no ordena la deshonestidad. ¿Decís contra Alá lo que no sabéis?»

7:29 Di: «Mi Señor ordena la equidad. Dirigíos a Él siempre que oréis e invocadle rindiéndole culto sincero. Así como os ha creado, volveréis».

7:30 Ha dirigido a unos, pero otros han merecido extraviarse. Éstos han tomado como amigos a los demonios, en lugar de tomar a Alá, y creen ser bien dirigidos.

7:31 ¡Hijos de Adán! ¡Atended a vuestro atavío siempre que oréis! ¡Comed y bebed, pero no cometáis excesos, que Él no ama a los inmoderados!

7:32 Di: «,Quién ha prohibido los adornos que Alá ha producido para Sus siervos y las cosas buenas de que os ha proveído?» Di: «Esto es para los creyentes mientras vivan la vida de acá, pero, en particular, para el día de la Resurrección». Así es como explicamos con detalle las aleyas a gente que sabe.

7:33 Di: «Mi Señor prohíbe sólo las deshonestidades, tanto las públicas como las ocultas, el pecado, la opresión injusta, que asociéis a Alá algo a lo que Él no ha conferido autoridad y que digáis contra Alá lo que no sabéis».

7:34 Cada comunidad tiene un plazo. Y cuando vence su plazo, no pueden retrasarlo ni adelantarlo una hora.

7:35 ¡Hijos de Adán! Si vienen a vosotros enviados salidos de vosotros contándoos Mis signos, quienes temen a Alá y se enmiendan no tienen que temer y no estarán tristes.

7:36 Pero quienes hayan desmentido Nuestros signos y se hayan apartado altivamente de ellos, ésos morarán en el Fuego eternamente.

7:37 ¿Hay alguien que sea más impío que quien inventa una mentira contra Alá o niega Sus signos? Ésos tendrán la suerte a que han sido destinados. Cuando, al fin, Nuestros enviados vengan a ellos para llamarles, dirán: «¿Dónde está lo que invocabais en lugar de invocar a Alá?» Ellos dirán: «¡Nos han abandonado!» Entonces, atestiguarán contra sí mismos su incredulidad.

7:38 Dirá «¡Entrad en el Fuego a reuniros con las comunidades de genios y hombres que os han precedido!» Siempre que una comunidad entra, maldice a su hermana. Cuando, al fin, se encuentren allí todas, la última en llegar dirá de la primera: «¡Señor! Éstos son quienes nos extraviaron. Dóblales, pues, el castigo del Fuego». Dirá: «Todos reciben el doble. Pero vosotros no sabéis».

7:39 La primera de ellas dirá a la última: «No gozáis de ningún privilegio sobre nosotros. Gustad, pues, el castigo que habéis merecido».

7:40 A quienes hayan desmentido Nuestros signos y se hayan apartado altivamente de ellos, no se les abrirán las puertas del cielo ni entrarán en el Jardín hasta que entre un camello en el ojo de una aguja. Así retribuiremos a los pecadores.

7:41 Tendrán la gehena por lecho y, por encima, cobertores. Así retribuiremos a los impíos.

7:42 Quienes creyeron y obraron bien- a nadie pedimos sino según sus posibilidades-. ésos morarán en el Jardín eternamente.

7:43 Extirparemos el rencor que quede en sus pechos. Fluirán arroyos a sus pies. Dirán: «¡Alabado sea Alá, Que nos ha dirigido acá! No habríamos sido bien dirigidos si no nos hubiera dirigido Alá. Los enviados de nuestro Señor bien que trajeron la Verdad». Y se les llamará: «Éste es el Jardín. Lo habéis heredado en premio a vuestras obras».

7:44 Los moradores del Jardín llamarán a los moradores del Fuego: «Hemos encontrado que era verdad lo que nuestro Señor nos había prometido. Y vosotros, ¿ habéis encontrado si era verdad lo que vuestro Señor os había prometido?» «¡Sí!», dirán. Entonces, un voceador pregonará entre ellos: «¡Que la maldición de Alá caiga sobre los impíos.

7:45 que desvían a otros del camino de Alá, deseando que sea tortuoso, y no creen en la otra vida!»

7:46 Hay entre los dos un velo. En los lugares elevados habrá hombres que reconocerán a todos por sus rasgos distintivos y que llamarán a los moradores del Jardín: «¡Paz sobre vosotros!» No entrarán en él, por mucho que lo deseen.

7:47 Cuando sus miradas se vuelvan hacia los moradores del Fuego, dirán: «¡Señor! ¡No nos pongas con el pueblo impío»

7:48 Y los moradores de los lugares elevados llamarán a hombres que reconozcan por sus rasgos distintivos. Dirán: «Lo que habéis acumulado y vuestra altivez no os han servido de nada.

7:49 ¿Son éstos aquéllos de quienes jurabais que Alá no iba a apiadarse de ellos?» «¡Entrad en el Jardín! No tenéis que temer y no estaréis tristes».

7:50 Los moradores del Fuego gritarán a los moradores del Jardín: «¡Derramad sobre nosotros algo de agua o algo de lo que Alá os ha proveído!» Dirán: «Alá ha prohibido ambas cosas a los infieles,

7:51 que tomaron su religión a distracción y juego, a quienes la vida de acá engañó». Hoy les olvidaremos, como ellos olvidaron que les llegaría este día y negaron Nuestros signos.

7:52 Les trajimos una *Escritura*, que explicamos detalladamente, con pleno conocimiento, como dirección y misericordia para gente que cree.

7:53 ¿Esperan otra cosa que su cumplimiento? El día que se cumpla, los que antes la olvidaron dirán: «Los enviados de nuestro Señor bien que trajeron la Verdad ¿Tenemos ahora intercesores que intercedan por nosotros o se nos podría devolver y obraríamos de modo diferente al que obramos?» Se han perdido a sí mismos y se han esfumado sus invenciones.

7:54 Vuestro Señor es Alá, Que ha creado los cielos y la tierra en seis días. Luego, se ha instalado en el Trono. Cubre el día con la noche, que le sigue rápidamente. Y el sol, la luna y las estrellas, sujetos por Su orden. ¿No son Suyas la creación y la orden? ¡Bendito sea Alá, Señor del universo!

7:55 ¡Invocad a vuestro Señor humilde y secretamente! Él no ama a quienes violan la ley.

7:56 ¡No corrompáis en la tierra después de reformada! ¡Invocadle con temor y anhelo! La misericordia de Alá está cerca de quienes hacen el bien.

7:57 Es Él quien envía los vientos como nuncios que preceden a Su misericordia. Cuando están cargados de nubes pesadas, las empujamos a un país muerto y hacemos que llueva en él y que salgan, gracias al agua, frutos de todas clases. Así haremos salir a los muertos. Quizás así, os dejéis amonestar.

7:58 La vegetación de un país bueno sale con la ayuda de su Señor, mientras que de un país malo sale pero escasa. Así explicamos los signos a gente que agradece.

7:59 Enviamos Noé a su pueblo. Dijo: «¡Pueblo! ¡Servid a Alá! No tenéis a ningún otro dios que a Él. Temo por vosotros el castigo de un día terrible».

7:60 Los dignatarios de su pueblo dijeron: «Sí, vemos que estás evidentemente extraviado».

7:61 Dijo: «¡Puebla! No estoy extraviado, antes bien he sido enviado por el Señor del universo.

7:62 Os comunico los mensajes de mi Señor y os aconsejo bien. Y sé por Alá lo que vosotros no sabéis.

7:63 ¿Os maravilláis de que os haya llegado una amonestación de vuestro Señor, por medio de un hombre salido de vosotros, para advertiros y para que temáis a Alá y, quizás, así, se os tenga piedad?»

7:64 Pero le desmintieron. Así, pues, les salvamos, a él y a quienes estaban con él en la nave, y anegamos a quienes habían desmentido Nuestros signos. Eran, en verdad, un pueblo ciego.

7:65 Y a los aditas su hermano Hud. Dijo: «¡Pueblo! ¡Servid a Alá! No tenéis a ningún otro dios que a Él. ¿No vais a temerle?»

7:66 Los dignatarios de su pueblo, que no creían, dijeron: «Vemos que estás tonto y, sí, creemos que eres de los que mienten».

7:67 Dijo: «¡Pueblo! No estoy tonto. Antes bien, he sido enviado por el Señor del universo.

7:68 Os comunico los mensajes de mi Señor y os aconsejo fielmente.

7:69 ¿Os maravilláis de que os haya llegado una amonestación de vuestro Señor por medio de un hombre salido de vosotros para advertiros? Y recordad cuando os hizo sucesores después del pueblo de Noé y os hizo corpulentos. ¡Recordad, pues, los beneficios de Alá! Quizás, así, prosperéis».

7:70 Dijeron: «¿Has venido a nosotros para que sirvamos a Alá Solo y renunciemos a aquéllos que nuestros padres servían? Tráenos, pues, aquello con que nos amenazas, si es verdad lo que dices».

7:71 Dijo: «¡Que la indignación y la ira de vuestro Señor caigan sobre vosotros! ¿Disputaréis conmigo sobre los nombres que habéis puesto, vosotros y vuestros padres? Alá no les ha conferido ninguna autoridad. ¡Y esperad! Yo también soy de los que esperan».

7:72 Así, pues, salvamos a él y a los que con él estaban por una misericordia venida de Nosotros. Y extirpamos a quienes habían desmentido Nuestros signos y no eran creyentes.

7:73 Y a los tamudeos su hermano Salih. Dijo: «¡Pueblo! ¡Servid a Alá! No tenéis a ningún otro dios que a Él. Os ha venido de vuestro Señor una prueba: es la camella de Alá, que será signo para vosotros, ¡Dejadla que pazca en la tierra de Alá y no le hagáis mal! Si no, os alcanzará un castigo doloroso.

7:74 Recordad cuando os hizo sucesores, después de los aditas y os estableció en la tierra. Edificasteis palacios en las llanuras y excavasteis casas en las montañas. Recordad los beneficios de Alá y no obréis mal en la tierra corrompiendo».

7:75 Los dignatarios de su pueblo, altivos, dijeron a los débiles que habían creído: «¿Sabéis si Salih ha sido enviado por su Señor?». Dijeron: «Creemos en el mensaje que se le ha confiado».

7:76 Los altivos dijeron: «Pues nosotros no creemos en lo que vosotros creéis».

7:77 Y desjarretaron la camella e infringieron la orden de su Señor, diciendo: «¡Salih! ¡Tráenos aquello con que nos amenazas, si de verdad eres de los enviados!»

7:78 Les sorprendió el Temblor y amanecieron muertos en sus casas.

7:79 Se alejó de ellos, diciendo: «Pueblo! Os he comunicado el mensaje de mi Señor y os he aconsejado bien, pero no amáis a los buenos consejeros».

7:80 Y a Lot. Cuando dijo a su pueblo: «¿Cometéis una deshonestidad que ninguna criatura ha cometido antes?

7:81 Ciertamente, por concupiscencia, os llegáis a los hombres en lugar de llegaros a las mujeres. ¡Sí, sois un pueblo inmoderado!»

7:82 Lo único que respondió su pueblo fue: «¡Expulsadles de la ciudad! ¡Son gente que se las da de puros!»

7:83 Y les salvamos, a él y a su familia, salvo a su mujer, que fue de los que se rezagaron.

7:84 E hicimos llover sobre ellos una lluvia: ¡Y mira cómo terminaron los pecadores!

7:85 Y a los madianitas su hermano Suayb. Dijo: «¡Pueblo! ¡Servid a Alá! No tenéis a ningún otro dios que a Él. Os ha venido, de vuestro Señor, una prueba. ¡Dad la medida y el peso justos, no defraudéis a los hombres en sus bienes! ¡No corrompáis en la tierra después de reformada! Eso es mejor para vosotros, si es que sois creyentes.

7:86 No acechéis en cada vía a quienes creen en Él, amenazándoles y desviándoles del camino de Alá, deseando que sea tortuoso. Y recordad, cuando erais pocos y Él os multiplicó. ¡Y mirad cómo terminaron los corruptores!

7:87 Y si algunos de vosotros creen en el mensaje que se me ha confiado y otros no, tened paciencia hasta que Alá decida entre nosotros. Él es el Mejor en decidir».

7:88 Los dignatarios del pueblo, altivos, dijeron: «Hemos de expulsarte de nuestra ciudad, Suayb, y a los que contigo han creído, a menos que volváis a nuestra religión». Suayb dijo: «¿Aun si no nos gusta?

7:89 Inventaríamos una mentira contra Alá si volviéramos a vuestra religión después de habernos salvado Alá de ella. No podemos volver a ella, a menos que Alá nuestro Señor lo quiera. Nuestro Señor lo abarca todo en Su ciencia. ¡Confiamos en Alá! ¡Señor, falla según Justicia entre nosotros y nuestro pueblo! Tú eres Quien mejor falla».

7:90 Los dignatarios de su pueblo, que no creían, dijeron: «Si seguís a Suayb, estáis perdidos...»

7:91 Les sorprendió el Temblor y amanecieron muertos en sus casas.

7:92 Fue como si los que habían desmentido a Suayb no hubieran habitado en ellas. Los que habían desmentido a Suayb fueron los que perdieron.

7:93 Se alejó de ellos, diciendo: «¡Pueblo! Os he comunicado los mensajes de mi Señor y os he aconsejado bien. ¿Cómo voy a sentirlo ahora por gente infiel?»

7:94 No enviamos a ningún profeta a ciudad que no infligiéramos a su población miseria y desgracia -quizás, así se humillaran-,

7:95 y que no cambiáramos, a continuación, el mal por el bien hasta que olvidaran lo ocurrido y dijeran: «La desgracia y la dicha alcanzaron también a nuestros padres». Entonces, nos apoderábamos de ellos por sorpresa sin que se apercibieran.

7:96 Si los habitantes de las ciudades hubieran creído y temido a Alá, habríamos derramado sobre ellos bendiciones del cielo y de la tierra, pero desmintieron y nos apoderamos de ellos por lo que habían cometido.

7:97 ¿Es que los habitantes de las ciudades están a salvo de que Nuestro rigor les alcance de noche, mientras duermen?

7:98 ¿O están a salvo los habitantes de las ciudades de que Nuestro rigor les alcance de día, mientras juegan?

7:99 ¿Es que están a salvo de la intriga de Alá? Nadie está a salvo de la intriga de Alá, sino los que pierden.

7:100 ¿No hemos indicado a los que han heredado la tierra después de sus anteriores ocupantes que, si Nosotros quisiéramos. les afligiríamos por sus pecados, sellando sus corazones de modo que no pudieran oír?

7:101 Ésas son las ciudades de las que te hemos contado algunas cosas. Vinieron a ellas sus enviados con las pruebas claras, pero no estaban para creer en lo que antes habían desmentido. Así sella Alá los corazones de los infieles.

7:102 No hemos encontrado en la mayoría de ellos fidelidad a una alianza, pero si hemos encontrado que la mayoría son unos perversos.

7:103 Luego, después de ellos, enviamos a Moisés con Nuestros signos a Faraón y a sus dignatarios, pero fueron injustos con ellos. ¡Y mira cómo terminaron los corruptores!

7:104 Moisés dijo: «Faraón! He sido enviado por el Señor del universo.

7:105 No debo decir nada contra Alá, sino la verdad. Os he traído una prueba clara de vuestro Señor. Deja marchar conmigo a los Hijos de Israel».

7:106 Dijo: «Si has traído un signo, muéstralo, si es verdad lo que dices».

7:107 Tiró su vara y se convirtió en auténtica serpiente.

7:108 Sacó su mano y he aquí que apareció blanca a los ojos de los presentes.

7:109 Los dignatarios del pueblo de Faraón dijeron: «Sí, éste es un mago entendido.

7:110 Quiere expulsaros de vuestra tierra ¿Qué ordenáis?»

7:111 Dijeron: «¡Dales largas, a él y a su hermano, y envía a las ciudades a agentes que convoquen,

7:112 que te traigan a todo mago entendido!»

7:113 Los magos vinieron a Faraón y dijeron: «Tiene que haber una recompensa para nosotros si vencemos».

7:114 Dijo: «Sí, y seréis, ciertamente, de mis allegados».

7:115 Dijeron: «¡Moisés! ,Tiras tú o tiramos nosotros?»

7:116 Dijo: «¡Tirad vosotros!» Y, cuando tiraron fascinaron los ojos de la gente y les aterrorizaron. Vinieron con un encantamiento poderoso.

7:117 E inspiramos a Moisés: «¡Tira tu vara!» Y he aquí que ésta engulló sus mentiras.

7:118 Y se cumplió la Verdad y resultó inútil lo que habían hecho.

7:119 Fueron, así, vencidos y se retiraron humillados.

7:120 Los magos cayeron prosternados

7:121 Dijeron: «Creemos en el Señor del universo,

7:122 el Señor de Moisés y de Aarón».

7:123 Faraón dijo: «¡Habéis creído en él antes de que yo os autorizara! Ésta es, ciertamente, una intriga que habéis urdido en la ciudad para sacar de ella a su población, pero vais a ver...

7:124 He de haceros amputar las manos y los pies opuestos. Luego he de haceros crucificar a todos».

7:125 Dijeron: «Ciertamente, volveremos a nuestro Señor.

7:126 Te vengas de nosotros sólo porque hemos creído en los signos de nuestro Señor cuando han venido a nosotros. ¡Señor! Infunde en nosotros paciencia y haz que cuando muramos lo hagamos sometidos a Ti».

7:127 Los dignatarios del pueblo de Faraón dijeron: «¿Dejaréis que Moisés y su pueblo corrompan en el país y os abandonen, a ti a y a tus dioses?» Dijo: «Mataremos sin piedad a sus hijos varones y dejaremos con vida a sus mujeres. Les podemos».

7:128 Moisés dijo a su pueblo: «¡Implorad la ayuda de Alá y tened paciencia! La tierra es de Alá y se la da en herencia a quien Él quiere de Sus siervos. El fin es para los que temen a Alá».

7:129 Dijeron: «Hemos sufrido antes de que tú vinieras a nosotros y luego de haber venido». Dijo: «Puede que vuestro Señor destruya a vuestro enemigo y os haga sucederles en la tierra para ver cómo actuáis».

7:130 Infligimos al pueblo de Faraón años y escasez de frutos. Quizás así, se dejaran amonestar.

7:131 Cuando les sonreía la fortuna, decían: «¡Esto es nuestro!». Pero, cuando les sucedía un mal, lo achacaban al mal agüero de Moisés y de quienes con él estaban. ¿Es que su suerte no dependía sólo de Alá? Pero la mayoría no sabían.

7:132 Dijeron: «Sea cual sea el signo que nos traigas para hechizarnos con él, no te creeremos».

7:133 Enviamos contra ellos la inundación, las langostas, los piojos, las ranas y la sangre, signos inteligibles. Pero fueron altivos, eran gente pecadora.

7:134 Y, cuando cayó el castigo sobre ellos, dijeron: «¡Moisés! Ruega a tu Señor por nosotros en virtud de la alianza que ha concertado contigo. Si apartas el castigo de nosotros, creeremos, ciertamente, en ti y dejaremos que los Hijos de Israel partan contigo».

7:135 Pero, cuando retiramos el castigo hasta que se cumpliera el plazo que debían observar, he aquí que quebrantaron su promesa.

7:136 Nos vengamos de ellos anegándoles en el mar por haber desmentido Nuestros signos y por no haber hecho caso de ellos.

7:137 Y dimos en herencia al pueblo que había sido humillado las tierras orientales y las occidentales, que Nosotros hemos bendecido. Y se cumplió la bella promesa de tu Señor a los Hijos de Israel, por haber tenido paciencia. Y destruimos lo que Faraón y su pueblo habían hecho y lo que habían construido.

7:138 E hicimos que los Hijos de Israel atravesaran el mar y llegaron a una gente entregada al culto de sus ídolos. Dijeron: «¡Moisés! ¡Haznos un dios, como ellos tienen dioses!» «¡Sois un pueblo ignorante!», dijo.

7:139 «Aquello en que estas gentes están va a ser destruido y sus obras serán vanas».

7:140 Dijo: «¿Voy a buscaros un dios diferente de Alá, siendo así que Él os ha distinguido entre todos los pueblos?»

7:141 Y cuando os salvamos de las gentes de Faraón, que os sometían a duro castigo, matando sin piedad a vuestros hijos varones y dejando con vida a vuestras mujeres. Con esto os probó vuestro Señor duramente.

7:142 Y nos dimos cita con Moisés durante treinta días, que completamos con otros diez. Así, la duración con su Señor fue de cuarenta días. Moisés dijo a su hermano Aarón: «Haz mis veces en mi pueblo, obra bien y no imites a los corruptores».

7:143 Cuando Moisés acudió a Nuestro encuentro y su Señor le hubo hablado, dijo: «¡Señor! ¡Muéstrate a mí, que pueda mirarte!» Dijo: «¡No Me verás! ¡Mira, en cambio, la montaña! Si continúa firme en su sitio, entonces Me verás». Pero, cuando su Señor se manifestó a la montaña, la pulverizó y Moisés cayó al suelo fulminando. Cuando volvió en si dijo: «¡Gloria a Ti! Me arrepiento y soy el primero de los que creen».

7:144 Dijo: «¡Moisés! Con Mis mensajes y con haberte hablado, te he escogido entre todos los hombres. ¡Coge, pues, lo que te doy y sé de los agradecidos!»

7:145 Y le escribimos en las Tablas una exhortación sobre todo y una explicación detallada de todo. «Cógelas, pues, con fuerza y ordena a tu pueblo que coja lo mejor de ellas». Yo os haré ver la morada de los perversos.

7:146 Apartaré de Mis signos a quienes se ensoberbezcan sin razón en la tierra. Sea cual sea el signo que ven, no creen en él. Si ven el camino de la buena dirección, no lo toman como camino, pero si ven el camino del descarrío, sí que lo toman como camino. Y esto es así porque han desmentido Nuestros signos y no han hecho caso de ellos.

7:147 Vanas serán las obras de quienes desmintieron Nuestros signos y la existencia de la otra vida. ¿Podrán ser retribuidos por otra cosa que por lo que hicieron?

7:148 Y el pueblo de Moisés, ido éste, hizo un ternero de sus aderezos, un cuerpo que mugía. ¿Es que no vieron que no les hablaba ni les dirigía? Lo cogieron y obraron impíamente.

7:149 Y, cuando se arrepintieron y vieron que se habían extraviado, dijeron: «Si nuestro Señor no se apiada de nosotros y nos perdona, seremos, ciertamente, de los que pierden».

7:150 Y, cuando Moisés regresó a su pueblo, airado y dolido, dijo: «¡Qué mal os habéis portado, luego de irme y dejaros! ¿Es que queréis adelantar el juicio de vuestro Señor?» Y arrojó las Tablas y, cogiendo de la cabeza a su hermano, lo arrastró hacia sí. Dijo: «¡Hijo de mi madre! La gente me ha humillado y casi me mata. ¡No hagas, pues, que los enemigos se alegren de mi desgracia! ¡No me pongas con el pueblo impío!»

7:151 Dijo: «¡Señor! ¡Perdónanos a mí y a mi hermano, e introdúcenos en Tu misericordia! Tú eres la Suma Misericordia».

7:152 A quienes cogieron el ternero les alcanzará la ira de su Señor y la humillación en la vida de acá. Así retribuiremos a los que inventan.

7:153 Con quienes, habiendo obrado mal, luego se arrepientan y crean, tu Señor será, sí, indulgente, misericordioso.

7:154 Cuando se calmó la ira de Moisés cogió las Tablas. Su texto contiene dirección y misericordia para quienes temen a su Señor.

7:155 Moisés eligió de su pueblo a setenta hombres para asistir a Nuestro encuentro. Cuando les sorprendió el Temblor dijo: «¡Señor! Si hubieras querido, les habrías hecho perecer antes y a mí también. ¿Vas a hacernos perecer por lo que han hecho los tontos de nuestro pueblo? Esto no es más que una prueba Tuya, que Te sirve para extraviar o dirigir a quien quieres. ¡Tú eres nuestro Amigo! Perdónanos, pues, y apiádate de nosotros! Nadie perdona tan bien como Tú.

7:156 Destínanos bien en la vida de acá y en la otra. Nos hemos vuelto a Ti». Dijo: «¡Inflijo Mi castigo a quien quiero, pero Mi misericordia es omnímoda». Destinaré a ella a quienes teman a Alá y den el azaque y a quienes crean en Nuestros signos.

7:157 a quienes sigan al Enviado, el Profeta de los gentiles, a quien ven mencionado en sus textos: en la *Tora* y en el *Evangelio*, que les ordena lo que está bien y les prohíbe lo que está mal, les declara lícitas las cosas buenas e ilícitas las impuras, y les libera de sus cargas y de las cadenas que sobre ellos pesaban. Los que crean en él, le sostengan y auxilien, los que sigan la Luz enviada abajo con él, ésos prosperarán.

7:158 Di: «¡Hombres Yo soy el Enviado de Alá a todos vosotros, de Aquél a Quien pertenece el dominio de los cielos y de la tierra. No hay más dios que Él. Él da la vida y da la muerte. ¡Creed, pues, en Alá y en su Enviado, el Profeta de los gentiles, que cree en Alá y en Sus palabras! ¡Y seguidle! Quizás, así, seáis bien dirigidos».

7:159 En el pueblo de Moisés había una comunidad que se dirigía según la Verdad, y que, gracias a ella, observaba la justicia.

7:160 Los dividimos en doce tribus, como comunidades. Cuando el pueblo pidió agua a Moisés, inspiramos a éste «¡Golpea la roca con tu vara!». Y brotaron de ella doce manantiales. Todos sabían de cuál debían beber. Hicimos que se les nublara y les enviamos de lo alto el maná y las codornices: «¡Comed de las cosas buenas de que os hemos proveído.» Y no fueron injustos con Nosotros, sino que lo fueron consigo mismos.

7:161 Y cuando se les dijo: «Habitad en esta ciudad y comed cuanto queráis de lo que en ella haya. Decid '¡Perdón!' ¡Entrad por la puerta prosternándoos! Os perdonaremos vuestros pecados y daremos más a los que hagan el bien».

7:162 Pero los impíos de ellos cambiaron por otras las palabras ¡que se les habían dicho y les enviamos un castigo del cielo por haber obrado impíamente.

7:163 Y pregúntales por aquella ciudad, a orillas del mar, cuyos habitantes violaban el sábado. Los sábados venían a ellos los peces a flor de agua y los otros días no venían a ellos. Les probamos así por haber obrado perversamente.

7:164 Y cuando unos dijeron: «¿Por qué exhortáis a un pueblo que Alá va a hacer perecer o a castigar severamente?» Dijeron: «Para que vuestro Señor nos disculpe. Quizás, así teman a Alá».

7:165 Y, cuando hubieron olvidado lo que se les había recordado, salvamos a quienes habían prohibido el mal e infligimos un mal castigo a los impíos, por haber obrado perversamente.

7:166 Y, cuando desatendieron las prohibiciones, les dijimos: «¡Convertíos en monos repugnantes!»

7:167 Y cuando tu Señor anunció que enviaría, ciertamente, contra ellos hasta el día de la Resurrección a gente que les impusiera un duro castigo. Ciertamente, tu Señor es rápido en castigar, pero también es indulgente, misericordioso.

7:168 Los dividimos en la tierra en comunidades. De ellos, había unos que eran justos y otros que no. Les probamos con bendiciones e infortunios. Quizás, así, se convirtieran.

7:169 Sus sucesores, habiendo heredado la *Escritura*, se apoderan de los bienes de este mundo, diciendo: «Ya se nos perdonará». Y si se les ofrecen otros bienes, semejantes a los primeros, se apoderan también de ellos. ¿No se concertó con ellos el pacto de la *Escritura* , según el cual no dirían nada contra Alá sino la verdad? Y eso que han estudiado cuanto en ella hay... Pero la Morada Postrera es mejor para quienes temen a Alá - ¿es que no razonáis?-,

7:170 para los que se aferran a la *Escritura* y hacen la azalá. No dejaremos de remunerar a quienes obren bien.

7:171 Y cuando sacudimos la montaña sobre ellos como si hubiera sido un pabellón y creyeron que se les venía encima: «¡Coged con fuerza lo que os hemos dado y recordad bien su contenido! Quizás, así, temáis a Alá».

7:172 Y cuando tu Señor sacó de los riñones de los hijos de Adán a su descendencia y les hizo atestiguar contra sí mismos: «¿No soy yo vuestro Señor?» Dijeron: «¡Claro que sí, damos fe!» No sea que dijerais el día de la Resurrección: «No habíamos reparado en ello».

7:173 O que dijerais: «Nuestros padres eran ya asociadores y nosostros no somos más que sus descendientes. ¿Vas a hacernos perecer por lo que los falsarios han hecho?»

7:174 Así explicamos las aleyas. Quizás así se conviertan.

7:175 Cuéntales lo que pasó con aquél a quien dimos Nuestros signos y se deshizo de ellos. El Demonio le persiguió y fue de los descarriados.

7:176 Si hubiéramos querido, le habríamos levantado con ellos. Pero se apegó a la tierra y siguió su pasión. Pasó con él como pasa con el perro: jadea lo mismo si le atacas que si le dejas en paz. Así es la gente que desmiente Nuestros signos. Cuéntales estas cosas. Quizás, así, reflexionen.

7:177 ¡Qué mal ejemplo da la gente que desmiente Nuestros signos y es injusta consigo misma!

7:178 Aquél a quien Alá dirige está en el buen camino. Aquéllos, en cambio, a quienes Él extravía, son los que pierden.

7:179 Hemos creado para la gehena a muchos de los genios y de los hombres. Tienen corazones con los que no comprenden, ojos con los que no ven, oídos con los que no oyen. Son como rebaños. No, aún más extraviados. Esos tales son los que no se preocupan.

7:180 Alá posee los nombres más bellos. Empléalos, pues, para invocarle y apártate de quienes los profanen, que serán retribuidos con arreglo a sus obras.

7:181 Entre nuestras criaturas hay una comunidad que se dirige según la Verdad y que, gracias a ella, observa la justicia.

7:182 A quienes desmientan Nuestos signos les conduciremos paso a paso, sin que sepan como.

7:183 Y les concedo una prórroga. Mi estratagema es segura.

7:184 ¿No reflexionan? Su paisano no es un poseso. Es sólo un monitor que habla claro.

7:185 ¿No han considerado el reino de los cielos y de la tierra y todo lo que Alá ha creado? ¿Y que tal vez se acerque su fin? ¿En qué anuncio, después de éste, van a creer?

7:186 Aquél a quien Alá extravía, no podrá encontrar quien le dirija. Él les dejará que yerren ciegos en su rebeldía.

7:187 Te preguntan por la Hora: «¿Cuándo llegará?» Di: «Sólo mi Señor tiene conocimiento de ella. Nadie sino Él la manifestará a su tiempo. Abruma en los cielos y en la tierra. No vendrá a vosotros sino de repente»,. Te preguntan a ti como si estuvieras bien enterado. Di: «Sólo Alá tiene conocimiento de ella». Pero la mayoría de los hombres no saben.

7:188 Di: «Yo no dispongo de nada que pueda aprovecharme o dañarme sino tanto cuanto Alá quiera. Si yo conociera lo oculto, abundaría en bienes y no me alcazaría el mal. Pero no soy sino un monitor, un nuncio de buenas nuevas para gente que cree».

7:189 Él es Quien os ha creado de una sola persona, de la que ha sacado a su cónyuge para que encuentre quietud en ella. Cuando yació con ella, ésta llevó una carga ligera, con la que iba de acá para allá; pero cuando se sintió pesada, invocaron ambos a Alá, su Señor. «Si nos das un hijo bueno, seremos, ciertamente, de los agradecidos.

7:190 Pero, cuando les dio uno bueno, pusieron a Alá asociados en lo que Él les había dado. ¡Y Alá está por encima de lo que Le asocian!

7:191 ¿Le asocian dioses que no crean nada -antes bien, ellos mismos han sido creados-

7:192 y que no pueden ni auxiliarles a ellos ni auxiliarse a sí mismos?

7:193 Si les llamáis a la Dirección, no os siguen. Les da lo mismo que les llaméis o no.

7:194 Aquéllos a quienes invocáis, en lugar de invocar a Alá, son siervos como vosotros. ¡Invocadles, pues, y que os escuchen, si es verdad lo que decís...!

7:195 ¿Tienen pies para andar, manos para asir, ojos para ver, oídos para oír? Di: «¡Invocad a vuestros asociados y urdid algo contra mí! ¡No me hagáis esperar!

7:196 Mi amigo es Alá, Que ha revelado la *Escritura* y Que elige a los justos como amigos.

7:197 Y los que vosotros invocáis, en lugar de invocarle a Él, no pueden auxiliaros a vosotros ni auxiliarse a sí mismos».

7:198 ¡Si les llamáis a la Dirección, no oyen. Les ves que te miran sin verte.

7:199 ¡Sé indulgente, prescribe el bien y apártate de los ignorantes!

7:200 Si el Demonio te incita al mal, busca refugio en Alá. Él todo lo oye, todo lo sabe.

7:201 Cuando los que temen a Alá sufren una aparición del Demonio, se dejan amonestar y ven claro.

7:202 A sus hermanos, en cambio, persisten en mantenerles descarriados.

7:203 Y si no les traes un signo, dicen: «¡Cómo! ¿Por qué no te has escogido uno?» Di: «Yo no hago más que seguir lo que mi Señor me revela». Ésas son pruebas visibles de vuestro Señor, dirección y misericordia para gente que cree.

7:204 Y, cuando se recite el *Corán*, ¡escuchadlo en silencio! Quizás así se os tenga piedad.

7:205 Invoca a tu Señor en tu interior, humilde y temerosamente, a media voz, mañana y tarde, y no seas de los despreocupados.

7:206 Los que están junto a tu Señor no tienen a menos servirle. Le glorifican y se prosternan ante Él.

8. El Botín (Al Anfál)

¡En el nombre de Alá, el Compasivo, el Misericordioso!

8:1 Te preguntan por el botín. Di: «El botín pertenece a Alá y al Enviado». ¡Temed, pues, a Alá! ¡Manteneos en paz! ¡Obedeced a Alá y a Su Enviado si sois creyentes!

8:2 Son creyentes sólo aquéllos cuyos corazones tiemblan a la mención de Alá, que, cuando se les recitan Sus aleyas, éstas aumentan su fe, que confían en su Señor,

8:3 que hacen la azalá y dan limosna de lo que les hemos proveído.

8:4 Éstos son los creyentes de verdad. Gozarán de elevada categoría junto a su Señor, de perdón y generoso sustento.

8:5 Igual que algunos creyentes se oponían cuando tu Señor te sacaba con razón de tu casa,

8:6 así ahora disputan contigo sobre la Verdad, luego de haberse ésta mostrado claramente, como si fueran arrastrados a la muerte, conscientes de ello.

8:7 Y cuando Alá os prometió que uno de los dos grupos caería en vuestro poder y deseasteis que fuera el inerme, cuando lo que Alá quería era hacer triunfar la Verdad con Sus palabras y extirpar a los infieles,

8:8 para hacer triunfar la Verdad y aniquilar lo falso, a despecho de los pecadores.

8:9 Cuando pedisteis auxilio a vuestro Señor y Él os escuchó: «Os reforzaré con mil ángeles uno tras otro».

8:10 Alá no lo hizo sino como buena nueva y para que se tranquilizaran vuestros corazones con ello. La victoria no viene sino de Alá. Alá es poderoso, sabio.

8:11 Cuando hizo que os entrara sueño, para daros sensación de seguridad venida de Él, e hizo que bajara del cielo agua para purificaros con ella y alejar la mancha del Demonio, para reanimaros y afirmar así vuestros pasos.

8:12 Cuando vuestro Señor inspiró a los ángeles: «Yo estoy con vosotros. ¡Confirmad, pues, a los que creen! Infundiré el terror en los corazones de quiens no crean. ¡Cortadles del cuello, pegadles en todos los dedos!»

8:13 Es que se habían separado de Alá y de Su Enviado... Y quien se separa de Alá y de Su Enviado... Alá castiga severamente.

8:14 ¡Ahí tenéis! ¡Gustadlo! Y que los infieles tendrán el castigo del Fuego.

8:15 ¡Creyentes! Cuando os encontréis con los infieles marchando, ¡no les volváis la espalda!

8:16 Quien ese día les vuelva la espalda -a menos que sea que se destaque para acudir a otro combate o para incorporarse a otra tropa- incurrirá en la ira de Alá y tendrá la gehena por morada. ¡Qué mal fin...!

8:17 No erais vosotros quienes les mataban, era Alá Quien les mataba. Cuando tirabas, no eras tú quien tiraba, era Alá Quien tiraba, para hacer experimentar a los creyentes un favor venido de Él. Alá todo lo oye, todo lo sabe.

8:18 ¡Ahí tenéis! Y que Alá hará fracasar la artimaña de los infieles.

8:19 «Si buscáis un fallo, ahí lo tenéis. Más os valdría renunciar a vuestra hostilidad. Y, si reanudáis la lucha, Nosotros también la reanudaremos y vuestras huestes no os servirán de nada, por numerosas que sean. ¡Alá está con los creyentes!»

8:20 «¡Creyentes! ¡Obedeced a Alá y a Su Enviado! ¡No le volváis la espalda mientras oís...!»

8:21 No hagáis como los que dicen: «¡Ya hemos oído!», sin haber oído.

8:22 Los seres peores, para Alá, son los sordomudos, que no razonan.

8:23 Si Alá hubiera reconocido en ellos bien, les habría concedido la facultad de oír. Pero, aun así, habrían vuelto la espalda y se habrían apartado.

8:24 ¡Creyentes! ¡Escuchad a Alá y al Enviado cuando éste os llama a algo que os da la vida! ¡Sabed que Alá se interpone entre el hombre y su corazón y que seréis congregados hacia Él!

8:25 ¡Guardaos de una tentación que no alcanzará exclusivamente a aquéllos de vosotros que sean impíos! ¡Sabed que Alá castiga severamente!

8:26 ¡Y recordad cuando erais pocos, oprimidos en el país, temerosos de que la gente os capturara! Entonces, os procuró refugio, os fortaleció con Su auxilio y os proveyó de cosas buenas. Quizás, así, fuerais agradecidos.

8:27 ¡Creyentes! ¡No traicionéis a Alá y a Enviado! ¡No traicionéis, a sabiendas, la confianza puesta en vosotros!

8:28 Sabed que vuestra hacienda y vuestros hijos constituyen una tentación, pero también que Alá tiene junto a Sí una magnífica recompensa.

8:29 ¡Creyentes! Si teméis a Alá, Él os concederá un Criterio, borrará vuestras malas obras y os perdonará. Alá es el Dueño del favor inmenso.

8:30 Y cuando los infieles intrigaban contra ti para capturarte, matarte o expulsarte. Intrigaban ellos e intrigaba Alá, pero Alá es el Mejor de los que intrigan.

8:31 Y cuando se les recitaban Nuestras aleyas, decían: «¡Ya hemos oído! Si quisiéramos, diríamos algo parecido. Éstas no son sino patrañas de los antiguos».

8:32 Y cuando decían: «¡Alá! Si es esto la Verdad que de Ti procede, haz que nos lluevan piedras del cielo o inflígenos un castigo doloroso».

8:33 Pero Alá no les iba a castigar estando tú en medio de ellos. Alá no les iba a castigar mientras ellos pedían perdón.

8:34 Y ¿por qué no va Alá a castigarles, si apartan de la Mezquita Sagrada? Ni tampoco son amigos de Él. Sólo son amigos Suyos los que Le temen, pero la mayoría no saben.

8:35 Su azalá en la Casa no consiste más que en silbidos y palmas. «¡Gustad, pues, el castigo merecido por no haber creído!»

8:36 Los infieles gastan su hacienda en desviar a otros del camino de Alá. La gastarán y, después, se lamentarán. Luego, serán vencidos. Y los infieles serán congregados hacia la gehena.

8:37 para que Alá distinga al malo del bueno, coloque a los malos unos encima de otros, los amontone a todos y los eche a la gehena. Ésos serán los que pierdan.

8:38 Di a los infieles que, si cesan, se les perdonará lo pasado; pero que, si reinciden, seguirán la suerte de los antiguos.

8:39 Combatid contra ellos hasta que dejen de induciros a apostatar y se rinda todo el culto a Alá. Si cesan, Alá ve bien lo que hacen.

8:40 Y, si vuelven la espalda, sabed que Alá es vuestro Protector. ¡Es un protector excelente, un auxiliar excelente!

8:41 Sabed que, si obtenéis algún botín un quinto corresponde a Alá, al Enviado y a sus parientes, a los huérfanos, a los pobres y al viajero, si creéis en Alá y en lo que hemos revelado a Nuestro siervo el día del Criterio, el día que se encontraron los dos ejércitos. Alá es omnipotente.

8:42 Cuando estabais en la ladera más próxima y ellos en la más lejana, mientras que la caravana estaba más baja que vosotros. Si hubierais intentado daros cita, no os habríais puesto de acuerdo sobre ella, pero para que Alá decidiera algo que debía hacerse. Para que, ante una prueba clara, pereciera quien debía perecer y, ante una prueba clara, sobreviviera quien debía sobrevivir. Alá todo lo oye, todo lo sabe.

8:43 Cuando, en tu sueño, Alá te los mostró poco numerosos; que, si te los hubiera mostrado numerosos, os habríais desanimado y habríais discutido sobre el particular, pero Alá os preservó. Él sabe bien lo que encierran los pechos.

8:44 Y cuando Alá, al iniciarse el encuentro, os los mostró poco numerosos a vuestros ojos, igual que os empequeñeció a sus ojos, para que Alá decidiera algo que debía hacerse. Y todo será devuelto a Alá.

8:45 ¡Creyentes! Cuando encontréis a una tropa ¡manteneos firmes y recordad mucho a Alá! ¡Quizás, así, consigáis la victoria!

8:46 ¡Y obedeced a Alá y a Su Enviado! ¡No discutáis! Si no, os desanimaréis y se enfriará vuestro ardor. ¡Tened paciencia, que Alá está con los pacientes!

8:47 No seáis como los que salieron de sus casas con pompa y ostentación, desviando a otros del camino de Alá. Alá abarca lo que hacen.

8:48 Y cuando el Demonio engalanó sus obras y dijo: «¡Nadie podrá venceros hoy, yo os protejo!» Pero, cuando las dos tropas se divisaron, dio media vuelta y dijo: «Yo no soy responsable de vosotros. Veo lo que vosotros no veis. Temo a Alá. Alá castiga severamente».

8:49 Cuando los hipócritas y los enfermos de corazón dijeron: «A éstos les ha engañado su religión». Pero quien confía en Alá... Alá es poderoso, sabio.

8:50 Si pudieras ver cuando los ángeles llamen a los que no han creído, golpeándoles en el rostro y en la espalda. Y: «¡Gustad el castigo del fuego de la gehena

8:51 por las obras que habéis cometido, que Alá no es injusto con Sus siervos!»

8:52 Como ocurrió a la gente de Faraón y a los que les precedieron: no creyeron en los signos de Alá y Alá les castigó por sus pecados. Alá es fuerte, castiga severamente.

8:53 Esto es así porque Alá no modifica la gracia que dispensa a un pueblo mientras éste no cambie lo que en sí tiene. Alá todo lo oye, todo lo sabe.

8:54 Como ocurrió a la gente de Faraón y a los que les precedieron: desmintieron los signos de su Señor y les hicimos perecer por sus pecados. Anegamos a la gente de Faraón: todos eran impíos.

8:55 Los seres peores, para Alá, son los que, habiendo sido infieles en el pasado, se obstinan en su incredulidad,

8:56 que, habiendo tú concertado una alianza con ellos, la violan a cada momento sin temer a Alá.

8:57 Si, pues, das con ellos en la guerra, que sirva de escarmiento a los que les siguen. Quizás, así, se dejen amonestar.

8:58 Si temes una traición por parte de una gente, denuncia, con equidad, la alianza con ella. Alá no ama a los traidores.

8:59 ¡Que no crean los infieles que van a escapar! ¡No podrán!

8:60 ¡Preparad contra ellos toda la fuerza, toda la caballería que podáis para amedrentar al enemigo de Alá y vuestro y a otros fuera de ellos, que no conocéis pero que Alá conoce! Cualquier cosa que gastéis por la causa de Alá os será devuelta, sin que seáis tratados injustamente.

8:61 Si, al contrario, se inclinan hacia la paz, ¡inclínate tú también hacia ella! ¡Y confía en Alá! Él es Quien todo lo oye, Quien todo lo sabe.

8:62 Si quieren engañarte, debe Alá bastarte. Él es Quien te ha fortalecido con Su auxilio y con los creyentes.

8:63 cuyos corazones Él ha reconciliado. Tú, aunque hubieras gastado todo cuanto hay en la tierra, no habrías sido capaz de reconciliar sus corazones. Alá, en cambio, los ha reconciliado. Es poderoso, sabio.

8:64 ¡Profeta! ¡Que Alá te baste! ¡Y a los creyentes que te han seguido!

8:65 ¡Profeta! ¡Anima a los creyentes al combate! Si hay entre vosotros veinte hombres tenaces, vencerán a doscientos. Y si cien, vencerán a mil infieles, pues éstos son gente que no comprende.

8:66 Ahora, Alá os ha aliviado. Sabe que sois débiles. Si hay entre vosotros cien hombres tenaces, vencerán a docientos. Y si mil, vencerán a dos mil, con permiso de Alá. Alá está con los tenaces.

8:67 No está bien que un profeta tenga cautivos mientras no someta en la tierra. Vosotros queréis lo que la vida de acá ofrece, en tanto que Alá quiere la otra vida. Alá es poderoso, sabio.

8:68 Si no llega a ser por una prescripción previa de Alá, habríais sufrido un castigo terrible por haberos apoderado de aquello.

8:69 ¡Tomad del botín hecho lo lícito, lo bueno! ¡Y temed a Alá! Alá es indulgente, misericordioso.

8:70 ¡Profeta! Di a los cautivos que tengáis en vuestro poder: «Si Alá encuentra bien en vuestros corazones, os dará algo mejor de lo que se os ha quitado y os perdonará. Alá es indulgente, misericordioso».

8:71 Y si quieren traicionarte, ya antes traicionaron a Alá. Y Él ha dado poder sobre ellos. Alá es omnisciente, sabio.

8:72 Los creyentes que emigraron y combatieron con su hacienda y sus personas por la causa de Alá y los que les dieron refugio y auxilio, ésos son amigos unos de otros. Los creyentes que no emigraron no serán nada amigos hasta tanto que emigren. Si os piden que les auxiliéis en nombre de la religión, debéis auxiliarles, a menos que se trate de ir contra gente con la que os una un pacto. Alá ve bien lo que hacéis.

8:73 Los infieles son amigos unos de otros. Si no obráis así, habrá en la tierra desorden y gran corrupción.

8:74 Los creyentes que emigraron y lucharon por Alá, y quienes les dieron refugio y auxilio, ésos son los creyentes de verdad. Tendrán perdón y generoso sustento.

8:75 Quienes, después, creyeron, emigraron y combatieron con vosotros, ésos son de los vuestros. Con todo, y según la *Escritura* de Alá, los unidos por lazos de consanguinidad están más cerca unos de otros. Alá es omnisciente.

9. El Arrepentimiento (At Taueba)

9:1 Denuncia por Alá y Su Enviado de la alianza que habéis concertado con los asociadores:

9:2 «Circulad por la tierra durante cuatro meses. Pero sabed que no podréis escapar de Alá y que Alá llenará de vergüenza a los infieles».

9:3 Proclama de Alá y Su Enviado, dirigida a los hombres el día de la peregrinación mayor. «Alá no es responsable de los asociadores, y Su Enviado tampoco. Si os arrepentís será mejor para vosotros. Pero, si volvéis la espalda, sabed que no escaparéis de Alá». ¡Anuncia a los infieles un castigo doloroso!

9:4 Se exceptúan los asociadores con quienes habéis concertado una alianza y no os han fallado en nada ni han ayudado a nadie contra vosotros. Respetad vuestra alianza con ellos durante el plazo convenido. Alá ama a quienes Le temen.

9:5 Cuando hayan transcurrido los meses sagrados, matad a los asociadores dondequiera que les encontréis. ¡Capturadles! ¡Sitiadles! ¡Tendedles emboscadas por todas partes! Pero si se arrepienten, hacen la azalá y dan el azaque, entonces ¡dejadles en paz! Alá es indulgente, misericordioso.

9:6 Si uno de los asociadores te pide protección concédesela, para que oiga la Palabra de Alá. Luego, facilítale la llegada a un lugar en que esté seguro. Es que son gente que no sabe.

9:7 ¿Cómo podrán los asociadores concertar una alianza con Alá y con Su Enviado, a no ser aquéllos con quienes concertasteis una alianza junto a la Mezquita Sagrada? Mientras cumplan con vosotros, cumplid con ellos. Alá ama a quienes Le temen.

9:8 ¿Cómo si, cuando os vencen, no respetan alianza ni compromiso con vosotros? Os satisfacen con la boca, pero sus corazones se oponen y la mayoría son unos perversos.

9:9 Han malvendido los signos de Alá y han desviado a otros de Su camino. ¡Qué detestable es lo que han hecho!

9:10 No respetan alianza ni compromiso con el creyente. ¡ ésos son los que violan la ley!

9:11 Pero si se arrepienten, hacen la azalá y dan el azaque, entonces serán vuestros hermanos en religión. Exponemos claramente las aleyas a gente que sabe.

9:12 Pero, si violan sus juramentos después de haber concluido una alianza y atacan vuestra religión, combatid contra los jefes de la incredulidad. No respetan ningún juramento. Quizás, así, desistan.

9:13 ¿Cómo no vais a combatir contra gente que ha violado su juramento, que hubiera preferido expulsar al Enviado y os atacó primero? ¿Les tenéis miedo, siendo así que Alá tiene más derecho a que Le tengáis miedo? Si es que sois creyentes...

9:14 ¡Combatid contra ellos! Alá le castigará a manos vuestras y les llenará de vergüenza, mientras que a vosotros os auxiliará contra ellos, curando así los pechos de gente creyente

9:15 y desvaneciendo la ira de sus corazones. Alá se vuelve hacia quien Él quiere. Alá es omnisciente, sabio.

9:16 ¿O es que habéis creído que se os iba a dejar en paz y que Alá aún no conoce a quienes de vosotros han combatido sin trabar amistad con nadie, fuera de Alá, de Su Enviado y de los creyentes? Alá está bien informado de lo que hacéis.

9:17 Los asociadores no deben cuidar del mantenimiento de las mezquitas de Alá, siendo testigos contra sí mismos de su incredulidad. Ésos, ¡qué vanas son sus obras! ¡Estarán en el Fuego eternamente!

9:18 Que sólo cuide del mantenimiento de las mezquitas de Alá quien crea en Alá y en el último Día, haga la azalá, dé el azaque y no tenga miedo sino de Alá. Quizás ésos sean de los bien dirigidos...

9:19 ¿Vais a comparar al que da de beber a los peregrinos y cuida del ‘enimiento de la Mezquita Sagrada con el que cree en Alá y en el último Día y lucha por Alá? No son iguales para Alá. Alá no dirige al pueblo impío.

9:20 Quienes crean, emigren y luchen por Alá con su hacienda y sus personas tendrán una categoría más elevada junto a Alá. Ésos serán los que triunfen.

9:21 Su Señor les anuncia Su misericordia y satisfacción, así, como jardines en los que gozarán de delicia sin fin,

9:22 en los que estarán eternamente, para siempre. Alá tiene junto a Sí una magnífica recompensa.

9:23 ¡Creyentes! No toméis como amigos a vuestros padres y a vuestros hermanos si prefieren la incredulidad a la fe. Quienes de vosotros les consideran amigos, ésos son los impíos.

9:24 Di: «Si preferís vuestros padres, vuestros hijos varones, vuestros hermanos, vuestras esposas, vuestra tribu, la hacienda que habéis adquirido, un negocio por cuyo resultado teméis y casas que os placen, a Alá y a Su Enviado y a la lucha por Su causa, esperad a que venga Alá con Su orden...» Alá no dirige al pueblo perverso.

9:25 Alá os ha ayudado a vencer en muchos sitios. Y el día de Hunayn, cuando, complacidos por vuestro gran número, éste no os sirvió de nada; cuando la tierra, a pesar de su vastedad, os resultó angosta y volvisteis la espalda para huir.

9:26 Alá, entonces, envió de los alto Su *sakina* sobre Su Enviado y sobre los creyentes. Hizo también descender legiones invisibles a vuestros ojos y castigó a los que no creían. Ésa es la retribución de los infieles.

9:27 Pero, después de eso, Alá se volverá hacia quien Él quiera. Alá es indulgente, misericordioso.

9:28 ¡Creyentes! Los asociadores son mera impureza. ¡Que no se acerquen, pues, a la Mezquita Sagrada después de este su año! Si teméis escasez, Alá os enriquecerá por favor Suyo, si quiere. Alá es omnisciente, sabio.

9:29 ¡Combatid conta quienes, habiendo recibido la *Escritura*, no creen en Alá ni en el último Día, ni prohíben lo que Alá y Su Enviado han prohibido, ni practican la religión verdadera, hasta que, humillados, paguen el tributo directamente!

9:30 Los judíos dicen: «Uzayr es el hijo de Alá». Y los cristianos dicen: «El Ungido es el hijo de Alá». Eso es lo que dicen de palabra. Remedan lo que ya antes habían dicho los infieles. ¡Que Alá les maldiga! ¡Cómo pueden ser tan desviados!

9:31 Han tomado a sus doctores y a sus monjes, así como al Ungido, hijo de María, como señores, en lugar de tomar a Alá cuando las órdenes que habían recibido no eran sino de servir a un Dios Uno. ¡No hay más dios que Él! ¡Gloria a Él! ¡Está por encima de lo que Le asocian!

9:32 Quisieran apagar de un soplo la Luz de Alá pero Alá no desea sino que resplandezca, a despecho de los infieles.

9:33 Él es Quien ha mandado a Su Enviado con la Dirección y con la religión verdadera para que, a despecho de los asociadores, prevalezca sobre toda otra religión.

9:34 ¡Creyentes! Muchos doctores y monjes devoran, sí, la hacienda ajena injustamente, desviando a otros del camino de Alá. A quienes atesoran oro y plata y no lo gastan por la causa de Alá, anúnciales un castigo doloroso,

9:35 el día que esos metales se pongan candentes en el fuego de la gehena y sus frentes, costados y espaldas sean marcados con ellos: «Esto es lo que atesorabais para vosotros. ¡Gustad, pues, lo que atesorabais!»

9:36 El número de meses, para Alá, es de doce. Fueron inscritos en la *Escritura* de Alá el día que creó los cielos y la tierra. De ellos, cuatro son sagrados: ésa es la religión verdadera. ¡No seáis injustos con vosotros mismos no respetándolos! ¡Y combatid todos contra los asociadores como ellos también combaten todos contra vosotros! Y sabed que Alá está con los que Le temen.

9:37 El mes intercalar no significa más que un incremento en la incredulidad, con la que se extravían los infieles. Lo declaran profano un año y sagrado otro año, para estar de acuerdo con el número de lo que Alá ha declarado sagrado, declarando así profano lo que Alá ha declarado sagrado. La malicia de sus obras ha sido engalanada, pero Alá no dirige al pueblo infiel.

9:38 ¡Creyentes! ¿Qué os pasa? ¿Por qué, cuando se os dice: «¡Id a la guerra por la causa de Alá!» permanecéis clavados en tierra? ¿Preferís la vida de acá a la otra? Y ¿qué es el breve disfrute de la vidad de acá comparado con la otra, sino bien poco...?

9:39 Si no vais a la guerra, os infligirá un doloroso castigo. Hará que otro pueblo os sustituya, sin que podáis causarle ningún daño. Alá es omnipotente.

9:40 Si le negáis auxilio, Alá sí que le auxilió cuando, expulsado por los infieles, con un solo compañero, le decía a éste estando los dos en la cueva: «¡No estés triste! ¡Alá está con nosotros!» Alá hizo descender sobre él Su *sakina* y le reforzó con legiones invisibles a vuestros ojos. Alá puso Su Palabra por encima de la palabra de los infieles.. Alá es poderoso, sabio.

9:41 ¡Id a la guerra, tanto si os es fácil como si os es difícil! ¡Luchad por Alá con vuestra hacienda y vuestras personas! Es mejor para vosotros. Si supierais...

9:42 Si se hubiera tratado de una ventaja inmediata o de un viaje corto, te habrían seguido, pero el objetivo les ha parecido distante. Jurarán por Alá: «Si hubiéramos podido, os habríamos acompañado a la guerra». Se pierden a sí mismos. Alá sabe que mienten.

9:43 ¡Que Alá te perdone! ¿Por qué les has dispensado antes de haber distinguido a los sinceros de los que mienten?

9:44 Quienes creen en Alá y en el último Día no te piden dispensa cuando de luchar con su hacienda y sus personas se trata. Alá conoce bien a quienes Le temen.

9:45 Sólo te piden dispensa quienes no creen en Alá y en el último Día, aquéllos cuyos corazones están llenos de dudas y que, por dudar, vacilan.

9:46 Si hubieran querido ir a la guerra, se habrían preparado para ello, pero Alá no ha aprobado su marcha. Les ha infundido pereza y se les ha dicho: «¡Quedaos con los que se quedan!»

9:47 Si os hubieran acompañado a la guerra, no habrían hecho más que aumentar la confusión y habrían sembrado la desconfianza entre vosotros, buscando soliviantaros. Hay entre vosotros quienes dan oídos a lo que dicen, pero Alá conoce bien a los impíos.

9:48 Ya buscaron antes soliviantar y enredaron bien tus asuntos hasta que vino la Verdad y apareció la orden de Alá, a despecho de ellos.

9:49 Hay entre ellos quien dice: «Dispénsame y no me tientes!» Pero ¿es que no han caído ya en la tentación? La gehena, ciertamente, cercará a los infieles.

9:50 Si te sucede algo bueno, les duele, y, si te aflige una desgracia, dicen: «¡Ya hemos tomado nuestras precauciones!» Y se van tan contentos...

9:51 Di: «Sólo podrá ocurrirnos lo que Alá nos haya predestinado. Él es nuestro Dueño. ¡Que los creyentes, pues, confíen en Alá!»

9:52 Di: «Qué podéis esperar para nosotros sino una de las dos contingencias más bellas?» Nosotros, en cambio, esperamos que Alá os aflija con un castigo venido de Él o a manos nuestras. ¡Esperad, pues! Nosotros también esperamos con vosotros.

9:53 Di: «Da lo mismo que deis limosna a gusto o a disgusto, pues no se os ha de aceptar, ya que sois gente perversa».

9:54 Lo único que ha impedido que su limosna sea aceptada es que no creen en Alá ni en Su Enviado, no acuden a la azalá sino perezosamente y no dan limosna sino a disgusto.

9:55 ¡No te maravilles de su hacienda ni de sus hijos! Alá sólo quiere con ello castigarles en la vida de acá y que exhalen su último suspiro siendo infieles.

9:56 Juran por Alá que son, sí, de los vuestros, pero no lo son, sino que son gente que tiene miedo.

9:57 Si encontraran un refugio o cuevas o algún sitio donde poder esconderse irían allá a toda prisa.

9:58 Algunos de ellos te critican a propósito de las limosnas. Si se les da de ellas, están contentos; si no se les da de ellas, se enfadan.

9:59 Si quedaran satisfechos de lo que Alá y Su Enviado les han dado y dijeran: «¡Alá nos basta! Alá nos dará de Su favor y Su Enviado también. ¡Deseamos ardientemente a Alá!»...

9:60 Las limosnas son sólo para los necesitados, los pobres, los limosneros, aquéllos cuya voluntad hay que captar, los cautivos, los insolventes, la causa de Alá y el viajero. Es un deber impuesto por Alá. Alá es omnisciente, sabio.

9:61 Hay entre ellos quienes molestan al Profeta y dicen: «¡Es todo oídos!» Di: «Por vuestro bien es todo oídos. Cree en Alá y tiene fe en los creyentes. Es misericordioso para aquéllos de vosotros que creen». Quienes molesten al Enviado de Alá, tendrán un castigo doloroso.

9:62 Os juran por Alá por satisfaceros, pero Alá tiene más derecho, y Su Enviado también, a que Le satisfagan. Si es que son creyentes...

9:63 ¿No saben que quien se opone a Alá y a Su Enviado tendrá eternamente el Fuego de la gehena? ¡Qué enorme deshonra..!

9:64 Los hipócritas temen la revelación de una sura que les informe del contenido de sus corazones. Di: «¡Burlaos, que ya sacará Alá lo que teméis!»

9:65 Si les preguntas, dicen: «No hacíamos más que parlotear y bromear». Di: «¿Os burlabais de Alá, de Sus signos y de Su Enviado?»

9:66 ¡No os disculpéis! Habéis dejado de creer después de haber creído y, si perdonamos a alguno de vosotros, castigaremos a otros por haber sido pecadores.

9:67 Los hipócritas y las hipócritas son todos uno. Ordenan lo que está mal y prohíben lo que está bien. Cierran sus manos. Han olvidado a Alá y Él les ha olvidado. Los hipócritas son los perversos.

9:68 Alá ha amenazado a los hipócritas, a las hipócritas y a los infieles con el fuego de la gehena, en el que estarán eternamente. Les bastará. ¡Qué Alá les maldiga! Tendrán un castigo permanente.

9:69 Lo mismo les pasó a los que os precedieron. Eran más fuertes que vosotros, más ricos y tenían más hijos. Disfrutaron de su parte. Disfrutad vosotros también de vuestra parte, como vuestros antecesores disfrutaron de la suya. Habéis parloteado igual que ellos. Vanas fueron sus obras en la vida de acá y vanas lo serán en la otra. Ésos son los que pierden.

9:70 ¿No se han enterado de lo que pasó a quienes les precedieron: el pueblo de Noé, los aditas, los tamudeos, el pueblo de Abraham, los madianitas y los de las vueltas de arriba abajo? Sus enviados vinieron a ellos con las pruebas claras. No fue Alá quien fue injusto con ellos, sino que ellos lo fueron consigo mismos.

9:71 Pero los creyentes y las creyentes son amigos unos de otros. Ordenan lo que está bien y prohíben lo que está mal. Hacen la azalá, dan el azaque y obedecen a Alá y a Su Enviado. De ésos se apiadará Alá. Alá es poderoso, sabio.

9:72 Alá ha prometido a los creyentes y a las creyentes jardines por cuyos bajos fluyen arroyos, en los que estarán eternamente, y viviendas agradables en los jardines del edén. Pero la satisfacción de Alá será mejor aún. ¡Ése el éxito grandioso!

9:73 ¡Profeta! ¡Combate contra los infieles y los hipócritas, sé duro con ellos! Su refugio será la gehena. ¡Qué mal fin...!

9:74 Juran por Alá que no han profesado la incredulidad, cuando la verdad es que sí. Han apostado después de haber abrazado el islam. Aspiraban a algo que no han conseguido y han quedado resentidos sólo por no haber obtenido más que aquello con que Alá y Su Enviado les han enriquecido, por favor Suyo. Sería mejor para ellos que se arrepintieran. Si vuelven la espalda, Alá les infligirá un castigo doloroso en la vida de acá y en la otra. No encontrarán en la tierra amigo ni auxiliar.

9:75 Algunos de ellos han concertado una alianza con Alá: «Si nos da algo de Su favor, sí que daremos limosna, sí que seremos de los justos».

9:76 Pero, cuando les da algo de Su favor, se muestran avaros de ello, vuelven la espalda y se van.

9:77 Así, ha infundido en su ánimo la hipocresía hasta el día que Le encuentren, por haber faltado a lo que habían prometido a Alá y por haber mentido.

9:78 ¿No saben que Alá conoce sus secretos y sus conciliábulos, y que Alá conoce a fondo las cosas ocultas?

9:79 Son ellos los que critican, tanto a los creyentes que, espontáneamente, dan limosna, como a quienes sólo con un gran esfuerzo consiguen darla. Se burlan de ellos. También Alá se burlará de ellos y tendrán un castigo doloroso.

9:80 Da lo mismo que pidas o no que se les perdone. Aunque lo pidieras setenta veces, Alá no les perdonaría, porque no han creído en Alá y en Su Enviado. Alá no dirige al pueblo perverso.

9:81 Los dejados atrás se alegraron de poder quedarse en casa en contra del Enviado de Alá. Les repugnaba luchar por Alá con su hacienda y sus personas y decían: «No vayáis a la guerra con este calor». Di: «El fuego de la gehena es aún más caliente». Si entendieran...

9:82 ¡Que rían, pues, un poco! Ya llorarán, y mucho, como retribución de lo que han cometido.

9:83 Si Alá vuelve a llevarte a un grupo de ellos y te piden permiso para ir a la guerra, di: «¡No iréis nunca conmigo! ¡No combatiréis conmigo contra ningún enenmigo! Preferisteis una vez quedaros en casa. ¡Quedaos, pues, con los que se quedan detrás!»

9:84 ¡No ores nunca por ninguno de ellos cuando muera, ni te detengas ante su tumba! No han creído en Alá y en Su Enviado y han muerto en su perversidad.

9:85 ¡ No te maravilles de su hacienda y de sus hijos! Alá sólo quiere con ello castigarles en la vida de acá y que exhalen su último suspiro siendo infieles.

9:86 Cuando se revela una sura: «¡Creed en Alá y combatid junto a Su Enviado», los más ricos de ellos te piden permiso y dicen: «¡Deja que nos quedemos con los que se quedan!»

9:87 Prefieren quedarse con las mujeres dejadas detrás. Han sido sellados sus corazones, así que no entienden.

9:88 Pero el Enviado y los que con él creen combaten con su hacienda y sus personas. Suyas serán las cosas buenas. Ésos son los que prosperarán.

9:89 Alá les ha preparado jardines por cuyos bajos fluyen arroyos, en los que estarán eternamente ¡Ése es el éxito grandioso.

9:90 Los beduinos que se excusan vienen a que se les dé permiso. Los que mienten a Alá y a Su Enviado se quedan en casa. Un castigo doloroso alcanzará a los que de ellos no crean.

9:91 Si son sinceros para con Alá y con Su Enviado, no habrá nada que reprochar a los débiles, a los enfermos, a los que no encuentran los medios. No hay motivo contra los que obran con honradez. Alá es indulgente, misericordioso.

9:92 Tampoco contra aquéllos a quienes, viniendo a ti para que les facilites montura, dices: «No os encuentro montura» y se vuelven con los ojos arrasados de lágrimas de tristeza porque no encuentran los medios.

9:93 Sólo hay motivo contra los que, siendo ricos, te piden permiso. Prefieren quedarse con las mujeres dejadas detrás. Alá ha sellado sus corazones, así que no saben.

9:94 Se excusarán ante vosotros cuando volváis a ellos. Di: «¡No os excuséis! ¡No vamos a creeros! Alá ya nos ha informado acerca de vosotros. Alá y Su Enviado verán vuestras obras. Luego, se os devolverá al Conocedor de lo oculto y de lo patente y ya os informará Él de lo que hacíais».

9:95 Cuando regreséis a ellos os pedirán, jurando por Alá, que les dejéis. Dejadles, pues, son una abominación. Su morada será la gehena como retribución de lo que han cometido.

9:96 Os conjuran que aceptéis sus excusas. Pero, si vosotros las aceptáis, Alá no las aceptará del pueblo perverso.

9:97 Los beduinos son los más infieles, los más hipócritas y los más propensos a ignorar las leyes contenidas en la revelación de Alá a Su Enviado. Alá es omnisciente, sabio.

9:98 Algunos beduinos consideran como onerosa obligación pecuniaria lo que gastan, y acechan vuestras vicisitudes. ¡Que sean ellos los que sufran un revés! Alá todo lo oye, todo lo sabe.

9:99 Pero hay otros beduinos que creen en Alá y en el último Día y consideran lo que gastan y las oraciones del Enviado como medios de acercarse a

Alá. ¿No es esto para ellos un medio de acercarse? Alá les introducirá en Su misericordia. Alá es indulgente, misericordioso.

9:100 Alá está satisfecho de los más distinguidos -los primeros de los emigrados y de los auxiliares-, y de quienes les siguieron en sus buenas obras. Ellos también estarán satisfechos de Él, Que les ha preparado jardines por cuyos bajos fluyen arroyos en los que estarán eternamente, para siempre. ¡Ése es el éxito grandioso!

9:101 Entre los beduinos que os rodean y entre los medineses hay hipócritas que se obstinan en su hipocresía. Tú no les conoces, Nosotros les conocemos. Les castigaremos dos veces. Luego, serán enviados a un castigo terrible.

9:102 Otros en cambio, reconocen sus pecados. Han mezclado obras buenas con otras malas. Tal vez Alá se vuelva a ellos. Alá es indulgente, misericordioso.

9:103 ¡Deduce de sus bienes una limosna para limpiarles y purificarles con ella! ¡Y ora por ellos! Tu oración les sosiega. Alá todo lo oye, todo lo sabe.

9:104 ¿No saben que Alá es Quien acepta el arrepentimiento de Sus siervos y recibe las limosnas y que Alá es el Indulgente, el Misericordioso?

9:105 Di: «¡Allá vosotros! Alá verá vuestras obras, así como Su Enviado y los creyentes. Se os devolverá al Conocedor de lo oculto y de lo patente y ya os informará Él de lo que hacíais».

9:106 A otros se les hace esperar la decisión de Alá: castigo o misericordia. Alá es omnisciente, sabio.

9:107 Quienes edificaron una mezquita con ánimo de dañar para ayuda de la incredulidad, para dividir a los creyentes y como refugio para quien había hecho antes la guerra a Alá y a Su Enviado, juran solemnemente: «¡No quisimos sino lo mejor!» Pero Alá es testigo de que mienten.

9:108 ¡No ores nunca en esa mezquita! Una mezquita fundada desde el primer día en el temor de Alá tiene más derecho a que ores en ella. La frecuentan hombres que gustan de purificarse y Alá ama a los que se purifican.

9:109 ¿Quién es mejor: quien ha cimentado su edificio en el temor de Alá y en Su satisfacción o quien lo ha cimentado al borde de una escarpa desgastada por la acción del agua y desmoronadiza, que se derrumba arrastrándole al fuego de la gehena? Alá no dirige al pueblo impío.

9:110 El edificio que se han construido no dejará de ser motivo de duda en sus corazones, a menos que éstos se hagan pedazos. Alá es omnisciente, sabio.

9:111 Alá ha comprado a los creyentes sus personas y su hacienda, ofreciédoles, a cambio, el Jardín. Combaten por Alá: matan o les matan. Es una promesa que Le obliga, verdad, contenida en la *Tora.* en el *Evangelio* y en el *Corán.* Y ¿quién respeta mejor su alianza que Alá? ¡Regocijaos por el trato que habéis cerrado con Él! ¡Ése es el éxito grandioso!

9:112 Quienes se arrepienten sirven a Alá, Le alaban, ayunan, se inclinan, se prosternan, ordenan lo que está bien y prohíben lo que está mal, observan las leyes de Alá... ¡Y anuncia la buena nueva a los creyentes!

9:113 El Profeta y los creyentes no deben pedir el perdón de los asociadores, aunque sean parientes suyos, después de haber visto claramente que morarán en el fuego de la gehena.

9:114 El perdón que Abraham pidió para su padre no fue sino en virtud de una promesa que le había hecho; pero, cuando vio claramente que era enemigo de Alá, se desentendió de él. Abraham era, ciertamente, tierno, benigno.

9:115 Alá, después de haber dirigido a un pueblo, no va a extraviarle sin antes haberle enseñado lo que debe temer. Alá es omnisciente.

9:116 De Alá es el dominio de los cielos y de la tierra. Él da la vida y da la muerte. No tenéis, fuera de Alá, amigo ni auxiliar.

9:117 Alá se ha vuelto al Profeta, a los emigrados y a los auxiliares, que le siguieron en una hora de apuro, luego de haberse casi desviado los corazones de algunos de ellos. Se ha vuelto, depués, a ellos. Alá es con ellos manso, misericordioso.

9:118 Y a los tres que fueron dejados atrás hasta que la tierra, a pesar de su vastedad, les resultó angosta, y sus espíritus se angustiaron también, y creyeron que no había más refugio contra Alá que Él mismo. Luego, se volvió a ellos para que se arrepintieran. Alá es el Indulgente, el Misericordioso.

9:119 ¡Creyentes! Temed a Alá y estad con los sinceros.

9:120 Los medineses y los beduinos que acampan a su alrededor no deben quedarse a la zaga del Enviado de Alá ni preferir el bienestar propio al de él. Si lo hacen así, no padecerán sed, ni fatiga, ni hambre por Alá. Todo suelo que pisen, para irritación de los infieles, y toda ventaja que obtengan sobre el enemigo, serán inscritos como obra buena. Alá no deja de remunerar a quienes hacen el bien.

9:121 No gastarán nada, ni poco ni mucho, no atravesarán valle alguno, que no quede todo inscrito en su favor, para que Alá les retribuya sólo por sus mejores obras.

9:122 No tienen por qué acudir todos los creyentes. Que de cada agrupación de ellos sólo algunos acudan a instruirse en la Religión, a fin de advertir a los suyos cuando regresen a ellos. Quizás, así tengan cuidado.

9:123 ¡Creyentes! ¡Combatid contra los infieles que tengáis cerca! ¡Que os encuentren duros! ¡Sabed que Alá está con los que Le temen!

9:124 Cuando se revela una sura, hay algunos de ellos que dicen: «Ésta ¿a quién de vosotros le ha aumentado la fe?» Se la aumenta a los que creen, y de ello se regocijan,

9:125 mientras que a los enfermos de corazón les aumenta la mancha que ya tenían y mueren siendo infieles.

9:126 ¿Es que no ven que se les prueba una o dos veces al año? Pero ni se arrepienten ni se dejan amonestar.

9:127 Y cuando se revela una sura, se miran unos a otros: «¿Os ve alguien?» Luego, se van. Alá ha desviado sus corazones, porque son gente que no entiende.

9:128 Os ha venido un Enviado salido de vosotros. Le duele que sufráis, anhela vuestro bien. Con los creyentes es manso, misericordioso.

9:129 Si te vuelven la espalda, di: «¡Alá me basta! ¡No hay más dios que Él! ¡En Él confío! ¡Él es el Señor del Trono augusto!»

10. Jonás (Yunos)

¡En el nombre de Alá, el Compasivo, el Misericordioso!

10:1 *'lr.* Éstas son las aleyas de la *Escritura* sabia.

10:2 ¿Se sorprenden los hombres de que hayamos revelado a uno de ellos: «Advierte a los hombres y anuncia a los creyentes la buena nueva de que, cuando se presenten a su Señor, tendrán una buena posición»? Los infieles dicen: «Éste es, sí, un mago manifiesto».

10:3 Vuestro Señor es Alá, Que ha creado los cielos y la tierra en seis días. Luego, se ha instalado en el trono para disponerlo todo. Nadie puede interceder sin Su permiso. ¡Ése es Alá, vuestro Señor! ¡Servidle, pues! ¿Es que no os dejaréis amonestar?

10:4 Todos volveréis a Él. ¡Promesa de Alá, verdad! Él inicia la creación y luego la repite, para remunerar con equidad a quienes han creído y obrado bien. En cuanto a quienes hayan sido infieles, se les dará a beber agua muy caliente y sufrirán un castigo doloroso por no haber creído.

10:5 Él es Quien ha hecho del sol claridad y de la luna luz, Quien ha determinado las fases de ésta para que sepáis el número de años y el cómputo. Alá no ha creado esto sino con un fin. Él explica los signos a gente que sabe.

10:6 En la sucesión de la noche y el día y en todo lo que Alá ha creado en los cielos y en la tierra hay, ciertamente, signos para gente que Le teme.

10:7 Quienes no cuentan con encontrarnos y prefieren la vida de acá, hallando en ella quietud, así como quienes se despreocupan de Nuestros signos,

10:8 tendrán el Fuego como morada por lo que han cometido.

10:9 A quienes hayan creído y obrado bien, su Señor les dirigirá por medio de su fe. A sus pies fluirán arroyos en los jardines de la Delicia.

10:10 Su invocación allí será: «¡Gloria a Ti, Alá!» Su saludo allí será: «¡Paz!» y terminarán con esta invocación: «¡Alabado sea Alá, Señor del universo!»

10:11 Si Alá precipitara el mal sobre los hombres con la misma premura con que éstos buscan su bienestar, habría ya llegado su fin. Dejamos, pues, a quienes no cuentan con encontrarnos que yerren ciegos en su rebeldía.

10:12 Cuando el hombre sufre una desgracia, Nos invoca, lo mismo si está echado que si está sentado o de pie. Pero, en cuanto le libramos de su desgracia, continúa su camino como si no Nos hubiera invocado por la desgracia que sufría. Así es como son engalanadas las obras de los inmoderados.

10:13 Antes de vosotros habíamos ya hecho perecer a generaciones que habían sido impías. Sus enviados les trajeron las pruebas claras, pero no estaban para creer. Así retribuimos al pueblo pecador.

10:14 Luego, os constituimos sucesores en la tierra, después de ellos, para ver cómo os portabais.

10:15 Cuando se les recitan Nuestras aleyas como pruebas claras, quienes no cuentan con encontrarnos dicen: «¡Tráenos otro *Corán* o modifica éste!» Di: «No me toca a mí modificarlo por iniciativa propia. Lo único que hago es seguir lo que se me ha revelado. Temo, si desobedezco a mi Señor, el castigo de un día terrible».

10:16 Di: «Si Alá hubiera querido, yo no os lo habría recitado y Él no os lo habría dado a conocer. Antes de él, he permanecido una vida con vosotros. ¿Es que no razonáis?»

10:17 ¿Hay alguien que sea más impío que quien inventa una mentira contra Alá o desmiente Sus signos? Los pecadores no prosperarán.

10:18 En lugar de servir a Alá, sirven lo que no puede ni dañarles ni aprovecharles, y dicen: «¡Éstos son nuestros intercesores ante Alá!» Di: «¿Es que pretendéis informar a Alá de algo, en los cielos o en la tierra, que Él no sepa?» ¡Gloria a Él! ¡Está por encima de lo que Le asocian!

10:19 La Humanidad no constituía sino una sola comunidad. Luego, discreparon entre sí y, si no llega a ser por una palabra previa de tu Señor, ya se habría decidido entre ellos sobre aquello en que discrepaban.

10:20 Dicen: «¡Por qué no se le ha revelado un signo procedente de su Señor?» Di, pues: «Lo oculto pertenece sólo a Alá. ¡Esperad, pues! Yo también soy de los que esperan».

10:21 Apenas hacemos gustar a los hombres una misericordia, después de haber sufrido una desgracia, al punto intrigan contra Nuestros signos. Di: «¡Alá es más rápido en intrigar!» Nuestros enviados toman nota de vuestra intriga.

10:22 Él es Quien os hace viajar por tierra o por mar. Cuando, navegando con viento favorable, contentos con él, se levanta un viento tempestuoso, azotan las olas por todas partes y creen llegada la hora de la muerte, invocan a Alá rindiéndole culto sincero. «Si nos salvas de ésta, seremos, ciertamente, de los agradecidos».

10:23 Y apenas les salva, ya en tierra, al punto se insolentan injustamente. «¡Hombres! ¡Vuestra insolencia se volverá contra vosotros! Tendréis breve disfrute de la vida de acá. Luego, volveréis a Nosotros y ya os informaremos de lo que hacíais».

10:24 La vida de acá es como agua que hacemos bajar del cielo. Las plantas de la tierra se empapan de ella y alimentan a los hombres y a los rebaños, hasta que, cuando la tierra se ha adornado y engalanado, y creen los hombres que ya la dominan, llega a ella Nuestra orden, de noche o de día, y la dejamos cual rastrojo, como si, la víspera, no hubiera estado floreciente. Así explicamos los signos a gente que reflexiona.

10:25 Alá invita a la Morada de la Paz y dirige a quien Él quiere a una vía recta.

10:26 Para quienes obren bien, lo mejor y más. Ni el polvo ni la humillación cubrirán sus rostros. Ésos morarán en el Jardín eternamente.

10:27 A quienes obren mal, se les retribuirá con otro tanto. Les cubrirá la humillación -no tendrán quien les proteja de Alá-, como si jirones de tinieblas nocturnas cubrieran sus rostros. Ésos morarán en el Fuego eternamente.

10:28 El día que les congreguemos a todos, diremos a los asociadores: «¡Quedaos donde estáis, vosotros y vuestros asociados!» Les separaremos a unos de otros y sus asociados dirán: «¡No era a nosotros a quienes servíais!

10:29 Alá basta como testigo entre nosotros y vosotros de que no hacíamos caso de vuestro servicio».

10:30 Allí, cada uno experimentará de nuevo lo que hizo en vida. Serán devueltos a Alá, su verdadero Dueño, y se esfumarán sus invenciones.

10:31 Di: «¿Quién os procura el sustento del cielo y de la tierra? ¿Quién dispone del oído y de la vista? ¿Quién saca al vivo del muerto y al muerto del vivo? ¿Quién lo dispone todo? Dirán: «¡Alá!» Di, pues: «¿Y no vais a temerle?»

10:32 Ése es Alá, vuestro verdadero Señor. Y ¿qué hay más allá de la Verdad, sino el extravío? ¡Cómo podéis, pues, ser tan desviados!

10:33 Así se ha cumplido la sentencia de tu Señor contra los perversos: no creerán.

10:34 Di: «¿Hay alguno de vuestros asociados que inicie la creación y luego la repita?» Di: «Alá inicia la creación y luego la repite. ¡Cómo podéis, pues, ser tan desviados!»

10:35 Di: «¿Hay algunos de vuestros asociados que dirija a la Verdad?» Di: «Alá dirige a la Verdad. ¿Quién tiene más derecho a ser seguido: quien dirige a la Verdad o quien no da con la buena dirección, a menos de ser dirigido? Pero ¿qué os pasa?, ¿qué manera de juzgar es ésa?»

10:36 Pero la mayoría no siguen sino conjeturas, y, ante la Verdad, las conjeturas no sirven de nada. Alá sabe bien lo que y hacen.

10:37 Este *Corán* no puede haberlo inventado nadie fuera de Alá. No sólo eso, sino que viene a confirmar los mensajes anteriores y a explicar detalladamente la *Escritura* , exenta de dudas, que procede del Señor del universo.

10:38 O dicen: «Él lo ha inventado». Di: «Si es verdad lo que decís, ¡traed una sura semejante y llamad a quien podáis, en lugar de llamar a Alá!»

10:39 Al contrario, han desmentido lo que no abarcan en su ciencia y aquello cuya interpretación aún no han recibido. Así desmintieron sus antecesores. ¡Y mira cómo terminaron los impíos!

10:40 De ellos hay quien cree en él y quien no, pero tu Señor conoce mejor que nadie a los corruptores.

10:41 Si te desmienten, di: «Yo respondo de mis actos y vosotros de los vuestros. Vosotros no sois responsables de lo que yo haga y yo no soy responsable de lo que vosotros hagáis».

10:42 De ellos hay quienes te escuchan. Pero ¿puedes tú hacer que los sordos oigan, aun cuando no comprendan...?

10:43 De ellos hay quien te mira. Pero ¿puedes tú dirigir a los ciegos, aun cuando no vean...?

10:44 Alá no es nada injusto con los hombres, sino que son los hombres los injustos consigo mismos.

10:45 Y el día que les congregue, será como si no hubieran permanecido más de una hora del día. Se reconocerán. Perderán quienes hayan desmentido el encuentro de Alá. No fueron bien dirigidos.

10:46 Lo mismo si te mostramos algo de aquello con que les amenazamos que si te llamamos, volverán a Nosotros. Luego, Alá será testigo de lo que hacían.

10:47 Cada comunidad tiene un enviado. Cuando venga su enviado, se decidirá entre ellos con equidad y no serán tratados injustamente.

10:48 Dicen: «¿Cuándo se cumplirá esta amenaza, si es verdad lo que decís...?»

10:49 Di: «Yo no tengo poder para dañarme ni para aprovecharme sino tanto cuanto Alá quiera. Cada comunidad tiene un plazo. Cuando vence su plazo, no pueden retrasarlo ni adelantarlo una hora».

10:50 Di: «¿Qué os parece? Si os sorprendiera Su castigo de noche o de día, ¿querrían los pecadores aún adelantarlo?

10:51 ¿Dejáis el creer en él para cuando ocurra? Creed ahora, cuando pedís adelantarlo».

10:52 Se dirá a los impíos: «¡Gustad el castigo enterno! ¿Se os retribuye por otra cosa que por lo que habéis merecido?»

10:53 Te pedirán información: «Entonces, eso ¿es verdad?» Di: «¡Sí, por mi Señor!, que es verdad y no podréis escapar».

10:54 Todo impío que poseyera cuanto hay en la tierra, lo ofrecería como rescate. Disimularán su pena cuando vean el castigo. Se decidirá entre ellos con equidad y no serán tratados injustamente.

10:55 ¿No es de Alá lo que está en los cielos y en la tierra? ¡Lo que Alá promete es verdad! Pero la mayoría no saben.

10:56 Él da la vida y da la muerte. Y seréis devueltos a Él.

10:57 ¡Hombres! Habéis recibido una exhortación procedente de vuestro Señor, remedio para los males de vuestros corazones, dirección y misericordia para los creyentes.

10:58 Di: «¡Que se alegren del favor de Alá y de Su misericordia. Eso es mejor que lo que ellos amasan».

10:59 Di: «¿Habéis visto el sustento que Alá ha hecho bajar para vosotros? ¿Y habéis declarado esto lícito y aquello ilícito? ¿Es que Alá os lo ha permitido o lo habéis inventado contra Alá?»

10:60 El día de la Resurreción ¿qué pensarán los que inventaron la mentira contra Alá? Sí, Alá dispensa Su favor a los hombres, pero la mayoría no agradecen.

10:61 En cualquier situación en que te encuentres, cualquiera que sea el pasaje que recites del *Corán*, cualquier cosa que hagáis, Nosotros somos testigos de vosotros desde su principio. A tu Señor no se Le pasa desapercibido el peso de un átomo en la tierra ni en el cielo. No hay nada, menor o mayor que eso, que no esté en una *Escritura* clara.

10:62 Ciertamente, los amigos de Alá no tienen que temer y no estarán tristes.

10:63 Creyeron y temieron a Alá.

10:64 Recibirán la buena nueva en la vida de acá y en la otra. No cabe alteración en las palabras de Alá. ¡Ése es el éxito grandioso!

10:65 ¡Que no te entristezca lo que digan! El poder pertenece, en su totalidad, a Alá. Él es Quien todo lo oye, Quien todo lo sabe.

10:66 ¿No es, acaso, de Alá lo que está en los cielos y en la tierra? ¿Qué siguen, pues, quienes invocan a otros asociados, en lugar de invocar a Alá? No siguen sino conjeturas, no formulan sino hipótesis.

10:67 Él es Quien ha dispuesto para vosotros la noche para que descanséis en ella, y el día para que podáis ver claro. Ciertamente, hay en ello signos para gente que oye.

10:68 Dicen: «Alá ha adoptado un hijo». ¡Gloria a Él! Él es Quien Se basta a Sí mismo. Suyo es lo que está en los cielos y en la tierra. ¡No tenéis ninguna autoridad para hablar así! ¿Decís contra Alá lo que no sabéis?

10:69 Di: «Quienes inventen la mentira contra Alá no prosperarán».

10:70 Tendrán breve disfrute en la vida de acá y, luego, volverán a Nosotros. Luego, les haremos gustar el castigo severo por no haber creído.

10:71 Cuéntales la historia de Noé, cuando dijo a los suyos: «¡Pueblo! Si os molesta que esté entre vosotros y que os amoneste con los signos de Alá, yo confío en Alá. Aunaos, pues, con vuestros asociados y no os preocupéis más. ¡Decidid, luego, respecto a mí y no me hagáis esperar!»

10:72 Pero, si dais media... Yo no os he pedido un salario. Mi salario incumbe sólo a Alá. He recibido la orden de ser de los que se someten a Alá.

10:73 Le desmintieron, pero les salvamos a él y a quienes estaban con él en la nave, y les hicimos sucesores. Y anegamos a quienes desmintieron Nuestros signos. ¡Y mira cómo terminaron los que habían sido advertidos!

10:74 Después de él, mandamos a otros enviados a sus pueblos, que les trajeron las pruebas claras, pero no estaban para creer en lo que antes habían desmentido. Así es como sellamos los corazones de los que violan la ley.

10:75 Luego, después de ellos, enviamos a Moisés y a Aarón con Nuestros signos a Faraón y a sus dignatarios. Pero fueron altivos. Eran gente pecadora.

10:76 Cuando recibieron la Verdad, venida de Nosotros, dijeron: «¡Esto es, ciertamente, manifiesta magia!»

10:77 Moisés dijo: «¿Os atrevéis a tachar de magia la Verdad que habéis recibido?» Los magos no prosperarán.

10:78 Dijeron: «¿Has venido a nosotros con objeto de apartarnos de lo que nuestros padres seguían, para que la dominación de la tierra pase a vosotros dos? ¡No tenemos fe en vosotros!»

10:79 Faraón dijo: «¡Traedme acá a todo mago entendido!»

10:80 Y cuando llegaron los magos, Moisés les dijo: «¡Tirad lo que vayáis a tirar!»

10:81 Y cuando tiraron, dijo Moisés: «Lo que habéis traído es magia. Alá va a destruirlo. Alá no permite que prospere la obra de los corruptores.

10:82 Y Alá hace triunfar la Verdad con Sus palabras, a despecho de los pecadores».

10:83 Sólo una minoría de su pueblo creyó en Moisés, porque tenían miedo de que Faraón y sus dignatarios les pusieran a prueba. Ciertamente, Faraón se conducía altivamente en el país y era de los inmoderados.

10:84 Moisés dijo: «¡Pueblo! Si creéis en Alá, ¡confiad en Él! Si es que estáis sometidos a Él...»

10:85 Dijeron: «¡Confiamos en Alá! ¡Señor! ¡No hagas de nosotros instrumentos de tentación para el pueblo impío!

10:86 ¡Sálvanos por Tu misericordia del pueblo infiel!»

10:87 E inspiramos a Moisés y a su hermano: «¡Estableced casas para vuestro pueblo en Egipto y haced de vuestras casas lugares de culto! ¡Y haced la azalá!» ¡Y anuncia la buena nueva a los creyentes!

10:88 Moisés dijo: «¡Señor! Tú has dado a Faraón y a sus dignatarios lujo y bienes en la vida de acá para terminar, ¡Señor!. extraviando a otros de Tu camino. ¡Señor! ¡Borra sus bienes y endurece sus corazones a fin de que no crean hasta que vean el castigo doloroso!»

10:89 Dijo: «Vuestra plegaria ha sido escuchada. ¡Id los dos por la vía recta y no sigáis el camino de los que no saben!»

10:90 Hicimos que los Hijos de Israel atravesaran el mar. Faraón y sus tropas les persiguieron con espíritu de rebeldía y hostilidad hasta que, a punto de ahogarse, dijo: «¡Sí, creo que no hay más dios que Aquél en Quien los Hijos de Israel creen! Y soy de los que se someten a Él».

10:91 «¿Ahora? ¿Después de haber desobedecido y de haber sido de los corruptores?

10:92 Esto no obstante, hoy te salvaremos en cuanto al cuerpo a fin de que seas signo para los que te sucedan». Son muchos, en verdad, los hombres que no se preocupan de Nuestros signos...

10:93 Hemos instalado a los Hijos de Israel en un lugar bueno y les hemos proveído de cosas buenas. Y no discreparon sino después de haber recibido la Ciencia. Tu Señor decidirá entre ellos el día de la Resurrección sobre aquello en que discrepaban.

10:94 Si tienes alguna duda acerca de lo que te hemos revelado, pregunta a quienes, antes de ti, ya leían la *Escritura*. Te ha venido, de tu Señor, la Verdad. ¡No seas, pues, de los que dudan!

10:95 Y ¡guárdate de ser de los que desmienten los signos de Alá; si no, serás de los que pierden!

10:96 Aquéllos contra quienes se ha cumplido la sentencia de tu Señor no creerán,

10:97 aunque reciban todos los signos, hasta que vean el castigo doloroso.

10:98 ¿Por qué no ha habido ninguna ciudad que haya creído y a la que su fe haya aprovechado, fuera del pueblo de Jonás...? Cuando creyeron, les evitamos el castigo, vergonzoso en la vida de acá y les permitimos gozar aún por algún tiempo.

10:99 Si tu Señor hubiera querido, todos los habitantes de la tierra, absolutamente todos, habrían creído. Y ¿vas tú a forzar a los hombres a que sean creyentes,

10:100 siendo así que nadie está para creer si Alá no lo permite? Y Se irrita contra quienes no razonan.

10:101 Di: «¡Mirad lo que está en los cielos y en la tierra!» Pero ni los signos ni las advertencias sirven de nada a gente que no cree.

10:102 ¿Qué esperan, pues, sino días como los de quienes pasaron antes de ellos? Di: «¡Esperad! Yo también soy de los que esperan».

10:103 Luego, salvaremos a Nuestros enviados y a los que hayan creído. Salvar a los creyentes es deber Nuestro.

10:104 Di: «¡Hombres! Si dudáis de mi religión, yo no sirvo a quienes vosotros servís en lugar de servir a Alá, sino que sirvo a Alá, Que os llamará! ¡He recibido la orden de ser de los creyentes».

10:105 Y: «¡Profesa la Religión como *hanif* y no seas asociador!»

10:106 No invoques, en lugar de invocar a Alá, lo que no puede aprovecharte ni dañarte. Si lo hicieras, entonces, serías de los impíos.

10:107 Si Alá te aflige con una desgracia, nadie sino Él podrá librarte de ella. Si Él te desea un bien, nadie podrá oponerse a Su favor. Se lo concede a quien Él quiere de Sus siervos. Él es el Indulgente, el Misericordioso.

10:108 Di: «¡Hombres! Os ha venido, de vuestro Señor, la Verdad. Quien sigue la vía recta, la sigue, en realidad, en provecho propio. Y quien se extravía, se extravía, en realidad, en detrimento propio. Yo no soy vuestro protector».

10:109 ¡Sigue lo que se te ha revelado y ten paciencia hasta que Alá decida! ¡Él es el Mejor en decidir!

11. Hud
¡En el nombre de Alá, el Compasivo, el Misericordioso!

11:1 *'lr.* He aquí una *Escritura* cuyas aleyas han sido hechas unívocas y, luego, explica das detalladamente, y que procede de Uno Que es sabio, Que está bien informado.

11:2 ¡Que no sirváis sino a Alá! Yo soy para vosotros, de parte Suya, un monitor y nuncio de buenas nuevas.

11:3 Y ¡que pidáis perdón a vuestro Señor y, luego, os volváis a Él! Os permitirá, entonces, disfrutar bien por un tiempo determinado y concederá Su favor a todo favorecido. Pero, si volvéis la espalda, temo por vosotros el castigo de un día terrible.

11:4 Volveréis a Alá. Es omnipotente.

11:5 Se repliegan en sí mismos para sustraerse a Él. Aunque se cubran con la ropa, Él sabe lo que ocultan y lo que manifiestan: sabe bien lo que encierran los pechos.

11:6 No hay bestia sobre la tierra a cuyo sustento no provea Alá, Que conoce su madriguera y su depósito: todo está en una *Escritura* clara.

11:7 Él es Quien ha creado los cielos y la tierra en seis días, teniendo Su Trono en el agua, para probaros, para ver quién de vosotros es el que mejor se comporta. Si dices: «Seréis resucitados después de muertos», seguro que los infieles dicen: «Esto no es más que manifiesta magia».

11:8 Si retrasamos su castigo hasta un momento dado, seguro que dicen: «¿Qué es lo que lo impide?» El día que les llegue no se les alejará de él y se verán cercados por aquello de que se burlaban.

11:9 Si hacemos gustar al hombre una misericordia venida de Nosotros y luego le privamos de ella, está completamente desesperado, desagradecido.

11:10 Si le hacemos gustar una dicha., luego de haber sufrido una desdicha, seguro que dice: «¡Se han alejado de mí los males!» Sí, se regocija, se ufana.

11:11 En cambio, quienes sean pacientes y obren bien, obtendrán perdón y una gran recompensa.

11:12 Tú, quizás, omitirías parte de lo que se te ha revelado -y te angustias por ello- porque dicen: «¿Por qué no se le ha enviado abajo un tesoro o le ha acompañado un ángel?» Pero tú no eres más que un monitor. Y Alá vela por todo...

11:13 O dicen: «Él lo ha inventado». Di: «Si es verdad lo que decís, ¡traed diez suras como él, inventadas, y llamad a quien podáis, en lugar de llamar a Alá!»

11:14 Y si no os escuchan, sabed que ha sido revelado con la ciencia de Alá y que no hay más dios que Él. ¿Os someteréis, pues, a Él?

11:15 A quienes hayan deseado la vida de acá y su ornato, les remuneraremos en ella con arreglo a sus obras y no serán defraudados en ella.

11:16 Ésos son los que no tendrán en la otra vida más que el Fuego. Sus obras no fructificarán y será vano lo que hayan hecho.

11:17 ¿Es que quien se basa en una prueba clara venida de su Señor, recitada por un testigo de Éste...? Antes de él, la*Escritura* de Moisés servía de guía y de misericordia. Ésos creen en ella. Quien de los grupos no cree en ella tiene el Fuego como lugar de cita. Tú no dudes de ella. Es la Verdad venida de tu Señor. Pero la mayoría de los hombres no creen.

11:18 ¿Hay alguien más impío que quien inventa una mentira contra Alá? Esos tales serán conducidos ante su Señor y los testigos dirán: «Éstos son los que mintieron contra su Señor». ¡Sí! ¡Que la maldición de Dios caiga sobre los impíos,

11:19 que desvían a otros del camino de Alá, deseando que sea tortuoso, y no creen en la otra vida!

11:20 No pudieron escapar en la tierra ni tuvieron, fuera de Alá, amigos. Se les doblará el castigo. No podían oír y no veían.

11:21 Ésos son los que se han perdido a sí mismos. Se han esfumado sus invenciones...

11:22 ¡En verdad, en la otra vida serán los que más pierdan!

11:23 Pero quienes crean, obren bien y se muestren humildes para con su Señor, ésos morarán en el Jardín eternamente.

11:24 Estas dos clases de personas son como uno ciego y sordo y otro que ve y oye. ¿Son similares? ¿Es que no os dejaréis amonestar?

11:25 Y ya enviamos Noé a su pueblo: «Soy para vosotros un monitor que habla claro:

11:26 ¡No sirváis sino a Alá! Temo por vosotros el castigo de un día doloroso».

11:27 Los dignatarios de su pueblo, que no creían, dijeron: «No vemos en ti más que un mortal como nosotros y no vemos que nadie te siga sino la hez de nuestro pueblo, que lo hace irreflexivamente. Ni vemos que gocéis de ningún privilegio sobre nosotros. Antes bien, creemos que mentís».

11:28 Dijo: «¡Pueblo! ¿Qué os parece? Si yo me baso en una prueba clara venida de mi Señor -que me ha hecho objeto de una misericordia venida de Él-, y que vosotros, en vuestra ceguera, no percibís, ¿deberemos imponérosla a despecho vuestro?

11:29 ¡Pueblo! No os pido hacienda a cambio -mi salario incumbe sólo a Alá- y no voy a rechazar a quienes creen. Sí, encontrarán a su Señor. Pero veo que sois un pueblo ignorante.

11:30 ¡Pueblo! Si les rechazo, ¿quién me auxiliará contra Alá? ¿Es que no os dejaréis amonestar?

11:31 Yo no pretendo poseer los tesoros de Alá, ni conozco lo oculto, ni pretendo ser un ángel. Yo no digo a los que vosotros despreciáis que Alá no les reserva ningún bien. Alá conoce bien sus pensamientos. Si tal dijera, sería de los impíos».

11:32 Dijeron: «¡Noé! No paras de discutir con nosotros. ¡Tráenos, pues, aquello con que nos amenazas, si es verdad lo que dices!»

11:33 Dijo: «Sólo Alá hará que se cumpla, si Él quiere, y no podréis escapar».

11:34 «Si yo quisiera aconsejaros, mi consejo no os serviría de nada si Alá quisiera descarriaros. Él es vuestro Señor y seréis devueltos a Él».

11:35 O dicen: «Él lo ha inventado». Di:«Si yo lo he inventado, ¡caiga sobre mí mi pecado! Pero soy inocente de lo que me imputáis».

11:36 Y se reveló a Noé: «De tu pueblo sólo creerán los que ya creían. ¡No te aflijas, pues, por lo que hicieren!

11:37 ¡Construye la nave bajo Nuestra mirada y según Nuestra inspiración y no me hables de los que han obrado impíamente! ¡Van a ser anegados!»

11:38 Y, mientras construía la nave, siempre que pasaban por allí dignatarios de su pueblo se burlaban de él. Decía: «Si os burláis de nosotros, ya nos burlaremos de vosotros como os burláis.

11:39 Veréis quién recibirá un castigo humillante y sobre quién se abatirá un castigo permanente»

11:40 Hasta que, cuando vino Nuestra orden y el horno hirvió, dijimos: «Carga en ella a una pareja de cada especie, a tu familia -salvo a aquél cuya suerte ha sido ya echada- y a los creyentes»,. Pero no eran sino pocos los que con él creían.

11:41 Dijo: «¡Subid a ella! ¡Que navegue y llegue a buen puerto en el nombre de Alá! Mi Señor es, ciertamente, indulgente, misericordioso».

11:42 Y navegó con ellos entre olas como montañas. Noé llamó a su hijo, que se había quedado aparte: «¡Hijito! ¡Sube con nosotros, no te quedes con los infieles!»

11:43 Dijo: «Me refugiaré en una montaña que me proteja del agua». Dijo: «Hoy nadie encontrará protección contra la orden de Alá, salvo aquél de quien Él se apiade». Se interpusieron entre ambos las olas y fue de los que se ahogaron.

11:44 Y se dijo: «¡Traga, tierra, tu agua! ¡Escampa, cielo!», Y el agua fue absorbida, se cumplió la orden y se posó en el Chudi. Y se dijo: «¡Atrás el pueblo impío!»

11:45 Noé invocó a su Señor y dijo: «¡Señor! Mi hijo es de mi familia. Lo que Tú prometes es verdad. Tú eres Quien mejor decide».

11:46 Dijo: «¡Noé! ¡Él no es de tu familia! ¡Es un acto incorrecto! ¡No me pidas algo de lo que no tienes conocimiento! Te prevengo: ¡no seas de los ignorantes!»

11:47 Dijo: «¡Señor, líbrame de pedirte algo de lo que no tengo conocimiento! Si Tú no me perdonas y Te apiadas de mí, seré de los que están perdidos...»

11:48 Se dijo: «¡Noé! ¡Desembarca con paz venida de Nosotros y con bendiciones sobre ti y las comunidades que desciendan de quienes te acompañan. Hay comunidades a las que dejaremos que gocen por breve tiempo. Luego, les castigaremos severamente».

11:49 Esto forma parte de las historias referentes a lo oculto que Nosotros te revelamos. No las conocías antes tú, ni tampoco tu pueblo. ¡Ten paciencia, pues! ¡El fin es para los que temen a Alá!

11:50 Y a los aditas su hermano Hud. Dijo: «¡Pueblo! ¡Servid a Alá! No tenéis a ningún otro dios que a Él. No hacéis más que inventar.

11:51 ¡ Pueblo! No os pido salario a cambio. Mi salario incumbe sólo a Aquél Que me ha creado. ¿Es que no razonáis?

11:52 Y, ¡pueblo!, ¡pedid perdón a vuestro Señor y, luego, volveos a Él! Enviará sobre vosotros del cielo una lluvia abundante y os fortalecerá. ¡No volváis la espalda como pecadores!»

11:53 Dijeron: «¡Hud! ¡No nos has traído ninguna prueba clara! ¡No vamos a dejar a nuestros dioses porque tú lo digas! ¡No tenemos fe en ti!

11:54 Lo único que decimos es que uno de nuestros dioses te ha causado mal». Dijo: «¡Pongo a Alá por testigo y sed vosotros también testigos de que soy inocente de lo que vosotros asociáis

11:55 en lugar de Él! ¡Urdid algo todos contra mí y no me hagáis esperar!»

11:56 Yo confío en Alá, mi Señor y Señor vuestro. ¡No hay ser que no dependa de Él! Mi Señor está en una vía recta.

11:57 Si volvéis la espalda... yo ya os he comunicado aquello con que he sido enviado a vosotros. Mi Señor hará que os suceda otro pueblo y no podréis hacerle ningún daño. ¡Mi Señor todo lo vigila!

11:58 Cuando vino Nuestra orden, salvamos por una misericordia venida de Nosotros a Hud y a los que con él creyeron y les libramos de un duro castigo.

11:59 Así eran los aditas. Negaron los signos de su Señor y desobedecieron a Sus enviados, siguiendo, en cambio, las órdenes de todo tirano desviado.

11:60 En la vida de acá fueron perseguidos por una maldición y también lo serán el día de la Resurreción. ¡No! ¡Los aditas no creyeron en su Señor! ¡Sí! ¡Atrás los aditas, pueblo de Hud!

11:61 Y a los tamudeos su hermano Salih. Dijo: «¡Pueblo! ¡Servid a Alá! No tenéis a ningún otro dios que a Él. Él os ha creado de la tierra y os ha establecido en ella. ¡Pedidle perdón! Luego, ¡volveos a Él! Mi Señor está cerca, escucha».

11:62 Dijeron: «¡Salih! habíamos puesto en ti hasta ahora nuestra esperanza. ¿Nos prohíbes que sirvamos lo que servían nuestros padres? Dudamos seriamente de aquello a que nos llamas».

11:63 Dijo: «¡Pueblo! ¿Qué os parece? Si yo me baso en una prueba clara venida de mi Señor, Que me ha hecho objeto de una misericordia venida de Él, ¿quién me auxiliará contra Alá si Le desobedezco? No haríais sino aumentar mi perdición.

11:64 Y, ¡pueblo!, ésa es la camella de Alá, que seá signo para vosotros. ¡Dejadla que pazca en la tierra de Alá y no le hagáis mal! Si no, os alcanzará pronto un castigo».

11:65 Pero la desjarretaron y dijo: «¡Gozad aún de vuestros bienes durante tres días! Es una amenaza que no dejará de cumplirse».

11:66 Y, cuando vino Nuestra orden, preservamos por una misericordia venida de Nosotros a Salih y a los que con él creyeron del oprobio de aquel día. Tu Señor es el Fuerte, el Poderoso.

11:67 El Grito sorprendió a los que habían sido impíos y amanecieron muertos en sus casas,

11:68 como si no hubieran habitado en ellas. ¡No! ¡Los tamudeos no creyeron en su Señor! ¡Sí! ¡Atrás los tamudeos!

11:69 Y ya trajeron nuestros enviados la buena nueva a Abraham. Dijeron: «¡Paz!» Dijo: «¡Paz!» Y no tardó en traer un ternero asado.

11:70 Y cuando vio que sus manos no lo tocaban, sospechó de ellos y sintió temor de ellos. Dijeron: «¡No temas! Se nos ha enviado al pueblo de Lot».

11:71 Su mujer estaba presente y se rió. Y le anunciamos la buena nueva de Isaac y, después de la de Isaac, la de Jacob.

11:72 Dijo ella: «¡Ay de mí! ¿Voy a dar a luz ahora que soy tan vieja y este mi marido» tan viejo? ¡Ciertamente, esto es algo asombroso!»

11:73 «¿Te asombras de la orden de Alá?» dijeron. «¡Que la misericordia de Alá y Sus bendiciones sean sobre vosotros, gente de la casa! ¡Es digno de ser alabado, glorificado!»

11:74 Y cuando el temor de Abraham se hubo desvanecido y recibió la buena noticia, se puso a discutir con Nosotros sobre el pueblo de Lot.

11:75 Abraham era, ciertamente, benigno, tierno, estaba arrepentido.

11:76 «¡Abraham! ¡Deja de defenderles! ¡Ha llegado la orden de tu Señor y recibirán un castigo ineludible!»

11:77 Y cuando Nuestros enviados vinieron a Lot, éste se afligió por ellos y se sintió impotente para protegerles. Dijo: «¡Este es un día terrible!»

11:78 Su pueblo, que solía antes cometer el mal, corrió a Lot, que dijo: «¡Pueblo! ¡Aquí tenéis a mis hijas. Son más puras para vosotros. ¡Temed a Alá y no me avergoncéis en mis huéspedes! ¿No hay entre vosotros un hombre honrado?

11:79 Dijeron: «Ya sabes que no tenemos ningún derecho a tus hijas. Tú ya sabes lo que queremos...»

11:80 Dijo: «¡Ah! Si os pudiera... o si pudiera recurrir a un apoyo fuerte...»

11:81 Dijeron: «¡Lot! ¡Somos los enviados de tu Señor! ¡No se llegarán a ti! ¡Ponte en camino con tu familia durante la noche y que ninguno de vosotros se vuelva! Tu mujer, sí que se volverá y le alcanzará el mismo castigo que a ellos. Esto les ocurrirá al alba. ¿No está cercana el alba?»

11:82 Y cuando vino Nuestra orden, la volvimos de arriba abajo e hicimos llover sobre ella piedras de arcilla a montones,

11:83 marcadas junto a tu Señor. Y no está lejos de los impíos.

11:84 Y a los madianitas su hermano Suayb. Dijo: «¡Pueblo! ¡Servid a Alá! No tenéis a ningún otro dios que a Él. ¡No defraudéis en la medida ni en el peso! Os veo en el bienestar, pero temo por vosotros el castigo de un día de alcance universal.

11:85 Y, ¡pueblo!, ¡dad la medida y el peso equitativos! ¡No defraudéis a los demás en sus bienes! ¡No obréis mal en la tierra corrompiendo!

11:86 Lo que Alá os deja es mejor para, vosotros, si es que sois creyentes. Y yo no soy vuestro custodio»

11:87 Dijeron: «¡Suayb! ¿Acaso te ordena tu religión que dejemos lo que nuestros padres servían o que dejemos de utilizar libremente nuestra hacienda? Tú eres, ciertamente, el benigno, el honrado».

11:88 Dijo: «¡Pueblo! ¿Qué os parece? Si yo me baso en una prueba clara venida de mi Señor y Él me provee de un bello sustento venido de Él... Yo no pretendo contrariaros cuando os prohíbo algo. No pretendo sino reformaros en la medida de mis posibles. Mi éxito no depende sino de Alá. En Él confío y a Él me vuelvo arrepentido.

11:89 Y ¡pueblo!, ¡que la oposición a mí no os cause los mismos males que alcanzaron al pueblo de Noé o al pueblo de Hud o al pueblo de Salih! Y el pueblo de Lot no está lejos de vosotros.

11:90 ¡Pedid perdón a vuestro Señor! Luego, ¡volveos a Él Mi Señor es misericordioso. lleno de amor».

11:91 Dijeron: «¡Suayb! No entendemos mucho de lo que dices. Entre nosotros se te tiene por débil. Si no hubiera sido por tu clan, te habríamos lapidado. No nos impresionas».

11:92 Dijo: «¡Pueblo! ¡Os impresiona mi clan más que Alá, a Quien habéis pospuesto con desprecio? Mi Señor abarca todo lo que hacéis.

11:93 ¡Pueblo! ¡Obrad según vuestra situación! Yo también obraré... Veréis quién va a recibir un castigo humillante y quién es el que miente... ¡Vigilad! Yo también vigilaré con vosotros».

11:94 Cuando vino Nuestra orden, salvamos por una misericordia venida de Nosotros a Suayb y a los que con él creían. El Grito sorprendió a los que habían sido impíos y amanecieron muertos en sus casas,

11:95 como si no hubieran habitado en ellas. ¡Sí! Atrás los madianitas! como también se había dicho a los tamudeos.

11:96 Y ya enviamos a Moisés con Nuestros signos y con una autoridad manifiesta

11:97 a Faraón y a sus dignatarios. Pero éstos siguieron la orden de Faraón. Y la orden de Faraón no era sensata.

11:98 El día de la Resurreción, precederá a su pueblo y le conducirá a beber al Fuego. ¡Qué mal abrevadero...!

11:99 En esta vida fueron perseguidos por una maldición y lo serán también el día de la Resurrección. ¡Qué mal regalo...!

11:100 Te contamos estas cosas de las ciudades: algunas de ellas están aún en pie, otras son rastrojo.

11:101 No hemos sido Nosotros quienes han sido injustos con sus habitantes, sino que ellos lo han sido consigo mismos. Sus dioses, a los que invocaban, en lugar de invocar a Alá, no les sirvieron de nada cuando vino la orden de tu Señor. No hicieron sino aumentar su perdición.

11:102 Así castiga tu Señor cuando castiga las ciudades que son impías. Su castigo es doloroso, severo.

11:103 Ciertamente, hay en ello un signo para quien teme el castigo de la otra vida. Ése es un día en que todos los hombres serán congregados, un día que todos presenciarán.

11:104 No lo retrasaremos sino hasta el plazo fijado.

11:105 El día que esto ocurra nadie hablará sino con Su permiso. De los hombres, unos serán desgraciados, otros felices.

11:106 Los desgraciados estarán en el Fuego, gimiendo y bramando,

11:107 eternamente, mientras duren los cielos y la tierra, a menos que tu Señor disponga otra cosa. Tu Señor hace siempre lo que quiere.

11:108 Los felices, en cambio, estarán en el Jardín, eternamente, mientras duren los cielos y la tierra, a menos que tu Señor disponga otra cosa. Será un don ininterrumpido.

11:109 No vivas con dudas respecto a lo que sirven esas gentes. No sirven sino como servían antes sus padres. Vamos a darles, sin mengua, la parte que les corresponde.

11:110 Y ya dimos a Moisés la *Escritura*, pero discreparon acerca de ella y, si no llega a ser por una palabra previa de tu Señor, ya se habría decidido entre ellos. Y ellos dudan seriamente de ella.

11:111 Ciertamente, tu Señor remunerará a todos sus obras sin falta. Está bien informado de lo que hacen.

11:112 Sé recto como se te ha ordenado y lo mismo los que, contigo, se arrepientan. ¡No seáis rebeldes! Él ve bien lo que hacéis.

11:113 ¡Y no os arriméis a los impíos, no sea que el fuego os alcance! No tenéis, fuera de Alá amigos. Luego, no seréis auxiliados.

11:114 Haz la azalá en las dos horas extremas del día y en las primeras de la noche. Las buenas obras disipan las malas. Ésta es una amonestación para los que recuerdan.

11:115 ¡Y ten paciencia! Alá no deja de remunerar a quienes hacen el bien.

11:116 Entre las generaciones que os precedieron, ¿por qué no hubo gentes virtuosas que se opusieran a la corrupción en la a tierra, salvo unos pocos que Nosotros salvamos, mientras que los impíos persistían en el lujo en que vivían y se hacían culpables?

11:117 No iba tu Señor a destruir las ciudades injustamente mientras sus poblaciones se portaban correctamente.

11:118 Tu Señor, si hubiera querido, habría hecho de los hombres una sola comunidad. Pero no cesan en sus discrepancias,

11:119 salvo aquéllos que han sido objeto de la misericordia de tu Señor, y por eso los ha creado. Se ha cumplido la palabra de tu Señor: «¡He de llenar la gehena de genios y de hombres, de todos ellos!»

11:120 Te contamos todo esto, sacado de las historias de los enviados, para confirmar tu corazón. Así te llegan, con ellas, la Verdad, una exhortación y una amonestación para los creyentes.

11:121 Y di a los que no creen: «¡Obrad según vuestra situación! Nosotros también obraremos....

11:122 ¡Y esperad! ¡Nosotros esperamos!»

11:123 A Alá pertenece lo oculto de los cielos y de la tierra. Él es el fin de todo. ¡Sírvele! ¡Confía en Él! Tu Señor está atento a lo que hacéis.

12. José (Yusof)

¡En el nombre de Alá, el Compasivo, el Misericordioso!

12:1 *'lr*. Ésas son las aleyas de la *Escritura* clara.

12:2 La hemos revelado como *Corán* árabe. Quizás, así razonéis.

12:3 Con la revelación que te hacemos de este *Corán* vamos a contarte Nosotros el más bello de los relatos, aunque hayas sido antes de los despreocupados.

12:4 Cuando José dijo a su padre: «¡Padre! He visto once estrellas, el sol y la luna. Los he visto prosternarse ante mí».

12:5 Dijo: «¡Hijito! !No cuentes tu sueño a tus hermanos; si no, emplearán una artimaña contra tí El Demonio es para el hombre un enemigo declarado.

12:6 Así te elegirá tu Señor y te enseñará a interpretar sueños. Completará Su gracia en ti y en la familia de Jacob, como antes la completó en tus dos antepasados Abraham e Isaac. Tu Señor es omnisciente, sabio».

12:7 Ciertamente, en José y sus hermanos hay signos para los que inquieren.

12:8 Cuando dijeron: «Sí, nuestro padre quiere más a José y a su hermano que a nosotros, aun siendo nosotros más numerosos. Nuestro padre está evidentemente extraviado.

12:9 ¡Matemos a José o expulsémosle a cualquier país, para que nuestro padre no nos mire más que a nosotros! Desaparecido José, seremos gente honrada».

12:10 Pero uno de ellos dijo: «¡No matéis a José ¡Echadlo, más bien, al fondo del aljibe, si es que os lo habéis propuesto...! Algún viajero lo recogerá...»

12:11 Dijeron: «¡Padre! ¡,Por qué no te fías de nosotros respecto a José? Tenemos buenas intenciones para con él.

12:12 ¡Envíale mañana con nosotros! Se divertirá y jugará. Cuidaremos, ciertamente, de él».

12:13 «Me entristece que os lo llevéis», dijo. «Temo que, en un descuido vuestro, se lo coma el lobo».

12:14 Dijeron: «Si el lobo se lo comiera, siendo nosotros tantos, sí que tendríamos mala suerte».

12:15 Cuando se lo llevaron y se pusieron de acuerdo para echarlo al fondo del aljibe... Y le inspiramos: «¡Ya les recordarás más tarde, sin que te reconozcan, lo que ahora han hecho!»

12:16 Al anochecer regresaron a su padre, llorando.

12:17 Dijeron: «Padre! Fuimos a hacer carreras y dejamos a José junto a nuestras cosas. Entonces, se lo comió el lobo. No nos creerás, pero decimos la verdad».

12:18 Y presentaron su camisa manchada de sangre falsa. Dijo: «¡No! Vuestra imaginación os ha sugerido esto. ¡Hay que tener digna paciencia! Alá es Aquél Cuya ayuda se implora contra lo que contáis».

12:19 Llegaron unos viajeros y enviaron a su aguador, que bajó el cubo. Dijo: «¡Buena noticia! ¡Hay aquí un muchacho!» Y lo ocultaron con ánimo de venderlo. Pero Alá sabía bien lo que hacían.

12:20 Y lo malvendieron por contados dirhemes, subestimándolo.

12:21 El que lo había comprado, que era de Egipto, dijo a su mujer: «¡Acógele bien! Quizá nos sea útil o lo adoptemos como hijo». Así dimos poderío a José en el país, y hasta le enseñamos a interpretar sueños. Alá prevalece en lo que ordena, pero la mayoría de los hombres no saben.

12:22 Cuando alcanzó la madurez, le dimos juicio y ciencia. Así retribuimos a quienes hacen el bien.

12:23 La señora de la casa en que estaba José le solicitó. Cerró bien las puertas y dijo: «¡Ven acá!» Dijo él: «¡Alá me libre! Él es mi señor y me ha procurado una buena acogida. Los impíos no prosperarán».

12:24 Ella lo deseaba y él la deseó. De no haber sido iluminado por su Señor... Fue así para que apartáramos de él el mal y la vergüenza. Era uno de Nuestros siervos escogidos.

12:25 Se precipitaron los dos hacia la puerta y ella desgarró por detrás su camisa. Y encontraron a la puerta a su marido. Dijo ella: «¡Cuál es la retribución de quien ha querido mal a tu familia, sino la cárcel o un castigo doloroso?»

12:26 Dijo: «Ella me ha solicitado». Y un miembro de la familia de ella atestiguó que si su camisa había sido desgarrada por delante, entonces, ella decía la verdad y él mentía,

12:27 mientras que si había sido desgarrada por detrás, entonces, ella mentía, y él decía la verdad.

12:28 Y cuando vio que su camisa había sido desgarrada por detrás dijo: «Es una astucia propia de vosotras. Es enorme vuestra astucia...

12:29 ¡José! ¡No pienses más en eso! ¡Y tú, pide perdón por tu pecado! ¡Has pecado!»

12:30 Unas mujeres decían en la ciudad: «La mujer del Poderoso solicita a su mozo. Se ha vuelto loca de amor por él. Sí, vemos que está evidentemente extraviada».

12:31 Cuando ella oyó sus murmuraciones, envió a por ellas y les preparó un banquete, dando a cada una de ellas un cuchillo. Y dijo que saliera adonde ellas estaban. Cuando las mujeres le vieron, le encontraron tan bien parecido que se hicieron cortes en las manos y dijeron: «¡Santo Alá! ¡Éste no es un mortal, éste no es sino un ángel maravilloso!»

12:32 Dijo ella: «Ahí tenéis a aquél por quien me habéis censurado y a quien yo he solicitado, pero él ha permanecido firme. Ahora bien, si no hace lo que yo le ordeno, ha de ser encarcelado y será, ciertamente, de los despreciables».

12:33 Dijo él: «¡Señor! Prefiero la cárcel a acceder a lo que ellas me piden. Pero, si no apartas de mí su astucia, cederé a ellas y seré de los ignorantes».

12:34 Su Señor le escuchó y apartó de él su astucia. Él es Quien todo lo oye, Quien todo lo sabe.

12:35 Más tarde, a pesar de haber visto los a signos, les pareció que debían encarcelarle por algún tiempo.

12:36 Con él. entraron en la cárcel dos esclavos. Uno de ellos dijo: «Me he visto prensando uva». Y el otro dijo: «Yo me he visto llevando sobre la cabeza pan, del que comían los pájaros. ¡Danos a conocer su interpretación! Vemos que eres de quienes hacen el bien.

12:37 Dijo: «No recibiréis la comida que os corresponde antes de que yo os haya, previamente, dado a conocer su interpretación. Esto forma parte de lo que mi Señor me ha enseñado. He abandonado la religión de gente que no creía en Alá ni en la otra vida.

12:38 y he seguido la religión de mis antepasados Abraham, Isaac y Jacob. No debemos asociar nada a Alá. Este es un favor que Alá nos hace, a nosotros y a los hombres. Pero la mayoría de los hombres no agradecen.

12:39 ¡Compañeros de cárcel! ¿Son preferibles señores separados a Alá, el Uno, el Invicto?

12:40 Lo que servís, en lugar de servirle a Él, no son sino nombres que habéis puesto, vosotros y vuestros padres, nombres a los que Alá no ha conferido ninguna autoridad. La decisión pertenece sólo a Alá. Él ha ordenado que no sirváis a nadie sino a Él. Ésa es la religión verdadera. Pero la mayoría de los hombres no saben.

12:41 ¡Compañeros de cárcel! Uno de vosotros dos escanciará vino a su señor. El otro será crucificado y los pájaros comerán de su cabeza. Se ha decidido ya lo que me consultabais».

12:42 Y dijo a aquél de los dos de quien creía que iba a salvarse: «¡Recuérdame ante tu señor!», pues el Demonio había hecho que se olvidara del recuerdo de su Señor. Y continuó en la cárcel varios años más.

12:43 El rey dijo: «He visto siete vacas gordas a las que comían siete flacas, y siete espigas verdes y otras tantas secas. ¡Dignatarios! ¡Aclaradme mi sueño, si es que sois capaces de interpretar sueños!»

12:44 Dijeron: «¡Amasijo de sueños! Nosotros no sabemos de interpretación de sueños.

12:45 Aquél de los dos que se había salvado recordó al cabo de un tiempo y dijo: «¡Yo os daré a conocer su interpretación! ¡Dejadme ir!»

12:46 «¡José, veraz! ¡Acláranos qué significan siete vacas gordas a las que comen siete flacas y siete espigas verdes y otras tantas secas! Quizá vuelva yo a los hombres. Quizás, así, se enteren».

12:47 Dijo: «Sembráis durante siete años, como de costumbre, y, al segar, dejad la espiga, salvo una porción pequeña de que comeréis.

12:48 Sucederán siete años de carestía que agotarán lo que hayáis almacenado previsoramente, salvo un poco que reserváis.

12:49 Seguirá un año en el que la gente será favorecida y podrá prensar».

12:50 El rey dijo: «¡Traédmelo!» Cuando el enviado vino a él, dijo: «¡Vuelve a tu señor y pregúntale qué intención animaba a las mujeres que se hicieron cortes en las manos! Mi Señor está bien enterado de su astucia».

12:51 Dijo: «¿Cuál era vuestra intención cuando solicitasteis a José?» Dijeron ellas: «¡Santo Alá! No sabemos de él que haya hecho nada malo». La mujer del Poderoso dijo: «Ahora brilla la verdad. ¡Yo soy la que le solicitó! Él es de los que dicen la verdad».

12:52 «Esto es así para que sepa que no le he traicionado a escondidas y que Alá no dirige la astucia de los traidores.

12:53 Yo no pretendo ser inocente. El alma exige el mal, a menos que mi Señor use de Su misericordia. Mi Señor es indulgente, misericordioso».

12:54 El rey dijo: «¡Traédmelo! Le destino a mi servicio». Cuando hubo hablado con él, dijo: «Hoy has encontrado entre nosotros un puesto de autoridad, de confianza».

12:55 Dijo: «¡Ponme al frente de los almacenes del país! ¡Yo sé bien cómo guardarlos!»

12:56 Y así dimos poderío a José en el país, en el que podía establecerse donde quería. Nosotros hacemos objeto de Nuestra misericordia a quien queremos y no dejamos de remunerar a quienes hacen el bien.

12:57 Con todo, la recompensa de la otra vida es mejor para quienes creen y temen a Alá.

12:58 Los hermanos de José vinieron y entraron a verle. Éste les reconoció, pero ellos a él no.

12:59 Cuando les hubo suministrado sus provisiones dijo: «Traedme a un hermano vuestro de padre. ¿No veis que doy la medida justa y que soy el mejor de los hospederos?

12:60 Si no me lo traéis, no obtendréis más grano de mí ni os acercaréis más a mí»

12:61 Dijeron: «Se lo pediremos a su padre, ¡sí que lo haremos!»

12:62 Y dijo a sus esclavos: «¡Poned su mercancía en sus alforjas. Quizá la reconozcan cuando regresen a los suyos. Quizás, así, regresen...»

12:63 De vuelta a su padre, dijeron: «¡Padre! Se nos ha negado el grano. Envía, pues, con nosotros a nuestro hermano y así recibiremos grano. Cuidaremos, ciertamente, de él».

12:64 Dijo: «Las seguridades que ahora me ofrecéis respecto a él ¿son diferentes de las que antes me ofrecisteis repecto a su hermano? Pero Alá es Quien cuida mejor y es la Suma Misericordia».

12:65 Y, cuando abrieron su equipaje, hallaron que se les había devuelto su mercancía. Dijeron: «¡Padre! ¿Qué más podríamos desear? He aquí que se nos ha devuelto nuestra mercancía. Aprovisionaremos a nuestra familia, cuidaremos de nuestro hermano y añadiremos una carga de camello: será una carga ligera».

12:66 Dijo: «No lo enviaré con vosotros mientras no os comprometáis ante Alá a traérmelo, salvo en caso de fuerza mayor». Cuando se hubieron comprometido, dijo: «Alá responde de nuestras palabras».

12:67 Y dijo: «¡Hijos míos! No entréis por una sola puerta, sino por puertas diferentes. Yo no os serviría de nada frente a Alá. La decisión pertenece sólo a Alá. ¡En Él confío! ¡Que los que confían confíen en Él!

12:68 Cuando entraron como les había ordenado su padre, esto no les valió de nada frente a Alá. Era sólo una necesidad del alma de Jacob, que él satisfizo. Poseía ciencia porque Nosostros se la habíamos enseñado. Pero la mayoría de los hombres no saben.

12:69 Cuando estuvieron ante José, éste arrimó a sí a su hermano y dijo: «¡Soy tu hermano! ¡No te aflijas, pues, por lo que hicieron!»

12:70 Habiéndoles aprovisionado, puso la copa en la alforja de su hermano. Luego, un voceador pregonó: «¡Caravaneros! ¡Sois, ciertamente, unos ladrones!»

12:71 Dijeron, dirigiéndose a ellos: «Qué echáis de menos?»

12:72 Dijeron: «Echamos de menos la copa del rey. Una carga de camello para quien la traiga. Yo lo garantizo».

12:73 «¡Por Alá!» dijeron. «Bien sabéis que o no hemos venido a corromper en el país y que no somos ladrones».

12:74 Dijeron: «Y, si mentís, ¿Cuál será su retribución?»

12:75 Dijeron: «La retribución de aquél en cuya alforja se encuentre será que se quede aquí detenido. Así retribuimos a los impíos».

12:76 Comenzó por sus sacos antes que por el de su hermano. Luego, la sacó del saco de su hermano. Nosotros sugerimos esta artimaña a José, pues no podía prender a su hermano según la ley del rey, a menos que Alá quisiera. Elevamos la categoría de quien Nosotros queremos. Por encima de todo el que posee ciencia hay Uno Que todo lo sabe.

12:77 Dijeron: «Si él ha robado, ya un hermano suyo ha robado antes». Pero José lo mantuvo secreto y no se lo reveló. Pensó: «Os encontráis en la situación peor y Alá sabe bien lo que contáis».

12:78 Dijeron: «¡Poderoso! Tiene un padre muy anciano. Retén a uno de nosotros en su lugar. Vemos que eres de quienes hacen el bien».

12:79 Dijo: «¡Alá nos libre de retener a otro distinto de aquél en cuyo poder hemos encontrado nuestra propiedad! Seríamos, si no, injustos».

12:80 Desesperado de hacerle cambiar, celebraron una consulta. El mayor dijo: «¿Habéis olvidado que vuestro padre os ha exigido comprometeros ante Alá y cómo faltasteis antes a José? Yo no saldré de este país hasta que mi padre me lo permita o hasta que Alá decida en mi favor, que Él es el Mejor en decidir.

12:81 Regresad a vuestro padre y decid: '¡Padre! Tu hijo ha robado. No atestiguamos sino lo que sabemos. No podíamos vigilar lo oculto.

12:82 Interroga a la ciudad en que nos hallábamos y a la caravana con la cual hemos venido. ¡Sí, decimos la verdad!'»

12:83 Dijo: «¡No! Vuestra imaginación os ha sugerido esto. ¡Hay que tener digna paciencia! Tal vez Alá me los devuelva a todos. Él es el Omnisciente, el Sabio».

12:84 Y se alejó de ellos y dijo: «¡Qué triste estoy por José!» Y, de tristeza, sus ojos perdieron la vista. Sufría en silencio...

12:85 Dijeron: «¡Por Alá, que no vas a dejar de recordar a José hasta ponerte enfermo o morir!»

12:86 Dijo: «Sólo me quejo a Alá de mi pesadumbre y de mi tristeza. Pero sé por Alá lo que vosotros no sabéis...

12:87 ¡Hijos míos! ¡Id e indagad acerca de José y de su hermano y no desesperéis de la misericordia de Alá, porque sólo el pueblo infiel desespera de la misericordia de Alá!»

12:88 Cuando estuvieron ante él, dijeron: «¡Poderoso! Hemos sufrido una desgracia, nosotros y nuestra familia, y traemos una mercancía de poco valor. ¡Danos, pues, la medida justa y haznos caridad! Alá retribuye a los que hacen la caridad».

12:89 Dijo: «¿Sabéis lo que, en vuestra ignorancia, hicisteis a José y a su hermano?»

12:90 Dijeron: «¿De veras eres tú José?» Dijo: «¡Yo soy José y éste es mi hermano! Alá nos ha agraciado. Quien teme a Alá y es paciente...Alá no deja de remunerar a quienes hacen el bien».

12:91 Dijeron: «¡Por Alá! Ciertamente, Alá te ha preferido a nosotros. ¡Hemos pecado!»

12:92 Dijo: «¡Hoy no os reprochéis nada! ¡Alá os perdonará Él es la Suma Misericordia.

12:93 ¡Llevaos esta camisa mía y aplicadla al rostro de mi padre: recuperará la vista! ¡Traedme luego a vuestra familia, a todos!»

12:94 Al tiempo que la caravana emprendía el regreso, dijo su padre: «Noto el olor de José, a menos que creáis que chocheo».

12:95 Dijeron: «¡Por Alá, ya estás en tu antiguo error!»

12:96 Cuando el portador de la buena nueva llegó, la aplicó a su rostro y recuperó la vista. Dijo: «¿No os decía yo que sé por Alá lo que vosotros no sabéis?»

12:97 Dijeron: «¡Padre! ¡Pide a Alá que nos perdone nuestros pecados! ¡Hemos pecado!»

12:98 Dijo: «¡Pediré a mi Señor que os perdone! Él es el Indulgentes el Misericordioso».

12:99 Cuando estuvieron ante José, éste arrimó a sí a sus padres y dijo: «¡Entrad seguros en Egipto, si Alá quiere!»

12:100 Hizo subir a sus padres al trono. Y cayeron prosternados ante él. Y dijo: «¡Padre! He aquí la interpretación de mi sueño de antes. Mi Señor ha hecho de él una realidad. Fue bueno conmigo, sacándome de la cárcel y trayéndoos del desierto, luego de haber sembrado el Demonio la discordia entre yo y mis hermanos. Mi Señor es bondadoso para quien Él quiere. Él es el Omnisciente, el Sabio.

12:101 ¡Señor! Tú me has dado del dominio y me has enseñado a interpretar sueños. ¡Creador de los cielos y de la tierra! ¡Tú eres mi Amigo en la vida de acá y en la otra! ¡Haz que cuando muera lo haga sometido a Ti y me reúna con los justos!»

12:102 Esto forma parte de las historias referentes a lo oculto, que Nosotros te revelamos. Tú no estabas con ellos cuando se pusieron de acuerdo e intrigaron.

12:103 La mayoría de los hombres, a pesar de tu celo, no creen.

12:104 Y tú no les pides un salario a cambio. No es sino una amonestación dirigida a todo el mundo.

12:105 ¡Qué designios hay en los cielos y en la tierra, junto a los cuales pasan indiferentes!

12:106 La mayoría no creen en Alá sino como asociadores.

12:107 ¿Es que están, pues, a salvo de que les venga, cubriéndolos, el castigo de Alá, o de que les venga la Hora de repente, sin presentirla?

12:108 Di: «Éste es mi camino. Basado en una prueba visible, llamo a Alá, y los que me siguen también. ¡Gloria a Alá! Yo no soy de los asociadores».

12:109 Antes de ti. no enviamos más que a hombres de las ciudades, a los que hicimos revelaciones. ¿No han ido por la tierra y mirado cómo terminaron sus antecesores? Sí, la Morada de la otra vida es mejor para los que temen a Alá ¿Es que no razonáis...?

12:110 Cuando ya los enviados desesperaban y pensaban que se les había mentido, les llegó Nuestro auxilio y fue salvado el que quisimos. Pero Nuestro rigor no respetará al pueblo pecador.

12:111 Hay en sus historias motivo de reflexión para los dotados de intelecto... No es un relato inventado, sino confirmación de los mensajes anteriores, explicación detallada de todo, dirección y misericordia para gente que cree.

13. El Trueno (Ar Rad)
¡En el nombre de Alá, el Compasivo, el Misericordioso!

13:1 *'lmr.* Ésas son las aleyas de la *Escritura.* Lo que se te ha revelado, de parte de tu Señor, es la verdad, pero la mayoría de los hombres no creen.

13:2 Alá es quien elevó los cielos sin pilares visibles. Luego, se instaló en el Trono y sujetó el sol y la luna, prosiguiendo los dos su curso hacia un término fijo. Él lo dispone todo. Explica detalladamente los signos. Quizás, así, estéis convencidos del encuentro de vuestro Señor.

13:3 Él es quien ha extendido la tierra y puesto en ella montañas firmes, ríos y una pareja en cada fruto. Cubre el día con la noche. Ciertamente, hay en ello signos para gente que reflexiona.

13:4 En la tierra hay parcelas de terreno colindantes, viñedos, cereales, palmeras de tronco simple o múltiple. Todo lo riega una misma agua, pero hacemos que unos frutos sean mejores que otros. Ciertamente, hay en ello signos para gente que razona.

13:5 Si de algo te asombras, asómbrate de su palabra: «Cuando seamos tierra, ¿es verdad que se nos creará de nuevo?» Ésos son los que niegan a su Señor, ésos los que llevarán argollas al cuello, ésos los moradores del Fuego, eternamente.

13:6 Te piden que precipites el mal antes que el bien, aun habiendo precedido castigos ejemplares. Tu Señor es el que perdona a los hombres, a pesar de su impiedad. Pero también tu Señor es severo en castigar.

13:7 Los infieles dicen: «¿Por qué no se le ha revelado un signo procedente de su Señor?» Tú eres sólo uno que advierte y cada pueblo tiene quien le dirija.

13:8 Alá sabe lo que cada hembra lleva y cuándo se contrae el útero, cuándo se dilata. Todo lo tiene medido.

13:9 El Conocedor de lo oculto y de lo patente, el Grande, el Sublime.

13:10 Da lo mismo que uno de vosotros diga algo en secreto o lo divulgue, se esconda de noche o se muestre de día.

13:11 Tiene, por delante y por detrás, pegados a él, que le custodian por orden de Alá. Alá no cambiará la condición de un pueblo mientras éste no cambie lo que en sí tiene. Pero, si Alá quiere mal a un pueblo, no hay manera de evitarlo: fuera de Él, no tienen amigo.

13:12 Él es quien os hace ver el relámpago, motivo de temor y de anhelo, Él quien forma los nubarrones.

13:13 Por temor a Él, el trueno celebra Sus alabanzas, y los ángeles también. Él envía los rayos y hiere con ellos a quien Él quiere, mientras discuten sobre Alá, pues es fuerte en poderío.

13:14 La verdadera invocación es la que se dirige a Él. Los que invocan a otros, en lugar de invocarle a Él, no serán escuchados nada. Les pasará, más bien, como a quien, deseando alcanzar el agua con la boca, se contenta con extender hacia ella las manos y no lo consigue. La invocación de los infieles es inútil.

13:15 Ante Alá se prosternan mañana y tarde los que están en los cielos y en la tierra, de grado o por fuerza, así como sus sombras.

13:16 Di: «¿Quién es el Señor de los cielos y de la tierra?» Di: «¡Alá!» Di: «¿Y tomaréis, en lugar de tomarle a Él, a amigos que no disponen para sí mismos de lo que puede aprovechar o dañar?» Di: «¿Son iguales el ciego y el vidente? ¿Son iguales las tinieblas y la luz? ¿Han dado a Alá asociados que hayan creado algo como lo que Él ha creado, al punto de llegar a confundir lo creado?» Di: «Alá es el Creador de todo. Él es el Uno, el Invicto».

13:17 Ha hecho bajar del cielo agua, que se desliza por los valles, según la capacidad de éstos. El torrente arrastra una espuma flotante, semejante a la escoria que se produce en la fundición para fabricar joyas o utensilios. Así habla Alá en símil de la Verdad y de lo falso: la espuma se pierde; en cambio, queda en la tierra lo útil a los hombres. Así propone Alá los símiles.

13:18 Los que escuchen a su Señor tendrán , lo mejor. A los que no Le escuchen, aunque posean todo lo que hay en la tierra y otro tanto y lo ofrezcan como rescate, les irá mal al ajustar las cuentas. Su morada será la gehena. ¡Qué mal lecho...!

13:19 Quien sepa que lo que tu Señor te ha ir; revelado es la Verdad, ¿será como el ciego? Sólo se dejan amonestar los dotados de intelecto.

13:20 Quienes observan fielmente la alianza con Alá y no violan lo pactado,

13:21 quienes mantienen los lazos que Alá ha ordenado mantener y tienen miedo de su Señor y de que les vaya mal al ajustar las cuentas,

13:22 quienes tienen paciencia por deseo de agradar a su Señor, hacen la azalá, dan limosna, en secreto o en público, de lo que les hemos proveído y repelen el mal con el bien, ésos tendrán la Morada Postrera,

13:23 los jardines del edén, en que entrarán, junto con aquéllos de sus padres, esposas y descendientes que fueron buenos. Los ángeles entrarán en donde ellos estén, por todas partes:

13:24 «¡Paz sobre vosotros, por haber tenido paciencia!» ¡Qué agradable será la Morada Postrera!

13:25 Pero quienes violan la alianza con Alá después de haberla contraído, cortan los lazos que Alá ha ordenado mantener y corrompen en la tierra, ésos serán malditos y tendrán una Morada detestable.

13:26 Alá dispensa el sustento a quien Él quiere: a unos con larqueza, a otros con mesura. Se han regocijado en la vida de acá y la vida de acá no es, comparada con la otra, sino breve disfrute...

13:27 Los infieles dicen: «¿Por qué no se le ha revelado un signo que procede de su Señor?» Di: «Alá extravía a quien Él quiere y dirige a Él a quien se arrepiente».

13:28 Quienes crean, aquéllos cuyos corazones se tranquilicen con el recuerdo de Alá -¿cómo no van a tranquilizarse los corazones con el recuerdo de Alá?-,

13:29 quienes crean y obren bien, serán bienaventurados y tendrán un bello lugar de retorno.

13:30 Así te hemos enviado a una comunidad que fue precedida de otras, para que les recites lo que te hemos revelado, pero niegan al Compasivo. Di: «¡Es mi Señor! No hay más dios que Él. En Él confío y a Él me vuelvo arrepentido».

13:31 Si hubiera un *Corán* en virtud del cual pudieran ponerse en marcha las montañas, agrietarse la tierra, hablar los muertos... Pero todo está en manos de Alá. Los que creen ¿no saben que si Alá hubiera querido habría puesto a todos los hombres en la buena dirección? No dejará de alcanzar una calamidad a los infieles en premio a sus obras o bien tendrá lugar cerca de sus casas hasta que se cumpla la promesa de Alá. Alá no falta a Su promesa.

13:32 Ya han sido objeto de burla otros enviados antes de ti. Concedí una prórroga a los infieles; luego, les sorprendí. Y ¡cuál no fue Mi castigo...!

13:33 ¡,Acaso Quien vigila lo que cada uno hace...? Con todo, han dado a Alá asociados. Di: «¡Ponedles nombre! ¿O es que vais a informarle de algo en la tierra que Él ignore? ¿O es sólo una manera de hablar?» Al contrario, a los infieles les es engalanada su intriga y son apartados del Camino. Y aquél a quien Alá extravía no podrá encontrar quien le dirija.

13:34 Tendrán un castigo en la vida de acá, pero en la otra tendrán un castigo más penoso. No tendrán quien les proteja contra Alá.

13:35 Imagen del Jardín prometido a quienes temen a Alá: fluyen arroyos por sus bajos, tiene frutos y sombra perpetuos. Ése será el fin de los que temieron a Alá. El fin de los infieles, empero, será el Fuego.

13:36 Aquéllos a quienes dimos la *Escritura*, se alegran de lo que se te ha revelado. En los grupos, en cambio, hay quienes rechazan una parte. Di: «He recibido sólo la orden de servir a Alá y de no asociarle. Llamo a Él y a Él vuelvo».

13:37 Así lo hemos revelado como juicio en lengua árabe. Si tú sigues sus pasiones, después de haber sabido tú lo que has sabido, no tendrás amigo ni protector frente a Alá.

13:38 Mandamos a otros enviados antes de ti, y les dimos esposas y descendientes. Ningún enviado, empero, puede traer un signo si no es con permiso de Alá. Cada época tiene su *Escritura*»

13:39 Alá abroga o confirma lo que quiere. Él tiene la *Escritura Matriz*.

13:40 Lo mismo si te mostramos algo de lo que les reservamos, que si te llamamos, a ti te incumbe sólo la transmisión y a Nosotros el ajuste de cuentas.

13:41 ¿Es que no ven Nuestra intervención cuando reducimos la superficie de la tierra? ¡Alá decide! Nadie puede oponerse a Su decisión y es rápido en ajustar cuentas...

13:42 Sus antecesores intrigaron, pero el éxito de toda intriga depende de Alá. Sabe lo que cada uno merece y los infieles verán para quién es la Morada Postrera.

13:43 Los infieles dicen: «¡Tú no has sido enviado!» Di: «Alá basta como testigo entre yo y vosotros, y quienes tienen la ciencia de la *Escritura*».

14. Abraham (Ebráhem)
¡En el nombre de Alá, el Compasivo, el Misericordioso!

14:1 '*lr*. Ésta es una *Escritura* que te hemos revelado para que, con permiso de su Señor, saques a los hombres de las tinieblas a la luz, a la vía del Poderoso, del Digno de Alabanza,

14:2 de Alá, a Quien pertenece lo que está en los cielos y lo que está en la tierra. ¡Ay de los infieles, por un castigo severo...!

14:3 Quienes prefieren la vida de acá a la otra y desvían a otros del camino de Alá, deseando que sea tortuoso, están profundamente extraviados.

14:4 No mandamos a ningún enviado que no hablara en la lengua de su pueblo, para que les explicara con claridad. Alá extravía a quien Él quiere y dirige a quien Él quiere. él es el Poderoso, el Sabio.

14:5 Ya hemos enviado a Moisés con Nuestros signos: «¡Saca a tu pueblo de las tinieblas a la luz y recuérdales los Días de Alá!» Ciertamente, hay en ello signos para todo aquél que tenga mucha paciencia, mucha gratitud.

14:6 Y cuando Moisés dijo a su pueblo: «Recordad la gracia que Alá os dispensó cuando os salvó de las gentes de Faraón, que os sometían a duro castigo, degollando a vuestros hijos varones y dejando con vida a vuestras mujeres. Con esto os probó vuestro Señor duramente».

14:7 Y cuando vuestro Señor anunció: «Si sois agradecidos, os daré más. Pero, si sois desagradecidos,... Ciertamente, Mi castigo es severo».

14:8 Moisés dijo: «Si sois desagradecidos, vosotros y todos los que están en la tierra... Alá Se basta a Sí mismo, es digno de alabanza».

14:9 ¿No os habéis enterado de lo que pasó a quienes os precedieron: el pueblo de Noé, los aditas, los tamudeos, y los que les sucedieron, que sólo Alá conoce? Vinieron a ellos sus enviados con las pruebas claras, pero llevaron las manos a sus bocas y dijeron: «No creemos en vuestro mensaje y dudamos seriamente de aquello a que nos invitáis».

14:10 Sus enviados dijeron: «¿Es posible dudar de Alá, creador de los cielos y de la tierra? Él os llama para perdonaros vuestros pecados y remitiros a un plazo fijo». Dijeron: «No sois más que unos mortales como nosotros. Queréis apartarnos de los dioses a los que nuestros antepasados servían. ¡Aportadnos, pues, una autoridad evidente!»

14:11 Sus enviados les dijeron: «No somos más que unos mortales como vosotros, pero Alá agracia a quien Él quiere de Sus siervos. Y nosotros no podemos aportaros una autoridad sino con permiso de Alá. ¡Que los creyentes confíen en Alá!»

14:12 ¿Cómo no vamos a poner nosotros nuestra confianza en Alá, si nos ha dirigido en nuestros caminos? Tendremos, ciertamente, paciencia, a pesar de lo mucho que nos molestáis. ¡Que los que confían confíen en Alá!

14:13 Los infieles dijeron a su enviados: «¡Hemos de expulsaros de nuestro territorio, a menos que volváis a nuestra religión!» Su Señor les inspiró: «¡Hemos de hacer perecer a los impíos

14:14 y hemos de instalaros, después de ellos, en la tierra! Esto es para quien tema Mi condición y tema Mi amenaza».

14:15 Pidieron un fallo y todo tirano desviado sufrió una decepción.

14:16 Le espera la gehena y se le dará a beber una mezcla de pus y sangre,

14:17 a tragos, que apenas podrá pasar. La muerte vendrá a él por todas partes, sin que llegue a morir. Le espera un duro castigo.

14:18 Las obras de quienes no creen en su Señor son como cenizas azotadas por el viento en un día de tormenta. No pueden esperar nada por lo que han merecido. Ése es el profundo extravío.

14:19 ¿No has visto que Alá ha creado con un fin los cielos y la tierra? Si Él quisiera, os haría desaparecer y os sustituiría por criaturas nuevas.

14:20 Y eso no sería difícil para Alá.

14:21 Todos comparecerán ante Alá. Los débiles dirán entonces a los altivos: «Nosotros os seguíamos. ¿No podríais ahora servirnos de algo contra el castigo de Alá?» Dirán: «Si Alá nos hubiera dirigido, os habríamos dirigido. Da igual que nos impacientemos o que tengamos paciencia: no tenemos escape...»

14:22 El Demonio dirá cuando se decida la cosa: «Alá os hizo una promesa de verdad, pero yo os hice una que no he cumplido. No tenía más poder sobre vosotros que para llamaros y me escuchasteis. ¡No me censuréis, pues, a mí, sino censuraos a vosotros mismos! Ni yo puedo socorreros, ni vosotros podéis socorrerme. Niego que me hayáis asociado antes a Alá». Los impíos tendrán un castigo doloroso,

14:23 mientras que a quienes hayan creído y obrado el bien se les introducirá en jardines por cuyos bajos fluyen arroyos y en los que estarán, con permiso de su Señor, eternamente. Como saludo oirán: «¡Paz!»

14:24 ¿No has visto cómo ha propuesto Alá como símil una buena palabra, semejante a un árbol bueno, de raíz firme y copa que se eleva en el aire,

14:25 que da fruto en toda estación, con permiso de su Señor? Alá propone símiles a los hombres. Quizás, así. se dejen amonestar.

14:26 Una mala palabra es, al contrario, semejante a un árbol malo arrancado del suelo: le falta firmeza.

14:27 Alá confirma con palabra firme a quienes creen, en la vida de acá y en la 1, otra. Pero Alá extravía a los ímpios. Alá hace lo que quiere.

14:28 ¿No has visto a quienes cambian la gracia de Alá por la incredulidad y alojan a su pueblo en la morada de perdición?

14:29 En la gehena, en la que arderán. ¡Qué mala morada...!

14:30 Atribuyeron iguales a Alá para extraviar a otros de Su camino. Di: «¡Gozad brevemente! ¡Estáis destinados al Fuego!»

14:31 Di a mis servidores creyentes que hagan la azalá y que den limosna, en secreto o en público, de lo que les hemos proveído, antes de que venga día en que ya no haya comercio ni amistad.

14:32 Alá es Quien ha creado los cielos y la tierra y ha hecho bajar agua del cielo, mediante la cual ha sacado frutos para sustentaros. Ha sujetado a vuestro servicio las naves para que, por Su orden, surquen el mar. Ha sujetado a vuestro servicio los ríos.

14:33 Ha sujetado a vuestro servicio el sol y la luna, que siguen su curso. Ha sujetado a vuestro servicio la noche y el día.

14:34 Os ha dado de todo lo que Le habéis pedido. Si os pusierais a contar las gracias de Alá, no podríais enumerarlas. El hombre es, ciertamente, muy impío, muy desagradecido.

14:35 Y cuando Abraham dijo: «¡Señor! ¡Que esté segura esta ciudad! ¡Y evita que yo y mis hijos sirvamos a los ídolos!

14:36 ¡Señor! ¡Han extraviado a muchos hombres! Quien me siga será de los míos. Pero quien me desobedezca... Tú eres indulgente, misericordioso.

14:37 ¡Señor! He establecido a parte de mi descendencia en un valle sin cultivar, junto a tu Casa Sagrada, ¡Señor!, para que hagan la azalá. ¡Haz que los corazones de algunos hombres sean afectuosos con ellos! ¡Provéeles de frutos! Quizás, así, sean agradecidos.

14:38 ¡Señor! Tú sabes bien lo que ocultamos y lo que manifestamos. No hay nada, en la tierra como en el cielo, que se esconda a Alá.

14:39 ¡Alabado sea Alá, Que, a pesar de mi vejez, me ha regalado a Ismael e Isaac! Mi Señor oye, ciertamente, a quien Le invoca.

14:40 ¡Señor! ¡Haz que haga la azalá, y también mi descendencia, Señor, y acepta mi invocación!

14:41 ¡Señor! Perdónanos, a mí, a mis padres y a los creyentes el día que se ajusten cuentas».

14:42 No creas que Alá se despreocupa de lo que hacen los impíos. Les remite solamente a un día en que mirarán con los ojos desorbitados,

14:43 corriendo con el cuello extendido, erguida la cabeza, clavada la mirada, el corazón vacío.

14:44 ¡Prevén a los hombres contra el día en que tendrá lugar el Castigo! Entonces, dirán los impíos: «¡Señor! ¡Remítenos a un plazo próximo para que respondamos a Tu llamada y sigamos a los enviados!» «¿No jurasteis en otra ocasión que no conoceríais el ocaso?

14:45 Habitasteis las mismas viviendas que habitaron quienes fueron injustos consigo mismos y se os mostró claramente cómo hicimos con ellos. Os dimos ejemplos...»

14:46 Urdieron intrigas, pero Alá las conocía, y eso que eran intrigas como para trasladar montañas.

14:47 No creas que Alá vaya a faltar a la promesa hecha a Sus enviados - ¡Alá es poderoso, vengador!-,

14:48 el día que la tierra sea sustituida por otra tierra y los cielos por otros cielos, que comparezcan ante Alá, el Uno, el Invicto.

14:49 Ese día verás a los culpables encadenados juntos,

14:50 sus indumentos hechos de alquitrán, cubiertos de fuego sus rostros.

14:51 Alá retribuirá así a cada uno según sus méritos. ¡Alá es rápido en ajustar cuentas!

14:52 Éste es un comunicado dirigido a los hombres para que, por él, sean advertidos, para que sepan que Él es un Dios Uno y para que los dotados de intelecto se dejen amonestar.

15. Al-Hichr

¡En el nombre de Alá, el Compasivo, el Misericordioso!

15:1 *'lr.* Éstas son las aleyas de la *Escritura* y de un *Corán* claro.

15:2 Puede que los infieles deseen haber sido musulmanes...

15:3 ¡Déjales que coman y que gocen por breve tiempo! ¡Que se distraigan con la esperanza! ¡Van a ver...!

15:4 Nunca destruimos ciudad cuya suerte no estuviera decidida.

15:5 Ninguna comunidad puede adelantar ni retrasar su plazo.

15:6 Dicen: «¡Eh, tú, a quien se ha hecho bajar la Amonestación! ¡Eres, ciertamente, un poseso!

15:7 Si es verdad lo que dices, ¿por qué no nos traes a los ángeles?»

15:8 Haremos descender a los ángeles de veras y, entonces, ya no les será dado esperar.

15:9 Somos Nosotros Quienes hemos revelado la Amonestación y somos Nosotros sus custodios.

15:10 Antes de ti, mandamos a otros enviados a los pueblos antiguos.

15:11 No vino a ellos enviado que no se burlaran de él.

15:12 Así se lo insinuamos ahora a los pecadores,

15:13 pero no creen en él, a pesar del ejemplo que han dejado los antiguos.

15:14 Aun si les abriéramos una puerta del cielo y pudieran ascender a él,

15:15 dirían: «Nuestra vista ha sido enturbiada nada más, o, más bien, somos gente a quienes se ha hechizado».

15:16 Sí, hemos puesto constelaciones en el cielo, las hemos engalanado a las miradas,

15:17 y las hemos protegido contra todo demonio maldito.

15:18 Pero, si uno de ellos escucha a hurtadillas, entonces, le persigue una llama brillante.

15:19 Hemos extendido la tierra, colocado en ella firmes montañas y hecho crecer en ella de todo en la debida proporción.

15:20 Y hemos puesto en ella subsistencias para vosotros y para quien no depende de vuestro sustento.

15:21 No hay nada de que no dispongamos Nosotros tesoros. Pero no lo hacemos bajar sino con arreglo a una medida determinada.

15:22 Hemos enviado los vientos, que fecundan, y hacemos bajar del cielo agua, de la que os damos a beber y que no sabéis conservar.

15:23 Somos Nosotros, sí, Quienes damos la vida y la muerte, Nosotros los Herederos.

15:24 Ciertamente, conocemos a los que de vosotros se adelantan y, ciertamente, conocemos a los que se retrasan.

15:25 Tu Señor es Quien les congregará. Él es sabio, omnisciente.

15:26 Hemos creado al hombre de barro arcilloso, maleable,

15:27 mientras que a los genios los habíamos creado antes de fuego de viento abrasador.

15:28 Y cuando tu Señor dijo a los ángeles: «Voy a crear a un mortal de barro arcilloso, maleable,

15:29 y, cuando lo haya formado armoniosamente e infundido en él de Mi Espíritu, caed prosternados ante él».

15:30 Todo los ángeles, juntos, se prosternaron,

15:31 excepto Iblis, que rehusó unirse a los que se prosternaban.

15:32 Dijo: «¡Iblis! ¿Qué tienes, que no te unes a los que se prosternan?»

15:33 Dijo: «Yo no voy a prosternarme ante un mortal que Tú has creado de barro arcilloso, maleable».

15:34 Dijo: «¡Sal de aquí! ¡Eres un maldito!

15:35 ¡La maldición te perseguirá hasta el día del Juicio!»

15:36 Dijo, «¡Señor, déjame esperar hasta el día de la Resurrección!»

15:37 Dijo: «¡Entonces, serás de aquéllos a quienes se ha concedido de prórroga

15:38 hasta el día señalado!»

15:39 Dijo: «¡Señor! Por haberme Tú descarriado, he de engalanarles en la tierra y he de descarriarles a todos,

15:40 salvo a aquéllos que sean siervos Tuyos escogidos».

15:41 Dijo: «Esto es, para Mí, una vía recta.

15:42 Tú no tienes poder alguno sobre Mis siervos, salvo sobre los descarriados que te sigan».

15:43 La gehena es el lugar de cita de todos ellos.

15:44 Tiene siete puertas y cada una tendrá un grupo definido de ellos.

15:45 Los temerosos de Alá estarán entre jardines y fuentes.

15:46 «¡Entrad en ellos, en paz, seguros!»

15:47 Extirparemos el rencor que quede en sus pechos. Serán como hermanos, en lechos, unos enfrente de otros.

15:48 Allí no sufrirán pena, ni serán expulsados.

15:49 Informa a Mis siervos de que Yo soy el Indulgente, el Misericordioso,

15:50 pero que Mi castigo es el castigo doloroso.

15:51 Infórmales de lo que pasó con los huéspedes de Abraham,

15:52 cuando, entrados en donde él estaba, dijeron: «¡Paz!» Dijo: «¡Nos dais miedo!»

15:53 «¡No tengas miedo!», dijeron. «Te anunciamos la buena noticia de un muchacho lleno de ciencia».

15:54 Dijo: «¿Me anunciáis buenas noticias, a pesar de mi avanzada edad? Y ¿qué es lo que me anunciáis?»

15:55 Dijeron: «Te anunciamos la buena noticia de la Verdad. ¡No te desesperes!»

15:56 Dijo: «Y quién podría desesperar de la misericordia de su Señor, sino los extraviados!?»

15:57 Dijo: «¿Qué es lo que os trae, ¡enviados!?»

15:58 Dijeron: «Se nos ha enviado a un pueblo pecador.

15:59 No incluimos a la familia de Lot, a los que salvaremos, a todos.

15:60 salvo a su mujer». Determinamos: sería de los que se rezagaran.

15:61 Cuando los enviados llegaron a la familia de Lot,

15:62 dijo: «Sois gente desconocida».

15:63 Dijeron: «¡No, sino que te traemos aquello de que han dudado!

15:64 Te traemos la Verdad. ¡Sí, es como decimos!

15:65 ¡Ponte en camino con tu familia, durante la noche! ¡Ve el último y que ninguno de vosotros se vuelva! ¡Id a donde se os ordena!»

15:66 Y decidimos respecto a él este asunto: iban a amanecer todos ellos, hasta el último, despedazados.

15:67 La población de la ciudad vino, llena de alegría.

15:68 Dijo: «¡Éstos son huéspedes míos! ¡No me deshonréis!

15:69 ¡Temed a Alá y no me llenéis de vergüenza!»

15:70 Dijeron: «¿No te habíamos prohibido que trajeras a nadie?»

15:71 Dijo: «¡Aquí tenéis a mis hijas, si es que os lo habéis propuesto...!»

15:72 ¡Por tu vida!, que erraban en su ofuscación.

15:73 Y les sorprendió el Grito a la salida del sol.

15:74 La volvimos de arriba abajo e hicimos llover sobre ellos piedras de arcilla.

15:75 Ciertamente, hay en ello signos para los que prestan atención.

15:76 Está situada, ciertamente, en un camino que aún existe.

15:77 Ciertamente, hay en ello un signo para los creyentes.

15:78 Los habitantes de la Espesura fueron, sí impíos.

15:79 y nos vengamos de ellos. Los dos casos son típicos y claros.

15:80 Los habitantes de al-Hichr desmintieron a los enviados.

15:81 Les trajimos Nuestros signos y se apartaron de ellos.

15:82 Excavaban, tranquilos, casas en las montañas.

15:83 Les sorprendió el Grito por la mañana

15:84 y sus posesiones no les sirvieron de nada.

15:85 No hemos creado sino con un fin los cielos, la tierra y lo que entre ellos hay. ¡Sí, la Hora llega! ¡Perdona, pues, generosamente!

15:86 Tu Señor es el Creador de todo, el Omnisciente.

15:87 Te hemos dado siete de las *mazani* y el sublime *Corán*.

15:88 ¡No codicies los goces efímeros que hemos concedido a algunos de ellos y no estés triste por ellos! Y ¡sé benévolo con los creyentes!

15:89 Di: «¡Soy el monitor que habla claro!»

15:90 ...como hemos infligido un castigo a los conjurados,

15:91 que han hecho pedazos el *Corán*.

15:92 ¡Por tu Señor, que hemos de pedir cuentas a todos ellos

15:93 de sus actos!

15:94 ¡Anuncia lo que se te ordena y apártate de los asociadores!

15:95 Nosotros te bastamos contra los que se burlan,

15:96 que ponen, junto con Alá, a otro dios. ¡Van a ver...!

15:97 Bien sabemos que te angustias por lo que dicen.

15:98 Pero tú ¡celebra las alabanzas de tu Señor y sé de los que se prosternan!

15:99 ¡Y sirve a tu Señor hasta que venga a ti la cierta!

16. Las Abejas (Al Nahl)

¡En el nombre de Alá, el Compasivo, el Misericordioso!

16:1 ¡La orden de Alá viene! ¡No queráis adelantarla! ¡Gloria a Él! Está por encima de lo que Le asocian.

16:2 Hace descender a los ángeles con el Espíritu que procede de Su orden sobre quien Él quiere de Sus siervos: «¡Advertid que no hay otro dios que Yo! ¡Temedme, pues!»

16:3 Ha creado los cielos y la tierra con un fin. Está por encima de lo que Le asocian.

16:4 Ha creado al hombre de una gota y ¡ahí le tienes, porfiador declarado!

16:5 Y los rebaños los ha creado para vosotros. Hay en ellos abrigo y otras ventajas y os alimentáis de ellos.

16:6 Disfrutáis viéndolos cuando los volvéis por la tarde o cuando los sacáis a pastar por la mañana.

16:7 Llevan vuestras cargas a países que no alcanzaríais sino con mucha pena. Vuestro Señor es, en verdad, manso, misericordioso.

16:8 Y los caballos, los mulos, los asnos, para que os sirvan de montura y de ornato. Y crea otras cosas que no sabéis.

16:9 A Alá le incumbe indicar el Camino, del que algunos se desvían. Si hubiera querido, os habría dirigido a todos.

16:10 Él es Quien ha hecho bajar para vosotros agua del cielo. De ella bebéis y de ella viven las matas con que apacentáis.

16:11 Gracias a ella, hace crecer para vosotros los cereales, los olivos, las palmeras, las vides y toda clase de frutos. Ciertamente, hay en ello un signo para gente que reflexiona.

16:12 Y ha sujetado a vuestro servicio la noche y el día, el sol y la luna. Las estrellas están sujetas por Su orden. Ciertamente, hay en ello signos para gente que razona.

16:13 Las criaturas que Él ha puesto en la tierra para vosotros son de clases diversas. Ciertamente, hay en ello un signo para gente que se deja amonesta

16:14 Él es Quien ha sujetado el mar para que comáis de él carne fresca y obtengáis de él adornos que poneros. Y ves que las naves lo surcan. Para que busquéis Su favor. Quizás, así, seáis agradecidos.

16:15 Y ha fijado en la tierra las montañas para que ella y vosotros no vaciléis, ríos, caminos -quizás, así, seáis bien dirigidos-

16:16 y mojones. Y se guían por los astros.

16:17 ¿Acaso Quien crea es como quien no crea? ¿Es que no os dejaréis amonestar?

16:18 Si os pusierais a contar las gracias de Alá, no podríais enumerarlas. Alá es, en verdad, indulgente, misericordioso.

16:19 Alá sabe lo que ocultáis y lo que manifestáis.

16:20 Aquéllos que ellos invocan en lugar de invocar a Alá, no crean nada, sino que ellos son creados.

16:21 Están muertos, no vivos. Y no saben cuándo serán resucitados.

16:22 Vuestro Dios es un Dios Uno. Los corazones de quienes, altivos, no creen en la otra vida Le niegan.

16:23 ¡En verdad, Alá sabe lo que ocultan y lo que manifiestan! No ama a los altivos.

16:24 Si se les dice: «¿Qué ha revelado vuestro Señor?», dicen: «Patrañas de los antiguos».

16:25 ¡Que lleven su carga completa el día de la Resurrección y algo de la carga de los que, sin conocimiento, extraviaron! ¡Qué carga más detestable!

16:26 Sus antecesores intrigaron. Alá vino contra los cimientos de su edificio y el techo se desplomó sobre ellos. Les vino el castigo de donde no lo presentían.

16:27 Luego, el día de la Resurrección, Él les avergonzará y dirá: «¿Dónde están Mis asociados, sobre los que discutíais?» Quienes hayan recibido la Ciencia dirán: «Hoy la vergüenza y la desgracia caen sobre los infieles,

16:28 a quienes, injustos consigo mismos, los ángeles llaman». Ofrecerán someterse: «No hacíamos ningún mal». «¡Claro que sí! ¡Alá sabe bien lo que hacíais!

16:29 ¡Entrad por las puertas de la gehena, por toda la eternidad!» ¡Qué mala es la morada de los soberbios!

16:30 A los que temieron a Alá se les dirá: «¿Qué ha revelado vuestro Señor?» Dirán: «Un bien». Quienes obren bien tendrán en la vida de acá una bella recompensa, pero la Morada de la otra vida será mejor aún. ¡Qué agradable será la Morada de los que hayan temido a Alá!

16:31 Entrarán en los jardines del edén, por cuyos bajos fluyen arroyos. Tendrán en ellos lo que deseen. Así retribuye Alá a quienes Le temen,

16:32 a quienes, buenos, llaman los ángeles diciendo: «¡Paz sobre vosotros! ¡Entrad en el Jardín, como premio a vuestras obras!»

16:33 ¿Qué esperan sino que vengan los ángeles o que venga la orden de tu Señor? Así hicieron sus antecesores. No fue Alá quien fue injusto con ellos, sino que ellos lo fueron consigo mismos.

16:34 Les alcanzará la misma maldad de sus acciones y les cercará aquello de que se burlaban.

16:35 Dirán los asociadores: «Si Alá hubiera querido, ni nosotros ni nuestros padres habríamos servido nada en lugar de servirle a Él. No habríamos prohibido nada que Él no hubiera prohibido». Así hicieron sus antecesores. Y ¿qué otra cosa incumbe a los enviados, sino la transmisión clara?

16:36 Mandamos a cada comunidad un enviado: «Servid a Alá y evitad a los *taguts*». A algunos de ellos les dirigió Alá, mientras que otros merecieron extraviarse. ¡Id por la tierra y mirad cómo terminaron los desmentidores!

16:37 Si anhelas dirigirles,... Alá no dirige a quienes Él extravía y no tendrán quien les auxilie.

16:38 Han jurado solemnemente por Alá: «¡Alá no resucitará a quien haya muerto!» ¡Claro que sí! Es una promesa que Le obliga, verdad. Pero la mayoría de los hombres no saben.

16:39 Para mostrarles aquello en que discrepaban y para que sepan los infieles que han mentido.

16:40 Cuando queremos algo, Nos basta decirle: «¡Sé!», y es.

16:41 A quienes han emigrado por Alá, después de haber sido tratados injustamente, hemos de procurarles una buena situación en la vida de acá, pero la recompensa de la otra será mayor aún. Si supieran...

16:42 Que tienen paciencia y confían en Alá...

16:43 Antes de ti, no enviamos sino a hombres a los que hicimos revelaciones -si no lo sabéis, preguntad a la gente de la Amonestación-,

16:44 con las pruebas claras y con las *Escrituras*. A ti también te hemos revelado la Amonestación para que expliques a los hombres lo que se les ha revelado. Quizás,, así, reflexionen.

16:45 Quienes han tramado males ¿están, pues, a salvo de que Alá haga que la tierra los trague, o de que el castigo les venga de donde no lo presientan,

16:46 o de que les sorprenda en plena actividad sin que puedan escapar,

16:47 o de que les sorprenda atemorizados? Vuestro Señor es, ciertamente, manso, misericordioso.

16:48 ¿No han visto que la sombra de todo lo que Alá ha creado se mueve hacia la derecha y hacia la izquierda, en humilde prosternación ante Alá?

16:49 Lo que está en los cielos y en la tierra se prosterna ante Alá: todo animal y los ángeles. Y éstos sin altivez.

16:50 Temen a su Señor, que está por encima de ellos, y hacen lo que se les ordena.

16:51 Alá ha dicho: «¡No toméis a dos dioses! ¡Él es sólo un Dios Uno! ¡Temedme, pues, a Mí, y sólo a Mí»

16:52 Suyo es lo que está en los cielos y en la tierra. Se le debe un culto permanente. ¿Vais a temer a otro diferente de Alá?

16:53 No tenéis gracia que no proceda de Alá. Cuando sufrís una desgracia, acudís a Él.

16:54 Pero, luego, cuando aparta de vosotros la desgracia, he aquí que algunos de vosotros asocian a su Señor,

16:55 para terminar negando lo que les hemos dado. ¡Gozad, pues, brevemente! ¡Vais a ver...!

16:56 Atribuyen a lo que no conocen algunos de los bienes de que les hemos proveído. ¡Por Alá, que habréis de responder de lo que inventabais!

16:57 Atribuyen hijas a Alá -¡gloria a Él!- y a sí mismos se atribuyen lo que desean.

16:58 Cuando se le anuncia a uno de ellos una niña, se queda hosco y se angustia.

16:59 Esquiva a la gente por vergüenza de lo que se le ha anunciado, preguntándose si lo conservará, para deshonra suya, o lo esconderá bajo tierra... ¡Qué mal juzgan!

16:60 Quienes no creen en la otra vida representan el mal, mientras que Alá, representa el ideal supremo. Él es el Poderoso, el Sabio.

16:61 Si Alá tuviera en cuenta la impiedad humana, no dejaría ningún ser vivo sobre ella. Pero los retrasa por un plazo determinado y, cuando vence su plazo, no pueden retrasarlo ni adelantarlo una hora.

16:62 Atribuyen a Alá lo que detestan y sus lenguas inventan la mentira cuando pretenden que les espera lo mejor. ¡En verdad, tendrán el Fuego, e irán los primeros!

16:63 ¡Por Alá!, que antes de ti hemos mandado enviados a comunidades. Pero el Demonio engalanó las obras de éstas y hoy es él su amigo. Tendrán un castigo doloroso.

16:64 No te hemos revelado la *Escritura* sino para que les expliques en qué discrepaban y como dirección y misericordia para gente que cree.

16:65 Alá ha hecho bajar agua del cielo, vivificando con ella la tierra después de muerta. Ciertamente, hay en ello un signo para gente que oye.

16:66 Y en los rebaños tenéis motivo de reflexión. Os damos a beber del contenido de sus vientres, entre heces y sangre: una leche pura, grata a los bebedores.

16:67 De los frutos de las palmeras y de la vides obtenéis una bebida embriagadora y un bello sustento. Ciertamente, hay en ello un signo para gente que razona.

16:68 Tu Señor ha inspirado a las abejas: «Estableced habitación en las montañas, en los árboles y en las construcciones humanas.

16:69 Comed de todos los frutos y caminad dócilmente por los caminos de vuestro Señor». De su abdomen sale un líquido de diferentes clases, que contiene un remedio para los hombres. Ciertamente, hay en ello un signo para gente que reflexiona.

16:70 Alá os ha creado y luego os llamará. A algunos de vosotros se les deja que alcancen una edad decrépita, para que, después de haber sabido, terminen no sabiendo nada. Alá es omnisciente, poderoso.

16:71 Alá os ha favorecido a unos con más sustento que a otros; pero aquéllos que han sido favorecidos no ceden tanto de su sustento a sus esclavos que lleguen a igualarse con ellos. ¿Y rehusarán la gracia de Alá?

16:72 Alá os ha dado esposas nacidas de vosotros. Y, de vuestras esposas, hijos varones y nietos. Os ha proveído también de cosas buenas. ¿Creen, pues, en lo falso y no creerán en la gracia de Alá?

16:73 En lugar de servir a Alá, sirven a lo que no puede procurarles sustento de los cielos ni de la tierra, lo que no posee ningún poder.

16:74 ¡No pongáis a Alá como objeto de vuestras comparaciones! Alá sabe, mientras que vosotros no sabéis.

16:75 Alá propone un símil: un esclavo, propiedad de otro, incapaz de nada, y un hombre a quien Nosotros hemos proveído de bello sustento, del que da limosna, en í secreto o en público. ¿Son, acaso, iguales? ¡Alabado sea Alá! Pero la mayoría no saben.

16:76 Alá propone un símil: dos hombres, uno de ellos mudo, incapaz de nada y carga para su dueño; le mande adonde le mande, no trae ningún bien. ¡Son iguales este hombre y el que prescribe la justicia y está en una vía recta?

16:77 A Alá pertenece lo oculto de los cielos y de la tierra. La orden que anuncie la Hora no será sino como un abrir y cerrar de ojos, o más breve. Alá es omnipotente.

16:78 Alá os ha sacado del seno de vuestras madres, privados de todo saber. Él os ha dado el oído, la vista y el intelecto. Quizás, así, seáis agradecidos.

16:79 ¿No han visto las aves sujetas en el aire del cielo? Sólo Alá las sostiene. Ciertamente, hay en ello signos para gente que cree.

16:80 Alá os ha hecho de vuestras viviendas un lugar habitable. De la piel de los rebaños os ha hecho tiendas, que encontráis ligeras al trasladaros o al acampar. De su lana, de su pelo y de su crin, artículos domésticos para disfrute por algún tiempo.

16:81 De lo que ha creado, Alá os ha procurado sombra, refugios en las montañas, indumentos que os resguardan del calor e indumentos que os protegen de los golpes. Así completa Su gracia en vosotros. Quizás, así, os sometáis a Alá.

16:82 Si vuelven la espalda... A ti te incumbe sólo la transmisión clara.

16:83 Conocen la gracia de Alá, pero la niegan. La mayoría son unos desagradecidos.

16:84 Y el día que hagamos surgir de cada comunidad a un testigo, no se permitirá a los que no hayan creído, ni se les agraciará.

16:85 Y cuando los impíos vean el castigo, éste no se les mitigará, ni les será dado esperar.

16:86 Y cuando los asociadores vean a los que ellos asociaron a Alá, dirán: «¡Señor!! ¡Éstos son los que Te habíamos asociado, a quienes invocábamos en lugar de invocarte a Tí!» Y esos asociados les rebatirán: «¡Mentís, ciertamente!»

16:87 Y, entonces, ofreceran a Alá someterse. Pero sus invenciones se esfumarán.

16:88 A los que no creyeron y desviaron a otros del camino de Alá, les infligiremos castigo sobre castigo por haber corrompido.

16:89 El día que hagamos surgir de cada comunidad a un testigo de cargo, te traeremos a ti como testigo contra éstos. Te hemos revelado la *Escritura* como aclaración de todo, como dirección y misericordia, como buena nueva para los que se someten.

16:90 Alá prescribe la justicia, la beneficencia y la liberalidad con los parientes. Prohíbe la deshonestidad, lo reprobable y la opresión. Os exhorta. Quizás, así, os dejéis amonestar.

16:91 Cuando concertéis una alianza con Alá, sed fieles a ella. No violéis los juramentos después de haberlos ratificado. Habéis puesto a Alá como garante contra vosotros. Alá sabe lo que hacéis.

16:92 No hagáis como aquélla que deshacía de nuevo el hilo que había hilado fuertemente. Utilizáis vuestros juramentos para engañaros so pretexto de que una comunidad es más fuerte que otra. Alá no hace más que probaros con ello. El día de la Resurrección ha de mostraros aquello en que discrepabais.

16:93 Alá, si hubiera querido, habría hecho de vosotros una sola comunidad. Pero extravía a quien Él quiere y dirige a quien Él quiere. Tendréis que responder de lo que hacíais.

16:94 No utilicéis vuestros juramentos para engañaros; si no, el pie os fallará después de haberlo tenido firme. Gustaréis la desgracia por haber desviado a otros del camino de Alá y tendréis un castigo terrible.

16:95 No malvendáis la alianza con Alá. Lo que Alá tiene es mejor para vosotros. Si supierais...

16:96 Lo que vosotros tenéis se agota. En cambio, lo que Alá tiene perdura. A los que tengan paciencia les retribuiremos, sí, con arreglo a sus mejores obras.

16:97 Al creyente, varón o hembra, que obre bien, le haremos, ciertamente, que viva una vida buena y le retribuiremos, sí, con arreglo a sus mejores obras.

16:98 Cuando recites el *Corán*, busca refugio en Alá del maldito Demonio.

16:99 Él no puede nada contra los que creen y confían en su Señor.

16:100 Sólo tiene poder contra los que traban amistad con él y asocian a Él otros dioses.

16:101 Cuando sustituimos una aleya por otra -Alá sabe bien lo que revela- dicen: «¡Eres sólo un falsario!» Pero la mayoría no saben.

16:102 Di: «El Espíritu Santo lo ha revelado, de tu Señor, con la Verdad, para confirmar a los que creen y como dirección y buena nueva para los que se someten a Alá».

16:103 Bien sabemos que dicen: «A este hombre le enseña sólo un simple mortal». Pero aquél en quien piensan habla una lengua no árabe, mientras que ésta es una lengua árabe clara.

16:104 Alá no dirigirá a quienes no crean en los signos de Alá y tendrán un castigo doloroso.

16:105 Sólo inventan la mentira quienes no creen en los signos de Alá. Ésos son los que mienten.

16:106 Quien no crea en Alá luego de haber creído -no quien sufra coacción mientras su corazón permanece tranquilo en la fe, sino quien abra su pecho a la incredulidad-, ese tal incurrirá en la ira de Alá y tendrá un castigo terrible.

16:107 Y eso por haber preferido la vida de acá a la otra. Alá no dirige al pueblo infiel.

16:108 Ésos son aquéllos cuyo corazón, oído y vista Alá ha sellado. Ésos los que no se preocupan...

16:109 ¡En verdad, serán los que pierdan en la otra vida!

16:110 Tu Señor, para quienes hayan emigrado, después de haber sufrido pruebas y de haber, luego, combatido y tenido paciencia, tu Señor será, ciertamente, después de eso, indulgente, misericordioso,

16:111 el día que venga cada uno intentando justificarse, cada uno reciba conforme a sus obras y nadie sea tratado injustamente.

16:112 Alá propone como parábola una ciudad, segura y tranquila, que recibía abundante sustento de todas partes. Y no agradeció las gracias de Alá. Alá, en castigo por su conducta, le dio a gustar la vestidura del hambre y del temor.

16:113 Ha venido a ellos un Enviado salido de ellos, pero le han desmentido y el castigo les ha sorprendido en su impiedad.

16:114 ¡Comed de lo lícito y bueno de que Alá os ha proveído! ¡Y agradeced la gracia de Alá, si es a Él solo a Quien servís!

16:115 Os ha prohibido sólo la carne mortecina, la sangre, la carne de cerdo y la de todo animal sobre el que se haya invocado un nombre diferente del de Alá. Pero, si alguien se ve compelido por la necesidad -no por deseo ni por afán de contravenir... Alá es indulgente, misericordioso.

16:116 No digáis, entre lo que vuestras lenguas profieren, mentiras como «Esto es lícito y esto es ilícito», inventando así la mentira contra Alá. Quienes inventen la mentira contra Alá no prosperarán.

16:117 ¡Mezquino disfrute! ¡Tendrán un castigo doloroso!

16:118 A los judíos les prohibimos lo que ya te contamos. No hemos sido Nosotros quienes han sido injustos con ellos, sino que ellos lo han sido consigo mismos.

16:119 Sin embargo, con los que, habiendo cometido el mal por ignorancia, luego se arrepientan y enmienden, tu Señor será, ciertamente, después de eso, indulgente, misericordioso.

16:120 Abraham fue una comunidad, devoto de Alá, *hanif* y no asociador,

16:121 agradecido a Sus gracias. Él le eligió y le dirigió a una vía recta.

16:122 En la vida de acá le dimos una buena situación y en la otra es de los justos.

16:123 Luego, te hemos revelado: «Sigue la religión de Abraham, que fue *hanif* y no asociador».

16:124 El sábado se impuso solamente a los que sobre él discrepaban. Tu Señor, ciertamente, decidirá entre ellos el día de la Resurrección sobre aquello en que discrepaban.

16:125 Llama al camino de tu Señor con sabiduría y buena exhortación. Discute con ellos de la manera más conveniente. Tu Señor conoce mejor que nadie a quien se extravía de Su camino y conoce mejor que nadie a quien está bien dirigido.

16:126 Si castigáis, castigad de la misma manera que se os ha castigado. Pero, si tenéis paciencia, es mejor para vosotros.

16:127 ¡Ten paciencia! No podrás tener paciencia sino con la ayuda de Alá. Y no estés triste por ellos, ni te angusties por sus intrigas.

16:128 Alá está con quienes Le temen y quienes hacen el bien.

17. El Viaje Nocturno (Al Esra)

¡En el nombre de Alá, el Compasivo, el Misericordioso!

17:1 ¡Gloria a Quien hizo viajar a Su Siervo de noche, desde la Mezquita Sagrada a la Mezquita Lejana, cuyos alrededores hemos bendecido, para mostrarle parte de Nuestros signos! Él es Quien todo lo oye, todo lo ve.

17:2 Dimos a Moisés la *Escritura* e hicimos de ella dirección para los Hijos de Israel: «¡No toméis protector fuera de Mí,

17:3 descendientes de los que llevamos con Noé!» Éste fue un siervo muy agradecido.

17:4 Decretamos en la *Escritura* respecto a los Hijos de Israel: Ciertamente, corromperéis en la tierra dos veces y os conduciréis con gran altivez.

17:5 Cuando, de las dos amenazas, se cumpla la primera, suscitaremos contra vosotros a siervos Nuestros, dotados de gran valor y penetrarán en el interior de las casas. Amenaza que se cumplirá».

17:6 Más tarde, os permitimos desquitaros de ellos. Os dimos más hacienda e hijos varones e hicimos de vosotros un pueblo numeroso.

17:7 El bien o mal que hagáis redundará en provecho o detrimento vuestro. «Cuando se cumpla la última amenaza, os afligirán y entrarán en el Templo como entraron una vez primera y exterminarán todo aquello de que se apoderen».

17:8 Quizá vuestro Señor se apiade de vosotros. Pero, si reincidís, Nosotros también reincidiremos. Hemos hecho de la gehena cárcel para los infieles.

17:9 Este *Corán* dirige a lo que es más recto y anuncia a los creyentes que obran bien la buena nueva de una gran recompensa,

17:10 y que a los que no creen en la otra vida les hemos preparado un castigo doloroso.

17:11 El hombre invoca el mal con la misma facilidad con que invoca el bien: el hombre es muy precipitado...

17:12 Hemos hecho de la noche y del día dos signos. Hemos apagado el signo de la noche y hecho visible el signo del día, para que busquéis favor de vuestro Señor y sepáis el número de años y el cómputo: todo lo hemos explicado detalladamente.

17:13 Hemos asignado a cada hombre su suerte, y el día de la Resurrección le sacaremos una *Escritura* que encontrará desenrollada:

17:14 «¡Lee tu *Escritura* ! ¡Hoy bastas tú para ajustarte cuentas!»

17:15 Quien sigue la vía recta la sigue, en realidad, en provecho propio, y quien se extravía, se extravía, en realidad, en detrimento propio. Nadie cargará con la carga ajena. Nunca hemos castigado sin haber mandado antes a un enviado.

17:16 Cuando queremos destruir una ciudad, ordenamos a sus ricos y ellos se entregan en ella a la iniquidad. Entonces, la sentencia contra ella se cumple y la aniquilamos.

17:17 ¡A cuántas generaciones hemos hecho perecer después de Noé! Tu Señor está suficientemente informado de los pecados de Sus siervos, los ve suficiente mente.

17:18 Si alguien desea la vida fugaz, Nosotros nos apresuraremos a darle en ella lo que queremos -y a quien queremos. Luego, le destinamos la gehena, donde arderá denigrado, desechado.

17:19 Al creyente que desee la otra vida y se esfuerce por alcanzarla, se le reconocerá su esfuerzo.

17:20 A unos y a otros, a todos, les concederemos en abundancia de los dones de tu Señor. ¡Los dones de tu Señor no se niegan a nadie!

17:21 ¡Mira cómo hemos preferido a unos más que a otros! En la otra vida habrá, no obstante, categorías más elevadas y una mayor distinción.

17:22 No pongas junto con Alá a otro dios; si no, te encontrarás denigrado, abandonado.

17:23 Tu Señor ha decretado que no debéis servir sino a Él y que debéis ser buenos con vuestros padres. Si uno de ellos o ambos envejecen en tu casa, no les digas: «¡Uf!» y trates con antipatía, sino sé cariñoso con ellos.

17:24 Por piedad, muéstrate deferente con ellos y di: «¡Señor, ten misericordia de ellos como ellos la tuvieron cuando me educaron siendo niño!»

17:25 Vuestro Señor conoce bien vuestros pensamientos. Si sois justos... Él es indulgente con los que se arrepienten sinceramente.

17:26 Da lo que es de derecho al pariente, así como al pobre y al viajero, pero sin prodigarte demasiado,

17:27 que los pródigos son hermanos de los demonios, y el Demonio es desagradecido para con su Señor.

17:28 Si, buscando una misericordia venida de tu Señor, que esperas, tienes que apartarte de aquéllos, diles, al menos, una palabra amable.

17:29 No lleves la mano cerrada a tu cuello, ni la extiendas demasiado; si no, te encontrarás censurado, falto de recursos.

17:30 Tu Señor dispensa el sustento a quien Él quiere: a unos con largueza, a otros con mesura. Está bien informado de Sus siervos, les ve bien.

17:31 ¡No matéis a vuestros hijos por miedo a empobreceros! Somos Nosotros Quienes les proveemos, y a vosotros también. Matarles es un gran pecado.

17:32 ¡Evitad la fornicación: es una deshonestidad! ¡Mal camino...!

17:33 No matéis a nadie que Dios haya prohibido, sino con justo motivo. Si se mata a alguien sin razón, damos autoridad a su pariente próximo, pero que éste no se exceda en la venganza. Se le auxiliará.

17:34 No toquéis la hacienda del huérfano sino de manera conveniente hasta que alcance la madurez. ¡Cumplid todo compromiso, porque se pedirá cuenta de él!

17:35 Cuando midáis, dad la medida justa y pesad con una balanza exacta. Es mejor y da muy buen resultado.

17:36 No vayas tras algo de lo que no tienes ningún conocimiento. Del oído, de la vista, del intelecto, de todo eso se pedirá cuenta.

17:37 No vayas por la tierra con insolencia, que no eres capaz de hender la tierra, ni de alzarte a la altura de las montañas.

17:38 Tu Señor detesta lo malo que en ello hay.

17:39 Esto forma parte de la sabiduría que tu Señor te ha inspirado. No pongas junto con Alá a otro dios; si no, serás precipitado en la gehena, censurado, desechado.

17:40 ¿Es que vuestro Señor, que ha escogido daros hijos varones, iba a tomar para Sí hijas de entre los ángeles? Decís, en verdad, algo muy grave.

17:41 Hemos expuesto en este *Corán* para que se dejen amonestar, pero esto no hace sino acrecentar su repulsa.

17:42 Di: «Si hubiera dioses además de Él, como dicen, buscarían un camino que les condujera hasta el Señor del Trono.

17:43 ¡Gloria a Él! ¡Está por encima de lo que dicen!»

17:44 Le glorifican los siete cielos, la tierra y sus habitantes. No hay nada que no celebre Sus alabanzas, pero no comprendéis su glorificación. Él es benigno, indulgente.

17:45 Cuando recitas el *Corán*, tendemos un velo opaco entre ti y los que no creen en la otra vida,

17:46 velamos sus corazones y endurecemos sus oídos para que no lo entiendan. Cuando invocas en el *Corán* a tu Señor Solo, vuelven la espalda en repulsa.

17:47 Nosotros sabemos bien lo que escuchan cuando te escuchan o cuando están en conciliábulos, cuando dicen los impíos: «No seguís sino a un hombre hechizado».

17:48 ¡Mira a qué te comparan! Se extravían y no pueden encontrar camino.

17:49 Dicen: «Cuando seamos huesos y polvo, ¿es verdad que se nos resucitará a una nueva creación?»

17:50 Di: «Aunque seáis piedra, hierro

17:51 o cualquier sustancia que imaginéis difícil...» Dirán: «¿Y quién nos volverá!» Di: «Quien os creó una vez primera». Y, sacudiendo la cabeza hacia ti, dirán: «¿Cuándo?» Di: «Tal vez pronto».

17:52 El día que os llame, responderéis alabándole y creeréis no haber permanecido sino poco tiempo.

17:53 Di a Mis siervos que hablen de la mejor manera que puedan. El Demonio siembra la discordia entre ellos. El Demonio es para el hombre un enemigo declarado.

17:54 Vuestro Señor os conoce bien. Si quiere, se apiadará de vosotros y, si quiere, os castigará. No te hemos enviado para que seas su protector.

17:55 Tu Señor conoce bien a quienes están en los cielos y en la tierra. Hemos preferido a unos profetas más que a otros. Y dimos a David *Salmos*.

17:56 Di: «¡Invocad a los que, en lugar de Él, pretendéis! ¡No pueden evitaros la desgracia ni modificarla!»

17:57 Los mismos a quienes invocan buscan el medio de acercarse a su Señor. Esperan en Su misericordia y temen Su castigo. El castigo de tu Señor es temible.

17:58 No hay ninguna ciudad que no destruyamos o que no castiguemos severamente antes del día de la Resurreción. Está anotado en la *Escritura*.

17:59 No Nos ha impedido obrar milagros sino que los antiguos los desmintieran. Dimos la camella a los tamudeos como milagro palpable, pero obraron impíamente con ella. No obramos los milagros sino para atemorizar.

17:60 Y cuando te dijimos: «Tu Señor cerca a los hombres». No hicimos del sueño que te mostramos y del árbol maldito mencionado en el *Corán* sino tentación para los hombres. Cuanto más les amedrentamos, más aumenta su rebeldía.

17:61 Y cuando dijimos a los ángeles: «¡Prosternaos ante Adán!». Se prosternaron, excepto Iblis, que dijo: «¿Voy a prosternarme ante quien has creado de arcilla?»

17:62 Dijo: «¿Qué Te parece? Éste es aquél a quien has honrado más que a mí. Si me remites hasta el día de la Resurrección, dominaré a todos sus descendientes, salvo a unos pocos».

17:63 Dijo: «¡Vete! La gehena será amplia retribución para ti y para tus secuaces.

17:64 ¡Ahuyenta con tu voz a todos los que puedas! ¡Atácales con tu caballería y con tu infantería! ¡Asóciate a ellos en la hacienda y en los hijos! ¡Promételes!». Pero el Demonio no les promete sino falacia.

17:65 «Pero no tienes ninguna autoridad sobre Mis siervos». ¡Tu Señor basta como protector!

17:66 Vuestro Señor es Quien, para vosotros, hace que surquen las naves el mar, para que busquéis Su favor. Es misericordioso con vosotros.

17:67 Si sufrís una desgracia en el mar, los que invocáis se esfuman, Él no. Pero, en cuanto os salva llevándoos a tierra firme, os apartáis. El hombre es muy desagradecido.

17:68 ¿Estáis, pues, a salvo de que Alá haga que la tierra os trague o de que envíe contra vosostros una tempestad de arena? No podrías encontrar protector.

17:69 ¿O estáis a salvo de que lo repita una segunda vez, enviando contra vosotros un viento huracanado y anegándoos por haber sido desagradecidos? No encontraríais a nadie que, en vuestro favor, Nos demandara por ello.

17:70 Hemos honrado a los hijos de Adán. Los hemos llevado por tierra y por mar, les hemos proveído de cosas buenas y los hemos preferido marcadamente a muchas otras criaturas.

17:71 El día que llamemos a todos los hombres con su Libro, aquéllos a quienes se dé su *Escritura* en la diestra, ésos leerán su *Escritura* y no serán tratados injustamente en lo más mínimo.

17:72 Quien haya estado ciego en esta vida continuará ciego en la otra y aún se extraviará más del Camino.

17:73 En verdad, casi han conseguido desviarte de lo que te habíamos revelado, con objeto de que inventaras contra Nosotros otra cosa. Te habrían tomado como amigo.

17:74 Si no te hubiéramos confirmado, casi te habrías arrimado algún poco hacia ellos.

17:75 Te habríamos hecho gustar el doble en la vida y el doble en la muerte. Y no habrías encontrado quien te auxiliara contra Nosotros.

17:76 En verdad, casi te incitaron a huir del país con objeto de hacerte salir de él -en ese caso no se habrían quedado en él después de ti sino por poco tiempo-,

17:77 lo mismo que ocurrió con los enviados que mandamos antes de ti, práctica Nuestra que encontrarás inmutable.

17:78 Haz la azalá al ocaso hasta la caída de la noche, y la recitación del alba, que la recitación del alba tiene testigos.

17:79 Parte de la noche, vela: será para ti una obra supererogatoria. Quizá tu Señor te resucite a un estado digno de encomio.

17:80 Y di: «¡Señor! ¡Hazme entrar bien, hazme salir bien! ¡Concédeme, de Ti, una autoridad que me auxilie!»

17:81 Y di: «¡Ha venido la Verdad y se ha disipado lo falso! ¡Lo falso tiene que disiparse!»

17:82 Hacemos descender, por medio del *Corán*, lo que es curación y misericordia para los creyentes, pero esto no hace sino perder más a los impíos.

17:83 Cuando agraciamos al hombre, éste se desvía y se aleja. Pero, si sufre un mal, se desespera.

17:84 Di: «Cada uno obra a su modo, pero vuestro Señor conoce bien al que va mejor dirigido por el Camino».

17:85 Te preguntan por el espíritu. Di: «El espíritu procede de la orden de mi Señor». Pero no habéis recibido sino poca ciencia.

17:86 Si quisiéramos, retiraríamos lo que te hemos revelado y no encontrarías quien te protegiera en esto contra Nosotros.

17:87 No es sino una misericordia venida dc tu Señor, Que te ha favorecido grandemente.

17:88 Di: «Si los hombres y los genios se unieran para producir un *Corán* como éste, no podrían conseguirlo, aunque se ayudaran mutuamente».

17:89 En este *Corán* hemos expuesto a los hombres toda clase de ejemplos. Pero la mayoría de los hombres no quieren sino ser infieles.

17:90 Y dicen: «No creeremos en ti hasta que nos hagas brotar un manantial de la tierra,

17:91 o que tengas un jardín con palmeras y vides entre los que hagas brotar caudalosos arroyos,

17:92 o que, como pretendes, hagas caer sobre nosotros parte del cielo o nos traigas en tu apoyo a Alá y a los ángeles,

17:93 o que tengas una casa suntuosa, o te eleves en el aire. Pero tampoco vamos a creer en tu elevación mientras no nos hagas bajar una *Escritura* que podamos leer». Di: «¡Gloria a mi Señor! ¿Y qué soy yo sino un mortal, un enviado?»

17:94 No ha impedido a los hombres creer cuando les ha llegado la Dirección sino el haber dicho: «¿Ha mandado Alá a un mortal como enviado?»

17:95 Di: «Si hubiera habido en la tierra ángeles andando tranquilamente, habríamos hecho que les bajara del cielo un ángel como enviado».

17:96 Di: «Alá basta como testigo entre yo y vosotros. Está bien informado sobre Sus siervos, les ve bien».

17:97 Aquél a quien Alá dirige está bien dirigido. Pero no encontrarás amigos, fuera de Él, para aquéllos a quienes Él extravía. Les congregaremos el día de la Resurrección boca abajo, ciegos, mudos, sordos. Tendrán la gehena por morada. Siempre que el fuego vaya a apagarse, se lo atizaremos.

17:98 Ésa será su retribución por no haber creído en Nuestros signos y por haber dicho: «Cuando seamos huesos y polvo, ¿es verdad que se nos resucitará a una nueva creación?»

17:99 ¿Es que no ven que Alá, Que ha creado los cielos y la tierra, es capaz de crear semejantes a ellos? Les ha señalado un plazo indubitable, pero los impíos no quieren sino ser infieles.

17:100 Di: «Si poseyerais los tesoros de misericordia de mi Señor, entonces, los retendríais por miedo de gastarlos». El hombre es tacaño...

17:101 Dimos a Moisés nueve signos claros. Pregunta a los Hijos de Israel qué pasó, cuando vino a ellos y Faraón le dijo: «¡Moisés! ¡Yo creo, sí, que estás hechizado!»

17:102 Dijo: «Tú sabes bien que sólo el Señor de los cielos y de la tierra ha hecho bajar éstos como pruebas evidentes. ¡Yo creo, Faraón, sí, que estás perdido!»,

17:103 Quiso ahuyentarles del país y le anegamos con todos los suyos.

17:104 Y, después de él, dijimos a los Hijos de Israel: «Habitad la tierra y, cuando se cumpla la promesa de la otra vida, os llevaremos en tropel».

17:105 Lo hemos hecho descender con la Verdad y con la Verdad ha descendido. No te hemos enviado sino como nuncio de buenas nuevas y como monitor.

17:106 Es un *Corán* que hemos dividido para que lo recites a la gente reposadamente. Lo hemos revelado de hecho.

17:107 Di: «Creáis en él o no, quienes han y recibido de antes la Ciencia, cuando les es recitado, caen prosternados, rostro en tierra,

17:108 y dicen: '¡Gloria a nuestro Señor! ¡Se ha cumplido, sí, la promesa de nuestro Señor!'

17:109 Y continúan rostro en tierra, llorando y creciendo en humildad».

17:110 Di: «¡Invocad a 'Alá' o invocad al 'Compasivo'! Como quiera que invoquéis, Él posee los nombres más bellos». No hagas la azalá en voz demasiado alta, ni demasiado baja, sino con voz moderada.

17:111 Y di: «¡Alabado sea Alá, Que no ha adoptado un hijo, ni tiene asociado en el dominio, ni amigo frente a la humillación!» ¡Y ensalza Su grandeza!

18. La Caverna (Al Kahf)

¡En el nombre de Alá, el Compasivo, el Misericordioso!

18:1 ¡Alabado sea Alá, que ha revelado la *Escritura* a Su siervo y no ha puesto en ella tortuosidad,

18:2 sino que la ha hecho recta, para prevenir contra una grave calamidad que procede de Él, anunciar a los creyentes que obran bien que tendrán una bella recompensa,

18:3 en la que permanecerán para siempre,

18:4 y para advertir a los que dicen que Alá ha adoptado un hijo!

18:5 Ni ellos ni sus predecesores tienen ningún conocimiento de eso. ¡Qué monstruosa palabra la que sale de sus bocas! No dicen sino mentira.

18:6 Tú quizá te consumas de pena, si no creen en esta historia, por las huellas que dejan.

18:7 Hemos adornado la tierra con lo que en ella hay para probarles y ver quién de ellos es el que mejor se porta

18:8 Y, ciertamente, haremos de su superficie un sequeral.

18:9 ¿Crees que los de la caverna y de ar-Raqim constituyen una maravilla entre Nuestros signos?

18:10 Cuando los jóvenes, al refugiarse en la caverna, dijeron: «¡Señor! ¡Concédenos una misericordia de Ti y haz que nos conduzcamos correctamente!»

18:11 Y les hicimos dormir en la caverna por muchos años.

18:12 Luego, les despertamos para saber cuál de los dos grupos calculaba mejor cuánto tiempo habían permanecido.

18:13 Nosotros vamos a contarte su relato verdadero. Eran jóvenes que creían en su Señor y a quienes habíamos confirmado en la buena dirección.

18:14 Fortalecimos su ánimo cuando se levantaron y dijeron: «Nuestro Señor es el Señor de los cielos y de la tierra. No invocaremos a más dios que a Él. Si no, diríamos una solemne mentira.

18:15 Este pueblo nuestro ha tomado dioses en lugar de tomarle a Él. ¿Por qué no presentan alguna autoridad clara en su favor? ¿Hay alguien que sea más impío que quien inventa una mentira contra Alá?

18:16 Cuando os hayáis alejado de ellos y de lo que, en lugar de Dios, sirven, ¡refugiaos en la caverna! Vuestro Señor extenderá, sobre vosotros algo de Su misericordia y dispondrá de la mejor manera de vuestra suerte».

18:17 Habrías visto que el sol, al salir, se desviaba de su caverna hacia la derecha y, al ponerse, los rebasaba hacia la izquierda, mientras ellos estaban en una oquedad de ella. Ése es uno de los signos de Alá. Aquél a quien Alá dirige está bien dirigido, pero para aquél a quien Él extravía no encontrarás amigo que le guíe.

18:18 Les hubieras creído despiertos cuando, en realidad, dormían. Les dábamos vuelta a derecha e izquierda, mientras su perro estaba en el umbral con las patas delanteras extendidas. Si les hubieras visto, te habrías escapado de ellos, lleno de miedo.

18:19 Así estaban cuando les despertamos para que se preguntaran unos a otros. Uno de ellos dijo: «¿Cuánto tiempo habéis permanecido?» Dijeron: «Permanecimos un día o menos». Dijeron: «Vuestro Señor sabe bien cuánto tiempo habéis permanecido. Enviad a uno de vosotros con esta vuestra moneda a la ciudad. Que mire quién tiene el alimento más fresco y que os traiga provisión del mismo. Que se conduzca bien y que no atraiga la atención de nadie sobre vosotros,

18:20 pues, si se enteraran de vuestra existencia, os lapidarían u os harían volver a su religión y nunca más seríais felices».

18:21 Y así los descubrimos para que supieran que lo que Alá promete es verdad y que no hay duda respecto a la Hora. Cuando discutían entre sí sobre su asunto. Dijeron: «¡Edificad sobre ellos! Su Señor les conoce bien». Los que prevalecieron en su asunto dijeron: «¡Levantemos sobre ellos un santuario!»

18:22 Unos dirán: «Eran tres, cuatro con su perro». Otros dirán: «Eran cinco, seis con su perro», conjeturando sobre lo oculto. Otros dirán: «Eran siete, ocho con su perro». Di: «Mi Señor sabe bien su número, sólo pocos les conocen». No discutas, pues, sobre ellos, sino someramente y no consultes sobre ellos a nadie.

18:23 Y no digas a propósito de nada: «Lo haré mañana»,

18:24 sin: «si Alá quiere». Y, si te olvidas de hacerlo, recuerda a tu Señor, diciendo: «Quizá mi Señor me dirija a algo que esté más cerca que eso de lo recto».

18:25 Permanecieron en su caverna trescientos años, a los que se añaden nueve.

18:26 Di: «Alá sabe bien cuánto tiempo permanecieron. Suyo es lo oculto de los cielos y de la tierra. ¡Qué bien ve y qué bien oye! Fuera de Él, los hombres no tienen amigo. Y Él no asocia a nadie en Su decisión».

18:27 Recita lo que se te ha revelado de la *Escritura* de tu Señor. No hay quien pueda cambiar Sus palabras y no encontrarás asilo fuera de Él.

18:28 ¡No rehúyas estar con los que invocan a su Señor mañana y tarde por deseo de agradarle! ¡No quites los ojos de ellos por deseo del ornato de la vida de acá! ¡No obedezcas a aquél cuyo corazón hemos hecho que se despreocupe de Nuestro recuerdo, que sigue su pasión y se conduce insolentemente!

18:29 Y di: «La Verdad viene de vuestro Señor. ¡Que crea quien quiera, y quien no quiera que no crea!» Hemos preparado para los impíos un fuego cuyas llamas les cercarán. Si piden socorro, se les socorrerá con un líquido como de metal fundido, que les abrasará el rostro. ¡Mala bebida! Y ¡mal lugar de descanso!

18:30 Quienes, en cambio, crean y obren bien... No dejaremos de remunerar a quienes se conduzcan bien.

18:31 Para ésos serán los jardines del edén, por cuyos bajos fluyen arroyos. Se les adornará allí con brazaletes de oro, se les vestirá de satén y brocado verdes, estarán allí reclinados en divanes. ¡Qué agradable recompensa y qué bello lugar de descanso!

18:32 Propónles la parábola de dos hombres, a uno de los cuales dimos dos viñedos, que cercamos de palmeras y separamos con sembrados.

18:33 Ambos viñedos dieron su cosecha, no fallaron nada, e hicimos brotar entre ellos un arroyo.

18:34 Uno tuvo frutos y dijo a su compañero, con quien dialogaba: «Soy más que tú en hacienda y más fuerte en gente».

18:35 Y entró en su viñedo, injusto consigo mismo. Dijo: «No creo que éste perezca nunca.

18:36 Ni creo que ocurra la Hora. Pero, aun si soy llevado ante mi Señor, he de encontrar, a cambio, algo mejor que él».

18:37 El compañero con quien dialogaba le dijo: «¿No crees en Quien te creó de tierra, luego, de una gota y, luego, te dio forma de hombre?

18:38 En cuanto a mí, Él es Alá, mi Señor, y no asocio nadie a mi Señor.

18:39 Si, al entrar en tu viñedo, hubieras dicho: '¡Que sea lo que Alá quiera! ¡La fuerza reside sólo en Alá!' Si ves que yo tengo menos que tú en hacienda e hijos,

18:40 quizá me dé Alá algo mejor que tu viñedo, lance contra él rayos del cielo y se convierta en compo pelado,

18:41 o se filtre su agua por la tierra y no puedas volver a encontrarla».

18:42 Su cosecha fue destruida y, a la mañana siguiente, se retorcía las manos pensando en lo mucho que había gastado en él: sus cepas estaban arruinadas. Y decía: «¡Ojalá no hubiera asociado nadie a mi Señor!»

18:43 No hubo grupo que, fuera de Alá, pudiera auxiliarle, ni pudo defenderse a sí mismo.

18:44 En casos así sólo Alá, la Verdad, ofrece amistad. Él es el Mejor en recompensar y el Mejor como fin.

18:45 Propónles la parábola de la vida de acá. Es como agua que hacemos bajar del cielo y se empapa de ella la vegetación de la tierra, pero se convierte en hierba seca, que los vientos dispersan. Alá es potísimo en todo.

18:46 La hacienda y los hijos varones son el ornato de la vida de acá. Pero las obras perdurables, las buenas obras, recibirán una mejor recompensa ante tu Señor, constituyen una esperanza mejor fundada.

18:47 El día que pongamos en marcha las montañas, veas la tierra allanada, congreguemos a todos sin excepción,

18:48 y sean presentados en fila ante tu Señor. «Venís a Nosotros como os creamos por vez primera. Y ¿pretendíais que no íbamos a citaros?»

18:49 Se expondrá la *Escritura* y oirás decir a los pecadores, temiendo por su contenido: «¡Ay de nosotros! ¿Qué clase de *Escritura* es ésta, que no deja de enumerar nada, ni grande ni pequeño?» Allí encontrarán ante ellos lo que han hecho. Y tu Señor no será injusto con nadie.

18:50 Y cuando dijimos a los ángeles: «¡Prosternaos ante Adán!» Se prosternaron, excepto Iblis, que era uno de los genios y desobedeció la orden de su Señor. ¿Cómo? ¿Les tomaréis, a él y a sus descendientes, como amigos, en lugar de tomarme a Mí, siendo así que son vuestros enemigos? ¡Qué mal trueque para los impíos!

18:51 No les he puesto como testigos de la creación de los cielos y de la tierra ni de su propia creación, ni he tomado como auxiliares a los que extravían a otros.

18:52 El día que diga: «¡Llamad a aquéllos que pretendíais que eran Mis asociados!», les invocarán, pero no les ecucharán. Pondremos un abismo entre ellos.

18:53 Los pecadores verán el Fuego y creerán que se precipitan en él, sin encontrar modo de escapar.

18:54 En este *Corán* hemos expuesto a los hombres toda clase de ejemplos, pero el hombre es, de todos los seres, el más discutidor.

18:55 Lo único que impide a los hombres creer cuando les llega la Dirección y pedir el perdón de su Señor, es el no admitir que les alcanzará la misma suerte que a los antiguos o que deberán afrontar el castigo.

18:56 No mandamos a los enviados sino como nuncios de buenas nuevas y para advertir. Los que no creen discuten con argucias para derribar, así, la Verdad, y toman a burla Mis signos y las advertencias.

18:57 ¿Hay alguien que sea más impío que quien, habiéndosele recordado los signos de su Señor, se desvía luego de ellos y olvida lo que sus manos obraron? Hemos velado sus corazones y endurecido sus oídos para que no lo entiendan. Aunque les llames hacia la Dirección, no serán nunca bien dirigidos.

18:58 Tu Señor es el Indulgente, el Dueño de la Misericordia. Si les diera su merecido, les adelantaría el castigo. Tienen, sin embargo, una cita a la que no podrán faltar.

18:59 Hicimos perecer esas ciudades cuando obraron impíamente, habiendo fijado por anticipado cuándo iban a perecer.

18:60 Y cuando Moisés dijo a su mozo: «No cejaré hasta que alcance la confluencia de las dos grandes masas de agua, aunque tenga que andar muchos años».

18:61 Y, cuando alcanzaron su confluencia, se olvidaron de su pez, que emprendió tranquilamente el camino hacia la gran masa de agua.

18:62 Y, cuando pasaron más allá dijo a su mozo: «¡Trae la comida, que nos hemos cansado con este viaje!»

18:63 Dijo: «¿Qué te parece? Cuando nos refugiamos en la roca, me olvidé del pez -nadie sino el Demonio hizo olvidarme de que me acordara de él- y emprendió el camino hacia la gran masa de agua. ¡Es asombroso!»

18:64 Dijo: «Eso es lo que deseábamos», y regresaron volviendo sobre sus pasos,

18:65 encontrando a uno de Nuestros, siervos a quien habíamos hecho objeto de una misericordia venida de Nosotros y enseñado una ciencia de Nosotros.

18:66 Moisés le dijo: «¿Te sigo para que me enseñes algo de la buena dirección que se te ha enseñado?»

18:67 Dijo: «No podrás tener paciencia conmigo.

18:68 ¿Y cómo vas a tenerla en aquello de que no tienes pleno conocimiento?»

18:69 Dijo: «Me encontrarás, si Alá quiere, paciente, y no desobedeceré tus órdenes».

18:70 Dijo: «Si me sigues, pues, no me preguntes nada sin que yo te lo sugiera».

18:71 Y se fueron ambos hasta que, habiendo subido a la nave, hizo en ella un boquete. Dijo: «¿Le has hecho un boquete para que se ahoguen sus pasajeros? ¡Has hecho algo muy grave!»

18:72 Dijo: «¿No te he dicho que no podrías tener paciencia conmigo?»

18:73 «No lleves a mal mi olvido», dijo, «y no me sometas a una prueba demasiado difícil».

18:74 Y reanudaron ambos la marcha, hasta que encontraron a un muchacho y le mató. Dijo: «¿Has matado a una persona inocente que no había matado a nadie? ¡Has hecho algo horroroso!»

18:75 Dijo: «¿No te he dicho que no podrías tener paciencia conmigo?»

18:76 Dijo: «Si en adelante te pregunto algo, no me tengas más por compañero. Y acepta mis excusas».

18:77 Y se pusieron de nuevo en camino hasta que llegaron a una ciudad a cuyos habitantes pidieron de comer, pero éstos les negaron la hospitalidad. Encontraron, luego, en ella un muro que amenazaba derrumbarse y lo apuntaló. Dijo: «Si hubieras querido, habrías podido recibir un salario por eso».

18:78 Dijo: «Ha llegado el momento de separarnos. Voy a informarte del significado de aquello en que no has podido tener paciencia.

18:79 En cuanto a la nave, pertenecía a unos pobres que trabajaban en el mar y yo quise averiarla, pues detrás de ellos venía un rey que se apoderaba por la fuerza de todas las naves.

18:80 Y en cuanto al muchacho, sus padres eran creyentes y tuvimos miedo de que les impusiera su rebeldía e incredulidad,

18:81 y quisimos que su Señor les diera a cambio uno más puro que aquél y más afectuoso.

18:82 Y en cuanto al muro, pertenecía a dos muchachos huérfanos de la ciudad. Debajo de él había un tesoro que les pertenecía. Su padre era bueno y tu Señor quiso que descubrieran su tesoro cuando alcanzaran la madurez, como muestra de misericordia venida de tu Señor. No lo hice por propia iniciativa. Éste es el significado de aquello en que no has podido tener paciencia».

18:83 Te preguntarán por el Bicorne. Di: «Voy a contaros una historia a propósito de él».

18:84 Le habíamos dado poderío en el país y le habíamos facilitado todo.

18:85 Siguió, pues, un camino

18:86 hasta que, a la puesta del sol, encontró que éste se ocultaba en una fuente pecinosa, junto a la cual encontró a gente. Dijimos:«Bicorne! Puedes castigarles o hacerles bien».

18:87 Dijo: «Castigaremos a quien obre impíamente y, luego, será llevado a su Señor, que le infligirá un castigo horroroso.

18:88 Pero quien crea y obre bien tendrá como retribución lo mejor y le ordenaremos cosas fáciles».

18:89 Luego, siguió otro camino

18:90 hasta que, a la salida del sol, encontró que éste aparecía sobre otra gente a la que no habíamos dado refugio para protegerse de él.

18:91 Así fue. Nosotros teníamos pleno conocimiento de lo que él tenía.

18:92 Luego, siguió otro camino

18:93 hasta que, llegado a un espacio entre los dos diques, encontró del lado de acá a gente que apenas comprendía palabra.

18:94 Dijeron: «¡Bicorne! Gog y Magog corrompen en la tierra. ¿Podríamos retribuirte a cambio de que colocaras un dique entre nosotros y ellos?»

18:95 Dijo: «El poderío que mi Señor me ha dado es mejor. ¡Ayudadme esforzadamente y levantaré una muralla entre vosotros y ellos!

18:96 ¡Traedme bloques de hierro!» Hasta que, habiendo rellenado el espacio vacío entre las dos laderas, dijo: «¡Soplad!» Hasta que, habiendo hecho del hierro fuego, dijo: «¡Traedme bronce fundido para derramarlo encima!»

18:97 Y no pudieron escalarla, ni pudieron abrir brecha en ella.

18:98 Dijo: «Ésta es una misericordia venida de mi Señor, pero, cuando venga la promesa de mi Señor, Él la demolerá. Lo que mi Señor promete es verdad».

18:99 Ese día dejaremos que unos y otros se entremezclen. Se tocará la trompeta y los reuniremos a todos.

18:100 Ese día mostraremos plenamente la gehena a los incrédulos,

18:101 cuyos ojos estaban cerrados a Mi recuerdo y que no podían oír.

18:102 ¿Piensan, acaso, quienes no creen, que podrán tomar a Mis siervos como amigos en lugar de tomarme a Mí? Hemos preparado la gehena como alojamiento para los infieles

18:103 Di: «¿Os daré a conocer quiénes son los que más pierden por sus obras,

18:104 aquéllos cuyo celo se pierde en la vida de acá mientras creen obrar bien?»

18:105 Son ellos los que no creen en los signos de su Señor, ni en que Le encontrarán. Vanas habrán sido sus obras y el día de la Resurrección no les reconoceremos peso.

18:106 Su retribución será la gehena por no haber creído y por haber tomado a burla Mis signos y a Mis enviados.

18:107 En cambio, los que hayan creído y obrado bien se alojarán en los jardines del paraíso,

18:108 eternamente, y no desearán mudarse.

18:109 Di: «si fuera el mar tinta para las palabras de mi Señor, se agotaría el mar antes de que se agotaran las palabras de mar Señor, aun si añadiéramos otro mar de tinta».

18:110 Di: «Yo soy sólo un mortal como vosotros, a quien se ha revelado que vuestro Dios es un Dios Uno. Quien cuente con encontrar a su Señor, que haga buenas, obras y que cuando adore a su Señor, no Le asocie nadie».

19. María (Maríam)

¡En el nombre de Alá, el Compasivo, el Misericordioso!

19:1 *khy's.*

19:2 Recuerdo de la misericordia que tu Señor tuvo con Su siervo Zacarías.

19:3 Cuando invocó interiormente a su Señor.

19:4 Dijo: «¡Señor! Se me han debilitado los huesos, mis cabellos han encanecido. Cuando Te he invocado, Señor, nunca me has decepcionado.

19:5 Temo la conducta de mis parientes a mi muerte, pues mi mujer es estéril. Regálame, pues, de Ti un descendiente,

19:6 que me herede a mí y herede de la familia de Jacob, y ¡haz, Señor, que él Te sea agradable!»

19:7 «¡Zacarías! Te anunciamos la buena nueva de un muchacho que se llamará Juan, sin homónimos en el pasado».

19:8 «¡Señor!» dijo «¿Cómo puedo tener un muchacho, siendo mi mujer estéril y yo un viejo decrépito?»

19:9 «Así será», dijo. «Tu Señor dice: 'Es cosa fácil para Mí. Ya te he creado antes cuando no eras nada'».

19:10 Dijo: «¡Señor! ¡Dame un signo!» Dijo: «Tu signo será que, estando sano, no podrás hablar a la gente durante tres días».

19:11 Entonces, salió del Templo hacia su gente y les significó que debían glorificar mañana y tarde.

19:12 «¡Juan! ¡Coge la *Escritura* con mano firme!» Y le otorgamos el juicio cuando aún era niño,

19:13 así como ternura de Nosotros y pureza. Y fue temeroso de Alá

19:14 y piadoso con sus padres; no fue violento, desobediente.

19:15 ¡Paz sobre él el día que nació, el día que muera y el día que sea resucitado a la vida!

19:16 Y recuerda a María en la *Escritura*, cuando dejó a su familia para retirarse a un lugar de Oriente.

19:17 Y tendió un velo para ocultarse de ellos. Le enviamos Nuestro Espíritu y éste se le presentó como un mortal acabado.

19:18 Dijo ella: «Me refugio de ti en el Compasivo. Si es que temes a Alá...»

19:19 Dijo él: «Yo soy sólo el enviado de tu Señor para regalarte un muchacho puro».

19:20 Dijo ella: «¿Cómo puedo tener un muchacho si no me ha tocado mortal, ni soy una ramera?»

19:21 «Así será», dijo. «Tu Señor dice: 'Es cosa fácil para Mí. Para hacer de él signo para la gente y muestra de Nuestra misericordia'. Es cosa decidida».

19:22 Quedó embarazada con él y se retiró con él a un lugar alejado.

19:23 Entonces los dolores de parto la empujaron hacia el tronco de la palmera. Dijo: «¡Ojalá hubiera muerto antes y se me hubiera olvidado del todo...!»

19:24 Entonces, de sus pies, le llamó: «¡No estés triste! Tu Señor ha puesto a tus pies un arroyuelo.

19:25 ¡Sacude hacia ti el tronco de la palmera y ésta hará caer sobre ti dátiles frescos, maduros!

19:26 ¡Come, pues, bebe y alégrate! Y, si ves a algún mortal, di: 'He hecho voto de silencio al Compasivo. No voy a hablar, pues, hoy con nadie'»

19:27 Y vino con él a los suyos, llevándolo. Dijeron: «¡María! ¡Has hecho algo inaudito!

19:28 ¡Hermana de Aarón! Tu padre no era un hombre malo, ni tu madre una ramera».

19:29 Entonces ella se lo indicó. Dijeron: «¿Cómo vamos a hablar a uno que aún está en la cuna, a un niño?»

19:30 Dijo él: «Soy el siervo de Alá. Él me ha dado la *Escritura* y ha hecho de mí un profeta.

19:31 Me ha bendecido dondequiera que me encuentre y me ha ordenado la azalá y el azaque mientras viva,

19:32 y que sea piadoso con mi madre. No me ha hecho violento, desgraciado.

19:33 La paz sobre mí el día que nací, el día que muera y el día que sea resucitado a la vida».

19:34 Tal es Jesús hijo de María, para decir la Verdad, de la que ellos dudan.

19:35 Es impropio de Alá adoptar un hijo. ¡Gloria a Él! Cuando decide algo, le dice tan sólo: «¡Sé!» y se.

19:36 Y: «Alá es mi Señor y Señor vuestro. ¡Servidle, pues! Esto es una vía recta».

19:37 Pero los grupos discreparon unos de otros. ¡Ay de los que no hayan creído, porque presenciarán un día terrible!

19:38 ¡Qué bien oirán y verán el día que vengan a Nosotros! Pero los impíos están hoy, evidentemente, extraviados.

19:39 ¡Prevénles contra el día de la Lamentación, cuando se decida la cosa! Y ellos, entre tanto, están despreocupados y no creen.

19:40 Nosotros heredaremos la tierra y a sus habitantes. Y a Nosotros serán devueltos.

19:41 Y recuerda en la *Escritura* a Abraham. Fue veraz, profeta.

19:42 Cuando dijo a su padre: «¡Padre! ¿Por qué sirves lo que no oye, ni ve, ni te sirve de nada?

19:43 ¡Padre! He recibido una ciencia que tú no has recibido. ¡Sígueme, pues, y yo te dirigiré por una vía llana!

19:44 ¡Padre! ¡No sirvas al Demonio! El Demonio se rebeló contra el Compasivo.

19:45 ¡Padre! Temo que te alcance un castigo del Compasivo y que te hagas, así, amigo del Demonio».

19:46 Dijo: «Abraham! ¿Sientes aversión a mis dioses? Si no paras, he de lapidarte. ¡Aléjate de mí por algún tiempo!»

19:47 Dijo: «¡Paz sobre ti! Pediré por tu perdón a mi Señor. Ha sido benévolo conmigo.

19:48 Me aparto de vosotros y de lo que invocáis en lugar de invocar a Alá, e invoco a mi Señor. Quizá tenga suerte invocando a mi Señor».

19:49 Cuando se apartó de ellos y de lo que servían en lugar de servir a Alá, le regalamos a Isaac y a Jacob e hicimos de cada uno de éstos un profeta.

19:50 Les regalamos de Nuestra misericordia y les dimos una reputación buenísima.

19:51 Y recuerda en la *Escritura* a Moisés. Fue escogido. Fue enviado, profeta.

19:52 Le llamamos desde la ladera derecha del monte e hicimos que se acercara en plan confidencial.

19:53 Por una misericordia Nuestra, le regalamos como profeta a su hermano Aarón.

19:54 Y recuerda en la *Escritura* a Ismael. Fue cumplidor de su promesa. Fue enviado, profeta.

19:55 Prescribía a su gente la azalá y el azaque, y fue bien visto de su Señor.

19:56 Y recuerda en la *Escritura* a Idris. Fue veraz, profeta.

19:57 Le elevamos a un lugar eminente.

19:58 Éstos son los que Alá ha agraciado entre los profetas descendientes de Adán, entre los que llevamos con Noé, entre los descendientes de Abraham y de Israel, entre los que dirigimos y elegimos. Cuando se les recitan las aleyas del Compasivo, caen prosternados llorando.

19:59 Sus sucesores descuidaron la azalá, siguieron lo apetecible y terminarán descarriándose.

19:60 salvo quienes se arrepientan, crean y obren bien. Ésos entrarán en el Jardín y no serán tratados injustamente en nada,

19:61 en los jardines del edén prometidos por el Compasivo a Sus siervos en lo oculto. Su promesa se cumplirá.

19:62 No oirán allí vaniloquio, sino «¡Paz!» y tendrán allí su sustento, mañana y tarde.

19:63 Ése es el Jardín que daremos en herencia a aquéllos de Nuestros siervos que hayan temido a Alá.

19:64 «No descendemos sino por orden de tu Señor. Suyo es el pasado, el futuro y el presente. Tu Señor no es olvidadizo.

19:65 Es el Señor de los cielos, de la tierra y de lo que entre ellos está. ¡Sírvele, pues, persevera en Su servicio! ¿Sabes de alguien que sea Su homónimo?»

19:66 El hombre dice: «Cuando muera, ¿se me resucitará?»

19:67 Pero ¿,es que no recuerda el hombre que ya antes, cuando no era nada, le creamos?

19:68 ¡Por tu Señor, que hemos de congregarles, junto con los demonios, y, luego, hemos de hacerles comparecer, arrodillados, alrededor de la gehena!

19:69 Luego, hemos de arrancar de cada grupo a aquéllos que se hayan mostrado más rebeldes al Compasivo.

19:70 Además, sabemos bien quiénes son los que más merecen abrasarse en ella.

19:71 Ninguno de vosotros dejará de llegarse a ella. Es una decisión irrevocable de tu Señor.

19:72 Luego, salvaremos a quienes temieron a Alá, y abandonaremos en ella, arrodillados, a los impíos.

19:73 Cuando se les recitan Nuestras aleyas, como pruebas claras, dicen los infieles a los creyentes: «¿Cuál de los dos grupos está mejor situado y frecuenta mejor sociedad?»

19:74 ¡A cuántas generaciones antes de ellos, que les superaban en bienes y en apariencia, hemos hecho perecer...!

19:75 Di: «¡Que el Compasivo prolongue la vida de los que están extraviados, hasta que vean lo que les amenaza: el castigo o la Hora! Entonces verán quién es el que se encuentra en la situación peor y dispone de tropas más débiles».

19:76 A los que se dejen dirigir, Alá les dirigirá aún mejor. Las obras perdurables, las obras buenas, recibirán ante tu Señor una recompensa mejor y un fin mejor.

19:77 ¿Y te parece que quien no cree en Nuestros signos y dice: «Recibiré, ciertamente, hacienda e hijos»

19:78 conoce lo oculto o ha concertado una alianza con el Compasivo?

19:79 ¡No! Antes bien, tomaremos nota de lo que él dice y le prolongaremos el castigo.

19:80 Heredaremos de él lo que dice y vendrá, solo, a Nosotros.

19:81 Han tomado dioses en lugar de tomar a Alá, para alcanzar poder.

19:82 ¡No! Negarán haberles servido y se convertirán en adversarios suyos.

19:83 ¿No ves que hemos enviado a los demonios contra los infieles para que les instiguen al mal?

19:84 ¡No te precipites con ellos, que les contamos los días!

19:85 El día que congreguemos hacia el Compasivo a los temerosos de Alá, en grupo,

19:86 y conduzcamos a los pecadores, en masa, a la gehena,

19:87 no dispondrán de intercesores sino los que hayan concertado una alianza con el Compasivo.

19:88 Dicen: «El Compasivo ha adoptado un hijo».

19:89 Habéis cometido algo horrible,

19:90 que hace casi que los cielos se hiendan, que la tierra se abra, que las montañas caigan demolidas,

19:91 por haber atribuido un hijo al Compasivo,

19:92 siendo así que no le está bien al Compasivo adoptar un hijo.

19:93 No hay nadie en los cielos ni en la tierra que no venga al Compasivo sino como siervo.

19:94 Él los ha enumerado y contado bien.

19:95 Todos vendrán a Él, uno a uno, el día de la Resurrección.

19:96 A quienes hayan creído y obrado bien, el Compasivo les dará amor.

19:97 En verdad, lo hemos hecho fácil en tu lengua, para que anuncies con él la buena nueva a los que temen a Alá y para que adviertas con él a la gente pendenciera.

19:98 ¡A cuántas generaciones antes de ellos hemos hecho perecer! ¿Percibes a alguno de ellos u oyes de ellos un leve susurro?

20. Ta Ha

¡En el nombre de Alá, el Compasivo, el Misericordioso!

20:1 *th.*

20:2 No te hemos revelado el *Corán* para que padezcas,

20:3 sino como Recuerdo para quien tiene miedo de Alá,

20:4 como revelación venida de Quien ha creado la tierra y los altos cielos.

20:5 El Compasivo se ha instalado en el Trono.

20:6 Suyo es lo que está en los cielos y en la tierra, entre ellos y bajo tierra.

20:7 No es preciso que te expreses en voz alta, pues Él conoce lo secreto y lo aún más recóndito.

20:8 ¡Alá! ¡No hay más dios que Él! Posee los nombres más bellos.

20:9 ¿Te has enterado de la historia de Moisés?

20:10 Cuando vio un fuego y dijo a su familia: «¡Quedaos aquí! Distingo un fuego. Quizá pueda yo traeros de él un tizón o encontrar la buena dirección con ayuda del fuego».

20:11 Cuando llegó al fuego, le llamaron: «¡Moisés!

20:12 Yo soy, ciertamente, tu Señor. Quítate las sandalias! Estás en el valle sagrado de Tuwa.

20:13 Y te he escogido Yo. Escucha, pues, lo que se va a revelar.

20:14 Yo soy, ciertamente, Alá. No hay más dios que Yo. ¡Sírveme, pues, y haz la azalá para recordarme!

20:15 La Hora llega -estoy por ocultarla- para que cada uno sea retribuido según su esfuerzo.

20:16 ¡Que no te desvíe de ella quien no cree en ella y sigue su pasión! Si no, ¡perecerás!

20:17 ¿Qué es eso que tienes en la diestra, Moisés?»

20:18 «Es mi vara», dijo. «Me apoyo en ella y con ella vareo los árboles para alimentar a mi rebaño. También la empleo para otros usos».

20:19 Dijo: «¡Tírala, Moisés!»

20:20 La tiró y he aquí que se convirtió en una serpiente que reptaba.

20:21 Dijo: «¡Cógela y no temas! Vamos a devolverle su condición primera.

20:22 ¡Y llévate la mano al costado! Saldrá, blanca, sana - otro signo-.

20:23 Para mostrarte parte de Nuestros tan grandes signos.

20:24 ¡Ve a Faraón! Se muestra reacio».

20:25 Dijo: «¡Señor! ¡Infúndeme ánimo!

20:26 ¡Facilítame la tarea!

20:27 ¡Desata un nudo de mi lengua!

20:28 Así entenderán lo que yo diga.

20:29 Dame a alguien de mi familia que me ayude:

20:30 a Aarón, mi hermano.

20:31 ¡Aumenta con él mi fuerza

20:32 y asóciale a mi tarea,

20:33 para que Te glorifiquemos mucho

20:34 y Te recordemos mucho!

20:35 Tú nos ves bien».

20:36 Dijo: «¡Moisés! Tu ruego ha sido escuchado.

20:37 Ya te agraciamos otra vez.

20:38 Cuando inspiramos a tu madre lo siguiente:

20:39 'Échalo a esta arqueta y échala al río. El río lo depositará en la orilla. Un enemigo mío y suyo lo recogerá'. He lanzado sobre ti un amor venido de Mí para que seas educado bajo Mi mirada.

20:40 Cuando tu hermana pasaba por allí y dijo: '¿Queréis que os indique a alguien que podría encargarse de él?'. Así te devolvimos a tu madre para que se alegrara y no estuviera triste. Mataste a un hombre, te salvamos de la tribulación y te sometimos a muchas pruebas. Viviste durante años con los madianitas y luego viniste acá, Moisés. cuando estaba determinado.

20:41 Te he escogido para Mí.

20:42 ¡Ve! acompañado de tu hermano, con Mis signos, y no descuidéis el recordarme!

20:43 ¡Id a Faraón! Se muestra rebelde.

20:44 ¡Hablad con él amablemente! Quizás, así, se deje amonestar o tenga miedo de Alá».

20:45 Dijeron: «¡Señor! Tememos que la tome con nosotros o que se muestre rebelde».

20:46 Dijo: «¡No temáis! Yo estoy con vosotros, oyendo y viendo.

20:47 Id, pues, a él y decid: 'Somos los enviados de tu Señor. ¡Deja marchar con nosotros a los Hijos de Israel y no les atormentes! Te hemos traído un signo de tu Señor. ¡La paz sobre quien siga la Dirección !'

20:48 Se nos ha revelado que se infligirá el castigo a quien desmienta o se desvíe».

20:49 Dijo: «¿Y quién es vuestro Señor, Moisés?»

20:50 Dijo: «Nuestro Señor es Quien ha dado a todo su forma y, luego, dirigido».

20:51 Dijo: «¿Y qué ha sido de las genera ciones pasadas?»

20:52 Dijo: «Mi Señor lo sabe y está en una *Escritura*. Mi Señor no yerra, ni olvida.

20:53 Quien os ha puesto la tierra como cuna y os ha trazado en ella caminos y hecho bajar agua del cielo. Mediante ella, hemos sacado toda clase de plantas.

20:54 ¡Comed y apacentad vuestros rebaños! Hay, en ello, ciertamente, signos para los dotados de entendimiento.

20:55 Os hemos creado de ella y a ella os devolveremos, para sacaros otra vez de ella».

20:56 Le mostramos todos Nuestros signos, pero él desmintió y rehusó creer.

20:57 Dijo: «¡Moisés! ¿Has venido a nosotros para sacarnos de nuestra tierra con tu magia?

20:58 Hemos de responderte con otra magia igual. ¡Fija entre nosotros y tú una cita, a la que ni nosotros ni tú faltemos, en un lugar a propósito!»

20:59 Dijo: «Vuestra cita será para el día de la Gran Fiesta. Que la gente sea convocada por la mañana».

20:60 Faraón se retiró, preparó sus artilugios y acudió.

20:61 Moisés les dijo: «¡Ay de vosotros! ¡No inventéis mentira contra Alá! Si no, os destruirá con un castigo. Quien invente, sufrirá una decepción».

20:62 Los magos discutieron entre sí sobre su asunto y mantuvieron secreta la discusión.

20:63 Dijeron: «En verdad, estos dos son unos magos que, con su magia, quieren sacaros de vuestra tierra y acabar con vuestra eminente doctrina.

20:64 Preparad vuestros artilugios y, luego, venid uno a uno. ¡Quien gane hoy será feliz!»

20:65 Dijeron: «¡Moisés! ¿Quién es el primero en tirar? ¿Tú o nosotros?»

20:66 Dijo: «¡No! ¡Tirad vosotros!» Y he aquí que le pareció que, por efecto de su magia, sus cuerdas y varas echaban a correr.

20:67 Y Moisés temió en sus adentros.

20:68 Dijimos: «¡No temas, que ganarás tú!

20:69 Tira lo que tienes en la diestra y devorará lo que ellos han hecho, que lo que ellos han hecho es sólo artimaña del mago. Y el mago no prosperará, venga de donde venga».

20:70 Los magos cayeron prosternados. Dijeron: «¡Creemos en el Señor de Aarón y de Moisés!»

20:71 Dijo: «Le habéis creído antes de que yo os autorizara a ello. Él es vuestro maestro, que os ha enseñado la magia. He de haceros amputar las manos y los pies opuestos y crucificar en troncos de palmera. Así sabréis, ciertamente, quién de nosotros es el que inflige un castigo más cruel y más duradero».

20:72 Dijeron: «No te preferiremos a ti a las pruebas claras que se nos han ofrecido ni a Quien nos ha creado. Decidas lo que decidas, tú sólo decides sobre la vida de acá.

20:73 Creemos en nuestro Señor, para que nos perdone nuestros pecados y la magia a que nos has obligado. Alá es mejor y más duradero».

20:74 Quien viene a su Señor como culpable tendrá la gehena y en ella no podrá morir ni vivir.

20:75 Quien, al contrario, venga a Él como creyente, después de haber obrado bien, tendrá la categoría más elevada:

20:76 los jardines del edén, por cuyos bajos fluyen arroyos, en los que estará eternamente. Ésa es la retribución de quien se mantiene puro.

20:77 Inspiramos a Moisés: «¡Sal de noche con Mis siervos y ábreles un camino seco en el mar! ¡No temas que os alcancen, no tengas miedo!»

20:78 Faraón les persiguió con sus tropas y las aguas del mar les cubrieron.

20:79 Faraón había extraviado a su pueblo, no le había dirigido bien.

20:80 ¡Hijos de Israel! Os hemos salvado de vuestros enemigos y nos hemos dado cita con vosotros en la ladera derecha del monte. Hemos hecho descender sobre vosotros el maná y las codornices:

20:81 «Comed de lo bueno de que os hemos proveído, pero sin excederos. Si no, me airaré con vosotros». Y aquél que incurre en Mi ira va a la ruina...

20:82 Yo soy, ciertamente, indulgente con quien se arrepiente, cree, obra bien y, luego, se deja dirigir bien.

20:83 «¡Moisés! ¿Por qué te has dado tanta prisa en alejarte de tu pueblo?»

20:84 Dijo: «Son ellos los que me persiguen. Y he corrido hacia Ti, Señor, para complacerte».

20:85 Dijo: «Hemos probado a tu pueblo después de irte, y el samaritano les ha extraviado».

20:86 Y Moisés regresó a su pueblo, airado, dolido. Dijo: «¡Pueblo! ¿No os había prometido vuestro Señor algo bello? ¿Es que la alianza os ha resultado demasiado larga o habéis querido que vuestro Señor se aíre con vosotros al faltar a lo que me habéis prometido?»

20:87 Dijeron: «No hemos faltado por propio impulso a lo que te habíamos prometido, sino que se nos obligó a cargar con las joyas del pueblo y las hemos arrojado. Y lo mismo hizo el samaritano».

20:88 Éste les sacó un ternero, un cuerpo que mugía, y dijeron: «Este es vuestro dios y el dios de Moisés. Pero ha olvidado».

20:89 ¿Es que no veían que no les daba ninguna contestación y no podía ni dañarles ni aprovecharles?

20:90 Ya antes les había dicho Aarón: «¡Pueblo! Sólo se os ha tentado con él. Vuestro Señor es el Compasivo. ¡Seguidme, pues, y obedeced mis órdenes!»

20:91 Dijeron: «No dejaremos de entregarnos a su culto hasta que Moisés haya regresado».

20:92 Dijo: «¡Aarón! Cuando has visto que se extraviaban, ¿qué es lo que te ha impedido

20:93 seguirme? ¿Has desobedecido mis órdenes?»

20:94 Dijo: «¡Hijo de mi madre! ¡No me cojas por la barba ni por la cabeza! Tenía miedo de que dijeras: Has escindido a los Hijos de Israel y no has observado mi palabra'».

20:95 Dijo: «¿Qué alegas tú, samaritano?»

20:96 Dijo: «He visto algo que ellos no han visto. He tomado un puñado del polvo pisado por el enviado y lo he arrojado. Así me lo ha sugerido la imaginación».

20:97 Dijo: «¡Vete de aquí! En esta vida irás gritando: '¡No me toquéis!' Se te ha fijado una cita a la que no faltarás. ¡Y mira a tu dios, a cuyo culto tanto te has entregado! ¡Hemos de quemarlo y dispersar sus cenizas por el mar!

20:98 ¡Sólo Alá es vuestro dios, aparte del Cual no hay otro dios! Lo abarca todo en Su ciencia».

20:99 Así te contamos historias de antaño y te hemos dado una Amonestación de Nosotros.

20:100 Quien se desvíe de ella llevará una carga el día de la Resurrección,

20:101 eternamente. ¡Qué carga más pesada tendrán el día de la Resurrección!

20:102 El día que se toque la trompeta y reunamos a los pecadores, ese día, ojizarcos,

20:103 diciéndose unos a otros por lo bajo: «No habéis permanecido sino diez días».

20:104 Sabemos bien lo que dirán cuando el que más se distinga por su buena conducta diga: «No habéis permanecido sino un día».

20:105 Te preguntarán por las montañas. Di: «Señor las reducirá a polvo y aventará.

20:106 Las dejará cual llano nivelado,

20:107 en el que no se verán depresiones ni elevaciones».

20:108 Ese día, seguirán al Pregonero, que no se desviará. Bajarán las voces ante el Compasivo y no se oirá sino un susurro de pasos.

20:109 Ese día no aprovechará más intercesión que la de aquél que cuente con la autorización del Compasivo, de aquél cuyas palabras Él acepte.

20:110 Conoce su pasado y su futuro mientras que ellos no pueden abarcarlos en su ciencia.

20:111 Los rostros se humillarán ante el Viviente, el Subsistente. Quien se haya cargado de impiedad, sufrirá una decepción

20:112 Quien, en cambio, obra bien, siendo creyente, no tiene por qué temer injusticia ni opresión.

20:113 Así la hemos revelado como *Corán* árabe. Hemos expuesto en él amenazas. Quizás, así, Nos teman o les sirva de amonestación.

20:114 ¡Exaltado sea Alá, el Rey verdadero! ¡No te precipites en la Recitación antes de que te sea revelada por entero! Y di: «¡Señor! ¡Aumenta mi ciencia!»

20:115 Habíamos concertado antes una alianza con Adán, pero olvidó y no vimos en él resolución.

20:116 Y cuando dijimos a los ángeles: «¡Prosternaos ante Adán!» Se prosternaron, excepto Iblis, que se negó.

20:117 Dijimos: «¡Adán! Éste es un enemigo para ti y para tu esposa ¡Que no os expulse del Jardín; si no, serás desgraciado!

20:118 En él, no debes sufrir hambre ni desnudez,

20:119 ni sed, ni ardor del sol».

20:120 Pero el Demonio le insinuó el mal. Dijo: «¡Adán! ¿Te indico el árbol de la inmortalidad y de un dominio imperecedero?»

20:121 Comieron de él, se les reveló su desnudez y comenzaron a cubrirse con hojas del Jardín. Adán desobedeció a su Señor y se descarrió.

20:122 Luego, su Señor le escogió. le perdonó y le puso en la buena dirección.

20:123 Dijo: «¡Descended ambos de él! ¡Todos! ¡Seréis enemigos unos de otros. Si, pues, recibís de Mí una dirección, quien siga Mi dirección no se extraviará y no será desgraciado.

20:124 Pero quien no siga Mi Amonestación llevará una existencia miserable y le resucitaremos, ciego, el día de la Resurrección».

20:125 Dirá: «¡Señor! ¿Por qué me has resucitado ciego, siendo así que antes veía?»

20:126 Dirá: «Igual que tú recibiste Nuestros signos y los olvidaste, así hoy eres olvidado».

20:127 Así retribuiremos a quien haya cometido excesos y no haya creído en los signos de su Señor. Y el castigo de la otra vida será más cruel y más duradero.

20:128 ¿Es que no les dice nada que hayamos hecho perecer a tantas generaciones precedentes, cuyas viviendas huellan ellos ahora? Ciertamente, hay en ello signos para los dotados de entendimiento.

20:129 Si no llega a ser por una palabra previa de tu Señor y no hubiera sido prefijado el plazo, habría sido ineludible.

20:130 ¡Ten paciencia, pues, con lo que dicen y celebra las alabanzas de tu Señor antes de la salida del sol y antes de su puesta! ¡Glorifícale durante las horas de la noche y en las horas extremas del día! Quizás, así, quedes satisfecho.

20:131 Y no codicies los goces efímeros que hemos concedido a algunos de ellos, brillo de la vida de acá, con objeto de probarles con ellos. El sustento de tu Señor es mejor y más duradero.

20:132 ¡Prescribe a tu gente la azalá y persevera en ella! No te pedimos sustento. Somos Nosotros Quienes te sustentamos. El buen fin está destinado a los que temen a Alá.

20:133 Dicen: «¿Por qué no nos trae un signo de su Señor?» Pero ¿es que no han recibido prueba clara de lo que contienen las *Hojas* primeras?

20:134 Si les Hubiéramos hecho perecer antes con un castigo, habrían dicho: «¡Señor! ¿Por qué no nos has mandado un enviado? Habríamos seguido Tus signos antes de ser humillados y confundidos».

20:135 Di: «Todos esperan. ¡Esperad, pues! Ya veréis quién sigue la vía llana y quién sigue la buena dirección».

21. Los Profetas (Al Anbia)

¡En el nombre de Alá, el Compasivo, el Misericordioso!

21:1 Se acerca el momento en que los hombres deban rendir cuentas, pero ellos, despreocupados, se desvían.

21:2 Cuando reciben una nueva amonestación de su Señor, la escuchan sin tomarla en serio,

21:3 divertidos sus corazones. Los impíos cuchichean entre sí: «¿No es éste sino un mortal como vosotros? ¿Cederéis a la magia a sabiendas?»

21:4 Dice: «Mi Señor sabe lo que se dice en el cielo y en la tierra. Él es Quien todo lo oye, Quien todo lo sabe».

21:5 Ellos, en cambio, dicen: «¡Amasijo de sueños! ¡No! ¡Él lo ha inventado! ¡No! Es un poeta! ¡Que nos traiga un signo como los antiguos enviados!»

21:6 Antes de ellos, ninguna de las ciudades que destruimos creía. Y éstos ¿van a creer?

21:7 Antes de ti, no enviamos sino a hombres a los que hicimos revelaciones. Si no lo sabéis, ¡preguntad a la gente de la Amonestación!

21:8 No les dimos un cuerpo que no necesitara alimentarse. Y no eran inmortales.

21:9 Cumplimos la promesa que les hicimos y les salvamos, igual que a otros a quienes Nosotros quisimos salvar, mientras que hicimos perecer a los inmoderados.

21:10 Os hemos revelado una *Escritura* en que se os amonesta. ¿Es que no comprendéis?

21:11 ¡Cuántas ciudades impías hemos arruinado, suscitando después a otros pueblos!

21:12 Cuando sintieron Nuestro rigor, quisieron escapar de ellas rápidamente.

21:13 «¡No huyáis, volved a vuestra vida regalada, a vuestras mansiones! Quizá se os pidan cuentas».

21:14 Dijeron: «¡Ay de nosotros, que hemos obrado impíamente!»

21:15 Y no cesaron en sus lamentaciones hasta que les segamos sin vida.

21:16 No creamos el cielo, la tierra y lo que entre ellos hay para pasar el rato.

21:17 Si hubiéramos querido distraernos, lo habríamos conseguido por Nosotros mismos, de habérnoslo propuesto.

21:18 Antes, al contrario, lanzamos la Verdad contra lo falso, lo invalida... y éste se disipa. ¡Ay de vosotros, por lo que contáis...!

21:19 Suyos son quienes están en los cielos y en la tierra. Y quienes están junto a Él no se consideran demasiado altos para servirle, ni se cansan de ello.

21:20 Glorifican noche y día sin cesar.

21:21 ¿Han tomado de la tierra a dioses capaces de resucitar?

21:22 Si hubiera habido en ellos otros dioses distintos de Alá, se habrían corrompido. ¡Gloria a Alá, Señor del Trono, Que está por encima de lo que cuentan!

21:23 No tendrá Él que responder de lo que hace, pero ellos tendrán que responder.

21:24 Entonces, ¿han tomado a dioses en lugar de tomarle a Él? Di: «¡Aportad vuestra prueba!». Ésta es la Amonestación de mis contemporáneos y la Amonestación de mis antecesores. Pero la mayoría no conocen la Verdad y se desvían.

21:25 Antes de ti no mandamos a ningún enviado que no le reveláramos: «¡No hay más dios que Yo! ¡Servidme, pues!»

21:26 Y dicen: «El Compasivo ha adoptado hijos». ¡Gloria a É1! Son, nada más, siervos honrados.

21:27 Dejan que sea Él el primero en hablar y obran siguiendo Sus órdenes.

21:28 Él conoce su pasado y su futuro. No intercederán sino por aquéllos de quienes Él esté satisfecho. Están imbuidos del miedo que Él les inspira.

21:29 A quien de ellos diga: «Soy un dios fuera de Él» le retribuiremos con la gehena. Así retribuimos a los impíos.

21:30 ¿Es que no han visto los infieles que los cielos y la tierra formaban un todo homogéneo y los separamos? ¿Y que sacamos del agua a todo ser viviente? ¿Y no creerán?

21:31 Hemos colocado en la tierra montañas firmes para que ella y sus habitantes no vacilen. Hemos puesto en ella anchos pasos a modo de caminos. Quizás, así, sean bien dirigidos.

21:32 Hemos hecho del cielo una techumbre protegida. Pero ellos se desvían de sus signos.

21:33 Él es Quien ha creado la noche y el día, el sol y la luna. Cada uno navega en una órbita.

21:34 No hemos hecho eterno a ningún mortal antes de ti. Muriendo tú, ¿iban otros a ser inmortales?

21:35 Cada uno gustará la muerte. Os probamos tentándoos con el mal y con el bien. Y a Nosotros seréis devueltos.

21:36 Cuanto te ven los infieles«no hacen sino tomarte a burla: «¿Es Éste quien habla mal de vuestros dioses?» Y no creen en la amonestación del Compasivo.

21:37 El hombre ha sido creado precipitado. Ya os haré ver Mis signos. ¡No Me deis prisa!

21:38 que decís?» Y dicen: «¿Cuándo se cumplirá esta amenaza, si es verdad lo

21:39 Si supieran los infieles, cuando no puedan apartar el fuego de sus rostros ni de sus espaldas, cuando no puedan ser auxiliados...

21:40 Pero ¡no! Les vendrá de repente y les dejará aturdidos. No podrán ni rechazarla ni retardarla.

21:41 Se burlaron de otros enviados que te precedieron, pero los que se burlaban se vieron cercados por aquello de que se burlaban.

21:42 Di: «¿Quién os protegerá, noche y día. contra el Compasivo?» Pero no hacen caso de la amonestación de su Señor.

21:43 ¿Tienen dioses que les defiendan en lugar de Nosotros? Éstos no pueden auxiliarse a sí mismos, ni encontrarán quien les ayude frente a Nosotros.

21:44 Les hemos permitido gozar de efímeros placeres, a ellos y a sus padres, hasta alcanzar una edad avanzada. ¿Es que no se dan cuenta de Nuestra intervención cuando reducimos la superficie de la tierra? ¡Serán ellos los vencedores?

21:45 Di: «Os advierto, en verdad, por la Revelación, pero los sordos no oyen el llamamiento cuando se les advierte».

21:46 Si les alcanza un soplo del castigo de tu Señor, dicen de seguro: «¡Ay de nosotros, que hemos obrado impíamente!»

21:47 Para el día de la Resurrección dispondremos balanzas que den el peso justo y nadie será tratado injustamente en nada. Aunque se trate de algo del peso de un grano de mostaza, lo tendremos en cuenta. ¡Bastamos Nosotros para ajustar cuentas!

21:48 Dimos a Moisés y a Aarón el Criterio, una claridad y una amonestación para los temerosos de Alá,

21:49 que tienen miedo de su Señor en secreto y se preocupan por la Hora.

21:50 Esto es una amonestación bendita, que Nosotros hemos revelado ¿Y la negaréis?

21:51 Antes, dimos a Abraham, a quien conocíamos, la rectitud.

21:52 Cuando dijo a su padre y a su pueblo: «¿Qué son estas estatuas a cuyo culto estáis entregados?»

21:53 Dijeron: «Nuestros padres ya les rendían culto».

21:54 Dijo: «Pues vosotros y vuestros padres estáis evidentemente extraviados».

21:55 Dijeron: «¿Nos hablas en serio o bromeas?»

21:56 Dijo: «¡No! Vuestro Señor es el Señor de los cielos y de la tierra, que Él ha creado. Yo soy testigo de ello.

21:57 -¡Y por Alá!, que he de urdir algo contra vuestros ídolos cuando hayáis vuelto la espalda-».

21:58 Y los hizo pedazos, excepto a uno grande que les pertenecía. Quizás, así, volvieran a él.

21:59 Dijeron: «¿Quién ha hecho eso a nuestros dioses? Ese tal es, ciertamente, de los impíos».

21:60 «Hemos oído», dijeron, «a un mozo llamado Abraham que hablaba mal de ellos».

21:61 Dijeron: «¡Traedlo a vista de la gente! Quizás, así, sean testigos».

21:62 Dijeron: «¡Abraham! ¿Has hecho tú eso con nuestros dioses?»

21:63 «¡No!» dijo. «El mayor de ellos es quien lo ha hecho. ¡Preguntádselo, si es que son capaces de hablar!»

21:64 Se volvieron a sí mismos y dijeron: «Sois vosotros los impíos».

21:65 Pero, en seguida, mudaron completamente de opinión: «Tú sabes bien que éstos son incapaces de hablar».

21:66 Dijo: «¿Es que servís, en lugar de servir a Alá, lo que no puede aprovecharos nada, ni dañaros?

21:67 ¡Uf, vosotros y lo que servís en lugar de servir a Alá! ¿Es que no razonáis?»

21:68 Dijeron: «¡Quemadlo y auxiliad así a vuestros dioses, si es que os lo habéis propuesto...!»

21:69 Dijimos: «¡Fuego! ¡Sé frío para Abraham y no le dañes!»

21:70 Quisieron emplear artimañas contra él, pero hicimos que fueran ellos los que más perdieran.

21:71 Les salvamos, a él y a Lot, a la tierra que hemos bendecido para todo el mundo.

21:72 Y le regalamos, por añadidura, a Isaac y a Jacob. Y de todos hicimos justos.

21:73 Les hicimos jefes, que dirigieran siguiendo Nuestra orden. Les inspiramos que obraran bien, hicieran la azalá y dieran el azaque. Y Nos rindieron culto.

21:74 A Lot le dimos juicio y ciencia y le salvamos de la ciudad que se entregaba a la torpeza. Eran gente malvada, perversa.

21:75 Le introdujimos en Nuestra misericordia. Es de los justos.

21:76 Y a Noé. Cuando, antes, invocó y le escuchamos. Y les salvamos, a él y a los suyos, de la gran calamidad.

21:77 Y le auxiliamos contra el pueblo que había desmentido Nuestros signos. Eran gente mala y los anegamos a todos.

21:78 Y a David y Salomón. Cuando dictaron sentencia sobre el sembrado en que las ovejas de la gente se habían introducido de noche. Nosotros fuimos testigos de su sentencia.

21:79 Hicimos comprender a Salomón de qué se trataba. Dimos a cada uno juicio y ciencia. Sujetamos, junto con David, las montañas y las aves para que glorificaran. Nosotros hicimos eso.

21:80 Le enseñamos a elaborar cotas de malla para vosotros, para que os protegieran de vuestra propia violencia. ¿Ya lo agradecéis?

21:81 Y a Salomón el ventarrón, que sopla, a una orden suya, hacia la tierra que hemos bendecido. Lo sabemos todo...

21:82 De los demonios, había algunos que buceaban para él y hacían otros trabajos. Nosotros les vigilábamos.

21:83 Y a Job. Cuando invocó a su Señor: «¡He sufrido una desgracia, pero Tú eres la Suma Misericordia!»

21:84 Y le escuchamos, alejando de él la desgracia que tenía, dándole su familia y otro tanto, como misericordia venida de Nosotros y como amonestación para Nuestros siervos.

21:85 Y a Ismael, Idris y Dulkifl. Todos fueron de los pacientes.

21:86 Les introdujimos en Nuestra misericordia. Son de los justos.

21:87 Y al del pez. Cuando se fue airado y creyó que no podríamos hacer nada contra él. Y clamó en las tinieblas: «¡No hay más dios que Tú! ¡Gloria a Ti! He sido de los impíos».

21:88 Le escuchamos, pues, y le salvamos de la tribulación. Así es como salvamos a los creyentes.

21:89 Y a Zacarías. Cuando invocó a su Señor: «¡Señor! ¡No me dejes solo! ¡Pero Tú eres el Mejor de los herederos!»

21:90 Y le escuchamos y le regalamos Juan e hicimos que su esposa fuera capaz de concebir. Rivalizaban en buenas obras, Nos invocaban con amor y con temor y se conducían humildemente ante Nosotros.

21:91 Y a la que conservó su virginidad. Infundimos en ella de Nuestro Espíritu e hicimos de ella y de su hijo signo para todo el mundo.

21:92 «Ésta es vuestra comunidad, es una sola comunidad. Y Yo soy vuestro Señor. ¡Servidme, pues!»

21:93 Se dividieron en sectas, pero volverán todos a Nosotros.

21:94 El esfuerzo del creyente que obra bien no será ignorado. Nosotros tomamos nota.

21:95 Cuando destruimos una ciudad, les está prohibido a sus habitantes regresar a ella,

21:96 hasta que se suelte a Gog y Magog y se precipiten por toda colina abajo.

21:97 Se acerca la amenaza verdadera. Los infieles, desorbitados los ojos: «¡Ay de nosotros, que no sólo nos traía esto sin cuidado, sino que obrábamos impíamente!»

21:98 Vosotros y lo que servís en lugar de servir a Alá, seréis combustible para la gehena. ¡Bajaréis a ella!

21:99 Si ésos hubieran sido dioses, no habrían bajado a ella. Estarán todos en ella eternamente.

21:100 Gemirán en ella, pero no oirán en ella.

21:101 Aquéllos que ya hayan recibido de Nosotros lo mejor, serán mantenidos lejos de de ella.

21:102 No oirán el más leve ruido de ella y estarán eternamente en lo que tanto ansiaron.

21:103 No les entristecerá el gran terror y los ángeles saldrán a su encuentro: «¡Éste es vuestro día, que se os había prometido!»

21:104 Día en que plegaremos el cielo como se pliega un pergamino de escritos. Como creamos una vez primera, crearemos otra. ¡Es promesa que nos obliga y la cumpliremos!

21:105 Hemos escrito en los *Salmos*, después de la Amonestación, que la tierra la heredarán Mis siervos justos.

21:106 He aquí un comunicado para gente que rinde culto a Alá.

21:107 Nosotros no te hemos enviado sino como misericordia para todo el mundo.

21:108 Di: «Sólo se me ha revelado que vuestro Dios es un Dios Uno ¡,Os someteréis, pues, a Él?»

21:109 Si se desvían, di:«Os he informado a todos con equidad. Y no sé si aquello con que se os amenaza es inminente o remoto.

21:110 Él sabe tanto lo que decís abiertamente como lo que ocultáis»

21:111 No sé. Quizás eso constituya para vosotros tentación y disfrute por algún tiempo».

21:112 Dice: «¡Señor, decide según justicia! Nuestro Señor es el Compasivo, Aquél Cuya ayuda se implora contra lo que contáis».

22. La Peregrinación (Al Hayy)

¡En el nombre de Alá, el Compasivo, el Misericordioso!

22:1 ¡Hombres! ¡Temed a vuestro Señor! El terremoto de la Hora será algo terrible.

22:2 Cuando eso ocurra, toda nodriza olvidará a su lactante, toda embarazada abortará. Los hombres parecerán, sin estarlo, ebrios. El castigo de Alá será severo.

22:3 Hay algunos hombres que discuten de Alá sin tener conocimiento, y siguen a todo demonio rebelde.

22:4 Se le ha prescrito que extravíe y guíe al castigo del fuego de la gehena a quien le tome por dueño.

22:5 ¡Hombres! Si dudáis de la resurrección, Nosotros os hemos creado de tierra; luego, de una gota; luego, de un coágulo de sangre; luego, de un embrión formado o informe. Para aclararos. Depositamos en las matrices lo que queremos por un tiempo determinado; luego, os hacemos salir como criaturas para alcanzar, más tarde, la madurez. Algunos de vosotros mueren prematuramente; otros viven hasta alcanzar una edad decrépita, para que, después de haber sabido, terminen no sabiendo nada. Ves la tierra reseca, pero, cuando hacemos que el agua baje sobre ella, se agita, se hincha y hace brotar toda especie primorosa.

22:6 Esto es así porque Alá es la Verdad, devuelve la vida a los muertos y es omnipotente.

22:7 Es que la Hora llega, no hay duda de ella, y Alá resucitará a quienes se encuentren en las sepulturas.

22:8 Hay algunos hombres que discuten de Alá sin tener conocimiento, ni dirección, ni *Escritura* luminosa,

22:9 contoneándose para extraviar a otros del camino de Alá. Esos tales sufrirán la ignominia en la vida de acá y el día de la Resurrección les haremos gustar el castigo del fuego de la gehena:

22:10 «¡Ahí tienes, por las obras que has cometido!» Alá no es injusto con Sus siervos.

22:11 Hay entre los hombres quien vacila en servir a Alá. Si recibe un bien, lo disfruta tranquilamente. Pero, si sufre una tentación, gira en redondo, perdiendo así la vida de acá y la otra: es una pérdida irreparable.

22:12 Invoca, en lugar de invocar a Alá, lo que no puede dañarle ni aprovecharle. Ése es el profundo extravío.

22:13 Invoca, ciertamente, a quien puede más fácilmente dañar que aprovechar. ¡Qué mal protector! y ¡qué mal compañero!

22:14 Alá introducirá a los creyentes que obraron bien en jardines por cuyos bajos fluyen arroyos. Alá hace lo que quiere.

22:15 Quien crea que Alá no va a auxiliarle en la vida de acá ni en la otra, que tienda una cuerda al cielo y luego la corte. ¡Que vea si su ardid acaba con lo que le irritaba!

22:16 Así lo hemos revelado en aleyas, claras. Alá guía a quien Él quiere.

22:17 El día de la Resurrección, Alá fallará acerca de los creyentes, los judíos, los sabeos, los cristianos, los zoroastrianos y los asociadores. Alá es testigo de todo.

22:18 ¿No ves que se prosternan ante Alá los que están en los cielos y en la tierra, así como el sol, la luna, las estrellas, las montañas, los árboles, los animales y muchos de los hombres? Esto no obstante, muchos merecen el castigo. No hay quien honre a quien Alá desprecia. Alá hace lo que Él quiere.

22:19 Estos son dos grupos rivales que disputan sobre su Señor. A los infieles se les cortarán trajes de fuego y se les derramará en la cabeza agua muy caliente,

22:20 que les consumirá las entrañas y la piel;

22:21 se emplearán en ellos focinos de hierro.

22:22 Siempre que, de atribulados, quieran salir de ella se les hará volver. «¡Gustad el castigo del fuego de la gehena!»

22:23 Pero a los creyentes y a los que obraron bien, Alá les introducirá en jardines por cuyos bajos fluyen arroyos. Allí se les ataviará con brazaletes de oro y con perlas, allí vestirán de seda.

22:24 Habrán sido guiados a la bella Palabra y a la vía del Digno de Alabanza.

22:25 Los infieles que apartan a otros del camino de Alá y de la Mezquita Sagrada, que hemos establecido para los hombres -tanto si residen en ella como si no-...Y a quien quiera impíamente profanarla, le haremos que guste un doloroso castigo.

22:26 Y cuando preparamos para Abraham el emplazamiento de la Casa: «¡No Me asocies nada! ¡Purifica Mi Casa para los que dan las vueltas y para los que están de pie, para los que se inclinan y prosternan!»

22:27 ¡Llama a los hombres a la peregrinación para que vengan a ti a pie o en todo flaco camello, venido de todo paso ancho y profundo,

22:28 para atestiguar los beneficios recibidos y para invocar el nombre de Alá en días determinados sobre las reses de que Él les ha proveído!: «¡Comed de ellas y alimentad al desgraciado, al pobre!»

22:29 Luego, ¡que den fin a sus prohibiciones, que cumplan sus votos y que den las vueltas alrededor de la Casa Antigua!

22:30 ¡Así es! Y quien respete las cosas sagradas de Alá, será mejor para él ante su Señor. Se os han declarado lícitos los rebaños, excepto lo que se os recita. ¡Evitad la contaminación que viene de los ídolos! ¡Evitad el decir falsedades!

22:31 ¡Como *hanifes* para con Alá y no como asociadores! Quien asocia a Alá otros dioses es como si cayera del cielo: las aves se lo llevarán o el viento lo arrastrará a un lugar lejano.

22:32 Así es. Y quien respeta las cosas sagradas de Alá... Pues proceden del temor de Alá que tienen los corazones.

22:33 Os aprovecharéis de ello hasta un día determinado. Luego, la inmolación tendrá lugar en la Casa Antigua.

22:34 Y hemos establecido un ritual para cada comunidad, a fin de que invoquen el nombre de Alá sobre las reses de que Él les ha proveído. Vuestro Dios es un Dios Uno. ¡Someteos, pues, a Él! ¡Y anuncia la buena nueva a los humildes,

22:35 cuyo corazón tiembla a la mención de Alá, a los que tienen paciencia ante la adversidad, a los que hacen la azalá, a los que dan limosna de lo que les hemos proveído!

22:36 Entre las cosas sagradas de Alá os hemos incluido los camellos de sacrificio. Tenéis en ellos bien. ¡Mencionad, pues, el nombre de Alá sobre ellos cuando están en fila! Y cuando yazcan sin vida, comed de ellos y alimentad al mendigo y al necesitado. Así los hemos sujetado a vuestro servicio. Quizás, así, seáis agradecidos.

22:37 Alá no presta atención a su carne ni a su sangre, sino a vuestro temor de Él. Así os los ha sujetado a vuestro servicio, para que ensalcéis a Alá por haberos dirigido. ¡Y anuncia la buena nueva a quienes hacen el bien!

22:38 Alá abogará en favor de los que han creído. Alá no ama a nadie que sea traidor contumaz, desagradecido.

22:39 Les está permitido a quienes son atacados, porque han sido tratados injustamente. -Alá es, ciertamente, poderoso para auxiliarles-.

22:40 A quienes han sido expulsados injustamente de sus hogares, sólo por haber dicho: «¡Nuestro Señor es Alá!» Si Alá no hubiera rechazado a unos hombres valiéndose de otros, habrían sido demolidas ermitas, iglesias, sinagogas y mezquitas, donde se menciona mucho el nombre de Alá. Alá auxiliará, ciertamente, a quienes Le auxilien. Alá es, en verdad, fuerte, poderoso.

22:41 A quienes, si les diéramos poderío en la tierra, harían la azalá, darían el azaque,, ordenarían lo que está bien y prohibirían lo que está mal. El fin de todo es Alá...

22:42 Y si te desmienten, también desmintieron antes el pueblo de Noé, los aditas y los tamudeos,

22:43 el pueblo de Abraham, el pueblo de Lot

22:44 y los madianitas. Y Moisés fue desmentido. Concedí una prórroga a los infieles. Luego, les sorprendí... Y ¡cuál no fue Mi reprobación!

22:45 ¡Qué de ciudades, impías, hemos destruido, que ahora yacen en ruinas...! ¡Qué de pozos abandonados...! ¡Qué de elevados palacios...!

22:46 ¿No han ido por la tierra con un corazón capaz de comprender y con un oído capaz de oír? ¡No son, no, sus ojos los que son ciegos, sino los corazones que sus pechos encierran!

22:47 Te piden que adelantes la hora del b castigo, pero Alá no faltará a Su promesa. Un día junto a tu Señor vale por mil años de los vuestros.

22:48 A cuántas ciudades, impías, les concedí una prórroga. Luego, las sorprendí... ¡Soy Yo el fin de todo!

22:49 Di: «¡Hombres! Yo sólo soy para vosotros un monitor que habla claro».

22:50 Quienes crean y obren bien, obtendrán perdón y generoso sustento.

22:51 Pero quienes se empeñen en hacer fracasar Nuestros signos, ésos morarán en el fuego de la gehena.

22:52 Cuando mandábamos, antes de ti, a algún enviado o a algún profeta, siempre enturbiaba el Demonio sus deseos. Pero Alá invalida las sugestiones del Demonio y, luego, hace Sus aleyas unívocas. Alá es omnisciente, sabio.

22:53 Para tentar por las sugestiones del Demonio a los enfermos de corazón y a los duros de corazón -los impíos están en marcada oposición-,

22:54 y para que sepan quienes han recibido la Ciencia que esto es la Verdad venida de tu Señor, para que crean en ella y se humille ante ella su corazón. En verdad, Alá dirige a los creyentes a una vía recta.

22:55 Pero quienes no crean persistirán en sus dudas acerca de él, hasta que les llegue la Hora de repente o el castigo de un día nefasto.

22:56 Ese día el dominio será de Alá y Él decidirá entre ellos: quienes hayan creído y obrado bien, estarán en los jardines de la Delicia,

22:57 pero quienes no creyeron y desmintieron Nuestros signos tendrán un castigo humillante.

22:58 A quienes, habiendo emigrado por Alá, sean muertos o mueran, Alá les proveerá de bello sustento. Alá es el Mejor de los proveedores.

22:59 Ha de introducirles en un lugar que les placerá. Alá es, ciertamente, omnisciente, benigno.

22:60 Así es. Y si uno se desagravia en la medida del agravio recibido y es de nuevo tratado injustamente, Alá no dejará de auxiliarle. Alá, en verdad. perdona mucho, es indulgente. .

22:61 Esto es así porque Alá hace que la noche entre en el día y que el día entre en la noche. Alá todo lo oye, todo lo ve.

22:62 Esto es así porque Alá es la Verdad, pero lo que ellos invocan en lugar de invocarle a Él es lo falso, y porque Alá es el Altísimo, el Grande.

22:63 ¿No ves cómo hace Alá bajar agua del cielo y la tierra verdea? Alá es sutil, está bien informado.

22:64 Suyo es lo que está en los cielos y en la tierra. Alá es, ciertamente, Quien Se basta a Sí mismo, el Digno de Alabanza.

22:65 ¿No ves que Alá ha sujetado a vuestro servicio lo que hay en la tierra, así como las naves que navegan siguiendo Su orden? Sostiene el cielo para que no se desplome sobre la tierra, si no es con Su permiso. En verdad, Alá es con los hombres manso, misericordioso.

22:66 Él es Quien os dio la vida; luego, os hará morir, luego, os volverá a la vida. El hombre es, ciertamente, desagradecido.

22:67 Hemos establecido para cada comunidad un ritual, que ellos siguen. ¡Que no discutan contigo sobre este asunto! ¡Llama a tu Señor! Sí, sigues una dirección recta.

22:68 Y, si discuten contigo, di: «¡Alá sabe bien lo que hacéis!

22:69 Alá decidirá entre vosotros el día de la Resurreción sobre aquello en que discrepabais».

22:70 ¿No sabes que Alá sabe lo que está en el cielo y en la tierra? Eso está en una *Escritura*. Es cosa fácil para Alá.

22:71 Sirven, en lugar de servir a Alá, algo a lo que Él no ha conferido autoridad y de lo que no tienen ningún conocimiento. Los impíos no tendrán quien les auxilie.

22:72 Cuando se les recitan Nuestras aleyas como pruebas claras, adviertes la disconformidad en los rostros de los infieles. Poco les falta para arremeter contra quienes les recitan Nuestras aleyas. Di: «No sé si informaros de algo peor aún que eso: el Fuego, con que Alá ha amenazado a los infieles». ¡Qué mal fin...!

22:73 ¡Hombres! Se propone una parábola. ¡Escuchadla! Los que invocáis en lugar de invocar a Alá serían incapaces de crear una mosca, aun si se aunaran para ello. Y, si una mosca se les llevara algo, serían incapaces de recuperarlo. ¡Qué débiles son el suplicante y el suplicado!

22:74 No han valorado a Alá debidamente. Alá es, en verdad, fuerte, poderoso.

22:75 Alá escoge enviados entre los ángeles y entre los hombres. Alá todo lo oye, todo lo ve.

22:76 Conoce su pasado y su futuro. Y todo será devuelto a Alá.

22:77 ¡Creyentes! ¡Inclinaos, prosternaos, servid a vuestro Señor y obrad bien! Quizás, así, prosperéis.

22:78 ¡Luchad por Alá como Él se merece! Él os eligió y no os ha impuesto ninguna carga en la religión! ¡La religión de vuestro padre Abraham! Él os llamó 'musulmanes' anteriormente y aquí, para que el Enviado sea testigo de vosotros y que vosotros seáis testigos de los hombres. ¡Haced la azalá y, dad el azaque! ¡Y aferraos a Alá! ¡Él es vuestro Protector! ¡Es un protector excelente, un auxiliar excelente!

23. Los Creyentes (Al Moeminún)

¡En el nombre de Alá, el Compasivo, el Misericordioso!

23:1 ¡Bienaventurados los creyentes,

23:2 que hacen su azalá con humildad,

23:3 que evitan el vaniloquio,

23:4 que dan el azaque,

23:5 que se abstienen de comercio carnal,

23:6 salvo con sus esposas o con sus esclavas en cuyo caso no incurren en reproche,

23:7 mientras que quienes desean a otras mujeres, ésos son los que violan la ley-,

23:8 que respetan los depósitos que se les confían y las promesas que hacen,

23:9 que observan sus azalás!

23:10 Ésos son los herederos

23:11 que heredarán el paraíso, en el que estarán eternamente.

23:12 Hemos creado al hombre de arcilla fina.

23:13 Luego, le colocamos como gota en un receptáculo firme.

23:14 Luego, creamos de la gota un coágulo de sangre, del coágulo un embrión y del embrión huesos, que revestimos de carne. Luego, hicimos de él otra criatura. ¡Bendito sea Alá, el Mejor de los creadores!

23:15 Luego, después de esto, habéis de morir.

23:16 Luego, el día de la Resurrección, seréis resucitados.

23:17 Encima de vosotros, hemos creado siete cielos. No hemos descuidado la creación.

23:18 Hemos hecho bajar del cielo agua en la cantidad debida y hecho que cale la tierra. Y también habríamos sido bien capaces de hacerla desaparecer.

23:19 Por medio de ella os hemos creado palmerales y viñedos en los que hay frutos abundantes, de los que coméis.

23:20 Y un árbol que crece en el monte Sinaí y que produce aceite y condimento para la comida.

23:21 Tenéis, ciertamente, en los rebaños motivo de reflexión: os damos a beber del contenido de sus vientres, deriváis de ellos muchos beneficios, coméis de ellos.

23:22 Ellos y las naves os sirven de medios de transporte.

23:23 Enviamos Noé a su pueblo y dijo: «¡Pueblo! ¡Servid a Alá! No tenéis a ningún otro dios que a Él. ¿Y no Le temeréis?»

23:24 Los dignatarios del pueblo, que no creían, dijeron: «Éste no es sino un mortal como vosotros, que quiere imponerse a vosotros. Si Alá hubiera querido, habría hecho descender a ángeles. No hemos oído que ocurriera tal cosa en tiempo de nuestros antepasados.

23:25 No es más que un poseso. ¡Observadle durante algún tiempo!»

23:26 «¡Señor!» dijo: «¡Auxíliame, que me desmienten!»

23:27 Y le inspiramos: «¡Construye la nave bajo Nuestra mirada y según Nuestra inspiración ! Y cuando venga Nuestra orden y el horno hierva, haz entrar en ella a una pareja de cada y a tu familia, salvo a aquél de ellos cuya suerte ha sido ya echada. ¡Y no me hables de los que hayan obrado impíamente! ¡Van a ser anegados!

23:28 Cuando tú y los tuyos estéis instalados en la nave, di: '¡Alabado sea Alá, Que nos ha salvado del pueblo impío!'

23:29 Y di: '¡Señor! ¡Haz que desembarque en un lugar bendito! Tú eres Quien mejor puede hacerlo'

23:30 Ciertamente, hay en ello signos. En verdad, ponemos a prueba...»

23:31 Luego, después de ellos, suscitamos otra generación

23:32 y les mandamos un enviado salido de ellos: «¡Servid a Alá! No tenéis a ningún otro dios que a Él ¿Y no Le temeréis?»

23:33 Pero los dignatarios del pueblo, que no creían y desmentían la existencia de la otra vida y a los cuales habíamos enriquecido en la vida de acá, dijeron: «Éste no es sino un mortal como vosotros, que come de lo mismo que vosotros coméis y bebe de lo mismo que vosotros bebéis».

23:34 Si obedecéis a un mortal como vosotros, estáis perdidos.

23:35 ¿Os ha prometido que se os sacará cuando muráis y seáis tierra y huesos?

23:36 ¡Está bien lejos de ocurrir lo que se os ha prometido!

23:37 ¡No hay más vida que la nuestra de acá! Morimos y vivimos, pero no se nos resucitará.

23:38 No es más que un hombre, que se ha inventado una mentira contra Alá. No tenemos fe en él.

23:39 Dijo: «¡Señor! ¡Auxíliame, que me desmienten!»

23:40 Dijo: «Un poco más y se arrepentirán».

23:41 El Grito les sorprendió merecidamente y les convertimos en detrito. ¡Atrás el pueblo impío!

23:42 Luego, después de ellos, suscitamos otras generaciones.

23:43 Ninguna comunidad puede adelantar ni retrasar su plazo.

23:44 Luego, mandamos a Nuestros enviados, uno tras otro. Siempre que venía un enviado a su comunidad, le desmentían. Hicimos que a unas generaciones les siguieran otras y las hicimos legendarias. ¡Atrás una gente que no cree!

23:45 Luego, enviamos Moisés y su hermano Aarón con Nuestros signos y con una autoridad manifiesta

23:46 a Faraón y a sus dignatarios, que fueron altivos. Eran gente arrogante.

23:47 Dijeron: «¿Vamos a creer a dos mortales como nosotros, mientras su pueblo nos sirve de esclavos?»

23:48 Les desmintieron y fueron hechos perecer.

23:49 Dimos a Moisés la *Escritura*. Quizás, así, fueran bien dirigidos.

23:50 Hicimos del hijo de María y de su madre un signo y les ofrecimos refugio en una colina tranquila y provista de agua viva.

23:51 «¡Enviados! ¡Comed de las cosas buenas y obrad bien! ¡Yo sé bien lo que hacéis!

23:52 Y ésta es vuestra comunidad. Es una sola comunidad. Y Yo soy vuestro Señor. ¡Temedme, pues!»

23:53 Pero se dividieron en sectas, con *Escrituras*, contento cada grupo con lo suyo.

23:54 Déjales por algún tiempo en su abismo.

23:55 ¿Creen que, al proveerles de hacienda y de hijos varones,

23:56 estamos anticipándoles las cosas buenas? No, no se dan cuenta.

23:57 Los imbuidos del miedo de su Señor,

23:58 que creen en los signos de su Señor,

23:59 que no asocian a otros dioses a su Señor,

23:60 que dan lo que dan con corazón tembloroso, a la idea de que volverán a su Señor,

23:61 ésos rivalizan en buenas obras y son los primeros en practicarlas.

23:62 No pedimos a nadie sino según sus posibilidades. Tenemos al lado una *Escritura* que dice la verdad. Y no serán tratados injustamente.

23:63 Pero sus corazones están en un abismo respecto a esto y, en lugar de aquellas obras, hacen otras.

23:64 Cuando, al fin, inflijamos un castigo a sus ricos, gemirán.

23:65 «¡No gimáis hoy, que no se os va a salvar de Nosotros!

23:66 Se os recitaban Mis aleyas y vosotros dabais media vuelta,

23:67 altivos con él, y pasabais la noche parloteando».

23:68 ¿Es que no ponderan lo que se dice para ver si han recibido lo que sus antepasados no recibieron?

23:69 ¿No han conocido, acaso, a su Enviado para que le nieguen?

23:70 ¿O dicen que es un poseso? ¡No! Ha venido a ellos con la Verdad, pero la mayoría sienten aversión a la Verdad.

23:71 Si la Verdad se hubiera conformado a sus pasiones, los cielos, la tierra y los que en ellos hay se habrían corrompido. Nosotros, en cambio, les hemos traído su Amonestación, pero ellos se apartan de su Amonestación.

23:72 ¿Les pides, acaso, una retribución? La retribución de tu Señor es mejor. Él es el Mejor de los proveedores.

23:73 Sí, tú les llamas a una vía recta,

23:74 pero quienes no creen en la otra vida se desvían, sí, de la vía.

23:75 Si nos apiadáramos de ellos y les retiráramos la desgracia que tienen, persistirían, ciegos, en su rebeldía.

23:76 Les infligimos un castigo, pero no se sometieron a su Señor y no se humillaron.

23:77 Hasta que abramos contra ellos una puerta de severo castigo y, entonces, sean presa de la desesperación.

23:78 Él es Quien ha creado para vosotros el oído, la vista y el intelecto. ¡Qué poco agradecidos sois!

23:79 Él es Quien os ha diseminado por la tierra. Y hacia Él- seréis congregados.

23:80 Él es Quien da la vida y da la muerte. Él ha hecho que se sucedan la noche y el día. ¿Es que no comprendéis?

23:81 Al contrario, dicen lo mismo que dijeron los antiguos.

23:82 Dicen: «Cuando muramos y seamos tierra y huesos, ¿se nos resucitará acaso?

23:83 Ya antes se nos había prometido esto a nosotros y a nuestros padres. No son más que patrañas de los antiguos».

23:84 Di: «¿De quién es la tierra y quien en ella hay? Si es que lo sabéis...»

23:85 Dirán: «¡De Alá!» Di: «¿Es que no os dejaréis amonestar?»

23:86 Di: «¿Quién es el Señor de los siete cielos, el Señor del Trono augusto?»

23:87 Dirán: «¡Alá!» Di: «¿Y no Le teméis?»

23:88 Di: «¿Quién tiene en Sus manos la realeza de todo, protegiendo sin que nadie pueda proteger contra Él? Si es que lo sabéis...»

23:89 Dirán: «¡Alá!» Di: «Y ¿cómo podéis estar tan sugestionados?»

23:90 Vinimos a ellos con la Verdad, pero mienten, sí.

23:91 Alá no ha adoptado un hijo, ni hay otro dios junto con Él. Si no, cada dios se habría atribuido lo que hubiera creado y unos habrían sido superiores a otros. ¡Gloria a Alá, Que está por encima de lo que cuentan!

23:92 El conocedor de lo oculto y de lo patente. ¡Está por encima de lo que Le asocian!

23:93 Di: «¡Señor! Si me mostraras aquello con que se les ha amenazado...

23:94 ¡No me pongas, Señor, con el pueblo impío!»

23:95 Nosotros somos bien capaces, ciertamente, de mostrarte aquello con que les hemos amenazado.

23:96 Repele el mal con algo que sea mejor Sabemos bien lo que cuentan.

23:97 Di: «¡Señor! Me refugio en Ti contra las sugestiones de los demonios.

23:98 Me refugio en Ti, Señor, contra su acoso».

23:99 Cuando, al fin, viene la muerte a uno de ellos, dice: «¡Señor! ¡Hazme volver!

23:100 Quizás, así, pueda hacer el bien que dejé de hacer». ¡No! No son sino meras palabras. Pero, detrás de ellos, hay una barrera hasta el día que sean resucitados.

23:101 Y, cuando se toque la trompeta, ese día, no valdrá ningún parentesco, ni se preguntarán unos a otros.

23:102 Aquéllos cuyas obras pesen mucho serán los que prosperen.

23:103 Aquéllos cuyas obras pesen poco, serán los que se hayan perdido y estarán en la gehena eternamente.

23:104 El fuego abrasará su rostro; tendrán allí los labios contraídos.

23:105 «¿No se os recitaron Mis aleyas y vosotros las desmentisteis?»

23:106 «¡Señor!», dirán, «nuestra miseria nos pudo y fuimos gente extraviada.

23:107 ¡Señor! ¡Sácanos de ella! Si reincidimos, seremos unos impíos».

23:108 Dirá: «¡Quedaos en ella y no Me habléis!»

23:109 Algunos de Mis siervos decían: «¡Señor! ¡Creemos! ¡Perdónanos, pues, y ten misericordia de nosotros! ¡Tú eres el Mejor de quienes tienen misericordia!»

23:110 Pero os burlasteis tanto de ellos que hicieron que os olvidarais de Mí. Os reíais de ellos.

23:111 Hoy les retribuyo por la paciencia que tuvieron. Ellos son los que triunfan.

23:112 Dirá: «¿Cuántos años habéis permanecido en la tierra?»

23:113 Dirán: «Hemos permanecido un día o parte de un día. ¡Interroga a los encargados de contar!»

23:114 Dirá: «No habéis permanecido sino poco tiempo. Si hubierais sabido...

23:115 ¿Os figurabais que os habíamos creado para pasar el rato y que no ibais a ser devueltos a Nosotros?»

23:116 ¡Exaltado sea Alá, el Rey verdadero! No hay más dios que Él, el Señor del Trono noble.

23:117 Quien invoque a otro dios junto con Alá, sin tener prueba de ello, tendrá que dar cuenta sólo a su Señor. Los infieles no prosperarán

23:118 Y di: «¡Señor! ¡Perdona y ten misericordia! ¡Tú eres el Mejor de quienes tienen misericordia!»

24. La Luz (Al Núr)

¡En el nombre de Alá, el Compasivo, el Misericordioso!

24:1 He aquí una sura que hemos revelado e impuesto. En ella hemos revelado aleyas claras. Quizás, así, os dejéis amonestar.

24:2 Flagelad a la fornicadora y al fornicador con cien azotes cada uno. Por respeto a la ley de Alá, no uséis de mansedumbre con ellos, si es que créeis en Alá y en el último Día. Y que un grupo de creyentes sea testigo de su castigo.

24:3 El fornicador no podrá casarse más que con una fornicadora o con una asociadora. La fornicadora no podrá casarse más que con un fornicador o con un asociador. Eso les está prohibido a los creyentes.

24:4 A quienes difamen a las mujeres honestas sin poder presentar cuatro testigos, flageladles con ochenta azotes y nunca más aceptéis su testimonio. Ésos son los perversos.

24:5 Se exceptúan aquéllos que, después, se arrepientan y se enmienden. Alá es indulgente, misericordioso.

24:6 Quienes difamen a sus propias esposas sin poder presentar a más testigos que a sí mismos, deberán testificar jurando por Alá cuatro veces que dicen la verdad,

24:7 e imprecando una quinta la maldición de Alá sobre sí si mintieran.

24:8 Pero se verá libre del castigo la mujer que atestigüe jurando por Alá cuatro veces que él miente,

24:9 e imprecando una quinta la ira de Alá sobre sí si él dijera la verdad.

24:10 Si no llega a ser por el favor de Alá y Su misericordia para con vosotros y porque Alá es indulgente, sabio...

24:11 Los mentirosos forman un grupo entre vosotros. No creáis que se resolverá en mal para vosotros, antes, al contrario, en bien. Todo aquél que peque recibirá conforme a su pecado; pero el que se cargue con más culpa tendrá un castigo terrible.

24:12 Cuando los creyentes y las creyentes lo han oído, ¿por qué no han pensado bien en sus adentros y dicho: «¡Es una mentira manifiesta!»?

24:13 ¿Por qué no han presentado cuatro testigos? Como no han presentado testigos, para Alá que mienten.

24:14 Si no llega a ser por el favor de Alá y Su misericordia para con vosotros en la vida de acá y en la otra, habríais sufrido un castigo terrible por vuestras habladurías.

24:15 Cuando las habéis recibido en vuestras lenguas, y vuestras bocas han dicho algo de que no teníais ningún conocimiento, creyendo que era cosa de poca monta, siendo así que para Alá era grave.

24:16 Cuando lo habéis oído, ¿por qué no habéis dicho: «¡No tenemos que hablar de eso! ¡Gloria a Ti! ¡Es una calumnia enorme!»?

24:17 Alá os exhorta, si sois creyentes, a que nunca reincidáis.

24:18 Alá os aclara las aleyas. Alá es omnisciente, sabio.

24:19 Quienes deseen que se extienda la torpeza entre los creyentes, tendrán un castigo doloroso en la vida de acá y en la otra. Alá sabe, mientras que vosotros no sabéis.

24:20 Si no llega a ser por el favor de Alá y Su misericordia para con vosotros y porque Alá es manso, misericordioso...

24:21 ¡Creyentes! ¡No sigáis las pisadas del Demonio! A quien sigue las pisadas del Demonio, éste le ordena lo deshonesto y lo reprobable. Si no fuera por el favor de Alá y Su misericordia para con vosotros, ninguno de vosotros sería puro jamás. Pero Alá purifica a quien Él quiere. Alá todo lo oye, todo lo sabe.

24:22 Quienes de vosotros gocen del favor y de una vida acomodada, que no juren que no darán más a los parientes, a los pobres y a los que han emigrado por Alá. Que perdonen y se muestren indulgentes. ¿Es que no queréis que Alá os perdone? Alá es indulgente, misericordioso.

24:23 Malditos sean en la vida de acá y en la otra quienes difamen a las mujeres honestas, incautas pero creyentes. Tendrán un castigo terrible

24:24 el día que sus lenguas, manos y pies atestigüen contra ellos por las obras que cometieron.

24:25 Ese día, Alá les retribuirá en su justa medida y sabrán que Alá es la Verdad manifiesta.

24:26 Las mujeres malas para los hombres malos, los hombres malos para las mujeres malas. Las mujeres buenas para los hombres buenos, los hombres buenos para las mujeres buenas. Estos son inocentes de lo que se les acusa. Obtendrán perdón y generoso sustento.

24:27 ¡Creyentes! No entréis en casa ajena sin daros a conocer y saludar a sus moradores. Es mejor para vosotros. Quizás, así, os amonestar.

24:28 Si no encontráis en ella a nadie, no entréis sin que se os dé permiso. Si se os dice que os vayáis, ¡idos! Es más correcto. Alá sabe bien lo que hacéis.

24:29 No hacéis mal si entráis en casa deshabitada que contenga algo que os pertenece. Alá sabe lo que manifestáis y lo que ocultáis.

24:30 Di a los creyentes que bajen la vista con recato y que sean castos. Es más correcto. Alá está bien informado de lo que hacen.

24:31 Y di a las creyentes que bajen la vista con recato, que sean castas y no muestren más adorno que los que están a la vista, que cubran su escote con el velo y no exhiban sus adornos sino a sus esposos, a sus padres, a sus suegros, a sus propios hijos, a sus hijastros, a sus hermanos, a sus sobrinos carnales, a sus mujeres, a sus esclavas, a sus criados varones fríos, a los niños que no saben aún de las partes femeninas. Que no batan ellas con sus pies de modo que se descubran sus adornos ocultos. ¡Volvéos todos a Alá, creyentes! Quizás, así, prosperéis.

24:32 Casad a aquéllos de vosotros que no estén casados y a vuestros esclavos y esclavas honestos. Si son pobres, Alá les enriquecerá con Su favor. Alá es inmenso, omnisciente.

24:33 Que los que no puedan casarse observen la continencia hasta que Alá les enriquezca con Su favor. Extended la escritura a los esclavos que lo deseen si reconocéis en ellos bien, y dadles de la hacienda que Alá os ha concedido. Si vuestras esclavas prefieren vivir castamente, no les obliguéis a prostituirse para procuraros los bienes de la vida de acá. Si alguien les obliga, luego de haber sido obligadas Alá se mostrará indulgente, misericordioso.

24:34 Os hemos revelado aleyas aclaratorias, un ejemplo sacado de vuestros antecesores y una exhortación para los temerosos de Alá.

24:35 Alá es la Luz de los cielos y de la tierra. Su Luz es comparable a una hornacina en la que hay un pabilo encendido. El pabilo está en un recipiente de vidrio, que es como si fuera una estrella fulgurante. Se enciende de un árbol bendito, un olivo, que no es del Oriente ni del Occidente, y cuyo aceite casi alumbra aun sin haber sido tocado por el fuego. ¡Luz sobre Luz! Alá dirige a Su Luz a quien Él quiere. Alá propone parábolas a los hombres. Alá es omnisciente.

24:36 En casas que Alá ha permitido erigir y que se mencione en ellas Su nombre. En ellas Le glorifican, mañana y tarde,

24:37 hombres a quienes ni los negocios ni el comercio les distraen del recuerdo de Alá, de hacer la azalá y de dar el azaque. Temen un día en que los corazones y las miradas sean puestos del revés.

24:38 Para que Alá les retribuya por sus mejores obras y les dé más de Su favor. Alá provee sin medida a quien Él quiere.

24:39 Las obras de los infieles son como espejismo en una llanura: el muy sediento cree que es agua, hasta que, llegado allá, no encuentra nada. Sí encontrará, en cambio, a Alá junto a sí y Él le saldará su cuenta. Alá es rápido en ajustar cuentas.

24:40 O como tinieblas en un mar profundo, cubierto de olas, unas sobre otras, con nubes por encima, tinieblas sobre tinieblas. Si se saca la mano, apenas se la distingue. No dispone de luz ninguna aquél a quien Alá se la niega.

24:41 ¿No ves que glorifican a Alá quienes están en los cielos y en la tierra, y las aves con las alas desplegadas? Cada uno sabe cómo orar y cómo glorificarle. Alá sabe bien lo que hacen.

24:42 El dominio de los cielos y de la tierra pertenece a Alá. ¡Es Alá el fin de todo!

24:43 ¿No ves que Alá empuja las nubes y las agrupa y, luego, forma nubarrones? Ves, entonces, que el chaparrón sale de ellos. Hace bajar del cielo montañas de granizo y hiere o no con él según que quiera o no quiera. El resplandor del relámpago que acompaña deja casi sin vista.

24:44 Alá hace que se sucedan la noche y el día. Sí, hay en ello motivo de reflexión para los que tienen ojos.

24:45 Alá ha creado a todos los animales de agua: de ellos unos se arrastran, otros caminan a dos patas, otros a cuatro. Alá crea lo que quiere. Alá es omnipotente.

24:46 Hemos revelado aleyas aclaratorias. Alá dirige a quien Él quiere a una vía recta.

24:47 Y dicen: «¡Creemos en Alá y en el Enviado y obedecemos!» Pero luego, después de eso, algunos de ellos vuelven la espalda. Esos tales no son creyentes.

24:48 Cuando se les llama ante Alá y su Enviado para que decida entre ellos, he aquí que algunos se van.

24:49 Cuando les asiste la razón, vienen a él sumisos.

24:50 ¡Tienen, acaso, el corazón enfermo? ¿Dudan? ¡Temen, acaso, que Alá y Su Enviado sean injustos con ellos? Antes bien, ellos son los injustos.

24:51 Cuando se llama a los creyentes ante Alá y Su Enviado para que decida entre ellos, se contentan con decir: «¡Oímos y obedecemos!» Ésos son los que prosperarán.

24:52 Quienes obedecen a Alá y a Su Enviado, tienen miedo de Alá y Le temen, ésos son los que triunfarán.

24:53 Han jurado solemnemente por Alá que si tú se lo ordenaras, sí que saldrían a campaña. Di: «¡No juréis! Una obediencia como se debe. Alá está bien informado de lo que hacéis».

24:54 Di: «¡Obedeced a Alá y obedeced al Enviado!» Si volvéis la espalda... Él es responsable de lo que se le ha encargado y vosotros de lo que se os ha encargado. Si le obedecéis, seguís la buena dirección. Al Enviado no le incumbe más que la transmisión clara.

24:55 A quienes de vosotros crean y obren bien, Alá les ha prometido que ha de hacerles sucesores en la tierra, como ya había hecho con sus antecesores. Y que ha de consolidar la religión que le plugo profesaran. Y que ha de trocar su temor en seguridad. Me servirán sin asociarme nada. Quienes, después de esto, no crean, ésos son los perversos.

24:56 ¡Haced la azalá, dad el azaque y obedeced al Enviado! Quizás, así, se os tenga piedad.

24:57 No creas, no, que los infieles puedan escapar en la tierra. Su morada será el Fuego. ¡Qué mal fin...!

24:58 ¡Creyentes! Los esclavos y los impúberes, en tres ocasiones, deben pediros permiso: antes de levantaros, cuando os quitáis la ropa al mediodía y después de acostaros. Son para vosotros tres momentos íntimos. Fuera de ellos, no hacéis mal, ni ellos tampoco, si vais de unos a otros, de acá para allá. Así os aclara Alá las aleyas. Alá es omnisciente, sabio.

24:59 Cuando vuestros niños alcancen la pubertad, deberán pedir permiso, como hicieron quienes les precedieron. Así os aclara Alá Sus aleyas. Alá es omnisciente, sabio.

24:60 Las mujeres que han alcanzado la edad crítica y no cuentan ya con casarse, no hacen mal si se quitan la ropa, siempre que no exhiban sus adornos. Pero es mejor para ellas si se abstienen. Alá todo lo oye, todo lo sabe.

24:61 El ciego, el cojo, el enfermo, vosotros mismos, no tengáis escrúpulos en comer en vuestras casas o en casa de vuestros padres o de vuestras madres, en casa de vuestros hermanos o de vuestras hermanas, en casa de vuestros tíos paternos o de vuestras tías paternas, en casa de vuestros tíos maternos o de vuestras tías maternas, en casa cuyas llaves poseéis o en casa de un amigo. No tengáis escrúpulos en comer juntos o por separado. Y, cuando entréis en una casa, saludaos unos a otros empleando una fórmula venida de Alá, bendita buena, Así os aclara Alá las aleyas. Quizás, así, comprendáis.

24:62 Los creyentes son, en verdad, quienes creen en Alá y en su Enviado. Cuando están con éste por un asunto de interés común, no se retiran sin pedirle permiso. Quienes te piden ese permiso son los que de verdad creen en Alá y en Su Enviado. Si te piden permiso por algún asunto suyo, concédeselo a quien de ellos quieras y pide a Alá que les perdone. Alá es indulgente, misericordioso.

24:63 No equiparéis entre vosotros el llamamiento del Enviado a un llamamiento que podáis dirigiros unos a otros. Alá sabe quiénes de vosotros se escabullen a escondidas. ¡Que tengan cuidado los que se hurtan a Su orden, no sea que les aflija una prueba o que les aflija un castigo doloroso!

24:64 ¿No es de Alá lo que está en los cielos y en la tierra? Él conoce vuestra situación. Y el día que sean devueltos a Él, ya les informará de lo que hicieron. Alá es omnisciente.

25. El Criterio (Al Forcán)

¡En el nombre de Alá, el Compasivo, el Misericordioso!

25:1 ¡Bendito sea Quien ha revelado el *Criterio* a Su siervo a fin de que sea monitor para todo el mundo.

25:2 Quien posee el dominio de los cielos y de la tierra, no ha adoptado un hijo ni tiene asociado en el dominio, lo ha creado todo y lo ha determinado por completo!

25:3 En lugar de tomarle a Él, han tomado a dioses que no crean nada, sino que ellos mismos son creados, que no disponen, ni siquiera para sí mismos, de lo que puede dañar o aprovechar, y no tienen poder sobre la muerte, ni sobre la vida, ni sobre la resurrección.

25:4 Dicen los infieles: «Esto no es sino una mentira, que él se ha inventado y en la que otra gente le ha ayudado». Obran impía y dolosamente.

25:5 Y dicen: «Patrañas de los antiguos que él se ha apuntado. Se las dictan mañana y tarde».

25:6 Di: «Lo ha revelado Quien conoce el secreto en los cielos y en la tierra. Es indulgente, misericordioso».

25:7 Y dicen: «¿Qué clase de Enviado es éste que se alimenta y pasea por los mercados? ¿Por qué no se le ha mandado de lo alto un ángel que sea, junto a él, monitor...?

25:8 ¿Por qué no se le ha dado un tesoro o por qué no tiene un jardín de cuyos frutos pueda comer...?» Los impíos dicen: «No seguís sino a un hombre hechizado».

25:9 ¡ Mira a qué te comparan! Se extravían y no pueden encontrar un camino.

25:10 ¡Bendito sea Quien, si quiere, puede darte algo mejor que eso: jardines por cuyos bajos fluyen arroyos, palacios!

25:11 Pero ¡no! Desmienten la Hora y hemos preparado fuego de la gehena para quienes desmienten la Hora.

25:12 Cuando les vea, lejos aún, oirán su furor y bramido.

25:13 Cuando, atados unos a otros, sean precipitados en un lugar estrecho de él, invocarán entonces la destrucción.

25:14 «¡No invoquéis hoy una sola destrucción sino muchas destrucciones!»

25:15 Di: «¿Vale más esto que el Jardín de inmortalidad que se ha prometido a los temerosos de Alá como retribución y fin último?»

25:16 Inmortales, tendrán cuanto deseen. Es una promesa que obliga a tu Señor.

25:17 El día que Él les congregue, a ellos y a los que servían en lugar de servir a Alá, dirá: «¿Sois vosotros los que habéis extraviado a estos Mis siervos o ellos solos se han extraviado del Camino?»

25:18 Dirán: «¡Gloria a Ti! No nos estaba bien que tomáramos a otros como amigos, en lugar de tomarte a Ti. Pero les permitiste gozar tanto, a ellos y a sus padres, que olvidaron la Amonestación y fueron gente perdida».

25:19 «Os desmienten lo que decís. No podréis escapar al castigo ni encontrar quien os auxilie. A quien de vosotros obre impíamente le haremos gustar un gran castigo».

25:20 Antes de ti no mandamos más que a enviados que se alimentaban y paseaban por los mercados. Hemos puesto a algunos de vosotros como prueba para los demás, a ver si tenéis paciencia. Tu Señor todo lo ve.

25:21 Los que no cuentan con encontrarnos, dicen: «¿Por qué no se nos han enviado de lo alto ángeles o por qué no vemos a nuestro Señor?» Fueron altivos en sus adentros y se insolentaron sobremanera.

25:22 El día que vean a los ángeles, no habrá, ese día, buenas nuevas para los pecadores. Dirán: «¡Límite infranqueable!»

25:23 Examinaremos sus obras y haremos de ellas polvo disperso en el aire.

25:24 Ese día los moradores del Jardín gozarán de la mejor morada y del más bello descansadero.

25:25 El día que se desgarre el nubarrón del cielo y sean enviados abajo los ángeles.

25:26 ese día, el dominio, el verdadero, será del Compasivo, y será un día difícil para los infieles.

25:27 el día que el impío se muerda las manos diciendo: «¡Ojalá hubiera seguido un mismo camino que el Enviado!

25:28 ¡Ay de mí! ¡Ojalá no hubiera tomado a fulano como amigo!

25:29 Me ha desviado de la Amonestación, después de haber venido a mí». El Demonio siempre deja colgado al hombre.

25:30 El Enviado dice: «¡Señor! ¡Mi pueblo ha cobrado aversión a este *Corán* !»

25:31 Así hemos asignado a cada profeta un enemigo de entre los pecadores. Pero tu Señor basta como guía y auxilio.

25:32 Los infieles dicen: «¿Por qué no se le ha revelado el *Corán* de una vez?» Para, así, confirmar con él tu corazón. Y lo hemos hecho recitar lenta y claramente.

25:33 No te proponen ninguna parábola que no te aportemos Nosotros el verdadero sentido y la mejor interpretación.

25:34 Aquéllos que sean congregados, boca abajo, hacia la gehena serán los que se encuentren en la situación peor y los más extraviados del Camino.

25:35 Dimos a Moisés la *Escritura* y pusimos a su hermano Aarón como ayudante suyo.

25:36 Y dijimos: «¡Id al pueblo que ha desmentido Nuestros signos!» Y los aniquilamos.

25:37 Y al pueblo de Noé. Cuando desmintió a los enviados, le anegamos e hicimos de él un signo para los hombres. Y hemos preparado un castigo doloroso para los impíos.

25:38 A los aditas, a los tamudeos, a los habitantes de ar-Rass y a muchas generaciones intermedias...

25:39 A todos les dimos ejemplos y a todos les exterminamos.

25:40 Han pasado por las ruinas de la ciudad sobre la que cayó una lluvia maléfica. Se diría que no la han visto, porque no esperan una resurrección.

25:41 Cuando te ven, no hacen sino tomarte a burla: «¿Es éste el que Alá ha mandado como enviado?

25:42 Si no llega a ser porque nos hemos mantenido fieles a nuestros dioses, nos habría casi desviado de ellos». Pero, cuando vean el castigo, sabrán quién se ha extraviado más del Camino.

25:43 ¿Qué te parece quien ha divinizado su pasión? ¿Vas a ser tú su protector?

25:44 ¿Crees que la mayoría oyen o entienden? No son sino como rebaños. No, más extraviados aún del Camino.

25:45 ¿No ves cómo hace tu Señor que se deslice la sombra? Si quisiera, podría hacerla fija. Además, hemos hecho del sol guía para ella.

25:46 Luego, la atraemos hacia Nosotros con facilidad.

25:47 Él es Quien ha hecho para vosotros de la noche vestidura, del sueño descanso, del día resurrección.

25:48 Él es Quien envía los vientos como nuncios que preceden a Su misericordia. Hacemos bajar del cielo agua pura,

25:49 para vivificar con ella un país muerto y dar de beber, entre lo que hemos creado, a la multitud de rebaños y seres humanos.

25:50 La hemos distribuido entre ellos para que se dejen amonestar, pero la mayoría de los hombres no quieren sino ser infieles.

25:51 Si hubiéramos querido, habríamos enviado a cada ciudad un monitor.

25:52 No obedezcas, pues, a los infieles y lucha esforzadamente contra ellos, por medio de él.

25:53 Él es Quien ha hecho que las dos grandes masas de agua fluyan: una, dulce, agradable; otra, salobre, amarga. Ha colocado entre ellas una barrera y límite infranqueable.

25:54 Él es quien ha creado del agua un ser humano, haciendo de él el parentesco por consanguinidad o por afinidad. Tu Señor es omnipotente.

25:55 Pero, en lugar de servir a Alá, sirven lo que no puede aprovecharles ni dañarles. El infiel es un auxiliar contra su Señor.

25:56 A ti no te hemos enviado sino como nuncio de buenas nuevas y como monitor.

25:57 Di: «No os pido a cambio ningún salario. Sólo que, quien quiera, ¡que emprenda camino hacia su Señor!»

25:58 Y ¡confía en el Viviente, Que no muere! ¡Celebra Sus alabanzas! El está suficientemente informado de los pecados de Sus siervos.

25:59 Él es Quien ha creado en seis días los cielos, la tierra y lo que entre ellos hay. Luego, se ha instalado en el Trono. El Compasivo. ¡Interroga a quien esté bien informado de Él!

25:60 Cuando se les dice: «¡Prosternaos ante el Compasivo!», dicen: «Y ¿qué es 'el Compasivo'? ¿Vamos a prosternarnos sólo porque tú lo ordenes?» Y esto acrecienta su repulsa.

25:61 ¡Bendito sea Quien ha puesto constelaciones en el cielo y entre ellas un luminar y una luna luminosa!

25:62 Él es Quien ha dispuesto que se sucedan la noche y el día para quien quiera dejarse amonestar o quiera dar gracias.

25:63 Los siervos del Compasivo son los que van por la tierra humildemente y que, cuando los ignorantes les dirigen la palabra, dicen: «¡Paz!»

25:64 Pasan la noche ante su Señor, postrados o de pie.

25:65 Dicen: «¡Señor! ¡Aleja de nosotros el castigo de la gehena!» Su castigo es perpetuo.

25:66 Sí es mala como morada y residencia.

25:67 Cuando gastan, no lo hacen con prodigalidad ni con tacañería, -el término medio es lo justo-.

25:68 No invocan a otro dios junto con Alá, no matan a nadie que Alá haya prohibido, si no es con justo motivo, no fornican. Quien comete tal, incurre en castigo.

25:69 El día de la Resurrección se le doblará el castigo y lo sufrirá eternamente humillado.

25:70 No así quien se arrepienta, crea y haga buenas obras. A éstos Alá les cambiará sus malas obras en buenas. Alá es indulgente, misericordioso.

25:71 Quien se arrepienta y obre bien dará muestras de un arrepentimiento sincero.

25:72 No prestan falso testimonio y, cuando pasan y oyen vaniloquio, prosiguen la marcha dígnamente.

25:73 Cuando se les amonesta con los signos de su Señor, no caen al suelo ante ellos, sordos y ciegos.

25:74 Dicen: «¡Señor! ¡Haznos el regalo de que nuestras esposas y descendencia sean nuestra alegría, haz que seamos modelo para los temerosos de Alá!»

25:75 Éstos serán retribuidos con una cámara alta porque tuvieron paciencia. Se les acogerá allí con palabras de salutación y de paz.

25:76 Eternos allí... ¡Qué bello lugar como morada y como residencia!

25:77 Di: «Mi Señor no se cuidaría de vosotros si no Le invocarais. Pero habéis desmentido y es ineludible».

26. Los Poetas (Ach Chóara)

¡En el nombre de Alá, el Compasivo, el Misericordioso!

26:1 *ţṣm.*

26:2 Éstas son las aleyas de la *Escritura* sabia.

26:3 Tú, quizá, te consumes de pena porque no creen.

26:4 Si quisiéramos, haríamos bajar del cielo sobre ellos un signo y doblarían ante él la cerviz.

26:5 No les llega una nueva amonestación del Compasivo que no se aparten de ella.

26:6 Han desmentido, pero recibirán noticias de aquello de que se burlaban.

26:7 ¿No han visto cuánta especie generosa de toda clase hemos hecho crecer en la tierra?

26:8 Ciertamente, hay en ello un signo, pero la mayoría no creen.

26:9 En verdad, tu Señor es el Poderoso, el Misericordioso.

26:10 Y cuando tu Señor llamó a Moisés: «Ve al pueblo impío,

26:11 al pueblo de Faraón. ¿No van a temerme?»

26:12 Dijo: «¡Señor! Temo que me desmientan.

26:13 Me angustio, se me traba la lengua. ¡Envía por Aarón!

26:14 Me acusan de un crimen y temo que me maten».

26:15 Dijo: «¡No! ¡Id los dos con Nuestros signos! Estamos con vosotros, escuchamos.

26:16 Id a Faraón y decid: '¡Nos ha enviado el Señor del universo:

26:17 ¡Deja marchar con nosotros a los Hijos de Israel!'»

26:18 Dijo: «¿No te hemos educado, cuando eras niño, entre nosotros? ¿No has vivido durante años de tu vida entre nosotros?

26:19 Desagradecido, hiciste lo que hiciste»

26:20 Dijo: «Lo hice cuando estaba extraviado.

26:21 Tuve miedo de vosotros y me escapé. Mi Señor me ha regalado juicio y ha hecho de mí uno de los enviados.

26:22 ¿Es ésta una gracia que me echas en cara, tú que has esclavizado a los Hijos de Israel?»

26:23 Faraón dijo: «Y ¿qué es 'el Señor del universo'?»

26:24 Dijo: «Es el Señor de los cielos, de la tierra y de lo que entre ellos está. Si estuvierais convencidos...»

26:25 Dijo a los circunstantes: «¡Habéis oído?»

26:26 Dijo. «Es vuestro Señor y Señor de vuestros antepasados...»

26:27 Dijo: «¡El enviado que se os ha mandado es; ciertamente, un poseso!»

26:28 Dijo: «...el Señor del Oriente y del Occidente y de lo que entre ellos está. Si razonarais...»

26:29 Dijo: «¡Si tomas por dios a otro diferente de mí, he de enviarte a la cárcel!»

26:30 Dijo: «¿Y si te trajera algo claro?»

26:31 Dijo: «¡Tráelo, si es verdad lo que dices!»

26:32 Moisés tiró su vara y he aquí que ésta se convirtió en una auténtica serpiente.

26:33 Sacó su mano y he aquí que apareció blanca a los ojos de los presentes.

26:34 Dijo a los dignatarios que le rodeaban: «Sí, éste es un mago muy entendido,

26:35 que quiere expulsaros de vuestra tierra con su magia. ¿Qué ordenáis?»

26:36 Dijeron: «Dales largas, a él y a su hermano, y envía a las ciudades a agentes que convoquen,

26:37 que te traigan a los magos más entendidos, a todos».

26:38 Los magos fueron convocados para una determinada hora del día convenido

26:39 y se dijo a la gente: «¿No queréis asistir?

26:40 Quizás, así, sigamos a los magos, si son ellos los que ganan»

26:41 Cuando llegaron los magos dijeron a Faraón: «Si ganamos, recibiremos una recompensa, ¿no?»

26:42 Dijo: «¡Sí! Y seréis entonces, ciertamente, de mis allegados».

26:43 Moisés les dijo: «¡Tirad lo que vayáis a tirar!»

26:44 Y tiraron sus cuerdas y varas, y dijeron: «¡Por el poder de Faraón, que venceremos!»

26:45 Moisés tiró su vara y he aquí que ésta engulló sus mentiras.

26:46 Y los magos cayeron prosternados.

26:47 Dijeron: «¡Creemos en el Señor del universo,

26:48 el Señor de Moisés y de Aarón!»

26:49 Dijo: «¡Le habéis creído antes de que yo os autorizara a ello! ¡Es vuestro maestro, que os ha enseñado la magia! ¡Vais a ver! ¡He de haceros amputar las manos y los pies opuestos! ¡Y he de haceros crucificar a todos!»

26:50 Dijeron: «¡No importa! ¡Nos volvemos a nuestro Señor!

26:51 Anhelamos que nuestro Señor nos perdone nuestros pecados, ya que hemos sido los primeros en creer».

26:52 E inspiramos a Moisés: «¡Parte de noche con Mis siervos! ¡Seréis perseguidos!»

26:53 Faraón envió a las ciudades a agentes que convocaran:

26:54 «Son una banda insignificante

26:55 y, ciertamente, nos han irritado.

26:56 Nosotros, en cambio, somos todo un ejército y estamos bien prevenidos».

26:57 Les expulsamos de sus jardines y fuentes,

26:58 de sus tesoros y suntuosas residencias.

26:59 Así fue, y se lo dimos en herencia a los Hijos de Israel.

26:60 A la salida del sol, les persiguieron.

26:61 Cuando los dos grupos se divisaron, dijeron los compañeros de Moisés: «¡Nos ha alcanzado!»

26:62 Dijo: «¡No! ¡Mi Señor está conmigo, el me dirigirá!»

26:63 E inspiramos a Moisés: «¡Golpea el mar con tu vara!» El mar, entonces, se partió y cada parte era como una imponente montaña.

26:64 Hicimos que los otros se acercaran allá,

26:65 y salvamos a Moisés y a todos los que con él estaban.

26:66 Luego, anegamos a los otros.

26:67 Ciertamente, hay en ello un signo, pero la mayoría no creen.

26:68 ¡Sí, tu Señor es el Poderoso, el Misericordioso!

26:69 ¡Cuéntales la historia de Abraham!

26:70 Cuando dijo a su padre y a su pueblo: «¿Qué servís?»

26:71 Dijeron: «Servimos a ídolos y continuaremos entregándonos a su culto».

26:72 Dijo: «Y ¿os escuchan cuando les invocáis?

26:73 ¿Pueden aprovecharos o haceros daño?»

26:74 Dijeron: «¡No, pero encontramos que nuestros antepasados hacían lo mismo!»

26:75 Dijo: «¿Y habéis visto lo que servíais,

26:76 vosotros y vuestros lejanos antepasados?

26:77 Son mis enemigos, a diferencia del Señor del universo.

26:78 Que me ha creado y me dirige,

26:79 me da de comer y de beber,

26:80 me cura cuando enfermo,

26:81 me hará morir y, luego, me volverá a la vida,

26:82 de Quien anhelo el perdón de mis faltas el día del Juicio.

26:83 ¡Señor! ¡Regálame juicio y reúneme con los justos!

26:84 ¡Haz que tenga una buena reputación en mi posteridad!

26:85 ¡Cuéntame entre los herederos del Jardín de la Delicia!

26:86 ¡Perdona a mi padre, estaba extraviado!

26:87 No me avergüences el día de la Resurrección,

26:88 el día que no aprovechen hacienda ni hijos varones,

26:89 excepto a quien vaya a Alá con corazón sano».

26:90 El Jardín será acercado a quienes hayan temido a Alá

26:91 y el fuego de la gehena aparecerá ante los descarriados.

26:92 Se les dirá: «¿Dónde está lo que servíais

26:93 en lugar de servir a Alá? ¿Pueden auxiliaros o auxiliarse a sí mismos?»

26:94 Ellos y los descarriados serán precipitados en él,

26:95 así como las huestes de Iblis, todas.

26:96 Ya en él dirán mientras disputan:

26:97 «¡Por Alá, que estábamos, sí, evidentemente extraviados

26:98 cuando os equiparábamos al Señor del universo!

26:99 Nadie sino los pecadores nos extraviaron

26:100 y, ahora, no tenemos a nadie que interceda,

26:101 a ningún amigo ferviente.

26:102 Si pudiéramos volver para ser creyentes...»

26:103 Ciertamente, hay en ello un signo, pero la mayoría no creen.

26:104 Tu Señor es, ciertamente, el Poderoso, el Misericordioso.

26:105 El pueblo de Noé desmintió a los enviados.

26:106 Cuando su hermano Noé les dijo: «¿Es que no vais a temer a Alá?

26:107 Tenéis en mí a un enviado digno de confianza.

26:108 ¡Temed, pues, a Alá y obedecedme!

26:109 No os pido por ello ningún salario. Mi salario no incumbe sino al Señor del universo.

26:110 ¡Temed, pues, a Alá y obedecedme!»

26:111 Dijeron: «¿Vamos a creerte a ti, siendo así que son los más viles los que te siguen?»

26:112 Dijo: «¿Y qué sé yo de sus obras?

26:113 Sólo a mi Señor tienen que dar cuenta. Si os dierais cuenta...

26:114 ¡No voy yo a rechazar a los creyentes!

26:115 ¡Yo no soy más que un monitor que habla claro!»

26:116 Dijeron: «¡Noé! Si no paras, ¡hemos de lapidarte!»

26:117 Dijo: «¡Señor! Mi pueblo me desmiente.

26:118 ¡Falla, pues, entre yo y ellos, y sálvame, junto con los creyentes que están conmigo!»

26:119 Les salvamos, pues, a él y a quienes estaban con él en la nave abarrotada.

26:120 Luego, después, anegamos al resto.

26:121 Ciertamente, hay en ello un signo, pero la mayoría no creen.

26:122 En verdad, tu Señor es el Poderoso. el Misericordioso.

26:123 Los aditas desmintieron a los enviados.

26:124 Cuando su hermano Hud les dijo: «¿Es que no vais a temer a Alá?

26:125 Tenéis en mí a un enviado digno de confianza.

26:126 ¡Temed, pues, a Alá y obedecedme!

26:127 No os pido por ello ningún salario. Mi salario no incumbe sino al Señor del universo.

26:128 ¡Construís en cada colina un monumento para divertiros

26:129 y hacéis construcciones esperando, quizá, ser inmortales?

26:130 Cuando usáis de violencia lo hacéis sin piedad.

26:131 ¡Temed, pues, a Alá y obedecedme!

26:132 ¡Temed a Quien os ha proveído de lo que sabéis:

26:133 de rebaños e hijos varones,

26:134 de jardines y fuentes!

26:135 ¡Temo por vosotros el castigo de un día terrible!»

26:136 Dijeron: «¡Nos da lo mismo que nos amonestes o no!

26:137 No hacemos sino lo que acostumbraban a hacer los antiguos.

26:138 ¡No se nos castigará!»

26:139 Le desmintieron y les aniquilamos. Ciertamente, hay en ello un signo, pero la mayoría no creen.

26:140 En verdad, tu Señor es el Poderoso, el Misericordioso.

26:141 Los tamudeos desmintieron a los enviados.

26:142 Cuando su hermano Salih les dijo: «¿Es que no vais a temer a Alá?

26:143 Tenéis en mí a un enviado digno de confianza.

26:144 ¡Temed, pues, a Alá y obedecedme!

26:145 No os pido por ello ningún salario. Mi salario no incumbe sino al Señor del universo.

26:146 ¿Se os va a dejar en seguridad con lo que aquí abajo tenéis,

26:147 entre jardines y fuentes,

26:148 entre campos cultivados y esbeltas palmeras,

26:149 y continuaréis excavando, hábilmente, casas en las montañas?

26:150 ¡Temed, pues, a Alá y obedecedme!

26:151 ¡No obedezcáis las órdenes de los inmoderados,

26:152 que corrompen en la tierra y no la reforman!»

26:153 Dijeron: «¡Eres sólo un hechizado!

26:154 ¡No eres sino un mortal como nosotros! ¡Trae un signo, si es verdad lo que dices!»

26:155 Dijo: «He aquí una camella. Un día le tocará beber a ella y otro día a vosotros.

26:156 ¡No le hagáis mal! ¡Si no, os sorprenderá el castigo de un día terrible!»

26:157 Pero ellos la desjarretaron... y se arrepintieron.

26:158 Y les sorprendió el Castigo. Ciertamente, hay en ello un signo, pero la mayoría no creen.

26:159 ¡En verdad, tu Señor es el Poderoso, el Misericordioso!

26:160 El pueblo de Lot desmintió a los enviados.

26:161 Cuando su hermano Lot les dijo: «¿Es que no vais a temer a Alá?

26:162 Tenéis en mí a un enviado digno de confianza.

26:163 ¡Temed, pues, a Alá y obedecedme!

26:164 No os pido por ello ningún salario. Mi salario no incumbe sino al Señor del universo.

26:165 ¿Os llegáis a los varones, de las criaturas,

26:166 y descuidáis a vuestras esposas, que vuestro Señor ha creado para vosotros? Sí, sois gente que viola la ley».

26:167 Dijeron: «Si no paras, Lot, serás, ciertamente, expulsado».

26:168 Dijo: «Detesto vuestra conducta.

26:169 ¡Señor! ¡Sálvanos, a mí y a mi familia, de lo que hacen!»

26:170 Y les salvamos, a él y a su familia, a todos,

26:171 salvo a una vieja entre los que se rezagaron.

26:172 Luego, aniquilamos a los demás.

26:173 E hicimos llover sobre ellos una lluvia. ¡Lluvia fatal para los que habían sido advertidos!

26:174 Ciertamente, hay en ello un signo, pero la mayoría no creen.

26:175 ¡En verdad tu Señor es el Poderoso, el Misericordioso!

26:176 Los habitantes de la Espesura desmintieron a los enviados.

26:177 Cuando Suayb les dijo: «¡Es que no vais a temer a Alá?

26:178 Tenéis en mí a un enviado digno de confianza.

26:179 ¡Temed, pues, a Alá y obedecedme!

26:180 No os pido por ello ningún salario. Mi salario no incumbe sino al Señor del universo.

26:181 ¡Dad la medida justa, no hagáis trampa!

26:182 ¡Pesad con una balanza exacta!

26:183 ¡No dañeis a nadie en sus cosas y no obréis mal en la tierra corrompiendo!

26:184 ¡Temed a Quien os ha creado, a vosotros y a las generaciones antiguas!»

26:185 Dijeron: «Eres sólo un hechizado.

26:186 No eres sino un mortal como nosotros. Creemos que mientes.

26:187 Si es verdad lo que dices, ¡haz que caiga sobre nosotros parte del cielo!»

26:188 Dijo: «Mi Señor sabe bien lo que hacéis».

26:189 Le desmintieron. Y el castigo del día de la Sombra les sorprendió: fue el castigo de un día terrible.

26:190 Ciertamente, hay en ello un signo, pero la mayoría no creen.

26:191 ¡En verdad, tu Señor es el Poderoso, el Misericordioso!

26:192 Es, en verdad, la Revelación del Señor del universo.

26:193 El Espíritu digno de confianza lo ha bajado

26:194 a tu corazón, para que seas uno que advierte.

26:195 En lengua árabe clara,

26:196 y estaba, ciertamente, en las *Escrituras* de los antiguos.

26:197 ¿No es para ellos un signo que los doctores de los Hijos de Israel lo conozcan?

26:198 Si lo hubiéramos revelado a uno no árabe

26:199 y éste se lo hubiera recitado, no habrían creído en él.

26:200 Así se lo hemos insinuado a los pecadores,

26:201 pero no creerán en él hasta que vean el castigo doloroso,

26:202 que les vendrá de repente, sin presentirlo.

26:203 Entonces, dirán: «¿Se nos diferirá?»

26:204 ¿Quieren, entonces, adelantar Nuestro castigo?

26:205 Y ¿qué te parece? Si les dejáramos gozar durante años

26:206 y, luego, se cumpliera en ellos la amenaza,

26:207 no les serviría de nada el haber disfrutado tanto.

26:208 No hemos destruido nunca una ciudad sin haberle enviado antes quienes advirtieran,

26:209 como amonestación. No somos injustos.

26:210 No son los demonios quienes lo han bajado:

26:211 ni les estaba bien, ni podían hacerlo.

26:212 Están, en verdad, lejos de oírlo.

26:213 No invoques a otros dioses junto con Alá si no, serás castigado.

26:214 Advierte a los miembros más allegados de tu tribu.

26:215 Sé benévolo con los creyentes que te siguen.

26:216 Si te desobedecen, di: «Soy inocente de lo que hacéis».

26:217 Confía en el Poderoso, el Misericordioso,

26:218 Que te ve cuando estás de pie

26:219 y ve las posturas que adoptas entre los que se prosternan.

26:220 Él es Quien todo lo oye, Quien todo lo sabe.

26:221 ¿Tengo que informaros de sobre quién descienden los demonios?

26:222 Descienden sobre todo mentiroso pecador.

26:223 Aguzan el oído... Y la mayoría mienten.

26:224 En cuanto a los poetas, les siguen los descarriados.

26:225 ¿No has visto que van errando por todos los valles

26:226 y que dicen lo que no hacen?

26:227 No son así los que creen, obran bien, recuerdan mucho a Alá y se defienden cuando son tratados injustamente. ¡Los impíos verán pronto la suerte que les espera!

27. Las Hormigas (An Naml)

¡En el nombre de Alá, el Compasivo, el Misericordioso!

27:1 *ts.* Éstas son las aleyas del *Corán* y de una *Escritura* clara,

27:2 dirección y buena nueva para los creyentes,

27:3 que hacen la azalá, dan el azaque y están convencidos de la otra vida.

27:4 Hemos engalanado a sus propios ojos las acciones de los que no creen en la otra vida. Yerran ciegos.

27:5 Esos tales son los que sufrirán el castigo peor y los que perderán más en la otra vida.

27:6 En verdad tú recibes el *Corán* de Uno que es sabio, omnisciente.

27:7 Cuando Moisés dijo a su familia: «Distingo un fuego. Voy a informaros de qué se trata u os traeré un tizón ardiente. Quizás, así, podáis calentaros».

27:8 Al llegar a él, le llamaron: «¡Bendito sea Quien está en el fuego y quien está en torno a él! ¡Gloria a Alá, Señor del universo!

27:9 ¡Moisés! ¡Yo soy Alá, el Poderoso, el Sabio!»

27:10 Y: «¡Tira tu vara!» Y cuando vio que se movía como si fuera una serpiente, dio media vuelta para escapar, sin volverse. «¡Moisés! ¡No tengas miedo! Ante Mí, los enviados no temen.

27:11 Sí, en cambio, quien haya obrado impíamente; pero, si sustituye su mala acción por una buena... Yo soy indulgente, misericordioso.

27:12 Introduce la mano por la escotadura de tu túnica y saldrá blanca, sana. Esto formará parte de los nueve signos destinados a Faraón y su pueblo. Son gente perversa».

27:13 Cuando Nuestros signos vinieron a ellos para abrirles los ojos, dijeron: «¡Esto es manifiesta magia!»

27:14 Y los negaron injusta y altivamente, a pesar de estar convencidos de ellos. ¡Y mira cómo terminaron los corruptores!

27:15 Dimos ciencia a David y a Salomón. Y dijeron: «¡Alabado sea Alá, que nos ha preferido a muchos de Sus siervos creyentes!»

27:16 Salomón heredó a David y dijo: «¡Hombres! Se nos ha enseñado el lenguaje de los pájaros y se nos ha dado de todo. ¡ Es un favor manifiesto!»

27:17 Las tropas de Salomón, compuestas de genios, de hombres y pájaros, fueron agrupadas ante él y formadas.

27:18 Hasta que, llegados al Valle de las Hormigas, una hormiga dijo: «¡Hormigas! ¡Entrad en vuestras viviendas, no sea que Salomón y sus tropas os aplasten sin darse cuenta!»

27:19 Sonrió al oír lo que ella decía y dijo: «¡Señor! ¡Permíteme que Te agradezca la gracia que nos has dispensado, a mí y a mis padres! ¡Haz que haga obras buenas que Te plazcan! ¡Haz que entre a formar parte, por Tu misericordia, de Tus siervos justos!»

27:20 Pasó revista a los pájaros y dijo: «¿Cómo es que no veo a la abubilla? ¿O es que está ausente?

27:21 He de castigarla severamente o degollarla, a menos que me presente, sin falta, una excusa satisfactoria».

27:22 No tardó en regresar y dijo: «Sé algo que tú no sabes, y te traigo de los saba una noticia segura.

27:23 He encontrado que reina sobre ellos una mujer, a quien se ha dado de todo y que posee un trono augusto.

27:24 He encontrado que ella y su pueblo se postran ante el sol, no ante Alá. El Demonio les ha engalanado sus obras y, habiéndoles apartado del camino, no siguen la buena dirección,

27:25 de modo que no se prosternan ante Alá, Que pone de manifiesto lo que está escondido en los cielos y en la tierra, y sabe lo que ocultáis y lo que manifestáis.

27:26 Alá, fuera del Cual no hay otro dios, es el Señor del Trono augusto».

27:27 Dijo él: «Vamos a ver si dices verdad o mientes.

27:28 Lleva este escrito mío y échaselo. Luego, mantente aparte y mira qué responden».

27:29 Dijo ella: «¡Dignatarios! Me han echado un escrito respetable.

27:30 Es de Salomón y dice: '¡En el nombre de Alá el Compasivo el Misericordioso!

27:31 ¡No os mostréis altivos conmigo y venid a mí sumisos!'»

27:32 Dijo ella: «¡Dignatarios! ¡Aconsejadme en mi asunto! No voy a decidir nada sin que seáis vosotros testigos».

27:33 Dijeron: «Poseemos fuerza y poseemos gran valor, pero a ti te toca ordenar. ¡Mira, pues, qué ordenas!»

27:34 Dijo ella: «Los reyes, cuando entran en una ciudad, la arruinan y reducen a la miseria a sus habitantes más poderosos. Así es como hacen.

27:35 Yo, en cambio, voy a enviarles un regalo y ver con qué regresan los enviados».

27:36 Cuando llegó a Salomón. dijo: «¿Queréis colmarme de hacienda? Lo que Alá me ha dado vale más que lo que él os ha dado. No, sino que sois vosotros quienes están contentos con vuestros regalos.

27:37 ¡Regresa a los tuyos! Hemos de marchar contra ellos con tropas a las que no podrán contener y hemos de expulsarles de su ciudad, abatidos y humillados».

27:38 Dijo él: «¡Dignatarios! ¿Quién de vosotros me traerá su trono antes de que vengan a mí sumisos?»

27:39 Uno de los genios, un *ifrit*, dijo: «Yo te lo traeré antes de que hayas tenido tiempo de levantarte de tu asiento. Soy capaz de hacerlo, digno de confianza».

27:40 El que tenía ciencia de la *Escritura* dijo: «Yo te lo traeré en un abrir y cerrar de ojos». Cuando lo vio puesto junto a sí, dijo: «éste es un favor de mi Señor para probarme si soy o no agradecido. Quien es agradecido, lo es en realidad, en provecho propio. Y quien es desagradecido... Mi Señor Se basta a Sí mismo, es generoso».

27:41 Dijo: «¡Desfiguradle su trono y veremos si sigue la buena dirección o no!»

27:42 Cuando ella llegó, se dijo: «¿Es así su trono?» Dijo ella: «Parece que sí». «Hemos recibido la ciencia antes que ella. Nos habíamos sometido.

27:43 Pero lo que ella servía, en lugar de servir a Alá, la ha apartado. Pertenecía a un pueblo infiel».

27:44 Se le dijo: «¡Entra en el palacio!» Cuando ella lo vio, creyó que era un estanque de agua y se descubrió las piernas. Dijo él: «Es un palacio pavimentado de cristal». Dijo ella: «¡Señor! He sido injusta conmigo misma, pero, como Salomón, me someto a Alá, Señor del universo».

27:45 Y a los tamudeos les enviamos su hermano Salih: «¡Servid a Alá!» Y he aquí que se escindieron en dos grupos, que se querellaron.

27:46 Dijo: «¡Pueblo! ¿Por qué precipitáis el mal antes que el bien? ¿Por qué no pedís perdón a Alá? Quizás, así, se os tenga piedad».

27:47 Dijeron: «Os tenemos, a ti y a los que te siguen, por aves de mal agüero». Dijo: «Vuestro augurio está en manos de Alá. Sí, sois gente sujeta a prueba».

27:48 En la ciudad había un grupo de nueve hombres, que corrompían en la tierra y no la reformaban.

27:49 Dijeron: «¡Juramentémonos ante Alá que hemos de atacarles de noche, a él y a su familia! Luego, diremos a su pariente próximo que no presenciamos el asesinato de su familia y que decimos la verdad».

27:50 Urdieron una intriga sin sospechar que Nosotros urdíamos otra.

27:51 Y ¡mira cómo terminó su intriga! Les aniquilamos a ellos y a su pueblo, a todos.

27:52 Ahí están sus casas en ruinas, en castigo de su impiedad. Ciertamente, hay en ello un signo para gente que sabe.

27:53 Salvamos, en cambio, a los que creían y temían a Alá.

27:54 Y a Lot. Cuando dijo a su pueblo: «¿Cometéis deshonestidad a sabiendas?

27:55 ¿Os llegáis a los hombres, por concupiscencia, en lugar de llegaros a las mujeres? Sí, sois gente ignorante».

27:56 Lo único que respondió su pueblo fue: «¡Expulsad de la ciudad a la familia de Lot! Son gente que se las dan de puros».

27:57 Les preservamos del castigo, a él y a su familia, salvo a su mujer. Determinamos que fuera de los que se rezagaran.

27:58 E hicimos llover sobre ellos una lluvia. ¡Lluvia fatal para los que habían sido advertidos...!

27:59 Di: «¡Alabado sea Alá! ¡Paz sobre Sus siervos, que Él ha elegido! ¿Quién es mejor: Alá o lo que Le asocian?»

27:60 ¡ Quién, si no, ha creado los cielos y la tierra y hecho bajar para vosotros agua del cielo, mediante la cual hacemos crecer primorosos jardines allí donde vosotros no podríais hacer crecer árboles? ¿Hay un dios junto con Alá? Pero es gente que equipara.

27:61 ¿Quién, si no, ha estabilizado la tierra, colocado por ella ríos, fijado montañas y puesto una barrera entre las dos grandes masas de agua? ¿Hay un dios junto con Alá? Pero la mayoría no saben.

27:62 ¿Quién, si no, escucha la invocación del necesitado, quita el mal y hace de vosotros sucesores en la tierra? ¿Hay un dios junto con Alá? ¡Qué poco os dejáis amonestar!

27:63 ¿Quién, si no, os guía por entre las tinieblas de la tierra y del mar, quién envía los vientos como nuncios que preceden a Su misericordia? ¿Hay un dios junto con Alá? ¡Alá está por encima de lo que Le asocian!

27:64 ¿Quién, si no, inicia la creación y luego la repite? ¿Quién os sustenta de los bienes del cielo y de la tierra? ¿ Hay un dios junto con Alá? Di: «¡Aportad vuestra prueba, si es verdad lo que decís!»

27:65 Di: «Nadie en los cielos ni en la tierra conoce lo oculto, fuera de Alá. Y no presienten cuándo van a ser resucitados.

27:66 Al contrario, su ciencia no alcanza la otra vida. Dudan de ella, más aún, están ciegos en cuanto a ella se refiere».

27:67 Los infieles dicen: «Cuando nosotros y nuestros padres seamos tierra, ¿se nos sacará?

27:68 ¡Esto es lo que antes se nos prometió, a nosotros y a nuestros padres! ¡No son más que patrañas de los antiguos!»

27:69 Di: «¡Id por la tierra y mirad cómo terminaron los pecadores!»

27:70 ¡No estés triste por ellos ni te angusties por sus intrigas!

27:71 Dicen: «¡Cuándo se cumplirá esta amenaza, si es verdad lo que decís?»

27:72 Di: «Quizás algo de aquello cuya venida queréis apresurar esté ya pisándoos los talones».

27:73 Sí, tu Señor dispensa Su favor a los hombres, pero la mayoría no agradecen.

27:74 En verdad, tu Señor conoce lo que ocultan sus pechos y lo que manifiestan.

27:75 No hay nada escondido en el cielo ni en la tierra que no esté en una *Escritura* clara.

27:76 Este *Corán* cuenta a los Hijos de Israel la mayor parte de aquello en que discrepan.

27:77 Es, sí, dirección y misericordia para los creyentes.

27:78 Tu Señor decidirá entre ellos con Su fallo. Es el Poderoso, el Omnisciente.

27:79 ¡Confía en Alá! Posees la verdad manifiesta.

27:80 Tú no puedes hacer que los muertos oigan, ni que los sordos oigan el llamamiento si vuelven la espalda.

27:81 Ni puedes dirigir a los ciegos, sacándolos de su extravío. Tú no puedes hacer que oigan sino quienes creen en Nuestros signos y están sometidos a Nosotros.

27:82 Cuando se pronuncie contra ellos la sentencia, les sacaremos de la tierra una bestia que proclamará ante ellos que los hombres no estaban convencidos de Nuestros signos.

27:83 El día que, de cada comunidad, congreguemos a una muchedumbre de los que desmentían Nuestros signos, serán divididos en grupos.

27:84 Hasta que, cuando vengan, diga: «¿Habéis desmentido Mis signos sin haberlos abarcado en vuestra ciencia? ¿Qué habéis hecho si no?»

27:85 Se pronunciará contra ellos la sentencia por haber obrado impíamente y no tendrán qué decir.

27:86 ¿No ven que hemos establecido la noche para que descansen y el día para que puedan ver claro? Ciertamente, hay en ello signos para gente que cree.

27:87 El día que se toque la trompeta, se aterrorizarán quienes estén en los cielos y en la tierra, salvo aquéllos que Alá quiera. Todos vendrán a Él humildes.

27:88 Verás pasar las montañas, que tú creías inmóviles, como pasan las nubes: obra de Alá, Que todo lo hace perfecto. Él está bien informado de lo que hacéis.

27:89 Quienes presenten una obra buena obtendrán una recompensa mejor aún y se verán, ese día, libres de terror,

27:90 mientras que quienes presenten una obra mala serán precipitados de cabeza en el Fuego: «¿Se os retribuye por algo que no hayáis cometido?»

27:91 «He recibido sólo la orden de servir al Señor de esta ciudad, que Él ha declarado sagrada. ¡Todo Le pertenece! He recibido la orden de ser de los sometidos a Él,

27:92 y de recitar el *Corán*. Quien sigue la vía recta la sigue, en realidad, en provecho propio. Pero quien se extravía... Di: «Yo no soy sino uno que advierte».

27:93 Di también: «¡Alabado sea Alá! él os mostrará Sus signos y vosotros los reconoceréis. Tu Señor está atento a lo que hacéis».

28. El Relato (Al Casas)

¡En el nombre de Alá, el Compasivo, el Misericordioso!

28:1 *tsm.*

28:2 éstas son las aleyas de la *Escritura* clara.

28:3 Te recitamos la historia de Moisés y de Faraón, conforme a la verdad, para gente que cree.

28:4 Faraón se condujo altivamente en el país y dividió a sus habitantes en clanes. Debilitaba a un grupo de ellos, degollando a sus hijos varones y dejando con vida a sus mujeres. Era de los corruptores.

28:5 Quisimos agraciar a los que habían sido humillados en el país y hacer de ellos jefes, hacer de ellos herederos,

28:6 darles poderío en el país y servirnos de ellos para hacer que Faraón. Hamán y sus ejércitos experimentaran lo que ya recelaban.

28:7 Inspiramos a la madre de Moisés: «Dale de mamar y, en caso de peligro, ponlo en el río! ¡No temas por él, no estés triste! Te lo devolveremos y haremos de él un enviado».

28:8 Lo recogió la familia de Faraón, para terminar siendo para ellos enemigo y causa de tristeza. Faraón, Hamán y sus ejércitos eran pecadores.

28:9 La mujer de Faraón dijo: «Mi alegría y la tuya. ¡No le mates! Quizá nos sea útil o le adoptemos como hijo». No presentían...

28:10 La madre de Moisés quedó desolada y estuvo a punto de revelar lo ocurrido, si no llega a ser porque fortalecimos su corazón para que tuviera fe.

28:11 Dijo a su hermana: «¡Síguele!» Y le observaba de lejos, a hurtadillas.

28:12 Antes, le habíamos vedado los pechos. Dijo ella: «¿Queréis que os indique una familia que os lo cuide y eduque?»

28:13 Así, lo devolvimos a su madre, para, que se alegrara y no estuviera triste, para que supiera que lo que Alá promete es verdad. Pero la mayoría no saben.

28:14 Cuando alcanzó la madurez y completó su crecimiento, le dimos juicio y ciencia: así retribuimos a quienes hacen el bien.

28:15 Sin que se enteraran sus habitantes, entró en la ciudad y encontró a dos hombres que peleaban, uno de su propio clan y otro del clan adverso. El de su clan le pidió auxilio contra el del otro. Moisés dio a éste un puñetazo y le mató. Dijo: «Esto es obra del Demonio, que es un enemigo, extra viador declarado».

28:16 Dijo: «¡Señor! He sido injusto conmigo mismo. ¡Perdóname!» Y le perdonó. Él es el Indulgente, el Misericordioso.

28:17 Dijo: «¡Señor! Por las gracias que me has dispensado, no respaldaré a los pecadores».

28:18 A la mañana siguiente se encontraba en la ciudad, temeroso, cauto, y he aquí que el que la víspera había solicitado su auxilio le llamó a gritos. Moisés le dijo: «¡Estás evidentemente descarriado!»

28:19 Habiendo querido, no obstante, poner las manos en el enemigo de ambos, éste le dijo: «¡Moisés! ¿Es que quieres matarme a mí como mataste ayer a aquél? Tú no quieres sino tiranizar el país, no reformarlo».

28:20 Entonces, de los arrabales, vino corriendo un hombre. Dijo: «¡Moisés!» los dignatarios están deliberando sobre ti para matarte. ¡Sal! Te aconsejo bien».

28:21 Y salió de ella, temeroso, cauto. «¡Señor!», dijo: «¡Sálvame del pueblo impío!»

28:22 Y, dirigiéndose hacia Madián, dijo: «Quizá mi Señor me conduzca por el camino recto».

28:23 Cuando llegó a la aguada de Madián, encontró allí a un grupo de gente que abrevaba sus rebaños. Encontró, además, a dos mujeres que mantenían alejado el de ellas. Dijo: «¿Qué os pasa?» Dijeron ellas: «No podemos abrevar el rebaño mientras estos pastores no se lleven los suyos. Y nuestro padre es muy anciano».

28:24 Y abrevó su rebaño. Luego, se retiró a la sombra. Y dijo: «¡Señor! Me hace mucha falta cualquier bien que quieras hacerme».

28:25 Una de las dos vino a él con paso tímido y dijo: «Mi padre te llama para retribuirte por habernos abrevado el rebaño». Cuando llegó ante él y le contó lo que le había ocurrido, dijo: «¡No temas! Estás a salvo del pueblo impío».

28:26 Una de ellas dijo: «¡Padre! ¡Dale un empleo! No podrás emplear a nadie mejor que este hombre, fuerte, de confianza».

28:27 Dijo: «Quisiera casarte con una de estas dos hijas mías, pero a condición de que trabajes para mí durante ocho años. Si completas diez, es ya cosa tuya. No quiero coaccionarte. Encontrarás, si Alá quiere, que soy de los justos».

28:28 Dijo: «¡Trato hecho! Y cualquiera que sea el plazo que yo decida, no seré objeto de hostilidad. Alá responde de nuestras palabras».

28:29 Y, cuando Moisés cumplió el tiempo convenido y se fue con su familia, distinguió un fuego del lado del monte y dijo a su familia: «¡Quedaos aquí! Distingo un fuego. Quizá pueda informaros de qué se trata u os traiga un tizón. Quizás, así podáis calentaros».

28:30 Llegado a él, le llamaron desde la vertiente derecha del valle, desde el sitio bendito, desde el árbol: «¡Moisés! ¡Soy Alá, Señor del universo!

28:31 ¡Tira tu vara!» Y cuando vio que se movía como si fuera una serpiente, dio media vuelta para escapar, sin volverse. «¡Moisés! ¡Avanza y no temas! ¡No va a pasarte nada!

28:32 Introduce la mano por la escotadura de tu túnica y saldrá blanca, sana. Frente al miedo, ¡mantente sereno! He aquí dos pruebas de tu Señor, destinadas a Faraón y a sus dignatarios, que son gente perversa».

28:33 Dijo: «¡Señor! He matado a uno de los suyos y temo que me maten.

28:34 Mi hermano Aarón es más elocuente que yo. Envíale conmigo como ayudante, para que confirme lo que yo diga. Temo que me desmientan».

28:35 Dijo: «Fortaleceremos tu brazo con tu hermano y os daremos autoridad. Así no se llegarán a vosotros. Gracias a Nuestros signos, vosotros dos y quienes os sigan ganaréis».

28:36 Cuando Moisés les trajo Nuestros signos como pruebas claras, dijeron: «¡Esto no es sino magia inventada! No hemos oído que ocurriera tal cosa en tiempo de nuestros antepasados».

28:37 Moisés dijo: «Mi Señor sabe bien quién ha traído la Dirección de Él y quién tendrá la Morada Postrera. Los impíos no prosperarán».

28:38 Faraón dijo: «¡Dignatarios! Yo no sé que tengáis a ningún otro dios que a mí. ¡Hamán! ¡Cuéceme unos ladrillos y hazme una torre! Quizás, así, pueda llegarme al dios de Moisés. Sí, creo que miente».

28:39 Y se condujeron, él y sus tropas, en el país altivamente sin razón. Creían que no iban a ser devueltos a Nosotros.

28:40 Entonces, les sorprendimos, a él y a sus tropas, y les precipitamos en el mar. ¡Y mira cómo terminaron los impíos!

28:41 Hicimos de ellos jefes que llaman al Fuego. Y el día de la Resurrección no serán auxiliados.

28:42 Hemos hecho que sean perseguidos por una maldición en la vida de acá. Y el día de la Resurrección serán vilipendiados.

28:43 Después de haber hecho perecer a las generaciones precedentes, dimos a Moisés la *Escritura* como argumento evidente para los hombres, como dirección y misericordia. Quizás, así, se dejaran amonestar.

28:44 Cuando decidimos la orden respecto a Moisés, tú no estabas en la ladera occidental del monte, ni eras testigo.

28:45 Pero suscitamos generaciones que vivieron una vida larga. Tú no residías entre los madianitas para recitarles Nuestras aleyas. Pero enviamos.

28:46 Ni estabas en la ladera del monte cuando llamamos. Empero, por una misericordia venida de tu Señor, para que adviertas a un pueblo al que no ha venido monitor alguno antes de ti. Quizás, así, se dejen amonestar.

28:47 Si como castigo a sus obras, les afligiera una desgracia, dirían: «¡Señor! ¿Por qué no nos has mandado un enviado? Habríamos seguido Tus signos y creído».

28:48 Pero, ahora que la Verdad ha venido a ellos de parte Nuestra, dicen: «¿Por qué no se le ha dado lo mismo que se dio a Moisés?» Pero ¿no se mostraron también incrédulos ante lo que se había dado antes a Moisés? Dicen: «Son dos casos de magia que se respaldan mutuamente». Y dicen: «No creemos en ninguna».

28:49 Di: «Entonces, si es verdad lo que decís ¡traed una *Escritura* de Alá que dirija a los hombres mejor que esas dos y la seguiré!»

28:50 Y, si no te escuchan, sabe que no hacen sino seguir sus pasiones. ¿Y hay alguien más extraviado que quien sigue sus pasiones, sin ninguna dirección venida de Alá? Alá no dirige al pueblo impío.

28:51 Les hemos hecho llegar la Palabra. Quizás, así se dejen amonestar.

28:52 Aquéllos a quienes hemos dado la *Escritura* antes de él, creen en él.

28:53 Y, cuando se les recita éste, dicen: «¡Creemos en él! Es la Verdad que viene de nuestro Señor. Antes de él nos habíamos sometido».

28:54 Recibirán doble remuneración por haber tenido paciencia. Repelen el mal con el bien y dan limosna de lo que les hemos proveído.

28:55 Cuando oyen vaniloquio, se desvían y dicen: «Nosotros responderemos de nuestros actos y vosotros de los vuestros. ¡Paz sobre vosotros! ¡No deseamos tratar con los ignorantes!»

28:56 Tú no puedes dirigir a quien amas. Alá es, más bien, Quien dirige a quien él quiere. Él sabe mejor que nadie quiénes son los que siguen la buena dirección.

28:57 Dicen: «Si seguimos la Dirección contigo, se nos despojará de nuestra tierra». Pero ¿es que no les hemos dado poder sobre un territorio sagrado y seguro, al que se traen frutos de todas clases como sustento de parte Nuestra? Pero la mayoría no saben.

28:58 ¡Cuántas ciudades hemos hecho perecer, que se ufanaban de sus medios de subsistencia! Ahí tenéis sus viviendas, casi del todo deshabitadas después de ellos. Hemos sido Nosotros los Herederos.

28:59 Tu Señor nunca ha destruido ciudades sin haber antes mandado a su metrópoli a un enviado que les recitara Nuestras aleyas. Nunca hemos destruido ciudades, a menos que sus habitantes fueran impíos.

28:60 Lo que habéis recibido no es más que breve disfrute de la vida de acá y ornato suyo. En cambio, lo que Alá tiene es mejor y más duradero. ¿Es que no razonáis?

28:61 Uno a quien hemos prometido algo bello, que verá cumplirse, ¿es comparable a aquel otro a quien hemos permitido el breve disfrute de la vida de acá y a quien luego, el día de la Resurrección, se hará comparecer?

28:62 El día que les llame, dirá: «¡Dónde están aquéllos que pretendíais que eran Mis asociados?»

28:63 Aquéllos contra quienes se pronuncie la sentencia dirán: «¡Señor! éstos son los que nosotros descarriamos. Les descarriamos como nosotros también estábamos descarriados. Somos inocentes ante Ti. No es a nosotros a quienes servían».

28:64 Se dirá: «¡Invocad a vuestros asociados!» Les invocarán, pero no les escucharán y verán el castigo. Si hubieran seguido la buena dirección...

28:65 El día que les llame, dirá: «¿Qué repondisteis a los enviados?»

28:66 Ese día, como no sabrán qué responder, ni se preguntarán unos a otros.

28:67 En cuanto a quien se arrepienta, crea y obre bien, es posible que se cuente entre los que prosperen.

28:68 Tu Señor crea y elige lo que quiere. El elegir no les incumbe. ¡Gloria a Alá! ¡Está por encima de lo que Le asocian!

28:69 Tu Señor conoce lo que ocultan sus pechos y lo que manifiestan.

28:70 ¡Es Alá ¡No hay más dios que Él! ¡Alabado sea en esta vida y en la otra! ¡Suya es la decisión ! ¡Y a Él seréis devueltos!

28:71 Di: «¿Qué os parece si Alá os impusiera una noche perpetua hasta el día de la Resurrección? ¿Qué otro dios que Alá podría traeros la claridad? ¿Es que no oís?»

28:72 Di: «¿Qué os parece si Alá os impusiera un día perpetuo hasta el día de la Resurrección? ¿Qué otro dios que Alá podría traeros la noche para reposaros? ¿Es que no veis?»

28:73 Como muestra de Su misericordia, ha establecido la noche para vosotros para que descanséis y el día para que busquéis Su favor. Y quizás así, seáis agradecidos.

28:74 El día que les llame, dirá: «¿Dónde están aquéllos que pretendíais que eran Mis asociados?»

28:75 Haremos comparecer un testigo de cada comunidad y diremos: «¡Aportad vuestra prueba!» Y sabrán que la Verdad es de Alá. Y se esfumarán sus invenciones.

28:76 Coré formaba parte del pueblo de Moisés y se insolentó con ellos. Le habíamos dado tantos tesoros que un grupo de hombres forzudos apenas podía cargar con las llaves. Cuando su pueblo le dijo: «No te regocijes, que Alá no ama a los que se regocijan!

28:77 ¡Busca en lo que Alá te ha dado la Morada Postrera, pero no olvides la parte que de la vida de acá te toca! ¡Sé bueno, como Alá lo es contigo! ¡No busques corromper en la tierra, que Alá no ama a los corruptores!»

28:78 Dijo: «Lo que se me ha dado lo debo sólo a una ciencia que tengo». Pero ¿es que no sabía que Alá había hecho perecer antes de él a otras generaciones más poderosas y opulentas que él? Pero a los pecadores no se les interrogará acerca de sus pecados.

28:79 Apareció ante su pueblo, rodeado de pompa. Los que deseaban la vida de acá dijeron: «¡Ojalá se nos hubiera dado otro tanto de lo que se ha dado a Coré! Tiene una suerte extraordinaria».

28:80 Pero los que habían recibido la Ciencia, dijeron: «¡Ay de vosotros! La recompensa de Alá es mejor para el que cree y obra bien. Y no lo conseguirán sino los que tengan paciencia».

28:81 Hicimos que la tierra se tragara a él y su vivienda. No hubo ningún grupo que, fuera de Alá, le auxiliara, ni pudo defenderse a sí mismo.

28:82 A la mañana siguiente, los que la víspera habían envidiado su posición dijeron: «¡Ah! Alá dispensa el sustento a quien Él quiere de sus Siervos: a unos con largueza, a otros con mesura. Si Alá no nos hubiera agraciado, habría hecho que nos tragara. ¡Ah! ¡Los infieles no prosperarán!»

28:83 Asignamos esa Morada Postrera a quienes no quieren conducirse con altivez en la tierra ni corromper. El fin es para los que temen a Alá.

28:84 Quien venga habiendo obrado bien tendrá como recompensa algo aún mejor. Y quien venga habiendo obrado mal,... Quienes hayan obrado mal no serán retribuidos sino conforme a sus obras.

28:85 Sí, Quien te ha impuesto el *Corán*, te devolverá a un lugar de retorno. Di: «Mi Señor sabe bien quién ha traído la Dirección y quién está evidentemente extraviado».

28:86 Tú no podías esperar que se te transmitiera a ti la *Escritura*. No ha sido así más que por misericordia venida de tu Señor. ¡No respaldes a los infieles!

28:87 ¡Que no te desvíen de las aleyas de Alá, después de haberte sido reveladas! ¡Llama a tu Señor y no seas de los asociadores!

28:88 ¡No invoques a otro dios junto con Alá! ¡No hay más dios que Él! ¡Todo perece, salvo Él! ¡Suya es la decisión! ¡Y a Él seréis devueltos!

29. La Araña (Al Ankabút)

¡En el nombre de Alá, el Compasivo, el Misericordioso!

29:1 *'lm.*

29:2 Piensan los hombres que se les dejará decir: «¡Creemos!», sin ser probados?

29:3 Ya probamos a sus predecesores. Alá, sí, conoce perfectamente a los sinceros y conoce perfectamente a los que mienten.

29:4 ¿Piensan quienes obran mal que podrán escapar de Nosotros? ¡Qué mal juzgan!

29:5 Quien cuente con encontrar a Alá sepa que el plazo fijado por Alá vendrá ciertamente, Él es Quien todo lo oye, Quien todo lo sabe.

29:6 Quien combate por Alá combate, en realidad, en provecho propio. Alá, ciertamente, puede prescindir de las criaturas.

29:7 A quienes hayan creído y obrado bien les borraremos, sí, sus malas obras y les retribuiremos, sí, con arreglo a sus mejores obras.

29:8 Hemos ordenado al hombre que se porte bien con sus padres. Pero si éstos te insisten en que Me asocies algo de lo que no tienes conocimiento, ¡no les obedezcas! Volveréis a Mí y ya os informaré de lo que hacíais.

29:9 A quienes hayan creído y obrado bien hemos de hacer que entren a formar parte de los justos.

29:10 Hay algunos que dicen: «¡Creemos en Alá!» Pero, en cuanto sufren algo por Alá, toman la prueba a que los hombres les somenten como castigo de Alá. Si, en cambio, tu Señor les auxilia, seguro que dicen: «¡Estábamos con vosotros!» ¿Es que Alá no sabe bien lo que hay en los pechos de la Humanidad?

29:11 Alá, sí, conoce perfectamente a los que creen y conoce perfectamente a los hipócritas.

29:12 Los infieles dicen a los creyentes: «¡Seguid nuestro camino y cargaremos con vuestros pecados!» Pero, si ni con sus propios pecados cargan nada... ¡Mienten, ciertamente!

29:13 Llevarán, ciertamente, su carga juntamente con la ajena. El día de la Resurrección tendrán que responder de lo que se inventaban.

29:14 Enviamos Noé a su pueblo y permaneció con él durante mil años menos cincuenta. Luego, el diluvio les sorprendió en su impiedad.

29:15 Les salvamos, a él y a los de la nave, e hicimos de ella un signo para todo el mundo.

29:16 Y a Abraham. Cuando dijo a su pueblo: «¡Servid a Alá y temedle! Es mejor para vosotros. Si supierais...»

29:17 Servís, en lugar de servir a Alá, sólo ídolos, y creáis una mentira. Los que vosotros servís, en lugar de servir a Alá, no pueden procuraros sustento. ¡Buscad, pues, en Alá el sustento! ¡Servidle, dadle gracias! ¡A Él seréis devueltos!

29:18 Si desmentís, ya otras generaciones, antes de vosotros, desmintieron. Al Enviado sólo le incumbe la transmisión clara.

29:19 ¿Es que no ven cómo inicia Alá la creación y, luego, la repite? Es cosa fácil para Alá.

29:20 Di: «¡Id por la tierra y mirad cómo inició la creación! Luego, Alá creará por última vez. Alá es omnipotente».

29:21 Castiga a quien Él quiere y se apiada de quien Él quiere. A Él seréis devueltos.

29:22 No podéis escapar en la tierra ni en el cielo. No tenéis, fuera de Alá, amigo ni auxiliar.

29:23 Quienes no crean en los signos de Alá y en que Le encontrarán, ésos son quienes desesperarán de Mi misericordia, ésos son quienes sufrirán un castigo doloroso.

29:24 Lo único que respondió su pueblo fue: «¡Matadle o quemadle!» Pero Alá le libró del fuego. Ciertamente hay en ello signos para gente que cree.

29:25 Dijo: «Habéis tomado ídolos en lugar de tomar a Alá, sólo por el afecto mutuo que os tenéis en la vida de acá. Luego, el día de la Resurrección, renegaréis unos de otros y os maldeciréis mutuamente. Vuestra morada será el Fuego y no tendréis quien os auxilie».

29:26 Lot creyó en Él y dijo: «Me refugio en mi Señor. Él es el Poderoso, el Sabio».

29:27 Le regalamos Isaac y Jacob, e instituimos en su descendencia el profetismo y la *Escritura*. Le recompensamos en la vida de acá, y en la otra es de los justos.

29:28 Y a Lot. Cuando dijo a su pueblo: «Ciertamente cometéis una deshonestidad que ninguna criatura ha cometido antes.

29:29 ¿Os llegáis a los hombres, salteáis y cometéis actos reprobables en vuestras reuniones?». Lo único que respondió su pueblo fue: «¡Tráenos el castigo de Alá, si es verdad lo que dices!»

29:30 Dijo: «¡Señor! ¡Auxíliame contra el pueblo corruptor!»

29:31 Cuando Nuestros mensajeros vinieron a Abraham con la buena nueva, dijeron: «Vamos a hacer perecer a la población de esta ciudad. Son unos impíos».

29:32 Dijo: «Pero Lot está en ella». Dijeron: «Sabemos bien quién está en ella. Les salvaremos, ciertamente, a él y a su familia, excepto a su mujer, que será de los que se rezaguen».

29:33 Habiendo llegado nuestros mensajeros a Lot, éste se afligió por ellos y se sintió impotente para protegerles. Pero ellos dijeron: «¡No temas ni estés triste! Vamos a salvaros, a ti y a tu familia, excepto a tu mujer, que será de los que se rezaguen.

29:34 Vamos a hacer bajar un castigo del cielo sobre la población de esta ciudad, porque han sido unos perversos».

29:35 E hicimos de ella un signo claro para gente que razona.

29:36 A los madianitas su hermano Suayb. Dijo: «¡Pueblo! ¡Servid a Alá y contad con el último Día! ¡No obréis mal en la tierra corrompiendo!»

29:37 Le desmintieron y el Temblor les sorprendió, amaneciendo muertos en sus casas.

29:38 ¡Y a los aditas y a los tamudeos! Por sus viviendas se os muestra claramente... El Demonio engalanó sus obras y los apartó del Camino, a pesar de su perspicacia.

29:39 ¡Y a Coré, a Faraón y a Hamán! Moisés vino a ellos con las pruebas claras y ellos se condujeron en el país altivamente. Pero no consiguieron escapar.

29:40 Sorprendimos a cada uno por su pecado. Contra unos enviamos una tempestad de arena. A otros les sorprendió el Grito. A otros hicimos que la tierra se los tragara. A otros les anegamos. No fue Alá quien fue injusto con ellos, sino que ellos lo fueron consigo mismos.

29:41 Quienes toman amigos en lugar de tomar a Alá son semejantes a la araña que se ha hecho una casa. Y la casa más frágil es la de la araña. Si supieran...

29:42 Alá sabe todo lo que invocan en lugar de invocarle a Él. Es el Poderoso, el Sabio.

29:43 Proponemos estas parábolas a los hombres, pero no las comprenden sino los que saben.

29:44 Alá ha creado con un fin los cielos y la tierra. Ciertamente, hay en ello un signo para los creyentes.

29:45 ¡Recita lo que se te ha revelado de la *Escritura* ! ¡Haz la azalá! La azalá prohíbe la deshonestidad y lo reprobable. Pero el recuerdo de Alá es más importante aún. Alá sabe lo que hacéis.

29:46 No discutáis sino con buenos modales con la gente de la *Escritura*, excepto con los que hayan obrado impíamente. Y decid: «Creemos en lo que se nos ha revelado a nosotros y en lo que se os ha revelado a vosotros. Nuestro Dios y vuestro Dios es Uno. Y nos sometemos a él».

29:47 Y, así, te hemos revelado la *Escritura*. Aquéllos a quienes revelamos la *Escritura* creen en ella. Entre éstos hay algunos que creen en ella. Nadie rechaza Nuestros signos sino los infieles.

29:48 Tú no leías, antes de recibirla, ninguna *Escritura*, ni copiabas ninguna con tu diestra. Los falsarios, si no, habrían sospechado...

29:49 Antes bien, es un conjunto de aleyas claras en los pechos de quienes han recibido la Ciencia. No niegan Nuestros signos sino los impíos.

29:50 Dicen: «¿Por qué no se le han revelado signos procedentes de su Señor?» Di: «Sólo Alá dispone de los signos. Yo soy solamente un monitor que habla claro».

29:51 ¿Es que no les basta que te hayamos revelado la *Escritura* que se les recita? Hay en ello una misericordia y una amonestación para gente que cree.

29:52 Di: «¡Alá basta como testigo entre yo y vosotros! Conoce lo que está en los cielos y en la tierra. Quienes crean en lo falso y no crean en Alá, ésos serán los que pierdan».

29:53 Y te piden que adelantes el castigo. Si no fuera porque ha sido prefijado, les habría ya alcanzado. Les vendrá, en verdad, de repente, sin presentirlo.

29:54 Te piden que adelantes el castigo. Sí, la gehena cercará a los infieles.

29:55 El día que el castigo les cubra de pies a cabeza y diga: «¡Gustad el fruto de vuestras obras!»

29:56 ¡Siervos creyentes! ¡Mi tierra es vasta! ¡Servidme, pues, a Mí solo!

29:57 Cada uno gustará la muerte. Luego, seréis devueltos a Nosotros.

29:58 A quienes hayan creído y hecho el bien hemos de alojarles en el Jardín, eternamente, en cámaras altas, a cuyos pies fluyen arroyos. ¡Qué grata es la recompensa de los que obran bien,

29:59 que tienen paciencia y confían en su Señor!

29:60 ¡Cuántas bestias hay que no pueden proveerse del sustento! Alá se encarga de él y del vuestro. Él es Quien todo lo oye, Quien todo lo sabe.

29:61 Si les preguntas: «¿Quién ha creado los cielos y la tierra y sujetado el sol y la luna?», seguro que dicen: «¡Alá!» ¡Cómo pueden, pues, ser tan desviados!

29:62 Alá dispensa el sustento a quien Él quiere de Sus siervos: a unos con largueza, a otros con mesura. Alá es omnisciente.

29:63 Si les preguntas: «¿Quién hace bajar agua del cielo, vivificando con ella la tierra después de muerta?», seguro que dicen: «¡Alá!» Di: «¡Alabado sea Alá!» No, la mayoría no comprenden.

29:64 Esta vida de acá no es sino distracción y juego, pero la Morada Postrera, ésa sí que es la Vida. Si supieran...

29:65 Cuando se embarcan, invocan a Alá rindiéndole culto sincero. Pero, en cuanto les salva, llevándoles a tierra firme, al punto Le asocian otros dioses,

29:66 para terminar negando lo que les hemos dado. ¡Que gocen por breve tiempo! ¡Van a ver...!

29:67 ¿No ven que hemos hecho un territorio sagrado y seguro, mientras, alrededor de ellos, secuestran a la gente? ¿Creen, pues, en lo falso y no creerán en la gracia de Alá?

29:68 ¿Hay alguien que sea más impío que quien inventa una mentira contra Alá o que, cuando viene a él la Verdad, la desmiente? ¿No hay en la gehena una morada para los infieles?

29:69 A quienes hayan combatido por Nosotros ¡hemos de guiarles por Nuestros caminos! ¡Alá está, en verdad, con quienes hacen el bien!

30. Los Bizantinos (Al Rúm)

¡En el nombre de Alá, el Compasivo, el Misericordioso!

30:1 'lm.

30:2 Los bizantinos han sido vencidos

30:3 en los confines del país. Pero, después de su derrota, vencerán

30:4 dentro de varios años. Todo está en manos de Alá, tanto el pasado como el futuro. Ese día, los creyentes se regocijarán

30:5 del auxilio de Alá. Auxilia a quien Él quiere. Es el Poderoso, el Misericordioso.

30:6 ¡Promesa de Alá! Alá no falta a Su promesa. Pero la mayoría de los hombres no saben.

30:7 Conocen lo externo de la vida de acá, pero no se preocupan por la otra vida.

30:8 ¿Es que no reflexionan en su interior? Alá no ha creado los cielos, la tierra y lo que entre ellos está sino con un fin y por un período determinado. Pero muchos hombres se niegan, sí, a creer en el encuentro de su Señor.

30:9 ¿No han ido por la tierra y mirado cómo terminaron sus antecesores? Eran más poderosos, araban la tierra y la poblaban más que ellos. Sus enviados vinieron a ellos con las pruebas claras. No fue Alá quien fue injusto con ellos, sino que ellos lo fueron consigo mismos.

30:10 Y el fin de los que obraron mal fue el peor, porque desmintieron los signos de Alá y se burlaron de ellos.

30:11 Alá inicia la creación y luego la repite, después de lo cual seréis devueltos a Él.

30:12 Cuando suene la Hora, los pecadores serán presa de la desesperación.

30:13 Sus asociados no intercederán por ellos y éstos renegarán de aquéllos.

30:14 El día que suene la Hora se dividirán:

30:15 quienes hayan creído y obrado bien, serán regocijados en un prado;

30:16 pero quienes no hayan creído y hayan desmentido Nuestros signos y la existencia de la otra vida serán entregados al castigo.

30:17 ¡Gloria a Alá tarde y mañana!

30:18 ¡Alabado sea en los cielos y en la tierra, por la tarde y al mediodía!

30:19 Saca al vivo del muerto, al muerto del vivo. Vivifica la tierra después de muerta. Así es como se os sacará.

30:20 Y entre Sus signos está el haberos creado de tierra. Luego, hechos hombres, os diseminasteis...

30:21 Y entre Sus signos está el haberos creado esposas nacidas entre vosotros, para que os sirvan de quietud, y el haber suscitado entre vosotros el afecto y la bondad. Ciertamente, hay en ellos signos para gente que reflexiona.

30:22 Y entre Sus signos está la creación de los cielos y de la tierra, la diversidad de vuestras lenguas y de vuestros colores. Ciertamente hay en ello signos para los que saben.

30:23 Y entre Sus signos está vuestro sueño, de noche o de día, vuestra solicitud en recibir Su favor. Ciertamente, hay en ello signos para gente que oye.

30:24 Y entre Sus signos está el haceros ver el relámpago, motivo de temor y de anhelo, y el hacer bajar agua del cielo, vivificando con ella la tierra después de muerta. Ciertamente, hay en ello signos para gente que razona.

30:25 Y entre sus Signos está el que los cielos y la tierra se sostengan por una orden Suya. Al final, apenas Él os llame de la tierra, saldréis inmediatamente.

30:26 Suyos son quienes están en los cielos y en la tierra. Todos Le obedecen.

30:27 Es Él Quien inicia la creación y, luego, la repite. Es cosa fácil para Él. Representa el ideal supremo en los cielos y en la tierra. Es el Poderoso, el Sabio.

30:28 Os propone una parábola tomada de vuestro mismo ambiente: ¿Hay entre vuestros esclavos quienes participen del mismo sustento de que os hemos proveído, de modo que podáis equipararos en ello con ellos y les temáis tanto cuanto os teméis unos a otros? Así explicamos detalladamente los signos a gente que razona.

30:29 Los impíos, al contrario, siguen sus pasiones sin conocimiento. ¿Quién podrá dirigir a aquéllos a quienes Alá ha extraviado? No tendrán quien les auxilie.

30:30 ¡Profesa la Religión como *hanif*, según la naturaleza primigenia que Alá ha puesto en los hombres! No cabe alteración en la creación de Alá. Ésa es la religión verdadera. Pero la mayoría de los hombres no saben.

30:31 ...volviéndoos a Él arrepentidos. ¡Temedle, haced la azalá y no seáis de los asociadores,

30:32 de los que escinden su religión en sectas, contento cada grupo con lo suyo!

30:33 Cuando los hombres sufren una desgracia, invocan a su Señor, volviéndose a Él arrepentidos. Luego, cuando les ha hecho gustar una misericordia venida de Él, algunos de ellos asocian otros dioses a su Señor,

30:34 para terminar negando lo que les hemos dado. ¡Gozad, pues, brevemente! ¡Vais a ver...!

30:35 ¿Acaso les hemos conferido una autoridad que hable de lo que ellos Le asocian?

30:36 Cuando hacemos gustar a los hombres una misericordia, se regocijan de ella. Pero, si les sucede un mal como castigo a sus obras, ahí les tenéis desesperados.

30:37 ¿Es que no ven que Alá dispensa el sustento a quienes Él quiere: a unos con largueza, a otros con mesura? Ciertamente, hay en ello signos para gente que cree.

30:38 Da lo que es de derecho al pariente, al pobre y al viajero. Es lo mejor para quienes desean agradar a Alá. Esos son los que prosperarán.

30:39 Lo que prestáis con usura para que os produzca a costa de la hacienda ajena no os produce ante Alá. En cambio, lo que dais de azaque por deseo de agradar a Alá... Ésos son los que recibirán el doble.

30:40 Alá es Quien os ha creado y, luego proveído del sustento, Quien os hará morir y, luego, volveros a la vida. ¿Hay alguno de vuestros asociados que sea capaz de hacer algo de eso? ¡Gloria a Él! ¡Está por encima de lo que Le asocian!

30:41 Ha aparecido la corrupción en la tierra y en el mar como consecuencia de las acciones de los hombres, para hacerles gustar parte de lo que han hecho. Quizás, así, se conviertan.

30:42 Di: «¡Id por la tierra y mirad cómo terminaron sus antecesores: fueron, en su mayoría, asociadores!»

30:43 Profesa la religión verdadera antes de que llegue un día que Alá no evitará. Ese día serán separados:

30:44 quienes no hayan creído sufrirán las consecuencias de su incredulidad, pero quienes hayan obrado bien se habrán preparado un lecho.

30:45 Para retribuir con Su favor a los que hayan creído y obrado bien. Él no ama a los infieles.

30:46 Entre Sus signos, está el envío de los vientos como nuncios de la buena nueva, para daros a gustar de Su misericordia, para que naveguen las naves siguiendo Sus órdenes y para que busquéis Su favor. Y quizás, así, seáis agradecidos.

30:47 Antes de ti, hemos mandado enviados a su pueblo. Les aportaron las pruebas claras. Nos vengamos de los que pecaron, era deber Nuestro auxiliar a los creyentes.

30:48 Alá es Quien envía los vientos y éstos levantan nubes. Y Él las extiende como quiere por el cielo, las fragmenta y ves que sale de dentro de ellas el chaparrón. Cuando favorece con éste a los siervos que Él quiere, he aquí que éstos se regocijan,

30:49 mientras que, antes de haberles sido enviado desde arriba, habían sido presa de la desesperación.

30:50 ¡Y mira las huellas de la misericordia de Alá, cómo vivifica la tierra después de muerta! Tal es, en verdad, el Vivificador de los muertos. Es omnipotente.

30:51 Y si enviamos un viento y ven que amarillea, se obstinan, no obstante, en su incredulidad.

30:52 Tú no puedes hacer que los muertos oigan ni que los sordos oigan el llamamiento, si vuelven la espalda.

30:53 Ni puedes dirigir a los ciegos, sacándoles de su extravío. Tú no puedes hacer que oigan sino quienes creen en Nuestros signos y están sometidos a Nosotros.

30:54 Alá es Quien os creó débiles; luego, después de ser débiles, os fortaleció luego, después de fortaleceros, os debilitó y os encaneció. Crea lo que Él quiere. Es el Omnisciente, el Omnipotente.

30:55 El día que llegue la Hora, jurarán los pecadores que no han permanecido sino una hora. Así estaban de desviados...

30:56 Quienes habían recibido la Ciencia y la fe dirán: «Habéis permanecido el tiempo previsto en la *Escritura* de Alá: hasta el día de la Resurrección, y hoy es el día de la Resurrección. Pero no sabíais...»

30:57 Ese día, no les servirán de nada a los impíos sus excusas y no serán agraciados.

30:58 En este *Corán* hemos dado a los hombres toda clase de ejemplos. Si les vienes con una aleya, seguro que dicen los infieles: «¡No sois más que unos falsarios!»

30:59 Así es como sella Alá los corazones de los que no saben.

30:60 ¡Ten, pues, paciencia! ¡Lo que Alá promete es verdad! ¡Que no te encuentren ligero quienes no están convencidos!

31. Luqmán
¡En el nombre de Alá, el Compasivo, el Misericordioso!

31:1 *'lm.*

31:2 Éstas son las aleyas de la *Escritura* sabia,

31:3 como dirección y misericordia para quienes hacen el bien.

31:4 que hacen la azalá, dan el azaque y están convencidos de la otra vida.

31:5 Esos tales están dirigidos por su Señor, ésos son los que prosperarán.

31:6 Hay entre los hombres quien compra historietas divertidas para, sin conocimiento, extraviar a otros del camino de Alá y para tomarlo a burla. Quienes tal hagan tendrán un castigo humillante.

31:7 Cuando se le recitan Nuestras aleyas, se aleja altivamente, como si no las hubiera oído, como si hubiera estado sordo. ¡Anúnciale un castigo doloroso!

31:8 Quienes, en cambio, hayan creído y obrado bien tendrán los jardines de la Delicia.

31:9 en los que estarán eternamente. ¡Promesa de Alá verdad! Él es el Poderoso, el Sabio.

31:10 Ha creado los cielos sin pilares visibles. Ha fijado en la tierra las montañas para que ella y vosotros no vaciléis. Ha diseminado por ella toda clase de bestias. Hemos hecho bajar agua del cielo y crecer en ella toda especie generosa.

31:11 Ésta es la creación de Alá. ¡Mostradme, pues, qué han creado los otros dioses que hay fuera de Él! Sí, los impíos están evidentemente extraviados.

31:12 Dimos a Luqmán la sabiduría: «¡Sé agradecido con Alá! Quien es agradecido lo es, en realidad, en provecho propio. Quien es desagradecido... Alá Se basta a Sí mismo, es digno de alabanza».

31:13 Y cuando Luqmán amonestó a su hijo, diciéndole: «¡Hijito! ¡No asocies a Alá otros dioses, que la asociación es una impiedad enorme!».

31:14 Hemos ordenado al hombre con respecto a sus padres -su madre le llevó sufriendo pena tras pena y le destetó a los dos años-: «Sé agradecido conmigo y con tus padres. ¡Soy Yo el fin de todo!

31:15 Pero, si te insisten en que Me asocies aquello de que no tienes conocimiento, ¡no les obedezcas! En la vida de acá ¡pórtate amablemente con ellos! ¡Sigue el camino de quien vuelve a Mí arrepentido! Luego, volveréis a Mí y ya os informaré de lo que hacíais».

31:16 «¡Hijito! Aunque se trate de algo del peso de un grano de mostaza y esté escondido en una roca, en los cielos o en la tierra, Alá lo sacará a luz. Alá es sutil, está bien informado.

31:17 ¡Hijito! ¡Haz la azalá! ¡Ordena lo que está bien y prohíbe lo que está mal! ¡Ten paciencia ante la adversidad! ¡Eso sí que es dar muestras de resolución!

31:18 ¡No pongas mala cara a la gente, ni pises la tierra con insolencia! Alá no ama a nadie que sea presumido, jactancioso.

31:19 ¡Sé modesto en tus andares! ¡Habla en voz baja! ¡La voz más desagradable es, ciertamente, la del asno!»

31:20 ¿No veis que Alá ha sujetado a vuestro servicio lo que está en los cielos y en la tierra, y os ha colmado de Sus gracias, visibles u ocultas? Pero hay algunos hombres que discuten de Alá sin tener conocimiento, ni dirección, ni *Escritura* luminosa.

31:21 Y, cuando se les dice: «¡Seguid lo que Alá ha revelado!», dicen: «¡No, sino que seguiremos lo mismo que nuestros padres seguían!» ¿Y si el Demonio les llamara al castigo del fuego de la gehena?

31:22 Quien se somete a Alá y hace el bien se ase del asidero más firme. El fin de todo es Alá.

31:23 Si alguien no cree, ¡que su incredulidad no te entristezca! Volverán a Nosotros y ya les informaremos de lo que hacían. Alá sabe bien lo que encierran los pechos.

31:24 Les dejaremos que gocen por breve tiempo. Luego, les arrastraremos a un duro castigo.

31:25 Si les preguntas: «¿Quién ha creado los cielos y la tierra?», seguro que dicen: «¡Alá!» Di: «¡Alabado sea Alá!» No, la mayoría no saben.

31:26 Es de Alá lo que está en los cielos y en la tierra. Alá es Quien Se basta a Sí mismo, el Digno de Alabanza.

31:27 Si se hicieran cálamos de los árboles de la tierra, y se añadieran al mar, luego de él, otros siete mares más, no se agotarían las palabras de Alá. Alá es poderoso, sabio.

31:28 Crearos y resucitaros cuesta a Alá tanto como si se tratara de una sola persona. Alá todo lo oye, todo lo ve.

31:29 ¿No ves que Alá hace que la noche entre en el día y que el día entre en la noche, ha sujetado el sol y la luna, prosiguiendo los dos su curso hasta un término fijo, y que Alá está bien informado de lo que hacéis?

31:30 Esto es así porque Alá es la Verdad, pero lo que ellos invocan en lugar de invocarle a Él es lo falso. Alá es el Altísimo, el Grande.

31:31 ¿No ves que las naves navegan por la gracia de Alá, para que Él os muestre algunos de Sus signos? Ciertamente, hay en ello signos para todo aquél que tenga mucha paciencia, mucha gratitud.

31:32 Y, cuando las olas les cubren cual pabellones, invocan a Alá rindiéndole culto sincero. Pero, en cuanto les salva, llevándolos a tierra firme, algunos de ellos vacilan. Nadie niega Nuestros signos sino todo aquél que es pérfido, desagradecido.

31:33 ¡Hombres! ¡Temed a vuestro Señor y tened miedo de un día en que el padre no pueda satisfacer por su hijo, ni el hijo por su padre! ¡Lo que Alá promete es verdad! ¡Que la vida de acá no os engañe, y que el Engañador no os engañe acerca de Alá!

31:34 Alá tiene conocimiento de la Hora. Envía abajo la lluvia. Sabe lo que encierran las entrañas de la madre, mientras que nadie sabe lo que el día siguiente le deparará, nadie sabe en qué tierra morirá. Alá es omnisciente, está bien informado.

32. La Adoración (Al Sayda)

¡En el nombre de Alá, el Compasivo, el Misericordioso!

32:1 *'lm.*

32:2 La revelación de la *Escritura*, exenta de dudas, procede del Señor del universo.

32:3 O dicen: «Él la ha inventado». ¡No! es la Verdad venida de tu Señor, para que adviertas a un pueblo al que no ha venido monitor alguno antes de ti. Quizás, así, sean bien dirigidos.

32:4 Alá es Quien ha creado los cielos, la tierra y lo que entre ellos está en seis días. Luego, se ha instalado en el Trono. Fuera de Él, no tenéis amigo ni intercesor. ¿Es que no os dejaréis amonestar?

32:5 Él dispone en el cielo todo lo de la tierra. Luego, todo ascenderá a Él en un día equivalente en duración a mil años de los vuestros.

32:6 Tal es el Conocedor de lo oculto y de lo patente, el Poderoso, el Misericordioso,

32:7 Que ha hecho bien todo cuanto ha creado y ha comenzado la creación del hombre de arcilla

32:8 -luego, ha establecido su descendencia de una gota de líquido vil-;

32:9 luego, le ha dado forma armoniosa e infundido en él de Su Espíritu. Os ha dado el oído, la vista y el intelecto. ¡Qué poco agradecidos sois!

32:10 Dicen: «Cuando nos hayamos perdido en la tierra, ¿es verdad que se nos creará de nuevo?» No, no creen en el encuentro de su Señor.

32:11 Di: «El ángel de la muerte, encargado de vosotros, os llamara y, luego, seréis devueltos a vuestro Señor».

32:12 Si pudieras ver a los pecadores, cabizbajos ante su Señor: «¡Señor! ¡Hemos visto y oído! ¡Haznos volver para que hagamos obras buenas! ¡Estamos convencidos!»

32:13 Si hubiéramos querido, habríamos dirigido a cada uno. Pero se ha realizado Mi sentencia: «¡He de llenar la gehena de genios y de hombres, de todos ellos!»

32:14 ¡Gustad, pues, por haber olvidado que os llegaría este día! Nosotros también os hemos olvidado. ¡Gustad el castigo eterno por lo que habéis hecho!

32:15 Sólo creen en Nuestras aleyas quienes, al ser amonestados con ellas, caen al suelo en adoración y glorifican a su Señor, sin mostrarse altivos.

32:16 Se alzan del lecho para invocar a su Señor con temor y anhelo y dan limosna de lo que les hemos proveído.

32:17 Nadie sabe la alegría reservada a ellos en retribución a sus obras.

32:18 ¿Es que el creyente es como el perverso? No son iguales.

32:19 Quienes crean y obren bien tendrán los jardines de la Morada como alojamiento en premio a sus obras.

32:20 Pero los que obren con perversidad tendrán el Fuego como morada. Siempre que quieran salir de él, serán devueltos a él y se les dirá:«¡Gustad el castigo del Fuego que desmentíais!»

32:21 Hemos de darles a gustar del castigo de aquí abajo antes del castigo mayor. Quizás, así, se conviertan.

32:22 ¿Hay alguien que sea más impío que quien, habiéndosele recordado los signos de su Señor, se desvía luego de ellos? Nos vengaremos de los pecadores.

32:23 Hemos dado a Moisés la *Escritura* -no dudes, pues, en encontrarle- e hicimos de ella dirección para los Hijos de Israel.

32:24 Elegimos de entre ellos a jefes que les dirigieran siguiendo Nuestra orden como premio por haber perseverado y por haber estado convencidos de Nuestros signos.

32:25 Tu Señor fallará entre ellos el día de la Resurrección sobre aquello en que discrepaban.

32:26 ¿Es que no les dice nada que hayamos hecho perecer a tantas generaciones precedentes, cuyas viviendas huellan ellos ahora? Ciertamente, hay en ello signos. ¿No oirán, pues?

32:27 ¿Es que no ven cómo conducimos el agua a la tierra pelada y, gracias a ella, sacamos los cereales de que se alimentan sus rebaños y ellos mismos? ¿No verán, pues?

32:28 Y dicen: «¿Para cuándo ese fallo, si es verdad lo que decís?»

32:29 Di: «El día del fallo, la fe ya no aprovechará a los infieles y no les será dado esperar».

32:30 ¡Apártate, pues, de ellos y espera! ¡Ellos esperan!

33. La Coalición (Al Ahzáb)

¡En el nombre de Alá, el Compasivo, el Misericordioso!

33:1 ¡Profeta! ¡Teme a Alá y no obedezcas a los infieles y a los hipócritas! Alá es omnisciente, sabio.

33:2 ¡Sigue lo que tu Señor te revela! Alá está bien informado de lo que hacéis.

33:3 ¡Confía en Alá! ¡Alá basta como protector!

33:4 Alá no ha puesto dos corazones en el pecho de ningún hombre. Ni ha hecho que las esposas que repudiáis por la fórmula: «¡Eres para mí como la espalda de mi madre!» sean vuestras madres. Ni ha hecho que vuestros hijos adoptivos sean vuestros propios hijos. Eso es lo que vuestras bocas dicen. Alá, empero, dice la verdad y conduce por el Camino.

33:5 Llamadles por su padre. Es más equitativo ante Alá. Y, si no sabéis quién es su padre, que sean vuestros hermanos en religión y vuestros protegidos. No incurrís en culpa si en ello os equivocáis, pero sí si lo hacéis deliberadamente. Alá es indulgente, misericordioso.

33:6 El Profeta está más cerca de los creyentes que ellos lo están de sí mismos. Las esposas de aquél son las madres de éstos. Los unidos por lazos de consanguinidad están más cerca unos de otros, según la *Escritura* de Alá, que los creyentes y los emigrados, a menos que hagáis un favor a vuestros amigos. Eso está anotado en la *Escritura*.

33:7 Y cuando concertamos un pacto con los profetas, contigo, con Noé, con Abraham, con Moisés y con Jesús, hijo de María -pacto solemne,

33:8 para pedir cuenta de su sinceridad a los sinceros. Y para los infieles ha preparado un castigo doloroso.

33:9 ¡Creyentes! Recordad la gracia que Alá os dispensó cuando vinieron las legiones contra vosotros y Nosotros enviamos contra ellas un viento y legiones invisibles a vuestros ojos. Alá ve bien lo que hacéis.

33:10 Cuando os acosaban por todas partes, cuando el terror os desvió la mirada, se os hizo un nudo en la garganta y conjeturasteis sobre Alá.

33:11 En esa ocasión, los creyentes fueron puestos a prueba y sufrieron una violenta conmoción.

33:12 Y cuando los hipócritas y los enfermos de corazón decían: «¡Alá y Su Enviado no han hecho sino engañarnos con sus. promesas!»

33:13 Y cuando un grupo de ellos dijo: «¡Gente de Yatrib! ¡No os quedéis aquí! ¡Regresad!» Parte de ellos pidió autorización al Profeta, diciendo: «¡Nuestras casas están indefensas!» En realidad, no es que sus casa estuvieran indefensas, lo que querían era huir.

33:14 Si les hubieran entrado por sus arrabales y se les hubiera pedido que apostataran, habrían aceptado casi sin demora.

33:15 Pero habían concertado antes con Alá una alianza: no volver la espalda. Y hay que responder de la alianza con Alá...

33:16 Di: «No sacaréis nada con huir si es que pretendéis con ello no morir o que no os maten. De todas maneras, se os va a dejar gozar sólo por poco tiempo».

33:17 Di: «¿Quién podrá protegeros de Alá, tanto si quiere haceros mal como si quiere haceros objeto de misericordia?» No encontrarán, fuera de Alá, amigo ni auxiliar.

33:18 Alá sabe quiénes son, entre vosotros, los que levantan obstáculos y los que dicen a sus hermanos: «¡Venid a nosotros!», pero sin mostrar gran ardor para combatir.

33:19 Os regatean la ayuda. Cuando viene el miedo, les ves que te miran, girándoles los ojos, como mira aquél a quien ronda la muerte. Pero, cuando ha desaparecido el miedo, os hieren con sus afiladas lenguas, ávidos de botín. Esos tales no son creyentes. Alá hará vanas sus obras. Es cosa fácil t para Alá.

33:20 Creen que los coalicionistas no se han ido. Pero, si los coalicionistas regresaran, querrían retirarse al desierto entre los beduinos, preguntando qué ha sido de vosotros. Si se quedaran con vosotros, combatirían pero poco.

33:21 En el Enviado de Alá tenéis, ciertamente, un bello modelo para quien cuenta con Alá y con el último Día y que recuerda mucho a Alá.

33:22 Y cuando los creyentes vieron a los coalicionistas, dijeron: «Esto es lo que Alá y su Enviado nos habían prometido. ¡Dios y su Enviado decían la verdad!» Esto no hizo sino aumentar su fe y su adhesión.

33:23 Hubo creyentes que se mantuvieron fieles a la alianza concertada con Alá. Algunos de ellos dieron ya su vida. Otros esperan aún, sin mudar su actitud.

33:24 Para que Alá retribuya a los sinceros por su sinceridad y castigue a los hipócritas, si quiere, o se vuelva a ellos. Alá es indulgente, misericordioso.

33:25 Alá despidió a los infieles llenos de ira, sin que consiguieran triunfar. Alá evitó el combate a los creyentes. Alá es fuerte, poderoso.

33:26 Hizo bajar de sus fortalezas a los de la gente de la *Escritura* que habían apoyado a aquéllos. Sembró el terror en sus corazones. A unos matasteis, a otros les hicisteis cautivos.

33:27 Os ha dado en herencia su tierra, sus casas, sus bienes y un territorio que nunca habíais pisado. Alá es omnipotente.

33:28 ¡Profeta! Di a tus esposas: «Si deseáis la vida de acá y su ornato, ¡venid, que os proveeré y os dejaré en libertad decorosamente!»

33:29 Pero, si buscáis a Alá, a Su Enviado y la Morada Postrera, entonces, Alá ha preparado una recompensa magnífica para aquéllas de vosotras que hagan el bien».

33:30 ¡Mujeres del Profeta! A la que de vosotras sea culpable de deshonestidad manifiesta, se le doblará el castigo. Es cosa fácil para Alá.

33:31 Pero a la que de vosotras obedezca a Alá y a Su Enviado y obre bien, le daremos doble remuneración y le prepararemos generoso sustento.

33:32 ¡Mujeres del Profeta! Vosotras no sois como otras mujeres cualesquiera. Si teméis a Alá, no seáis tan complacientes en vuestras palabras que llegue a anhelaros el enfermo de corazón. ¡Hablad, más bien, como se debe!

33:33 ¡Quedaos en vuestras casas! ¡No os acicaléis como se acicalaban las natiguas paganas! ¡Haced la azalá! ¡Dad el azaque! ¡Obedeced a Alá y a Su Enviado! Alá sólo quiere libraros de la mancha, gente de la casa, y purificaros por completo.

33:34 Recordad lo que de las aleyas de Alá y de la Sabiduría se recita en vuestras casas. Alá es sutil, está bien informado.

33:35 Alá ha preparado perdón y magnífica recompensa para los musulmanes y las musulmanas, los creyentes y las creyentes, los devotos y las devotas, los sinceros y las sinceras, los pacientes y las pacientes, los humildes y las humildes, los que y las que dan limosna, los que y las que ayunan, los castos y las castas, los que y las que recuerdan mucho a Alá.

33:36 Cuando Alá y Su Enviado han decidido un asunto, ni el creyente ni la creyente tienen ya opción en ese asunto. Quien desobedece a Alá y a su Enviado está evidentemente extraviado.

33:37 Y cuando decías al que había sido objeto de una gracia de Alá y de una gracia tuya: «¡Conserva a tu esposa y teme a Alá!», y ocultabas en tu alma lo que Alá iba a revelar, y tenías miedo de los hombres, siendo así que Alá tiene más derecho a que Le tengas miedo. Cuando Zayd había terminado con ella, te la dimos por esposa para que no se pusiera reparo a los creyentes que se casan con las esposas de sus hijos adoptivos, cuando éstos han terminado con ellas. ¡La orden de Alá se cumple!

33:38 Que no tenga reparos el Profeta por algo que le ha sido impuesto por Alá. conforme a la práctica de Alá para los que vivieron antes -la orden de Alá es un decreto decidido-,

33:39 que transmitían los mensajes de Alá y Le tenían miedo, no teniendo miedo de nadie más que de Alá. ¡Basta Alá para ajustar cuentas!

33:40 Mahoma no es el padre de ninguno de vuestros varones, sino el Enviado de Alá y el sello de los profetas. Alá es omnisciente.

33:41 ¡Creyentes! ¡Recordad mucho a Alá!

33:42 ¿Glorificadle mañana y tarde!

33:43 Él es Quien, con Sus ángeles, os a bendice para sacaros de las tinieblas a la luz. Es misericordioso con los creyentes.

33:44 El día que Le encuentren, serán saludados con: «¡Paz!» Les habrá preparado una recompensa generosa.

33:45 ¡Profeta! Te hemos enviado como testigo, como nuncio de buenas nuevas, como monitor,

33:46 como voz que llama a Alá con Su permiso, como antorcha luminosa.

33:47 Anuncia a los creyentes que recibirán un gran favor de Alá.

33:48 ¡No obedezcas a los infieles y a los hipócritas! ¡Haz caso omiso de sus ofensas y confía en Alá! ¡Alá basta como protector!

33:49 ¡Creyentes! Si os casáis con mujeres creyentes y, luego, las repudiáis antes de haberlas tocado, no tenéis por qué exigirles un período de espera. ¡Proveedlas de lo necesario y dejadlas en libertad decorosamente!

33:50 ¡Profeta! Hemos declarado lícitas para ti a tus esposas, a las que has dado dote, a las esclavas que Alá te ha dado como botín de guerra, a las hijas de tu tío y tías paternos y de tu tío y tías maternos que han emigrado contigo y a toda mujer creyente, si se ofrece al Profeta y el Profeta quiere casarse con ella. Es un privilegio tuyo, no de los otros creyentes -ya sabemos lo que hemos impuesto a estos últimos con respecto a sus esposas y esclavas, para que no tengas reparo. Alá es indulgente, misericordioso.

33:51 Puedes dejar para otra ocasión a la que de ellas quieras, o llamar a ti a la que quieras, o volver a llamar a una de las que habías separado. No haces mal. Esto contribuye a su alegría, a evitar que estén tristes y a que todas ellas estén contentas con lo que tú les des. Alá sabe lo que encierran vuestros corazones. Alá es omnisciente, benigno.

33:52 En adelante, no te será lícito tomar otras mujeres, ni cambiar de esposas, aunque te guste su belleza, a excepción de tus esclavas. Alá todo lo observa.

33:53 ¡Creyentes! No entréis en las habitaciones del Profeta a menos que se os autorice a ello para una comida. No entréis hasta que sea hora. Cuando se os llame, entrad y, cuando hayáis comido, retiraos sin poneros a hablar como si fuerais de la familia. Esto molestaría al Profeta y, por vosotros, le daría vergüenza. Alá, en cambio, no Se avergüenza de la verdad. Cuando les pidáis un objeto hacedlo desde detrás de una cortina. Es más decoroso para vosotros y para ellas. No debéis molestar al Enviado de Alá, ni casaros jamás con las que hayan sido sus esposas. Esto, para Alá, sería grave.

33:54 Si mostráis algo o lo ocultáis,... Alá lo sabe todo.

33:55 No pecan si se trata de sus padres, sus hijos, sus hermanos, los hijos de sus hermanos, los hijos de sus hermanas, sus mujeres o sus esclavas. ¡Temed a Alá! Alá es testigo de todo.

33:56 Alá y sus ángeles bendicen al Profeta. ¡Creyentes! ¡Bendecidle vosotros también y saludadle como se debe!

33:57 A los que molestan a Alá y a Su Enviado, Alá les ha maldecido en la vida de acá y en la otra y les ha preparado un castigo humillante.

33:58 Los que molestan a los creyentes y a las creyentes, sin haberlo éstos merecido, son culpables de infamia y de pecado manifiesto.

33:59 ¡Profeta! Di a tus esposas, a tus hijas y a las mujeres de los creyentes que se cubran con el manto. Es lo mejor para que se las distinga y no sean molestadas. Alá es indulgente, misericordioso.

33:60 Si los hipócritas, los enfermos de corazón y los agitadores de la ciudad no cesan, hemos de incitarte contra ellos y pronto dejarán tu vecindad.

33:61 Malditos, serán capturados y muertos sin piedad donde quiera que se dé con ellos,

33:62 conforme a la practica de Alá con los que vivieron antes. Y encontrarás la práctica de Alá irreemplazable.

33:63 Los hombres te preguntan por la Hora. Di: «Sólo Alá tiene conocimiento de ella». ¿Quién sabe? Quizá la Hora esté próxima...

33:64 Alá ha maldecido a los infieles y les ha preparado fuego de la gehena,

33:65 en el que estarán eternamente, para siempre. No encontrarán amigo ni auxiliar.

33:66 El día que, en el Fuego, se desencajen sus rostros de dolor, dirán: «¡Ojalá hubiéramos obedecido a Alá! ¡Ojalá hubiéramos obedecido al Enviado!».

33:67 Y dirán: «¡Señor! ¡Hemos obedecido a nuestros señores y a nuestros grandes y nos han extraviado del Camino!

33:68 ¡Dóblales, Señor, el castigo y échales una gran maldición!»

33:69 ¡Creyentes! ¡No seáis como los que molestaron a Moisés! Alá le declaró inocente de lo que le habían acusado. Alá le tenía consideración.

33:70 ¡Creyentes! ¡Temed a Alá y no digáis despropósitos,

33:71 para que haga prosperar vuestras obras y os perdone vuestros pecados! Quien obedezca a Alá y a Su Enviado tendrá un éxito grandioso.

33:72 Propusimos el depósito a los cielos, a la tierra y a las montañas, pero se negaron a hacerse cargo de él, tuvieron miedo. El hombre, en cambio, se hizo cargo. Es, ciertamente, muy impío, muy ignorante.

33:73 Para que Alá castigue a los hipócritas y a las hipócritas, a los asociadores y a las asociadoras, y para que Alá se vuelva a los creyentes y a las creyentes. Alá es indulgente, misericordioso.

34. Los Saba (Saba)

¡En el nombre de Alá, el Compasivo, el Misericordioso!

34:1 ¡Alabado sea Alá, a Quien pertenece lo que está en los cielos y en la tierra! ¡Alabado sea también en la otra vida! Él es el Sabio, el Bien Informado.

34:2 Sabe lo que penetra en la tierra y lo que de ella sale, lo que desciende del cielo y lo que a él asciende. Él es el Misericordioso, el Indulgente.

34:3 Los infieles dicen: «La Hora no nos llegará». Di: «¡Claro que sí! ¡Por mi Señor, el Conocedor de lo oculto, que ha de llegaros! No se Le pasa desapercibido el peso de un átomo en los cielos ni en la tierra. No hay nada, menor o mayor que eso, que no esté en una *Escritura* clara,

34:4 para retribuir a los que creyeron y obraron bien. Esos tales tendrán perdón y generoso sustento.

34:5 Quienes, en cambio, se hayan esforzado por dejar sin efecto Nuestros signos, tendrán el castigo de un suplicio doloroso».

34:6 Quienes han recibido la Ciencia ven que lo que tu Señor te ha revelado es la Verdad y dirige a la vía del Poderoso, del Digno de Alabanza.

34:7 Los infieles dicen: «¿Queréis que os indiquemos un hombre que os anuncie que, cuando estéis completamente descompuestos, de verdad se os creará de nuevo?»

34:8 ¿Ha inventado una mentira contra Alá o es un poseso? ¡No, no es así! Los que no creen en la otra vida están destinados al castigo y profundamente extraviados.

34:9 ¿Es que no ven lo que les rodea en los cielos y en la tierra? Si quisiéramos, haríamos que la tierra se los tragara o que cayera sobre ellos parte del cielo. Ciertamente, hay en ello un signo para todo siervo arrepentido.

34:10 Dimos a David un favor Nuestro: «¡Montañas! ¡Resonad acompañándole, y vosotros también, pájaros!» Por él, hicimos blando el hierro.

34:11 «¡Fabrica cotas de malla y mide bien la malla!» ¡Obrad bien! Yo veo bien lo que hacéis.

34:12 A Salomón el viento, que por la mañana hacía el camino de un mes y por la tarde de otro mes. Hicimos manar para él la fuente de bronce fundido. De los genios, algunos trabajaban a su servicio, con permiso de su Señor. Al que hubiera desobedecido Nuestras órdenes, le habríamos hecho gustar el castigo del fuego de la gehena.

34:13 Le hacían todo lo que él quería: palacios, estatuas, calderos grandes como cisternas, firmes marmitas. ¡Familiares de David, sed agradecidos! Pero pocos de Mis siervos son muy agradecidos.

34:14 Y cuando decretamos su muerte, no tuvieron más indicio de ella que la carcoma, que se puso a roer su cayado. Y, cuando se desplomó, vieron claramente los genios que, si hubieran conocido lo oculto, no habrían permanecido tanto tiempo en el humillante castigo.

34:15 Los saba tenían un signo en su territorio: dos jardines, uno a la derecha y otro a la izquierda. «¡Comed del sustento de vuestro Señor y dadle gracias! Tenéis un buen país y un Señor indulgente».

34:16 Pero se desviaron y enviamos contra ellos la inundación de los diques. Y les cambiamos aquellos dos jardines por otros dos que producían frutos amargos, tamariscos y unos pocos azufaifos.

34:17 Así les retribuimos por su ingratitud. No castigamos sino al desagradecido.

34:18 Entre ellos y las ciudades que Nosotros hemos bendecido establecimos otras ciudades, cerca unas de otras, y determinamos el tránsito entre ellas: «¡Id de una a otra, de día o de noche, en seguridad!»

34:19 Pero dijeron: «¡Señor! ¡Alarga nuestros recorridos!» Y fueron injustos consigo mismos. Los hicimos legendarios y los dispersamos por todas partes. Ciertamente, hay en ello signos para todo aquél que tenga mucha paciencia, mucha gratitud.

34:20 Iblis confirmó la opinión que se había formado de ellos. Le siguieron todos, menos un grupo de creyentes.

34:21 No tenía poder sobre ellos. Queríamos sólo distinguir a los que creían en la otra vida de los que dudaban de ella. Tu Señor cuida de todo.

34:22 Di: «Invocad a los que, en lugar de Alá, pretendéis. No pueden el peso de un átomo en los cielos ni en la tierra, ni tienen allí participación, ni Él encuentra en ellos ayuda.

34:23 Es inútil interceder por nadie ante Él, excepto por quien Él lo permita. Hasta que, cuando el terror haya desaparecido de sus corazones, digan: '¿Qué ha dicho vuestro Señor?' Dirán: 'La verdad' Él es el Altísimo, el Grande».

34:24 Di: «¿Quién os procura el sustento de los cielos y de la tierra?» Di: «¡Alá! O nosotros o vosotros, unos siguen la buena dirección y otros están evidentemente extraviados».

34:25 Di: «Ni vosotros tendréis que responder de nuestros delitos, ni nosotros de lo que hagáis».

34:26 Di: «Nuestro Señor nos reunirá y fallará entre nosotros según justicia. Él es Quien falla, el Omnisciente».

34:27 Di: «Mostradme los que Le habéis agregado como asociados. Pero ¡no! El es Alá, el Poderoso, el Sabio».

34:28 No te hemos enviado sino como nuncio de buenas nuevas y como monitor a todo el género humano. Pero la mayoría de los hombres no saben.

34:29 Dicen: «¿Cuándo se cumplirá esta amenaza, si es verdad lo que decís?»

34:30 Di: «Se os ha fijado ya un día que no podréis retrasar ni adelantar una hora».

34:31 Los infieles dicen: «No creemos en este *Corán* ni en sus precedentes». Si pudieras ver a los impíos, de pie ante su Señor, recriminándose unos a otros. Los que fueron débiles dirán a los que fueron altivos: «Si no llega a ser por vosotros, habríamos creído».

34:32 Los que fueron altivos dirán a los que fueron débiles: «¿Somos, acaso, nosotros los que os desviaron de la Dirección cuando se os indicó ésta? ¡No, fuisteis culpables!»

34:33 Los que fueron débiles dirán a los que fueron altivos: «¡No!, que fueron vuestras maquinaciones de noche y de día, cuando nos instabais a que no creyéramos en Alá y a que Le atribuyéramos iguales...» Y, cuando vean el castigo, disimularán su pena. Pondremos argollas al cuello de los que no hayan creído. ¿Serán retribuidos por otra cosa que por lo que hicieron?

34:34 No hemos enviado monitor a una ciudad que no dijeran sus ricos: «No creemos en vuestro mensaje».

34:35 Y que no dijeran: «Nosotros tenemos más hacienda e hijos. No se nos castigará».

34:36 Di: «Mi Señor dispensa el sustento a quien Él quiere: a unos con largueza, a otros con mesura. Pero la mayoría de los hombres no saben».

34:37 Ni vuestra hacienda ni vuestros hijos podrán acercaros bien a Nosotros. Sólo quienes crean y obren bien recibirán una retribución doble por sus obras y morarán seguros en las cámaras altas.

34:38 En cambio, quienes se esfuercen por dejar sin efecto Nuestros signos, serán entregados al castigo.

34:39 Di: «Mi Señor dispensa el sustento a quien Él quiere de Sus siervos: a unos con largueza, a otros con mesura. No dejará de restituiros ninguna limosna que deis. Él es el Mejor de los proveedores».

34:40 El día que Él los congregue a todos, dirá a los ángeles: «¿Es a vosotros a quienes servían?»

34:41 Dirán: «¡Gloria a Ti! Tú eres nuestro Amigo, no ellos. ¡No! Ellos servían a los genios, en los que la mayoría creían».

34:42 Ese día no podréis ya aprovecharos ni dañaros unos a otros. Y diremos a los impíos: «¡Gustad el castigo del Fuego que desmentíais!»

34:43 Y cuando se les recitan Nuestras aleyas como pruebas claras, dicen: «éste no es sino un hombre que quiere apartaros de lo que vuestros padres servían». Y dicen: «Esto no es sino una mentira inventada». Y de la Verdad, luego que ha venido ésta a ellos, dicen los infieles: «¡Esto no es sino manifiesta magia!»

34:44 No les dimos ningunas *Escrituras* que estudiaran, ni les enviamos a ningún monitor antes de ti.

34:45 Sus antecesores desmintieron y no han obtenido ni la décima parte de lo que dimos a aquéllos, que desmintieron, no obstante, a Mis enviados. Y ¡cuál no fue Mi reprobación!

34:46 Di: «Sólo os exhorto a una cosa: a que os pongáis ante Alá, de dos en dos o solos, y meditéis. Vuestro paisano no es un poseso; no es sino un monitor que os previene contra un castigo severo».

34:47 Di: «El salario que yo pueda pediros ¡quedáoslo! Mi salario no incumbe sino a Alá. Él es testigo de todo».

34:48 Di: «Mi Señor despide Verdad. Él conoce a fondo las cosas ocultas».

34:49 Di: «Ha venido la Verdad. Lo falso no crea ni re-crea».

34:50 Di: «Si me extravío, me extravío, en realidad, en detrimento propio. Si sigo el camino recto, lo debo a lo que mi Señor me revela. Él lo oye todo, está cerca».

34:51 Si pudieras ver cuando, sobrecogidos de espanto, sin escape posible, sean arrebatados de un lugar próximo.

34:52 Dirán: «¡Creemos en Él!» Pero ¿como podrán alcanzar estando tan lejos,

34:53 si antes no creyeron en É y, desde lejos, lanzaban injurias contra lo oculto?

34:54 Se interpondrá una barrera entre ellos y el objeto de su deseo, como ocurrió antes con sus semejantes: estaban en duda grave.

35. Creador (Fatír)

¡En el nombre de Alá, el Compasivo, el Misericordioso!

35:1 ¡Alabado sea Alá, creador de los cielos y de la tierra, Que de los ángeles ha hecho enviados de dos, tres o cuatro alas! Añade a la creación lo que Él quiere. Alá es omnipotente.

35:2 No hay quien pueda retener la misericordia que Alá dispensa a los hombres, ni hay quien pueda soltar, fuera de Él, lo que Él retiene. Él es el Poderoso, el Sabio.

35:3 ¡Hombres! Recordad la gracia que Alá os ha dispensado. ¿Hay algún otro creador distinto de Alá, que os provea del cielo y de la tierra el sustento? No hay más dios que Él. ¿Cómo podéis, pues, ser tan desviados!

35:4 Si te desmienten, ya antes de ti fueron desmentidos enviados. Pero todo será devuelto a Alá.

35:5 ¡Hombres! ¡Lo que Alá promete es verdad! ¡Que la vida de acá no os engañe! ¡Que el Engañador no os engañe acerca de Alá!

35:6 El Demonio es para vosotros un enemigo. Tenedle, pues, por tal. Llama a sus partidarios sólo para que moren en el fuego de la gehena.

35:7 Los que no hayan creído tendrán un castigo severo. En cambio, los que hayan creído y obrado bien tendrán perdón y una gran recompensa.

35:8 ¿Es que aquél cuya mala conducta ha sido engalanada y la ve como buena...? Alá extravía a quien Él quiere y dirige a quien Él quiere. ¡No te consumas por ellos de pesar! Alá sabe bien lo que hacen.

35:9 Alá es Quien envía los vientos y éstos levantan nubes, que Nosotros conducimos a un país árido. Con ellas vivificamos la tierra después de muerta. Así será la Resurrección.

35:10 Quien quiera el poder... El poder pertenece, en su totalidad, a Alá. Hacia Él se eleva la buena palabra y Él realza la obra buena. En cambio, quienes tramen males tendrán un castigo severo, y la trama de ésos se malogrará.

35:11 Alá os ha creado de tierra; luego, de una gota; luego, hizo de vosotros parejas. Ninguna hembra concibe o pare sin que Él lo sepa. Nadie muere a edad avanzada o prematura que no esté eso en una *Escritura*. Es cosa fácil para Alá.

35:12 No son iguales las dos grandes masas de agua: una potable, dulce, agradable de beber; otra salobre, amarga. Pero de cada una coméis una carne fresca y obtenéis adornos que os ponéis. Y ves que las naves las surcan. Para que busquéis Su favor. Quizás, así, seáis agradecidos.

35:13 Hace que la noche entre en el día y que el día entre en la noche. Ha sujetado el sol y la luna, prosiguiendo los dos su curso hacia un término fijo. Ése es Alá, vuestro Señor. Suyo es el dominio. Los que invocáis en lugar de invocarle a Él no pueden lo más mínimo.

35:14 Si les invocáis, no oyen vuestra súplica y, aun si la oyeran, no os escucharían. El día de la Resurrección renegarán de que les hayáis asociado a Alá. Y nadie te informará como Quien está bien informado.

35:15 ¡Hombres! Sois vosotros los necesitados de Alá, mientras que Alá es Quien Se basta a Sí mismo, el Digno de Alabanza.

35:16 Si Él quisiera, os haría desaparecer y os sustituiría por nuevas criaturas.

35:17 Y eso no sería difícil para Alá.

35:18 Nadie cargará con la carga ajena. Y si alguien, abrumado por su carga, pide ayuda a otro, no se le ayudará nada, aunque sea pariente. Tú sólo debes advertir a los que tienen miedo de su Señor en secreto y hacen la azalá. Quien se purifica se purifica en realidad, en provecho propio. ¡Es Alá el fin de todo!

35:19 No son iguales el ciego y el vidente,

35:20 las tinieblas y la luz,

35:21 la fresca sombra y el calor ardiente.

35:22 No son iguales los vivos y los muertos. Alá hace que oiga quien Él quiere. Tú no puedes hacer que quienes estén en las sepulturas oigan.

35:23 Tú no eres sino un monitor.

35:24 Te hemos enviado con la Verdad como nuncio de buenas nuevas y como monitor. No hay comunidad por la que no haya pasado un monitor.

35:25 Y si te desmienten, también sus antecesores desmintieron. Sus enviados vinieron a ellos con las pruebas claras, con las *Escrituras* y con la *Escritura* luminosa.

35:26 Luego, sorprendí a los infieles y ¡cuál no fue Mi reprobación!

35:27 ¿No ves cómo ha hecho Alá bajar agua del cielo, mediante la cual hemos sacado frutos de diferentes clases? En las montañas hay vetas de diferentes colores: blancas, rojas y de un negro intenso.

35:28 Los hombres, bestias y rebaños son también de diferentes clases. Sólo tienen miedo de Alá aquéllos de Sus siervos que saben. Alá es poderoso, indulgente.

35:29 Quienes recitan la *Escritura* de Alá, hacen la azalá y dan limosna, en secreto o en público, de lo que les hemos proveído, pueden esperar una ganancia imperecedera,

35:30 para que Él les dé su recompensa y aún más de Su favor. Es indulgente, muy agradecido.

35:31 Lo que de la *Escritura* te hemos revelado es la Verdad, en confirmación de los mensajes anteriores. Sí, Alá está bien informado de Sus siervos, los ve bien.

35:32 Luego, hemos dado en herencia la *Escritura* a aquéllos de Nuestros siervos que hemos elegido. Algunos de ellos son injustos consigo mismos; otros, siguen una vía media; otros, aventajan en el bien obrar, con permiso de Alá. Ése es el gran favor.

35:33 Entrarán en los jardines del edén. Allí se les ataviará con brazaletes de oro y con perlas, allí vestirán de seda.

35:34 Y dirán: «¡Alabado sea Alá, Que ha retirado de nosotros la tristeza! En verdad, nuestro Señor es indulgente, muy agradecido

35:35 Nos ha instalado. por favor Suyo, en la Morada de la Estabilidad. No sufriremos en ella pena, no sufriremos cansancio».

35:36 Los infieles, en cambio, sufrirán el fuego de la gehena. Agonizarán sin acabar de morir y no se les aliviará su castigo. Así retribuimos a todo desagradecido.

35:37 Gritarán allí: «¡Señor! ¡Sácanos y obraremos bien, no como solíamos hacer!». «¿Es que no os dimos una vida suficientemente larga como para que se dejara amonestar quien quisiera? El monitor vino a vosotros... ¡Gustad, pues! Los impíos no tendrán quien les auxilie».

35:38 Alá es el Conocedor de lo oculto de los cielos y de la tierra. Él sabe bien lo que encierran los pechos.

35:39 Él es Quien os ha hecho sucesores en la tierra. Quien no crea, sufrirá las consecuencias de su incredulidad. La incredulidad servirá sólo para hacer a los infieles más aborrecibles ante su Señor. La incredulidad servirá sólo para perder más a los infieles.

35:40 Di: «¿Veis a vuestros asociados, a los que invocáis en lugar de invocar a Alá? Mostradme qué han creado de la tierra o si tienen participación en los cielos. O ¿les hemos dado una *Escritura*, en cuya prueba clara puedan basarse?» ¡No! Las promesas que los impíos se hacen mutuamente no son sino falacias.

35:41 Alá sostiene los cielos y la tierra para que no se desplomen. Si se desplomaran no habría nadie, fuera de Él, que pudiera sostenerlos. Es benigno, indulgente.

35:42 Juraron solemnemente por Alá que, si venía un monitor a ellos, iban a ser dirigidos mejor que ninguna otra comunidad. Y, cuando ha venido a ellos un monitor, esto no ha hecho sino acrecentar su repulsa,

35:43 portándose altivamente en la tierra y tramando maldad. Pero el tramar maldad no recae sino en sus propios autores. ¿Es que esperan una suerte diferente de la que cupo a los antiguos? Pues encontrarás la práctica de Alá irreemplazable, y encontrarás la práctica de Alá inmutable.

35:44 ¿No han ido por la tierra y mirado cómo terminaron sus antecesores, aun siendo más poderosos? Nada, ni en los cielos ni en la tierra, puede escapar a Él. Es omnisciente, omnipotente.

35:45 Si Alá diera a los hombres su merecido, no dejaría ningún ser vivo sobre su superficie. Remite, sin embargo, su castigo a un plazo fijo. Y cuando vence su plazo... Alá ve bien a Sus siervos.

36. Ya Sin

¡En el nombre de Alá, el Compasivo, el Misericordioso!

36:1 *ys.*

36:2 ¡Por el sabio *Corán*,

36:3 que tú eres, ciertamente, uno de los enviados

36:4 y estás en una vía recta!

36:5 ... como Revelación del Poderoso, del Misericordioso,

36:6 para que adviertas a un pueblo cuyos antepasados no fueron advertidos y que, por eso, no se preocupa.

36:7 Se ha cumplido la sentencia contra la mayoría: no creen.

36:8 Les hemos puesto al cuello argollas, hasta la barbilla, de tal modo que no pueden mover la cabeza.

36:9 Les hemos puesto una barrera por delante y otra por detrás, cubriéndoles de tal modo que no pueden ver.

36:10 Les da lo mismo que les adviertas o no: no creerán.

36:11 Pero tú sólo tienes que advertir a quien sigue la Amonestación y tiene miedo del Compasivo en secreto. Anúnciale el perdón y una recompensa generosa.

36:12 Nosotros resucitamos a los muertos. Inscribimos todo lo que antes hicieron, así como las consecuencias de sus actos. Todo lo tenemos en cuenta en un Libro claro.

36:13 Propónles una parábola: los habitantes de la ciudad. Cuando vinieron a ella los enviados.

36:14 Cuando les enviamos a dos y les desmintieron. Reforzamos con un tercero y dijeron: «Se nos ha enviado a vosotros».

36:15 Dijeron: «No sois sino unos mortales como nosotros. El Compasivo no ha revelado nada. No decís sino mentiras».

36:16 Dijeron: «Nuestro Señor sabe: en verdad, se nos ha enviado a vosotros,

36:17 encargados sólo de la transmisión clara».

36:18 Dijeron: «No presagiamos de vosotros nada bueno. Si no desistís hemos de lapidaros y haceros sufrir un castigo doloroso».

36:19 Dijeron: «De vosotros depende vuestra suerte. Si os dejarais amonestar... Sí, sois gente inmoderada».

36:20 Entonces, de los arrabales, vino corriendo un hombre. Dijo: «¡Pueblo! ¡Seguid a los enviados!

36:21 ¡Seguid a quienes no os piden salario y siguen la buena dirección!

36:22 ¿Por qué no voy a servir a Quien me ha credado y a Quien seréis devueltos?

36:23 ¿Voy a tomar, en lugar de tomarle a Él, dioses cuya intercesión, si el Compasivo me desea una desgracia, de nada me aprovechará y tales que no podrán salvarme?

36:24 Si eso hiciera, estaría, sí, evidentemente extraviado.

36:25 ¡Creo en vuestro Señor! ¡Escuchadme!»

36:26 Se dijo: «¡Entra en el Jardín!» Dijo: «¡Ah! Si mi pueblo supiera

36:27 que mi Señor me ha perdonado y me ha colocado entre los honrados».

36:28 Después de él, no hicimos bajar del cielo ninguna legión contra su pueblo. No hicimos bajar.

36:29 No hubo más que un solo Grito y ¡helos sin vida!

36:30 ¡Pobres siervos! No vino a ellos enviado que no se burlaran de él.

36:31 ¿No ven cuántas generaciones antes de ellos hemos hecho perecer, que ya no volverán a ellos...?

36:32 ¡Y a todos, sin falta, se les hará comparecer ante Nosotros!

36:33 Tienen un signo en la tierra muerta, que hemos hecho revivir y de la que hemos sacado el grano que les alimenta.

36:34 Hemos plantado en ella palmerales y viñedos, hemos hecho brotar de ella manantiales,

36:35 para que coman de sus frutos. No son obra de sus manos. ¿No darán, pues, gracias?

36:36 ¡Gloria al Creador de todas las parejas: las que produce la tierra, las de los mismos hombres y otras que ellos no conocen!

36:37 Y tienen un signo en la noche, de la que quitamos el día, quedando los hombres a oscuras.

36:38 Y el sol. Corre a una parada suya por decreto del Poderoso, del Omnisciente.

36:39 Hemos determinado para la luna fases, hasta que se pone como la palma seca.

36:40 No le está bien al sol alcanzar a la luna, ni la noche adelanta al día. Cada uno navega en una órbita.

36:41 Tienen un signo en el hecho de que hayamos llevado a sus descendientes en la nave abarrotada.

36:42 Y creamos para ellos otras naves semejantes en las que se embarcan.

36:43 Si quisiéramos, los anegaríamos. Nadie podría ayudarles y no se salvarían,

36:44 a menos que mediara una misericordia venida de Nosotros y para disfrute por algún tiempo.

36:45 Y cuando se les dice: «¡Temed el castigo en esta vida y en la otra! Quizás, así, se os tenga piedad»...

36:46 No viene a ellos ninguno de los signos de su Señor que no se aparten de él.

36:47 Y cuando se les dice: «¡Dad limosna de lo que Alá os ha proveído!» dicen los infieles a los creyentes: «¿Vamos a dar de comer a quien Alá, si Él quisiera, podría dar de comer? Estáis evidentemente extraviados».

36:48 Dicen: «¿Cuándo se cumplirá esta amenaza, si es verdad lo que decís?»

36:49 No esperarán más que un solo Grito, que les sorprenderá en plena disputa,

36:50 y no podrán hacer testamento, ni volver a los suyos.

36:51 Se tocará la trompeta y se precipitarán de las sepulturas a su Señor.

36:52 Dirán: «¡Ay de nosotros! ¿Quién nos ; ha despertado de nuestro lecho? Esto es aquello con que el Compasivo nos había amenazado. Los enviados decían la verdad».

36:53 No habrá más que un solo Grito y a todos se les hará comparecer ante Nosotros.

36:54 Ese día, nadie será tratado injustamente en nada y no se os retribuirá sino conforme a vuestras obras.

36:55 Ese día, los moradores del Jardín tendrán una ocupación feliz.

36:56 Ellos y sus esposas estarán a la sombra, reclinados en sofás.

36:57 Tendrán allí fruta y lo que deseen.

36:58 Les dirán de parte de un Señor misericordioso: «¡Paz!»

36:59 En cambio: «¡Pecadores! ¡Apartaos hoy!

36:60 ¿No he concertado una alianza con vosotros, hijos de Adán: que no ibais a servir al Demonio, que es para vosotros un enemigo declarado,

36:61 sino que ibais a servirme a Mí? Esto es una vía recta.

36:62 Ha extraviado a muchísimos de vosotros. ¿Es que no comprendíais?

36:63 ésta es la gehena con que se os había amenazado.

36:64 ¡Arded hoy en ella por no haber creído!»

36:65 Ese día sellaremos sus bocas, pero sus manos Nos hablarán y sus pies atestiguarán lo que han cometido».

36:66 Si quisiéramos, les apagaríamos los ojos. Entonces se abalanzarían a la Vía, pero ¿cómo iban a ver?

36:67 Si quisiéramos, les clavaríamos en su sitio de modo que no pudieran avanzar ni retroceder.

36:68 A quien prolongamos la vida, le hacemos encorvarse. ¿Es que no comprenden?

36:69 No le hemos enseñado la poesía, que no le está bien. Esto no es más que una amonestación y un *Corán* claro,

36:70 para que advierta a todo vivo y se cumpla la sentencia contra los infieles.

36:71 ¿Es que no ven que, entre las obras de Nuestras manos, hemos creado a su intención rebaños que les pertenecen?

36:72 Los hemos hecho dóciles a ellos: unos les sirven de montura, otros de alimento.

36:73 Obtienen provecho de ellos y bebidas. ¿No darán, pues, las gracias?

36:74 Pero han tomado dioses en lugar de tomar a Alá. Quizás, así, sean auxiliados...

36:75 No podrán auxiliarles. Al contrario, formarán un ejército al que se hará comparecer contra ellos.

36:76 ¡Que no te entristezca lo que digan! Nosotros sabemos tanto lo que ocultan como lo que manifiestan.

36:77 ¿No ve el hombre que le hemos creado de una gota? Pues ¡ahí le tienes, porfiador declarado!

36:78 Nos propone una parábola y se olvida de su propia creación. Dice: «¿Quién dará vida a los huesos, estando podridos?»

36:79 Di: «Les dará vida Quien los creó una vez primera -Él conoce bien toda creación-,

36:80 Quien os ha hecho fuego de un árbol verde del que, así, encendéis».

36:81 ¿Es que Quien ha creado los cielos y la tierra no será capaz de crear semejantes a ellos? ¡Claro que sí! Él es el Creador de todo, el Omnisciente.

36:82 Su orden, cuando quiere algo, le dice tan sólo: «¡Se!» Y es.

36:83 ¡Gloria a Quien posee la realeza de todo! Y a Él seréis devueltos.

37. Los Puestos En Fila (As Saffát)
¡En el nombre de Alá, el Compasivo, el Misericordioso!

37:1 ¡Por los puestos en fila.

37:2 que ahuyentan violentamente

37:3 y recitan una amonestación!

37:4 En verdad, vuestro Dios es Uno:

37:5 Señor de los cielos, de la tierra y de lo que entre ellos está, Señor de los Orientes.

37:6 Hemos engalanado el cielo más bajo con estrellas,

37:7 como protección contra todo demonio rebelde.

37:8 Así, los demonios no pueden oír al Consejo Supremo, porque por todas partes se ven hostigados,

37:9 repelidos. Tendrán un castigo perpetuo.

37:10 A menos que alguno se entere de algo por casualidad: a ese tal le perseguirá una llama de penetrante luz.

37:11 Pregúntales si crearlos a ellos ha resultado más difícil para Nosotros que crear a los otros. Los hemos creado de arcilla pegajosa.

37:12 Pero ¡no! Te asombras y ellos se mofan.

37:13 Si se les recuerda algo, no se acuerdan.

37:14 Y, si ven un signo, lo ponen en ridículo,

37:15 y dicen: «¡Esto no es sino manifiesta magia!

37:16 Cuando muramos y seamos tierra y huesos, ¿se nos resucitará acaso?

37:17 ¿Y también a nuestros antepasados?»

37:18 Di: «¡Sí, y vosotros os humillaréis!»

37:19 Un solo Grito, nada más, y verán...

37:20 Dirán: «¡Ay de nosotros! ¡Este es el día del Juicio!»

37:21 «Este es el día del Fallo, que vosotros desmentíais».

37:22 «¡Congregad a los impíos, a sus consocios y lo que ellos servían,

37:23 en lugar de servir a Alá, y conducidles a la vía del fuego de la gehena!

37:24 ¡Detenedles, que se les va a pedir cuentas!»

37:25 «¿Por qué no os auxiliáis ahora mutuamente?»

37:26 Pero ¡no! Ese día querrán hacer acto de sumisión.

37:27 Y se volverán unos a otros para preguntarse.

37:28 Dirán: «Venías a nosotros por la derecha».

37:29 Dirán: «¡No, no erais creyentes!

37:30 Y no teníamos ningún poder sobre vosotros. ¡No! Erais un pueblo rebelde.

37:31 La sentencia de nuestro Señor se ha cumplido contra nosotros. Vamos, sí, a gustar...

37:32 Os descarriamos. ¡Nosotros mismos estábamos descarriados!»

37:33 Ese día compartirán el castigo.

37:34 Así haremos con los pecadores.

37:35 Cuando se les decía: «¡No hay más dios que Alá!» se mostraban altivos,

37:36 y decían: «¿Vamos a dejar a nuestros dioses por un poeta poseso?»

37:37 Pero ¡no! Él ha traído la Verdad y ha confirmado a los enviados.

37:38 ¡Vais, sí, a gustar el castigo doloroso!

37:39 No se os retribuirá, empero, sino por las obras que hicisteis.

37:40 En cambio, los siervos escogidos de Alá

37:41 tendrán un sustento conocido:

37:42 fruta. Y serán honrados

37:43 en los Jardines de la Delicia,

37:44 en lechos, unos enfrente de otros,

37:45 haciéndose circular entre ellos una copa de agua viva,

37:46 clara, delicia de los bebedores,

37:47 que no aturdirá ni se agotará.

37:48 Tendrán a las de recatado mirar, de grandes ojos,

37:49 como huevos bien guardados.

37:50 Y se volverán unos a otros para preguntarse.

37:51 Uno de ellos dirá: «Yo tenía un compañero

37:52 que decía: '¿Acaso eres de los que confirman?

37:53 Cuando muramos y seamos tierra y huesos, ¿se nos juzgará acaso?'»

37:54 Dirá: «¿Veis algo desde ahí arriba?»

37:55 Mirará abajo y le verá en medio del fuego de la gehena.

37:56 Y dirá: «¡Por Alá, que casi me pierdes!

37:57 Si no llega a ser por la gracia de mi Señor, habría figurado yo entre los réprobos.

37:58 Pues ¡que! ¿No hemos muerto

37:59 sólo una vez primera sin haber sufrido castigo?

37:60 ¡Sí, éste es el éxito grandioso!»

37:61 ¡Vale la pena trabajar por conseguir algo semejante!

37:62 ¿Es esto mejor como alojamiento o el árbol de Zaqqum?

37:63 Hemos hecho de éste tentación para los impíos.

37:64 Es un árbol que crece en el fondo del fuego de la gehena,

37:65 de frutos parecidos a cabezas de demonios.

37:66 De él comerán y llenarán el vientre.

37:67 Luego, deberán, además, una mezcla de agua muy caliente

37:68 y volverán, luego, al fuego de la gehena.

37:69 Encontraron a sus padres extraviados

37:70 y corrieron tras sus huellas.

37:71 Ya se extraviaron la mayoría de los antiguos,

37:72 aunque les habíamos enviado quienes advirtieran.

37:73 ¡Y mira cómo terminaron aquéllos que habían sido advertidos!

37:74 No, en cambio, los siervos escogidos de Alá.

37:75 Noé Nos había invocado. ¡Qué buenos fuimos escuchándole!

37:76 Les salvamos, a él y a su familia, del grave apuro.

37:77 Hicimos que sus descendientes sobrevivieran

37:78 y perpetuamos su recuerdo en la posteridad.

37:79 ¡Paz sobre Noé, entre todas las criaturas!

37:80 Así retribuimos a quienes hacen el bien.

37:81 Es uno de Nuestros siervos creyentes.

37:82 Luego, anegamos a los otros.

37:83 Abraham era, sí, de los suyos.

37:84 Cuando vino a su Señor con corazón sano.

37:85 Cuando dijo a su padre y a su pueblo: «¿Qué servís?

37:86 ¿Queréis, mentirosamente, dioses en lugar de a Alá?

37:87 ¿Qué opináis, pues, del Señor del universo?»

37:88 Dirigió una mirada a los astros

37:89 y dijo: «Voy a encontrarme indispuesto».

37:90 y dieron media vuelta, apartándose de él.

37:91 Entonces, se volvió hacia sus dioses y dijo: «¿No coméis?

37:92 ¿Por qué no habláis?»

37:93 Y se precipitó contra ellos golpeándolos con la diestra.

37:94 Corrieron hacia él.

37:95 Dijo: «¿Servís lo que vosotros mismos habéis esculpido,

37:96 mientras que Alá os ha creado, a vosotros y lo que hacéis?»

37:97 Dijeron: «¡Hacedle un horno y arrojadle al fuego llameante!»

37:98 Quisieron emplear mañas contra él, pero hicimos que fueran ellos los humillados.

37:99 Dijo: «¡Voy a mi Señor! ¡Él me dirigirá!

37:100 ¡Señor! ¡Regálame un hijo justo!»

37:101 Entonces, le dimos la buena nueva de un muchacho benigno.

37:102 Y, cuando tuvo bastante edad como para ir con su padre, dijo: «¡Hijito! He soñado que te inmolaba. ¡Mira, pues, qué te parece!» Dijo: «¡Padre! ¡Haz lo que se te ordena! Encontrarás, si Alá quiere, que soy de los pacientes».

37:103 Cuando ya se habían sometido los dos y le había puesto contra el suelo...

37:104 Y le llamamos: «¡Abraham!

37:105 Has realizado el sueño. Así retribuimos a quienes hacen el bien».

37:106 Sí, ésta era la prueba manifiesta.

37:107 Le rescatamos mediante un espléndido sacrificio

37:108 y perpetuamos su recuerdo en la posteridad.

37:109 ¡Paz sobre Abraham!

37:110 Así retribuimos a quienes hacen el bien.

37:111 Es uno de Nuestros siervos creyentes.

37:112 Y le anunciamos el nacimiento de Isaac, profeta, de los justos.

37:113 Les bendijimos, a él y a Isaac. Y entre sus descendientes unos hicieron el bien, pero otros fueron claramente injustos consigo mismos.

37:114 Ya agraciamos a Moisés y a Aarón.

37:115 Les salvamos, a ellos y a su pueblo, de un grave apuro.

37:116 Les auxiliamos y fueron ellos los que ganaron.

37:117 Les dimos la *Escritura* clara.

37:118 Les dirigimos por la vía recta

37:119 y perpetuamos su recuerdo en la posteridad.

37:120 ¡Paz sobre Moisés y Aarón!

37:121 Así retribuimos a quienes hacen el bien.

37:122 Fueron dos de Nuestros siervos creyentes.

37:123 Elías fue, ciertamente, uno de los enviados.

37:124 Cuando dijo a su pueblo: «¿Es que no vais a temer a Alá?

37:125 ¿Vais a invocar a Baal, dejando al Mejor de los creadores:

37:126 a Alá, Señor vuestro y Señor de vuestros antepasados?»

37:127 Le desmintieron y se les hará, ciertamente, comparecer;

37:128 no, en cambio, a los siervos escogidos de Alá.

37:129 Y perpetuamos su recuerdo en la posteridad.

37:130 ¡Paz sobre Elías!

37:131 Así retribuimos a quienes hacen el bien.

37:132 Fue uno de Nuestros siervos creyentes.

37:133 Lot fue, ciertamente, uno de los enviados.

37:134 Cuando les salvamos, a él y a su familia, a todos,

37:135 salvo a una vieja entre los que se rezagaron.

37:136 Luego, aniquilamos a los demás.

37:137 Pasáis, sí, sobre ellos, mañana

37:138 y tarde. ¿Es que no comprendéis?

37:139 Jonás fue, ciertamente, uno de los enviados.

37:140 Cuando se escapó a la nave abarrotada.

37:141 Echó suertes y perdió.

37:142 El pez se lo tragó, había incurrido en censura.

37:143 Si no hubiera sido de los que glorifican,

37:144 habría permanecido en su vientre hasta el día de la Resurrección.

37:145 Le arrojamos, indispuesto, a una costa desnuda

37:146 e hicimos crecer sobre él una calabacera.

37:147 Y le enviamos a cien mil o más.

37:148 Creyeron y les permitimos gozar por algún tiempo.

37:149 ¡Pregúntales, pues, si tu Señor tiene hijas como ellos tienen hijos,

37:150 si hemos creado a los ángeles de sexo femenino en su presencia!

37:151 Mienten tanto que llegan a decir:

37:152 «Alá ha engendrado». ¡Mienten, ciertamente!

37:153 ¿Iba Él a preferir tener hijas a tener hijos?

37:154 ¿Qué os pasa? ¿Qué manera de juzgar es ésa?

37:155 ¿Es que no os dejaréis amonestar?

37:156 O ¿es que tenéis una autoridad clara?

37:157 ¡Traed, pues, vuestra *Escritura*, si es verdad lo que decís!

37:158 Han establecido un parentesco entre Él y los genios. Pero saben los genios que se les hará comparecer

37:159 -¡gloria a Alá, que está por encima de lo que Le atribuyen!-;

37:160 no, en cambio, a los siervos escogidos de Alá.

37:161 Vosotros y lo que servís,

37:162 no podréis seducir contra Él

37:163 sino a quien vaya a arder en el fuego de la gehena.

37:164 «No hay nadie entre nosotros que no tenga un lugar señalado.

37:165 Sí, somos nosotros los que están formados.

37:166 Sí, somos nosotros los que glorifican».

37:167 Sí, solían decir:

37:168 «Si tuviéramos una amonestación que viniera de los antiguos,

37:169 seríamos siervos escogidos de Alá».

37:170 Pero no creen en ella. ¡Van a ver...!

37:171 Ha precedido ya Nuestra palabra a Nuestros siervos, los enviados:

37:172 son ellos los que serán, ciertamente, auxiliados,

37:173 y es Nuestro ejército el que, ciertamente, vencerá.

37:174 ¡Apártate, pues, de ellos, por algún tiempo,

37:175 y obsérvales! ¡Van a ver...!

37:176 ¿Quieren, entonces, adelantar Nuestro castigo?

37:177 Cuando descargue sobre ellos, mal despertar tendrán los que ya habían sido advertidos.

37:178 ¡Apártate, pues, de ellos, por algún tiempo,

37:179 y observa! ¡Van a ver...!

37:180 ¡Gloria a tu Señor, Señor del Poder, que está por encima de lo que Le atribuyen!

37:181 Y ¡paz sobre los enviados!

37:182 Y ¡alabado sea Alá, Señor del universo!

38. Sad

¡En el nombre de Alá, el Compasivo, el Misericordioso!

38:1 s. ¡Por el *Corán*, que contiene la Amonestación...!

38:2 Por los infieles están llenos de orgullo y en oposición.

38:3 ¡A cuántas generaciones, antes de ellos, hemos hecho perecer! Invocaron cuando ya no había tiempo para salvarse.

38:4 Se asombran de que uno salido de ellos haya venido a advertirles. Y dicen los infieles: «¡Éste es un mago mentiroso!

38:5 ¡Quiere reducir los dioses a un Dios Uno? ¡Es algo, ciertamente, asombroso!»

38:6 Sus dignatarios se fueron: «¡Id y manteneos fieles a vuestros dioses! ¡Esto es algo deseable!

38:7 No oímos que ocurriera tal cosa en la última religión. Esto no es más que una superchería.

38:8 ¿Se le ha revelado la Amonestación a él, de entre nosotros?» ¡Sí! ¡Dudan de Mi Amonestación! ¡No, aún no han gustado Mi castigo!

38:9 ¿O tienen los tesoros de misericordia de tu Señor, el Poderoso, el Munífico?

38:10 ¿O poseen el dominio de los cielos; de la tierra y de lo que entre ellos hay? Pues que suban por las cuerdas.

38:11 Todo un ejército de coalicionistas será aquí mismo derrotado.

38:12 Antes de ellos, otros desmintieron: el pueblo de Noé, los aditas y Faraón, el de las estacas,

38:13 los tamudeos, el pueblo de Lot, los habitantes de la Espesura. Ésos eran los coalicionistas.

38:14 No hicieron todos sino desmentir a los enviados y se cumplió Mi castigo.

38:15 No esperarán éstos más que un solo Grito, que no se repetirá.

38:16 Dicen: «¡Señor! ¡Anticípanos nuestra parte antes del día de la Cuenta!»

38:17 Ten paciencia con lo que dicen y recuerda a Nuestro siervo David, el fuerte. Su arrepentimiento era sincero.

38:18 Sujetamos, junto con él, las montañas para que glorificaran por la tarde y por la mañana.

38:19 Y los pájaros, en bandadas. Todo vuelve a Él.

38:20 Consolidamos su dominio y le dimos la sabiduría y la facultad de arbitrar.

38:21 ¿Te has enterado de la historia de los litigantes? Cuando subieron a palacio.

38:22 Cuando entraron adonde estaba David y éste se asustó al verles. Dijeron: «¡No tengas miedo! Somos dos partes litigantes, una de las cuales ha ofendido a la otra. Decide, pues, entre nosostros según justicia, imparcialmente, y dirígenos a la vía recta.

38:23 éste es mi hermano. Tiene noventa y nueve ovejas y yo una oveja. Dijo: '¡Confíamela!' Y me gana a discutir».

38:24 Dijo: «Sí, ha sido injusto contigo pidiéndote que agregaras tu oveja a las suyas». En verdad, muchos consocios se causan daño unos a otros; no los que creen y obran bien, pero ¡que pocos son éstos! David comprendió que sólo habíamos querido probarle y pidió perdón a su Señor. Cayó de rodillas y se arrepintió.

38:25 Se lo perdonamos y tiene un sitio junto a Nosotros y un bello lugar de retorno.

38:26 ¡David! Te hemos hecho sucesor en la tierra. ¡Decide, pues, entre los hombres según justicia! ¡No sigas la pasión! Si no, te extraviará del camino de Alá. Quienes se extravíen del camino de Alá tendrán un severo castigo. Por haber olvidado el día de la Cuenta.

38:27 No hemos creado en vano el cielo, la tierra y lo que entre ellos está. Así piensan los infieles. Y ¡ay de los infieles, por el Fuego...!

38:28 ¿Trataremos a quienes creen y obran bien igual que a quienes corrompen en la tierra, a los temerosos de Alá igual que a los pecadores?

38:29 Una *Escritura* que te hemos revelado, bendita, para que mediten en sus aleyas y para que los dotados de intelecto se dejen amonestar.

38:30 A David le regalamos Salomón. ¡Qué siervo tan agradable! Su arrepentimiento era sincero.

38:31 Cuando un anochecer le presentaron unos corceles de raza.

38:32 Y dijo: «Por amor a los bienes he descuidado el recuerdo de mi Señor hasta que se ha escondido tras el velo.

38:33 ¡Traédmelos!» Y se puso a desjarretarlos y degollarlos.

38:34 Aún probamos a Salomón cuando asentamos en su trono a su sosia. Luego, se arrepintió.

38:35 «¡Señor!» dijo. «¡Perdóname y regálame un dominio tal que a nadie después de mí le esté bien. Tú eres el Munífico».

38:36 Sujetamos a su servicio el viento, que soplaba suavemente allí donde él quería, a una orden suya.

38:37 Y los demonios, constructores y buzos de toda clase,

38:38 y otros, encadenados juntos.

38:39 «¡Esto es don Nuestro! ¡Agracia, pues, o retén, sin limitación!»

38:40 Tiene un sitio junto a Nosotros y un bello lugar de retorno.

38:41 ¡Y recuerda a nuestro siervo Job! Cuando invocó a su Señor. «El Demonio me ha infligido una pena y un castigo».

38:42 «¡Golpea con el pie! Ahí tienes agua fresca para lavarte y para beber».

38:43 Le regalamos su familia y otro tanto, como misericordia venida de Nosotros y como amonestación para los dotados de intelecto.

38:44 Y: «¡Toma en tu mano un puñado de hierba, golpea con él y no cometas perjurio!» Le encontramos paciente. ¡Qué siervo tan agradable! Su arrepentimiento era sincero.

38:45 Y recuerda a Nuestros siervos Abraham, Isaac y Jacob, fuertes y clarividentes.

38:46 Les hicimos objeto de distinción al recordarles la Morada.

38:47 Están junto a Nosotros, de los elegidos mejores.

38:48 Y recuerda a Ismael, Eliseo y Dulkifl, todos ellos de los mejores.

38:49 Esto es una amonestación. Los que teman a Alá tendrán, ciertamente, un bello lugar de retorno:

38:50 los jardines del edén, cuyas puertas estarán abiertas para ellos,

38:51 y en los que, reclinados, pedirán fruta abundante y bebida.

38:52 Junto a ellos estarán las de recatado mirar, de una misma edad.

38:53 Esto es lo que se os promete para el día de la Cuenta.

38:54 En verdad, éste será Nuestro sustento, sin fin.

38:55 Así será. Los rebeldes, en cambio, tendrán un mal lugar de retorno:

38:56 la gehena, en la que arderán. ¡Qué mal lecho...!

38:57 Esto ¡que lo gusten!: agua muy caliente, hediondo líquido

38:58 y otras muchas cosas por el estilo.

38:59 «He ahí a otra muchedumbre que se precipita con vosotros. No hay bienvenida para ellos. Arderán en el Fuego».

38:60 Dirán: «¡No! ¡No hay bienvenida para vosotros! ¡Sois vosotros los que nos habéis preparado esto! ¡Qué mala morada...!»

38:61 «¡Señor!» dirán, «a los que nos han preparado esto ¡dóblales el castigo en el Fuego!»

38:62 Dirán: «¿Cómo es que no vemos aquí a hombres que teníamos por malvados,

38:63 de los que nos burlábamos? ¿O es que se desvían de ellos las miradas?»

38:64 Sí, esto es verdad: la discusión entre los moradores del Fuego.

38:65 Di: «Yo no soy más que uno que advierte. No hay ningún otro dios que Alá, el Uno, el Invicto,

38:66 el Señor de los cielos, de la tierra y de lo que entre ellos está, el Poderoso, el Indulgente».

38:67 Di: «es una noticia enorme,

38:68 de la cual os apartáis.

38:69 Yo no tenía conocimiento del Consejo Supremo, cuando discutían unos con otros.

38:70 Lo único que se me ha revelado es que soy un monitor que habla claro».

38:71 Cuando tu Señor dijo a los ángeles: «Voy a crear a un mortal de arcilla

38:72 y, cuando lo haya formado armoniosamente e infundido en él de Mi Espíritu, ¡caed prosternados ante él!»

38:73 Los ángeles se prosternaron, todos juntos,

38:74 salvo Iblis, que se mostró altivo y fue de los infieles.

38:75 Dijo: «¡Iblis! ¿Qué es lo que te ha impedido prosternarte ante lo que con Mis manos he creado? ¿Ha sido la altivez, la arrogancia?»

38:76 Dijo: «Yo soy mejor que él. A mí me creaste de fuego, mientras que a él le creaste de arcilla».

38:77 Dijo: «¡Sal de aquí! ¡Eres un maldito!

38:78 ¡Mi maldición te perseguirá hasta el día del Juicio!»

38:79 Dijo: «¡Señor, déjame esperar hasta el día de la Resurrección!»

38:80 Dijo: «Entonces, serás de aquéllos a quienes se ha concedido una prórroga

38:81 hasta el día del tiempo señalado».

38:82 Dijo: «¡Por Tu poder, que he de descarriarles a todos,

38:83 salvo a aquéllos que sean siervos Tuyos escogidos!»

38:84 Dijo: «La verdad es -y digo verdad-

38:85 que he de llenar la gehena contigo y con todos aquéllos que te hayan seguido».

38:86 Di: «Yo no os pido, a cambio, ningún salario ni me arrogo nada.

38:87 Ello no es más que una amonestación dirigida a todo el mundo.

38:88 Y os enteraréis, ciertamente, de lo que anuncia dentro de algún tiempo».

39. Los Grupos (Az Zómar)

¡En el nombre de Alá, el Compasivo, el Misericordioso!

39:1 La revelación de la *Escritura* procede de Alá, el Poderoso, el Sabio.

39:2 Te hemos revelado la *Escritura* con la verdad. ¡Sirve, pues, a Alá, rindiéndole culto sincero!

39:3 El culto puro ¿no se debe a Alá? Los que han tomado amigos en lugar de tomarle a Él -«Sólo les servimos para que nos acerquen bien a Alá»-... Alá decidirá entre ellos sobre aquello en que discrepaban. Alá no guía al que miente, al infiel pertinaz.

39:4 Si Alá hubiera deseado adoptar un hijo, habría elegido entre lo que ha creado lo que hubiera querido. ¡Gloria a Él! Es Alá, el Uno, el Invicto.

39:5 Ha creado con un fin los cielos y la tierra. Hace que la noche suceda al día y el día a la noche. Ha sujetado el sol y la luna, prosiguiendo cada uno su curso hacia un término fijo. ¿No es Él el Poderoso, el Indulgente?

39:6 Os ha creado de una sola persona, de la que ha sacado a su cónyuge. Os ha dado, de los rebaños, cuatro parejas. Os ha creado en el seno de vuestras madres, creación tras creación, en triple oscuridad. Tal es Alá, vuestro Señor. Suyo es el domino. No hay más dios que Él. ¡Cómo, podéis pues, ser tan desviados!

39:7 Si sois ingratos,... Alá puede prescindir de vosotros. No acepta la ingratitud de Sus siervos. En cambio, si sois agradecidos, os lo aceptará complacido. Nadie cargará con la carga ajena. Al final, volveréis a vuestro Señor y ya os informará Él de lo que hacíais. Él sabe bien lo que los pechos encierran.

39:8 Cuando sufre el hombre una desgracia, invoca a su Señor, volviéndose a Él arrepentido. Luego, cuando Él le ha dispensado una gracia Suya, se olvida del objeto de su invocación anterior y atribuye iguales a Alá para extraviar a otros de Su camino. Di: «¡Goza un poco de tu incredulidad! Serás de los moradores del Fuego».

39:9 ¿Es el devoto, que vela por la noche, postrado o de pie, que teme la otra vida y espera en la misericordia de su Señor...? Di: «¿Son iguales los que saben y los que no saben?» Sólo se dejan amonestar los dotados de intelecto.

39:10 Di: «¡Siervos Míos que creéis! ¡Temed a vuestro Señor! Quienes obren bien tendrán en la vida de acá una bella recompensa. La tierra de Alá es vasta. Los pacientes recibirán una recompensa ilimitada».

39:11 Di: «He recibido la orden de servir a Alá, rindiéndole culto sincero.

39:12 He recibido la orden de ser el primero en someterse a Él».

39:13 Di: «Temo, si desobedezco a mi Señor, el castigo de un día terrible».

39:14 Di: «A Alá sirvo, rindiéndole culto sincero.

39:15 ¡Servid, pues, en lugar de servirle a Él, lo que queráis!» Di: «Perderán quienes se pierdan a sí mismos y pierdan a sus familias el día de la Resurrección. ¿No es ésa una pérdida manifiesta?»

39:16 Por encima y por debajo, tendrán pabellones de fuego. Así atemoriza Alá Sus siervos. «¡Temedme, pues, siervos!»

39:17 ¡Buena nueva para quienes hayan evitado a los *taguts*, rehusando sevirles, y se hayan vuelto arrepentidos a Alá! ¡Y anuncia la buena nueva a Mis siervos,

39:18 que escuchan la Palabra y siguen lo mejor de ella! ¡ésos son los que Alá ha dirigido! ¡ésos son los dotados de intelecto!

39:19 Aquél contra quien se cumpla la sentencia del castigo... ¿Podrás salvar tú a quien está en el Fuego?

39:20 Pero los que temieron a su Señor estarán en cámaras altas sobre las que hay construidas otras cámaras altas, a cuyos pies fluyen arroyos. ¡Promesa de Alá! Alá no falta a Su promesa.

39:21 ¿No ves cómo hace Alá bajar agua del cielo y Él la conduce a manantiales en la tierra? Mediante ella saca cereales de clases diversas, que, más tarde, se marchitan y ves que amarillean. Luego, hace de ellos paja seca. Hay en ello, sí, una amonestación para los dotados de intelecto.

39:22 ¿Es que aquél cuyo pecho Alá ha abierto al islam y camina así a la luz de su Señor...? ¡Ay de los que tienen un corazón insensible a la amonestación de Alá! Están evidentemente extraviados.

39:23 Alá ha revelado el más bello relato, una *Escritura* cuyas aleyas armonizan y se reiteran. Al oírla, se estremecen quienes tienen miedo de su Señor; luego, se calman en cuerpo y en espíritu al recuerdo de Alá. Ésa es la dirección de Alá, por la que dirige a quien Él quiere. En cambio, aquél a quien Alá extravía no podrá encontrar quien le dirija.

39:24 ¿Es que quien trata de protegerse con su propia persona contra el mal castigo del día de la Resurrección...? Se dirá a los impíos: «¡Gustad lo que habéis merecido!»

39:25 Sus predecesores desmintieron y el castigo les vino de donde no lo presentían.

39:26 Alá les hizo gustar la ignominia en la vida de acá, pero, ciertamente, el castigo de la otra vida es mayor. Si supieran...

39:27 En este *Corán* hemos dado a los hombres toda clase de ejemplos. Quizás, así, se dejen amonestar.

39:28 Es un *Corán* árabe, exento de recovecos. Quizás, así, teman a Alá.

39:29 Alá propone el símil de un hombre que pertenece a socios que no están de acuerdo y el hombre que pertenece exclusivamente a uno. ¿Son ambos similares? ¡Alabado sea Alá! Pero la mayoría no saben.

39:30 Tú tienes que morir y ellos tienen que morir.

39:31 Luego, el día de la Resurrección, disputaréis junto a vuestro Señor.

39:32 ¿Hay alguien que sea más impío que , quien miente contra Alá y que, cuando viene a él la Verdad, la desmiente? ¿No hay en la gehena una morada para los infieles?

39:33 Quienes traen la Verdad y la confirman, ésos son los temerosos de Alá.

39:34 Tendrán junto a su Señor lo que deseen -ésa será la retribución de quienes hacen el bien-:

39:35 que Alá borre sus peores obras y les retribuya con arreglo a sus mejores obras.

39:36 ¿No basta Alá a Su siervo? Quieren intimidarte con otros fuera de Él. Pero aquél a quien Alá extravía no podrá encontrar quien le dirija.

39:37 Y a aquél a quien Alá dirija nadie podrá extraviar. ¿Acaso no es Alá poderoso, vengador?

39:38 Si les preguntas: «¿Quién ha creado los cielos y la tierra?», seguro que dicen: «¡Alá!» Di: «Y ¿qué os parece? Si Alá me deseara una desgracia, las que invocáis en lugar de invocarle a Él ¿podrían impedirlo? Y, si Él quisiera hacerme objeto de una misericordia, podrían ellas evitarlo?» Di: «¡Alá me basta! Quienes confían, confían en Él».

39:39 Di: «¡Pueblo! ¡Obrad según vuestra situación! Yo también obraré... Y pronto veréis

39:40 quién recibirá un castigo humillante y sobre quién recaerá un castigo permanente».

39:41 Te hemos revelado la *Escritura* destinada a los hombres con la Verdad. Quien sigue la vía recta, la sigue en provecho propio y quien se extravía se extravía, en realidad, en detrimento propio. Tú no eres su protector.

39:42 Alá llama a las almas cuando mueren y cuando, sin haber muerto, duermen. Retiene aquéllas cuya muerte ha decretado y remite las otras a un plazo fijo. Ciertamente, hay en ello signos para gente que reflexiona.

39:43 ¿Tomarán los infieles a otros intercesores en lugar de tomar a Alá? Di: «¿Y si no pudieran nada ni razonaran?»

39:44 Di: «Toda intercesión proviene de Alá. Suyo es el dominio de los cielos y de la tierra. Al fin, a Él seréis devueltos».

39:45 Cuando Alá Solo es mencionado, se oprime el corazón de quienes no creen en la otra vida, pero cuando se mencionan otros fuera de Él, he aquí que se regocijan.

39:46 Di: «¡Alá, creador de los cielos y de la tierra! ¡El Conocedor de lo oculto y de lo patente! Tú decidirás entre Tus siervos sobre aquello en que discrepaban».

39:47 Si los impíos poseyeran todo cuanto hay en la tierra y aun otro tanto, lo ofrecerían como rescate el día de la Resurrección para librarse del mal castigo. Alá les manifestará aquello con que no contaban.

39:48 Se les mostrará el mal que cometieron y se verán cercados por aquello de que se burlaban.

39:49 Cuando el hombre sufre una desgracia, Nos invoca. Luego, cuando le dispensamos una gracia Nuestra, dice: «¡Lo que se me ha dado lo debo sólo a ciencia!» ¡No! Es una prueba, pero la mayoría no saben.

39:50 Lo mismo decían los que fueron antes de ellos y sus posesiones no les sirvieron de nada.

39:51 Les alcanzó el mal resultante de sus acciones y los que de éstos hayan sido impíos serán alcanzados por el mal resultante de sus acciones y no podrán escapar.

39:52 ¿No saben que Alá dispensa el sustento a quien Él quiere: a unos con largueza, a otros con mesura? Ciertamente, hay en ello signos para gente que cree.

39:53 Di: «¡Siervos que habéis prevaricado en detrimento propio! ¡No desesperéis de la misericordia de Alá! Alá perdona todos los pecados. Él es el Indulgente, el Misericordioso».

39:54 ¡Volveos a vuestro Señor arrepentidos! ¡Someteos a Él antes de que os alcance el castigo, porque luego no seréis auxiliados!

39:55 ¡Seguid lo mejor que vuestro Señor os ha revelado, antes de que os venga el castigo de repente, sin presentirlo!

39:56 No sea que alguien diga; «¡Ay de mí que fui tan remiso para con Alá! ¡Yo era de los que se burlaban!»,

39:57 o diga: «¡Si Alá me hubiera dirigido, habría sido de los que Le temen!»,

39:58 o diga, al ver el castigo: «¡Si pudiera regresar, sería de quienes hacen el bien!»

39:59 «Pero, si ya te vinieron Mis signos y los desmentiste, mostrándote altivo y siendo de los infieles...»

39:60 El día de la Resurrección verás a quienes mintieron contra Alá, hosco el rostro. ¿No hay en la gehena una morada para los soberbios?

39:61 Alá salvará a quienes Le hayan temido, librándoles del castigo: no sufrirán mal ni estarán tristes.

39:62 Alá es creador de todo y vela por todo.

39:63 Suyas son las llaves de los cielos y de la tierra. Los que no crean en los signos de Alá, ésos serán los que pierdan.

39:64 Di: «¿Es que me ordenáis que sirva a otro diferente de Alá, ¡ignorantes!?»

39:65 A ti y a los que te precedieron se os ha revelado: «Si asocias a Alá otros dioses, tus obras serán vanas y serás, sí, de los que pierdan.

39:66 Antes bien, ¡a Alá sirve y sé de los agradecidos!»

39:67 No han valorado a Alá debidamente. El día de la Resurrección, contendrá toda la tierra en Su puño, los cielos estarán plegados en Su diestra. ¡Gloria a Él! ¡Está por encima de lo que Le asocian!

39:68 Se tocará la trompeta y los que estén en los cielos y en la tierra caerán fulminados, excepto los que Alá quiera. Se tocará la trompeta otra vez y he aquí que se pondrán en pie, mirando.

39:69 La tierra brillará con la luz de su Señor. Se sacará la *Escritura*. Se hará venir a los profetas y a los testigos. Se decidirá entre ellos según justicia y no serán tratados injustamente.

39:70 Cada uno recibirá conforme a sus obras. Él sabe bien lo que hacen.

39:71 Los infieles serán conducidos en grupos a la gehena. Hasta que, llegados a ella, se abrirán las puertas y sus guardianes les dirán: «¿No vinieron a vosotros enviados, salidos de vosotros, para recitaros las aleyas de vuestro Señor y preveniros contra el encuentro de éste vuestro día?» Dirán: «¡Claro que sí!» Pero se cumplirá la sentencia del castigo contra los infieles.

39:72 Se dirá: «¡Entrad por las puertas de la gehena, para estar en ella eternamente!» ¡Qué mala es la morada de los soberbios!

39:73 Pero los que hayan temido a su Señor, serán conducidos en grupos al Jardín. Hasta que, llegados a él, se abrirán sus puertas y sus guardianes les dirán: «¡Paz sobre vosotros! Fuisteis buenos. ¡Entrad, pues, en él, por toda la eternidad!»

39:74 Y dirán: «¡Alabado sea Alá, Que nos ha cumplido Su promesa y nos ha dado la tierra en herencia. Podemos establecernos en el Jardín donde queramos». ¡Qué grata es la recompensa de los que obran bien!

39:75 Verás a los ángeles, yendo alrededor del Trono, celebrando las alabanzas de su Señor. Se decidirá entre ellos según justicia y se dirá: «¡Alabado sea Alá, Señor del universo!»

40. Que Perdona (Gafir)

¡En el nombre de Alá, el Compasivo, el Misericordioso!

40:1 *hm.*

40:2 La revelación de la *Escritura* procede de Alá, el Poderoso, el Omnisciente.

40:3 Que perdona el pecado, acepta el arrepentimiento, es severo en castigar y lleno de poder. No hay más dios que Él. ¡Él es el fin de todo!

40:4 No discuten sobre los signos de Alá sino los infieles. ¡Que sus idas y venidas por el país no te turben!

40:5 Antes de ellos, ya el pueblo de Noé había desmentido. Luego, también los coalicionistas. Los miembros de cada comunidad habían planeado apoderarse del enviado que se les había mandado. Y discutieron con argucias para, así, derribar la Verdad. Entonces, Yo me los llevé y ;¡cuál no fue Mi castigo!

40:6 Así se cumplió la sentencia de tu Señor contra los infieles: que serían los moradores del Fuego.

40:7 Los que llevan el Trono y los que están a su alrededor celebran las alabanzas de su Señor, creen en Él y Le piden que perdone a los creyentes: «¡Señor! Tú lo abarcas todo en Tu misericordia y en Tu ciencia. ¡Perdona, pues, a los que se arrepienten y siguen Tu camino! ¡Líbrales del castigo del fuego de la gehena!

40:8 ¡Señor! ¡Introdúceles en los jardines del edén que les prometiste, junto con aquéllos de sus padres, esposas y descendientes que fueron buenos! Tú eres el Poderoso, el Sabio.

40:9 ¡Líbrales de mal! Ese día, aquél a quien hayas librado de mal será objeto de Tu misericordia. ¡Ése es el éxito grandioso!»

40:10 A los que no hayan creído se les gritará: «El aborrecimiento que Alá os tiene es mayor que el aborrecimiento que os tenéis a vosotros mismos, por cuanto, invitados a creer, no creísteis».

40:11 Dirán: «¡Señor! Nos has hecho morir dos veces y vivir otras dos. Confesamos, pues, nuestros pecados. ¿Hay modo de salir?»

40:12 Esto os pasa porque, cuando se invocaba a Alá Solo, no creíais, mientras que, si se Le asociaban otros dioses, creíais. La decisión, pues, pertenece a Alá, el Altísimo, el Grande.

40:13 Él es Quien os muestra Sus signos, Quien os hace bajar del cielo sustento. Pero no se deja amonestar sino quien vuelve a Él arrepentido.

40:14 Invocad, pues, a Alá, rindiéndole culto sincero, a despecho de los infieles.

40:15 De elevada dignidad y Señor del Trono, echa el Espíritu que procede de Su orden sobre quien Él quiere de Sus siervos, para que prevenga contra el día del Encuentro.

40:16 Ese día surgirán, sin que nada de ellos pueda ocultarse a Alá. Ese día, ¿de quién será el dominio? ¡De Alá, el Uno, el Invicto!

40:17 Ese día cada uno será retribuido según sus méritos. ¡Nada de injusticias ese día! Alá es rápido en ajustar cuentas.

40:18 Prevénles contra el día de la Inminente, cuando, angustiados, se les haga un nudo en la garganta. No tendrán los impíos ningún amigo ferviente ni intercesor que sea escuchado.

40:19 Conoce la perfidia de los ojos y lo que ocultan los pechos.

40:20 Alá decide según justicia. En cambio, los otros que ellos invocan en lugar de invocarle a Él no pueden decidir nada. Alá es Quien todo lo oye, Quien todo lo ve.

40:21 Pues, ¡qué! ¿No han ido por la tierra y mirado cómo terminaron sus antecesores? Eran más poderosos y dejaron más huellas en la tierra. Entonces, Alá les sorprendió por sus pecados y no hubo quien pudiera protegerles contra Alá.

40:22 Es que cuando los enviados vinieron a ellos con las pruebas claras, no creyeron y Alá les sorprendió. Es fuerte y castiga severamente.

40:23 Enviamos Moisés con Nuestros signos y con una autoridad manifiesta

40:24 a Faraón, a Hamán y a Coré. Ellos dijeron: «Un mago mentiroso».

40:25 Cuando les trajo la verdad de Nosotros, dijeron: «¡Matad a los hijos varones de los que creen como él y dejad con vida a sus mujeres!» Pero la artimaña de los infieles fue inútil.

40:26 Faraón dijo: «¡Dejadme que mate a Moisés, y que invoque él a su Señor! Temo que cambie vuestra religión, o que haga aparecer la corrupción en el país».

40:27 Moisés dijo: «Me refugio en mi Señor y Señor vuestro contra todo soberbio que no cree en el día de la Cuenta».

40:28 Un hombre creyente de la familia de Faraón, que ocultaba su fe, dijo: «¿Vais a matar a un hombre por el mero hecho de decir 'Mi Señor es Alá' siendo así que os ha traído las pruebas claras de vuestro Señor? Si miente, su mentira recaerá sobre él. Pero, si dice verdad, os alcanzará algo de aquello con que os amenaza. Alá no dirige al inmoderado, al mentiroso.

40:29 ¡Pueblo! Habiendo vencido en la tierra, vuestro es el dominio hoy. Pero, cuando nos alcance el rigor de Alá, ¿quién nos librará de él?» Faraón dijo: «Yo no os hago ver sino lo que yo veo y no os dirijo sino por el camino recto».

40:30 El que creía dijo: «¡Pueblo! Temo por vosotros un día como el de los coalicionistas,

40:31 como ocurrió al pueblo de Noé, a los aditas, a los tamudeos y a los que vinieron después de ellos. Alá no quiere la injusticia para Sus siervos.

40:32 ¡Pueblo! Temo que viváis el día de la Llamada Mutua,

40:33 día en que volveréis la espalda y no tendréis a nadie que os proteja de Alá. Aquél a quien Alá extravía no tendrá quien le dirija.

40:34 Ya antes había venido José a vosotros con las pruebas claras y siempre dudasteis de lo que os trajo. Hasta que, cuando pereció dijisteis: 'Alá no mandará a ningún enviado después de él'. Así extravía Alá al inmoderados al escéptico».

40:35 Quienes discuten sobre los signos de Alá sin haber recibido autoridad... Es muy aborrecible para Alá y para los creyentes. Así sella Alá el corazón de todo soberbio, de todo tirano.

40:36 Faraón dijo: «¡Hamán! ¡Constrúyeme una torre! Quizás, así, alcance las vías,

40:37 Las vías que conducen al cielo, y suba al Dios de Moisés. Sí, creo que éste miente». Así se engalanó a Faraón la maldad de su acto y fue apartado del Camino. Pero se malograron sus artimañas.

40:38 El que creía dijo: «¡Pueblo! ¡Seguidme! Os dirigiré por el camino recto.

40:39 ¡Pueblo! Esta vida de acá no es sino breve disfrute, mientras que la otra vida es la Morada de la Estabilidad.

40:40 Quien obre mal no será retribuido sino con una pena similar. En cambio, los creyentes, varones o hembras, que obren bien entrarán en el Jardín y serán proveídos en él sin medida.

40:41 ¡Pueblo! ¿Como es que yo os llamo a la salvación, mientras que vosotros me llamáis al Fuego?

40:42 Me llamáis a que sea infiel a Alá y a que Le asocie algo de lo que no tengo conocimiento, mientras que yo os llamo al Poderoso, al Indulgente.

40:43 ¡En verdad, aquello a lo que me llamáis no merece ser invocado, ni en la vida de acá ni en la otra! Sí, volveremos a Alá y los inmoderados serán los moradores del Fuego.

40:44 Entonces, os acordaréis de lo que os digo. En cuanto a mí, me pongo en manos de Alá. Alá ve bien a Sus siervos».

40:45 Alá le preservó de los males que habían tramado y sobre la gente de Faraón se abatió el mal castigo:

40:46 el Fuego, al que se verán expuestos mañana y tarde. El día que llegue la Hora: «¡Haced que la gente de Faraón reciba el castigo más severo!»

40:47 Cuando discutan, ya en el Fuego, los que fueron débiles dirán a los que fueron altivos: «Os hemos seguido. ¿Vais a librarnos de parte del Fuego?»

40:48 Los altivos dirán: «Estamos todos en él. Alá ha decidido entre Sus siervos».

40:49 Los que estén en el Fuego dirán a los guardianes de la gehena: «¡Rogad a vuestro Señor que nos abrevie un día del castigo!»

40:50 Dirán: «¡Cómo! ¿No vinieron a vosotros vuestros enviados con las pruebas claras?» Dirán: «¡Claro que sí!» Dirán: «Entonces, ¡invocad vosotros!» Pero la invocación de los infieles será inútil.

40:51 Sí, a Nuestros enviados y a los que crean les auxiliaremos en la vida de acá y el día que depongan los testigos,

40:52 el día que ya no sirvan de nada a los impíos sus excusas, sino que sean malditos y tengan la Morada Mala.

40:53 Dimos la Dirección a Moisés y dimos en herencia la *Escritura* a los Hijos de Israel,

40:54 como dirección y amonestación para los dotados de intelecto.

40:55 ¡Ten paciencia! ¡Lo que Alá promete es verdad! Pide perdón por tu pecado y celebra al anochecer y al alba las alabanzas de tu Señor.

40:56 Quienes discuten de los signos de Alá sin haber recibido autoridad, no piensan sino en grandezas, que no alcanzarán. ¡Busca, pues, refugio en Alá! Él es Quien todo lo oye, Quien todo lo ve.

40:57 Crear los cielos y la tierra es más Q grande aún que crear a los hombres. Pero la mayoría de los hombres no saben.

40:58 No son iguales el ciego y el vidente. Ni los que han creído y obrado bien y los que han obrado mal. ¡Qué poco os dejáis amonestar!

40:59 Sí, la Hora llega, no hay duda de ella, pero la mayoría de los hombres no creen.

40:60 Vuestro Señor ha dicho: «¡Invocadme y os escucharé! Los que, llevados de su altivez, no Me sirvan entrarán, humillados, en la gehena».

40:61 Alá es quien ha dispuesto para vosotros la noche para que descanséis en ella, y el día para que podáis ver claro. Sí, Alá dispensa Su favor a los hombres, pero la mayoría de los hombres no agradecen.

40:62 ése es Alá, vuestro Señor, creador de todo. ¡No hay más dios que Él! ¡Cómo podéis, pues, ser tan desviados!

40:63 Del mismo modo fueron desviados quienes rechazaron los signos de Alá.

40:64 Alá es Quien os ha estabilizado la tierra y hecho del cielo un edificio, os ha formado armoniosamente y os ha proveído de cosas buenas. ése es Alá, vuestro Señor. ¡Bendito sea, pues, Alá, Señor del universo!

40:65 Él es el Vivo. No hay más dios que Él. ¡Invocadle rindiéndole culto sincero! ¡Alabado sea Alá, Señor del universo!

40:66 Di: «Cuando he recibido de mi Señor las pruebas claras, se me ha prohibido que sirva a aquéllos que invocáis en lugar de invocar a Alá. He recibido la orden de someterme al Señor del universo».

40:67 Él es Quien os ha creado de tierra; luego, de una gota; luego, de un coágulo de sangre. Luego, os hace salir como criaturas para alcanzar, más tarde, la madurez, luego la vejez -aunque algunos de vosotros mueren prematuramente- y llegar a un término fijo. Quizás, así, razonéis.

40:68 Él es Quien da la vida y da la muerte. Y cuando decide algo, le dice tan sólo: «¡Sé!» y es.

40:69 ¿No has visto a quienes discuten de los signos de Alá? ¡Cómo pueden ser tan desviados!

40:70 Que han desmentido la *Escritura* y el mensaje confiado a Nuestros enviados. ¡Van a ver...,

40:71 cuando, argolla al cuello y encadenados, sean arrastrados

40:72 al agua muy caliente y, luego, sean atizados en el Fuego!

40:73 Luego, se les dirá: «¿Dónde está lo que asociabais

40:74 en lugar de Alá?» Dirán: «¡Nos han abandonado! Mejor dicho, antes no invocábamos nada». Así extravía Alá a los infieles.

40:75 «Eso es por haberos regocijado en la tierra sin razón y por haberos conducido insolentemente.

40:76 ¡Entrad por las puertas de la gehena, para estar en ella eternamente! ¡Qué mala es la morada de los soberbios!»

40:77 ¡Ten, pues, paciencia! ¡Lo que Alá promete es verdad! Lo mismo si te hacemos ver algo de aquello con que les amenazamos, que si te llamamos, serán devueltos a Nosotros.

40:78 Ya mandamos a otros enviados antes de ti. De algunos de ellos ya te hemos contado, de otros no. Ningún enviado pudo traer signo alguno, sino con permiso de Alá. Cuando llegue la orden de Alá, se decidirá según justicia y, entonces, los falsarios estarán perdidos.

40:79 Alá es Quien ha puesto para vosotros los rebaños, para que montéis en unos y de otros os alimentéis,

40:80 -tenéis en ellos provecho-, y para que, por ellos, consigáis vuestros propósitos. Ellos y las naves os sirven de medios de transporte.

40:81 Él os hace ver Sus signos. ¿Cuál, pues, de los signos de Alá negaréis?

40:82 ¿No han ido por la tierra y mirado cómo terminaron sus antecesores? Fueron más numerosos que ellos, más poderosos, dejaron más huellas en la tierra, pero sus posesiones no les sirvieron de nada.

40:83 Cuando sus enviados vinieron a ellos con las pruebas claras, se alegraron de la ciencia que poseían, pero se vieron cercados por aquello de que se burlaban.

40:84 Y, cuando vieron Nuestro rigor, dijeron: «¡Creemos en Alá Solo y renegamos de lo que Le asociábamos!»

40:85 Pero, entonces, su fe no les sirvió de nada, después de haber visto Nuestro rigor. Tal es la práctica de Alá, que ya se había aplicado a Sus siervos. Y entonces salieron perdiendo los infieles.

41. Han Sido Explicadas Detalladamente (Fossílat)
¡En el nombre de Alá, el Compasivo, el Misericordioso!

41:1 *hm.*

41:2 Revelación procedente del Compasivo, del Misericordioso.

41:3 *Escritura* cuyas aleyas han sido explicadas detalladamente como *Corán* árabe para gente que sabe.

41:4 ... como nuncio de buenas nuevas y como monitor. La mayoría, empero, se desvían y, así, no oyen.

41:5 Y dicen: «Una envoltura oculta a nuestros corazones aquello a que nos llamas, nuestros oídos padecen sordera, un velo nos separa de ti. ¡Haz, pues, lo que juzgues oportuno, que nosotros haremos también lo que juzguemos oportuno!»

41:6 Di: «Yo soy sólo un mortal como vosotros, a quien se ha revelado que vuestro Dios es un Dios Uno. ¡Id, pues, derechos a Él y pedidle perdón! ¡Ay de los asociadores,

41:7 que no dan el azaque y niegan la otra vida!

41:8 Quienes crean y obren bien, recibirán una recompensa ininterrumpida».

41:9 Di: «¿No vais a creer en Quien ha creado la tierra en dos días y Le atribuís iguales? ¡Tal es el Señor del universo!»

41:10 En cuatro días iguales: ha puesto en ella, encima, montañas firmes, la ha bendecido y ha determinado sus alimentos. Para los que inquieren...

41:11 Luego, se dirigió al cielo, que era humo, y dijo a éste y a la tierra: «¡Venid, queráis o no!» Dijeron: «¡Venimos de buen grado!»

41:12 «Decretó que fueran siete cielos, en dos días, e inspiró a cada cielo su cometido. Hemos engalanado el cielo más bajo con luminares, como protección. Tal es la decisión del Poderoso, del Omnisciente».

41:13 Si se desvían, di: «Os prevengo contra un rayo como el de los aditas y los tamudeos».

41:14 Cuando vinieron a ellos los enviados antes y después. «¡No sirváis sino a Alá!» Dijeron: «Si nuestro Señor hubiera querido, habría enviado de lo alto a ángeles. No creemos en vuestro mensaje».

41:15 En cuanto a los aditas, sin razón, se condujeron en el país altivamente y dijeron: «¿Hay alguien más fuerte que nosotros?» ¿No veían que Alá, Que les había creado, era más fuerte que ellos? Pero negaron Nuestros signos.

41:16 Enviamos contra ellos un viento, glacial en días nefastos, para hacerles gustar el castigo de la ignominia en la vida de acá. Pero el castigo de la otra vida es aún más ignominioso y no serán auxiliados.

41:17 Y en cuanto a los tamudeos, les dirigimos, pero prefirieron la ceguera a la Dirección, y el Rayo del castigo degradante les sorprendió por lo que habían cometido.

41:18 Y salvamos a los que creían y temían a Alá.

41:19 El día que los enemigos de Alá sean congregados hacia el Fuego, serán divididos en grupos.

41:20 Hasta que, llegados a él, sus oídos, sus ojos y su piel atestiguarán contra ellos de sus obras.

41:21 Dirán a su piel: «¿Por qué has atestiguado contra nosotros?» Y ella dirá: «Alá, Que ha concedido a todos la facultad de hablar, nos la ha concedido a nosotros. Os ha creado una vez primera y a Él seréis devueltos.

41:22 No podíais esconderos tan bien que no pudieran luego atestiguar contra vosotros vuestros oídos, vuestros ojos y vuestra piel. Creíais que Alá no sabía mucho de lo que hacíais.

41:23 Lo que vosotros pensabais de vuestro Señor os ha arruinado y ahora sois de los que han perdido».

41:24 Aunque tengan paciencia, el Fuego será su morada. Y, aunque pidan gracia, no se les concederá.

41:25 Les hemos asignado compañeros, que han engalanado su estado actual y su estado futuro. Se ha cumplido en ellos la sentencia que también alcanzó a otras comunidades de genios y de mortales que les precedieron. Han perdido.

41:26 Los infieles dicen: «¡No hagáis caso de este *Corán* ! ¡Parlotead cuando lo lean. Quizás, así, os salgáis con la vuestra!»

41:27 A los infieles les haremos gustar, sí, un severo castigo y les retribuiremos, sí, con arreglo a sus peores obras.

41:28 ésa es la retribución de los enemigos de Alá: el Fuego, en el que tendrán la Morada de la Eternidad, como retribución de haber negado Nuestros signos.

41:29 Los infieles dirán: «¡Señor! ¡Muéstranos a los genios y a los mortales que nos han extraviado y los pondremos bajo nuestros pies para que estén en lo más profundo!»

41:30 A los que hayan dicho: «¡Nuestro Señor es Alá!» y se hayan portado correctamente, descenderán los ángeles: «¡No temáis ni estéis tristes! ¡Regocijaos, más bien, por el Jardín que se os había prometido!

41:31 Somos vuestros amigos en la vida de acá y en la otra. Tendréis allí todo cuanto vuestras almas deseen, todo cuanto pidáis,

41:32 como alojamiento venido de Uno Que es indulgente, misericordioso».

41:33 ¿Quién hay, pues, que hable mejor que quien llama a Alá, obra bien y dice: «Soy de los que se someten a Alá»?

41:34 No es igual obrar bien y obrar mal. ¡Repele con lo que sea mejor y he aquí que aquél de quien te separe la enemistad se convetirá en amigo ferviente!

41:35 Esto sólo lo consiguen los pacientes, sólo lo consigue el de suerte extraordinaria.

41:36 Si el Demonio te incita al mal, busca refugio en Alá. Él es Quien todo lo oye, Quien todo lo sabe.

41:37 Entre Sus signos figuran la noche el día, el sol y la luna. ¡No os prosternéis ante el sol ni ante la luna! ¡Prosternaos ante Alá, Que los ha creado! Si es a Él a Quien servís...

41:38 Si se muestran altivos, en cambio, quienes están junto a tu Señor Le glorifican, incansables, noche y día.

41:39 Ves entre Sus signos que la tierra está seca. Luego, se reanima y reverdece cuando hacemos llover sobre ella. En verdad, Quien la vivifica puede también, vivificar a los muertos. Es omnipotente.

41:40 Los que niegan Nuestros signos no pueden ocultarse a Nosotros. Qué es mejor: ¿ser arrojado al Fuego o venir en seguridad: el día de la Resurrección? ¡Haced lo que queráis! Él ve bien lo que hacéis.

41:41 Los que no creen en la Amonestación cuando ésta viene a ellos... Y eso que es una *Escritura* excelente,

41:42 completamente inaccesible a lo falso, revelación procedente de uno Que es sabio, digno de alabanza.

41:43 No se te dice sino lo que ya se dijo a los enviados que te precedieron: que tu Señor está dispuesto a perdonar, pero también a castigar dolorosamente.

41:44 Si hubiéramos hecho de ella un *Corán* no árabe, habrían dicho: «¿Por qué no se han explicado detalladamente sus aleyas? ¿No árabe y árabe?» Di: «Es dirección y curación para quienes creen. Quienes, en cambio, no creen son duros de oído y, ante él, padecen ceguera. Es como si se les llamara desde lejos».

41:45 Ya dimos a Moisés la *Escritura*. Y discreparon acerca de ella. Y, si no llega a ser por una palabra previa de tu Señor, se habría decidido entre ellos. Dudan seriamente de ella.

41:46 Quien obra bien, lo hace en su propio provecho. Y quien obra mal, lo hace en detrimento propio. Tu Señor no es injusto con Sus siervos.

41:47 A Él se le remite el conocimiento de la Hora. Ningún fruto deja su cubierta, ninguna hembra concibe o pare sin que Él lo sepa. Cuando Él les llame: «¿Dónde están Mis asociados?». dirán: «Te aseguramos que ninguno de nosotros los ha visto».

41:48 Lo que antes invocaban les abandonará. Creerán no tener escape.

41:49 No se cansa el hombre de pedir el bien, pero, si sufre un mal, se desanima, se desespera.

41:50 Si le hacemos gustar una misericordia venida de Nosotros, luego de haber sufrido una desgracia, dirá de seguro: «Esto es algo que se me debe. Y no creo que ocurra la Hora. Pero, si se me devolviera a mi Señor, tendría junto a Él lo mejor». Ya informaremos a los infieles, sí, de lo que hacían y les haremos gustar, sí, un duro castigo.

41:51 Cuando agraciamos al hombre, éste se desvía y se aleja. Pero, si sufre un mal, no para de invocar.

41:52 Di: «¿Qué os parece? Si procede de Alá y vosotros, luego, no creéis en él, ¿hay alguien que esté más extraviado que quien se opone tan marcadamente?»

41:53 Les mostraremos Nuestros signos fuera y dentro de sí mismos hasta que vean claramente que es la Verdad. ¿Es que no basta que tu Señor sea testigo de todo?

41:54 Pues ¿no dudan del encuentro de su Señor? Pues ¿no lo abarca Él todo?

42. La Consulta (Ach Chúra)

¡En el nombre de Alá, el Compasivo, el Misericordioso!

42:1 *hm.*

42:2 *'sq.*

42:3 Así es como Alá, el Poderoso, el Sabio, hace una revelación, a ti y a quienes fueron antes de ti.

42:4 Suyo es lo que está en los cielos y en la tierra. Él es el Altísimo, el Grandioso.

42:5 Casi se hienden los cielos allí arriba al celebrar los ángeles las alabanzas de su Señor y pedir Su perdón en favor de los que están en la tierra. ¿No es Alá el Indulgente, el Misericordioso?

42:6 A los que han tomado amigos en lugar de tomarle a Él, Alá les vigila. Tú no eres su protector.

42:7 Así es como te revelamos un *Corán* árabe, para que adviertas a la metrópoli y a los que viven en sus alrededores y para que prevengas contra el día indubitable de la Reunión. Unos estarán en el Jardín y otros en el fuego de la gehena.

42:8 Alá, si hubiera querido, habría hecho de ellos una sola comunidad. Pero introduce en Su misericordia a quien Él quiere. Los impíos no tendrán amigo ni auxiliar.

42:9 ¿Han tomado amigos en lugar de tomarle a Él? Pues Alá es el Amigo. Él resucita a los muertos, es omnipotente.

42:10 Alá es Quien arbitra vuestras discrepancias, cualesquiera que sean. Tal es Alá, mi Señor. En Él confío y a Él me vuelvo arrepentido.

42:11 Creador de los cielos y de la tierra. Os ha dado esposas salidas de vosotros y parejas salidas de vuestros rebaños, diseminándoos así. No hay nada que se Le asemeje. Él es Quien todo lo oye, Quien todo lo ve.

42:12 Suyas son las llaves de los cielos y de la tierra. Dispensa el sustento a quien Él quiere: a unos con larguez, a otros con mesura. Es omnisciente.

42:13 Os ha prescrito en materia de religión lo que ya había ordenado a Noé, lo que Nosotros te hemos revelado y lo que ya habíamos ordenado a Abraham, a Moisés y a Jesús: «¡Que rindáis culto y que esto no os sirva de motivo de división!» A los asociadores les resulta difícil aquello a que tú les llamas. Alá elige para Sí a quien Él quiere y dirige a Él a quien se arrepiente.

42:14 No se dividieron, por rebeldía mutua, sino después de haber recibido la Ciencia. Y, si no llega a ser por una palabra previa de tu Señor, remitiendo a un término fijo, ya se habría decidido entre ellos. Quienes, después, heredaron la *Escritura* dudan seriamente de ella.

42:15 Así, pues, llama. Sigue la vía recta, como se te ha ordenado, y no sigas sus pasiones. Y di: «Creo en toda *Escritura* que Alá ha revelado. Se me ha ordenado que haga justicia entre vosotros. ¡Alá es nuestro Señor y Señor vuestro! Nosotros responderemos de nuestros actos y vosotros de los vuestros. ¡Que no haya disputas entre nosotros y vosotros! Alá nos reunirá... ¡Es Él el fin de todo!»

42:16 Quienes disputan a propósito de Alá después de que se le ha escuchado, esgrimen un argumento sin valor para su Señor. Incurren en ira y tendrán un castigo severo.

42:17 Alá es quien ha hecho descender la *Escritura* con la Verdad, y la Balanza. ¿Quién sabe? Quizá la Hora esté próxima...

42:18 Los que no creen en ella desearían que se adelantara, mientras que los que creen tiemblan sólo de pensar en ella y saben que es un hecho. Los que disputan sobre la Hora ¿no están profundamente extraviados?

42:19 Alá es bondadoso con Sus siervos. Provee a las necesidades de quien Él quiere. Él es el Fuerte, el Poderoso.

42:20 A quien desee labrar el campo de la vida futura se lo acrecentaremos. A quien, en cambio, desee labrar el campo de la vida de acá, le daremos de ella. pero no tendrá ninguna parte en la otra vida.

42:21 ¿Tienen asociados que les hayan prescrito en materia de religión lo que Alá no ha sancionado? Si no se hubiera ya pronunciado la sentencia decisiva, se habría decidido entre ellos. Los impíos tendrán un castigo doloroso.

42:22 Verás a los impíos temer por lo que han merecido, que recaerá en ellos, mientras que los que hayan creído y obrado bien estarán en los prados de los jardines y tendrán junto a su Señor lo que deseen. ¡Ése es el gran favor!

42:23 Ésta es la buena nueva que Alá anuncia a Sus siervos, que creen y obran bien. Di: «Yo no os pido salario a cambio, fuera de que améis a los parientes». A quien obre bien, le aumentaremos el valor de su obra. Alá es indulgente, muy agradecido.

42:24 O dirán: «Se ha inventado una mentira contra Alá». Alá sellará, si quiere, tu corazón. Pero Alá disipa lo falso y hace triunfar la Verdad con Sus palabras. Él sabe bien lo que encierran los pechos.

42:25 Él es Quien acepta el arrepentimiento de Sus siervos y perdona las malas acciones. Y sabe lo que hacéis.

42:26 Escucha a quienes creen y obran bien y les da más de Su favor. Los infieles, en cambio, tendrán un castigo severo.

42:27 Si Alá dispensara el sustento a Sus siervos con largueza, se insolentarían en la tierra. Lo que hace, en cambio, es concederles con mesura lo que quiere. Está bien informado sobre Sus siervos, les ve bien.

42:28 Él es Quien envía de lo alto la lluvia abundante, cuando ya han perdido toda esperanza, y difunde Su misericordia. Él es el Amigo, el Digno de Alabanza.

42:29 Entre Sus signos figuran la creación de los cielos y de la tierra, los seres vivos que en ellos ha diseminado y que, cuando quiere, puede reunir.

42:30 Cualquier desgracia que os ocurre, es como castigo a vuestras obras, pero perdona mucho.

42:31 No podéis escapar en la tierra y no tenéis, fuera de Alá, amigo ni auxiliar.

42:32 Entre sus signos figuran las embarcaciones en el mar como mojones.

42:33 Si quiere, calma el viento y se inmovilizan en su superficie. Ciertamente, hay en ello signos para todo aquél que tenga mucha paciencia, mucha gratitud.

42:34 O bien les hace perecer, como castigo por lo que han merecido, pero perdona mucho.

42:35 Para que sepan quienes discuten sobre Nuestros signos que no tendrán escape.

42:36 Todo lo que habéis recibido es breve disfrute de la vida de acá. En cambio, lo que Alá tiene es mejor y más duradero para quienes creen y confían en su Señor,

42:37 evitan cometer pecados graves y deshonestidades y, cuando están airados, perdonan,

42:38 escuchan a su Señor, hacen la azalá, se consultan mutuamente, dan limosna de lo que les hemos proveído,

42:39 se defienden cuando son víctimas de opresión.

42:40 Una mala acción será retribuida con una pena igual, pero quien perdone y se reconcilie recibirá su recompensa de Alá. Él no ama a los impíos.

42:41 Quienes, tratados injustamente, se defiendan, no incurrirán en reproche.

42:42 Sólo incurren en él quienes son injustos con los hombres y se insolentan en la tierra injustamente. Esos tales tendrán un castigo doloroso.

42:43 Quien es paciente y perdona, eso sí que es dar muestras de resolución.

42:44 Aquél a quien Alá extravía no tendrá, después de Él, ningún amigo. Cuando los impíos vean el castigo, les verás que dicen: «¿Y no hay modo de regresar?»

42:45 Les verás expuestos a él, abatidos de humillación, mirando con disimulo, mientras que quienes hayan creído dirán: «Quienes de verdad pierden son los que el día de la Resurrección se han perdido a sí mismos y han perdido a sus familias». ¿No tendrán los impíos un castigo permanente?

42:46 Fuera de Alá. no tendrán ningunos amigos que les auxilien... Aquél a quien Alá extravía no podrá dar con camino.

42:47 Escuchad a vuestro Señor antes de que llegue un día que Alá no evitará. Ese día no encontraréis refugio, ni podréis negar.

42:48 Si se apartan, no te hemos mandado para ser su custodio, sino sólo para transmitir. Cuando hacemos gustar al hombre una misericordia venida de Nosotros, se regocija. Pero, si le sucede un mal como castigo a sus obras, entonces, el hombre es desagradecido.

42:49 El dominio de los cielos y de la tierra pertenece a Alá. Crea lo que quiere. Regala hijas a quien Él quiere y regala hijos a quien Él quiere,

42:50 o bien les da ambos, varones y hembras, o hace impotente a quien Él quiere. Es omnisciente, omnipotente.

42:51 A ningún mortal le es dado que Alá le hable si no es por inspiración, o desde detrás de una cortina, o mandándole un enviado que le inspire, con Su autorización, lo que Él quiere. Es altísimo, sabio.

42:52 Así es como te hemos inspirado un Espíritu que procede de Nuestra orden. Tú no sabías lo que eran la *Escritura* y la Fe, pero hemos hecho de él luz con la que guiamos a quienes queremos de Nuestros siervos. Ciertamente, tú guías a los hombres a una vía recta,

42:53 la vía de Alá, a quien pertenece lo que está en los cielos y en la tierra. ¿No es Alá el fin de todo?

43. El Lujo (Az Zojrof)

¡En el nombre de Alá, el Compasivo, el Misericordioso!

43:1 *hm.*

43:2 ¡Por la *Escritura* clara!

43:3 Hemos hecho de ella un *Corán* árabe. Quizás, así, razonéis.

43:4 Está en la *Escritura Matriz* que Nosotros tenemos, sublime, sabio.

43:5 ¿Es que, porque seáis gente inmoderada, vamos a privaros de la Amonestación?

43:6 ¡Cuántos profetas hemos enviado a los antiguos...!

43:7 No vino a ellos profeta que no se burlaran de él.

43:8 Por eso, hemos hecho perecer a otros más temibles que ellos. Ya ha precedido el ejemplo de los antiguos...

43:9 Si les preguntas: «¿Quién ha creado los cielos y la tierra?», seguro que dicen: «¡Los ha creado el Poderoso, el Omnisciente!»

43:10 Quien os ha puesto la tierra como cuna y os ha puesto en ella caminos. Quizás, así, seáis bien dirigidos.

43:11 Quien ha hecho bajar agua del cielo con mesura para resucitar un país muerto. Del mismo modo se os sacará.

43:12 Quien ha creado todas las parejas y os ha dado las naves y los rebaños en que montáis,

43:13 para que os instaléis en ellos y, luego, cuando lo hayáis hecho, recordéis la gracia de vuestro Señor y digáis: «¡Gloria a Quien ha sujetado esto a nuestro servicio! ¡Nosotros no lo hubiéramos logrado!»

43:14 ¡Sí, volveremos a nuestro Señor!

43:15 Han equiparado a algunos de Sus siervos con Él. Sí. el hombre es manifiestamente desagradecido.

43:16 ¿Iba Alá a tomar hijas de entre Sus criaturas, y a vosotros concederos hijos?

43:17 Cuando se anuncia a uno de ellos lo que él asimila al Compasivo, se queda hosco y se angustia.

43:18 «¡Cómo! Un ser que crece entre perifollos, incapaz de discutir claramente...»

43:19 Han considerado a los ángeles que son siervos del Compasivo, de sexo femenino. ¿Es que han sido testigos de la creación de éstos? Se hará constar su testimonio y tendrán que responder del mismo.

43:20 Dicen: «Si el Compasivo hubiera querido, no les habríamos servido». No tienen ningún conocimiento de eso, no hacen sino conjeturar.

43:21 ¿Es que les trajimos otra *Escritura* a la que atenerse antes de ésta?

43:22 ¡Nada de eso! Dicen: «Encontramos a nuestros padres en una religión y, siguiendo sus huellas, estamos bien dirigidos».

43:23 Y así, no enviamos ningún monitor antes de ti a una ciudad que no dijeran los ricos: «Encontramos a nuestros padres en una religión e imitamos su ejemplo».

43:24 Dijo: «¿Y si os trajera una dirección más recta que la que vuestros padres seguían?» Dijeron: «¡No creemos en vuestro mensaje!»

43:25 Nos vengamos de ellos. ¡Y mira cómo terminaron los desmentidores!

43:26 Y cuando Abraham dijo a su padre y a su gente: «Soy inocente de lo que servís.

43:27 Yo no sirvo sino a Quien me ha creado. Él me dirigirá».

43:28 E hizo que esta palabra perdurara en su posteridad. Quizás, así, se convirtieran.

43:29 No sólo eso, sino que les permití gozar, a ellos y a sus padres, hasta que viniera a ellos la Verdad y un Enviado que hablara claro.

43:30 Pero, cuando la Verdad vino a ellos, dijeron: «¡Esto es magia y no creemos en ello!»

43:31 Y dijeron: «¿Por qué no se ha revelado este *Corán* a un notable de una de las dos ciudades...»

43:32 ¿Son ellos los encargados de dispensar la misericordia de tu Señor? Nosotros les dispensamos las subsistencias en la vida de acá y elevamos la categoría de unos sobre otros para que éstos sirvieran a aquéllos. Pero la misericordia de tu Señor es mejor que lo que ellos amasan.

43:33 Si no hubiera sido por evitar que los hombres formaran una sola comunidad, habríamos puesto en las casas de los que no creen en el Compasivo terrazas de plata y gradas de acceso,

43:34 puertas y lechos en que reclinarse.

43:35 y lujo. Pero todo esto no es sino breve disfrute de la vida de acá en tanto que la otra vida, junto a tu Señor, será para los que Le temen.

43:36 A quien se cierre a la Amonestación del Compasivo, le asignamos un demonio que será para él compañero.

43:37 Les apartan, sí, del Camino, mientras creen ser bien dirigidos.

43:38 Hasta que, al comparecer ante Nosotros, diga: «¡Ojalá nos hubiera separado, a mí y a ti, la misma distancia que separa al Oriente del Occidente!» ¡Qué mal compañero...!

43:39 Hoy no os aprovechará compartir el castigo por haber sido impíos.

43:40 ¿Es que puedes tú hacer que un sordo oiga, o dirigir a un ciego y al que se encuentra evidentemente extraviado?

43:41 O te hacemos morir y, luego, Nos vengamos de ellos,

43:42 o te mostramos aquello con que les amenazamos. Pues les podemos con mucho.

43:43 ¡Aténte a lo que se te ha revelado! Estás en una vía recta.

43:44 Es, ciertamente, una amonestación para ti y para tu pueblo y tendréis que responder.

43:45 Pregunta a los enviados que mandamos antes de ti si hemos establecido dioses a quienes servir en lugar de servir al Compasivo.

43:46 Ya enviamos Moisés con Nuestros signos a Faraón y a sus dignatarios. Y dijo: «Yo soy el enviado del Señor del universo».

43:47 Pero cuando les presentó Nuestros signos, he aquí que se rieron de ellos,

43:48 a pesar de que cada signo que les mostrábamos superaba al precedente. Les sorprendimos con el castigo. Quizás, así, se convirtieran.

43:49 Dijeron: «¡Mago! ¡Ruega a tu Señor por nosotros, en virtud de la alianza que ha concertado contigo! Nos dejaremos dirigir».

43:50 Pero, cuando retiramos de ellos el castigo, he aquí que quebrantaron su promesa.

43:51 Faraón dirigió una proclama a su pueblo, diciendo: «¡Pueblo! ¿No es mío el dominio de Egipto, con estos ríos que fluyen a mis pies? ¿Es que no veis?

43:52 ¿No soy yo mejor que éste, que es un vil y que apenas sabe expresarse?

43:53 ¿Por qué no se le han puesto brazaletes de oro...? ¿Por qué no ha venido acompañado de ángeles...?»

43:54 Extravió a su pueblo y éste le obedeció: era un pueblo perverso.

43:55 Cuando Nos hubieron irritados, Nos vengamos de ellos anegándolos a todos,

43:56 y sentamos con ellos un precedente, poniéndolos como ejemplo para la posteridad.

43:57 Y cuando el hijo de María es puesto como ejemplo, he aquí que tu pueblo se aparta de él.

43:58 Y dicen: ¿Son mejores nuestros dioses o él? Si te lo ponen, no es sino por afán de discutir. Son, en efecto, gente contenciosa.

43:59 El no es sino un siervo a quien hemos agraciado y a quien hemos puesto como ejemplo a los Hijos de Israel.

43:60 Si quisiéramos, haríamos de vosotros ángeles, que sucederían en la tierra.

43:61 Será un medio de conocer la Hora. ¡No dudéis, pues, de ella y seguidme! ¡Esto es una vía recta!

43:62 ¡Que el Demonio no os extravíe! Es para vosotros un enemigo declarado.

43:63 Cuando Jesús vino con las pruebas claras, dijo: «He venido a vosotros con la Sabiduría y para aclararos algo de aquello en que discrepáis. ¡Temed, pues, a Alá y obedecedme!

43:64 Alá es mi Señor y Señor vuestro. ¡Servidle, pues! ¡Esto es una vía recta!»

43:65 Pero los grupos discreparon unos de otros. ¡Ay de los impíos, por el castigo de un día doloroso...!

43:66 No les queda más que esperar la Hora, que les vendrá de repente, sin presentirla.

43:67 Ese día. los amigos serán enemigos unos de otros, excepto los temerosos de Alá.

43:68 «¡Siervos míos! ¡No tenéis que temer hoy! ¡Y no estaréis tristes!

43:69 Los que creísteis en Nuestros signos y os sometisteis a Alá,

43:70 ¡entrad en el Jardín junto con vuestras esposas, para ser regocijados!»

43:71 Se harán circular entre ellos platos de oro y copas, que contendrán todo lo que cada uno desee, deleite de los ojos. «Estaréis allí eternamente.

43:72 Éste es el Jardín que habéis heredado como premio a vuestras obras.

43:73 Tenéis en él fruta abundante, de la que comeréis».

43:74 Los pecadores, en cambio, tendrán la gehena como castigo, eternamente,

43:75 castigo que no se les remitirá, y serán presa de la desesperación.

43:76 No seremos Nosotros quienes hayan sido injustos con ellos, sino que ellos serán los que lo hayan sido.

43:77 Llamarán: «¡Malik! ¡Que tu Señor acabe con nosotros!» Él dirá: «¡Os quedaréis ahí!»

43:78 «Os trajimos la Verdad, pero la mayoría sentisteis aversión a la Verdad».

43:79 ¿Han tramado algo? Pues Nosotros también.

43:80 ¿O creen que no Nos enteramos de sus secretos y confidencias? ¡Claro que Nos enteramos! Y Nuestros enviados, junto a ellos, toman nota.

43:81 Di: «Si el Compasivo tuviera un hijo, yo sería el primero en servirle».

43:82 ¡Gloria al Señor de los cielos y de la tierra. Señor del Trono! ¡Está por encima de lo que Le atribuyen!

43:83 ¡Déjales que parloteen y jueguen hasta que les llegue el Día con que se les ha amenazado!

43:84 ¡El es Quien es dios en el cielo y dios en la tierra! Es el Sabio, el Omnisciente.

43:85 ¡Bendito sea Quien posee el dominio de los cielos, de la tierra y de lo que entre ellos está! Él tiene conocimiento de la Hora y a Él seréis devueltos.

43:86 Los que ellos invocan en lugar de invocarle a Él no pueden interceder, salvo, aquéllos que atestiguan la Verdad y saben.

43:87 Si les preguntas: «¿Quién os ha creado?», seguro que dicen: «¡Ala!» ¡Cómo pueden, pues, ser tan desviados!

43:88 ... y de su dicho: «¡Señor! Ésta es gente que no cree».

43:89 Aléjate, pues, de ellos y di: «¡Paz!» ¡Van a ver...!

44. El Humo (Ad Dójan)

¡En el nombre de Alá, el Compasivo, el Misericordioso!

44:1 *hm.*

44:2 ¡Por la *Escritura* clara!

44:3 ¡La hemos revelado en una noche bendita! ¡Hemos advertido!

44:4 En ella se decide todo asunto sabiamente,

44:5 como cosa venida de Nosotros. Mandamos a enviados

44:6 como misericordia venida de tu Señor. Él es Quien todo lo oye, Quien todo lo sabe,

44:7 Señor de los cielos, de la tierra y de lo que entre ellos está. Si estuvierais convencidos...

44:8 No hay más dios que Él. Él da la vida y da la muerte. Vuestro Señor y Señor de vuestros antepasados.

44:9 Pero ¡no! Ellos dudan y no lo toman en serio.

44:10 ¡Espera, pues, el día que el cielo traiga un humo visible,

44:11 que cubra a los hombres! Será un castigo doloroso.

44:12 «¡Señor! ¡Aparta de nosotros el castigo! ¡Creemos!»

44:13 ¿De qué les servirá la amonestación, si ha venido a ellos un Enviado que habla claro

44:14 y se han apartado de él y dicho: «¡Es uno a quien se ha instruido, un poseso!»?

44:15 «Vamos a apartar de vosotros el castigo por algún tiempo. Pero reincidiréis».

44:16 El día que hagamos uso del máximo rigor, Nos vengaremos.

44:17 Antes que a ellos, habíamos probado al pueblo de Faraón. Un enviado noble vino a ellos:

44:18 «¡Entregadme a los siervos de Alá! Tenéis en mí a un enviado digno de confianza.

44:19 ¡No os mostréis altivos con Alá! Vengo a vosotros con autoridad manifiesta.

44:20 Me refugio en mi Señor y Señor vuestro contra vuestro intento de lapidarme.

44:21 Si no os fiáis de mí, ¡dejadme!»

44:22 Entonces, invocó a su Señor. «¡Ésta es gente pecadora!»

44:23 «¡Sal de noche con Mis siervos! Os perseguirán.

44:24 ¡Deja el mar en calma! Son un ejército que será anegado»

44:25 ¡Cuántos jardines y fuentes abandonaron,

44:26 cuántos campos cultivados, cuántas suntuosas residencias,

44:27 cuánto bienestar, en el que vivían felices!

44:28 Así fue y se lo dimos en herencia a otro pueblo.

44:29 Ni el cielo ni la tierra les lloraron. No se les concedió prórroga.

44:30 Y salvamos a los Hijos de Israel del humillante castigo,

44:31 de Faraón. Era altivo, de los inmoderados.

44:32 Les elegimos conscientemente de entre todos los pueblos.

44:33 Les dimos signos con los que les pusimos claramente a prueba.

44:34 Éstos dicen, sí:

44:35 «No moriremos más que una sola vez y no seremos resucitados.

44:36 ¡Haced, pues, volver a nuestros padres, si es verdad lo que decís!»

44:37 ¿Eran mejores ellos que el pueblo de Tubba y que sus antecesores? Les hicimos perecer, eran pecadores.

44:38 No hemos creado los cielos, la tierra y lo que entre ellos está por puro juego.

44:39 No los creamos sino con un fin, pero la mayoría no saben.

44:40 El día del Fallo se darán todos cita.

44:41 Día en que nadie podrá proteger nada a nadie, nadie será auxiliado,

44:42 salvo aquél de quien Alá se apiade. Él es el Poderoso, el Misericordioso.

44:43 El árbol de Zaqqum

44:44 es el alimento del pecador.

44:45 Es como metal fundido, hierve en las entrañas

44:46 como agua hirviente.

44:47 «¡Cogedle y llevadle en medio del fuego de la gehena!

44:48 ¡Castigadle, luego, derramando en su cabeza agua muy caliente!»

44:49 «¡Gusta! ¡Tú eres 'el poderoso', 'el generoso'!»

44:50 ¡Esto es aquello de que dudabais!

44:51 Los que teman a Alá estarán, en cambio, en lugar seguro,

44:52 entre jardines y fuentes,

44:53 vestidos de satén y de brocado, unos enfrente de otros.

44:54 Así será. Y les daremos por esposas a huríes de grandes ojos.

44:55 Pedirán allí en seguridad, toda clase de frutas.

44:56 No gustarán alli otra muerte que la primera y Él les preservará del castigo del fuego de la gehena,

44:57 como favor de tu Señor. ¡Ése es el éxito grandioso!

44:58 En verdad, lo hemos hecho fácil en tu lengua. Quizás, así, se dejen amonestar.

44:59 ¡Observa, pues! Ellos observan.

45. La Arrodillada (Al Yacia)

¡En el nombre de Alá, el Compasivo, el Misericordioso!

45:1 *hm.*

45:2 La revelación de la *Escritura* procede de Alá, el Poderoso, el Sabio.

45:3 Hay, en verdad, en los cielos y en la tierra signos para los creyentes.

45:4 En vuestra creación y en las bestias que Él esparce hay signos para gente que está convencida.

45:5 También en la sucesión de la noche y el día, en lo que como sustento Alá hace bajar del cielo, vivificando con ello la tierra después de muerta, y en la variación de los vientos hay signos para gente que comprende.

45:6 Estas son las aleyas de Alá, que te recitamos conforme a la verdad. Y ¿en qué anuncio van a creer si no creen en Alá y en Sus signos?

45:7 ¡Ay de todo aquél que sea mentiroso, pecador,

45:8 que, a pesar de oír las aleyas de Alá que se le recitan, se obstina en su altivez como si no las hubiera oído! ¡Anúnciale un castigo doloroso!

45:9 Los que, habiendo conocido algo de Nuestros signos, los hayan tomado a burla, tendrán un castigo humillante.

45:10 Les espera la gehena y sus posesiones no les servirán de nada, como tampoco los que tomaron como amigos en lugar de tomar a Alá. Tendrán un castigo terrible.

45:11 Esto es una dirección. Los que no crean en los signos de su Señor tendrán el castigo de un suplicio doloroso.

45:12 Alá es Quien ha sujetado el mar a vuestro servicio para que las naves lo surquen a una orden Suya para que busquéis Su favor. Y quizás, así, seáis agradecidos.

45:13 Y ha sujetado a vuestro servicio lo que está en los cielos y en la tierra. Todo procede de Él. Ciertamente, hay en ello signos para gente que reflexiona.

45:14 Di a los creyentes que perdonen a quienes no cuentan con los Días de Alá, instituidos para retribuir a la gente según sus méritos.

45:15 Quien obra bien, lo hace en su propio provecho. Y quien obra mal, lo hace en detrimento propio. Luego, seréis devueltos a vuestro Señor.

45:16 Dimos a los Hijos de Israel la *Escritura*, el juicio y el profetismo. Les proveímos de cosas buenas y les distinguimos entre todos los pueblos.

45:17 Les dimos pruebas claras respecto a la Orden. Y no discreparon, por rebeldía mutua, sino después de haber recibido la Ciencia. Tu Señor decidirá entre ellos el día de la Resurrección sobre aquello en que discrepaban.

45:18 Luego, te pusimos en una vía respecto a la Orden. Síguela, pues, y no sigas las pasiones de quienes no saben.

45:19 No te servirán de nada frente a Alá. Los impíos son amigos unos de otros, pero Alá es el Amigo de los que Le temen.

45:20 Esto es un conjunto de pruebas visibles para los hombres, dirección y misericordia para gente que esta convencida.

45:21 Quienes obran mal ¿creen que les trataremos igual que a quienes creen y obran bien, como si fueran iguales en vida y luego de muertos? ¡Qué mal juzgan!

45:22 Alá ha creado con un fin los cielos y la tierra. Y para que cada cual sea retribuido según sus méritos. Nadie será tratado injustamente.

45:23 Y ¿qué te parece quien ha divinizado su pasión a quien Alá ha extraviado a sabiendas, sellando su oído y su corazón, vendando sus ojos? ¿Quién podrá dirigirle luego de Alá? ¿Es que no os dejaréis amonestar?

45:24 Y dicen: «No hay más vida que ésta nuestra de acá. Morimos y vivimos, y nada sino la acción fatal del Tiempo nos hace perecer». Pero no tienen ningún conocimiento de eso, no hacen sino conjeturar.

45:25 Y cuando se les recitan Nuestras aleyas como pruebas claras, lo único que arguyen es: «¡Haced volver a nuestros padres, si es verdad lo que decís!»

45:26 Di: «Alá os da la vida y, después, os hará morir. Luego, os reunirá para el día indubitable de la Resurrección. Pero la mayoría de los hombres no saben».

45:27 El dominio de los cielos y de la tierra pertenece a Alá. Cuando ocurra la Hora, ese día, los falsarios estarán perdidos.

45:28 Verás a cada comunidad arrodillada. Cada comunidad será emplazada ante su *Escritura* : «Hoy seréis retribuidos con arreglo a vuestras obras.

45:29 He aquí Nuestra *Escritura*, que dice la verdad contra vosotros. Apuntábamos lo que hacíais».

45:30 A quienes creyeron y obraron bien, su Señor les introducirá en Su misericordia. ¡Ése es el éxito manifiesto!

45:31 En cuanto a quienes no creyeron: «¿Es que no se os recitaron Mis aleyas? Pero fuisteis altivos y gente pecadora».

45:32 Cuando se decía: «Lo que Alá promete es verdad y no hay duda respecto a la Hora», decíais: «No sabemos qué es eso de 'la Hora'. No podemos sino conjeturar. No estamos convencidos».

45:33 Se les mostrará el mal que cometieron y les cercará aquello de que se burlaban.

45:34 Se dirá: «Hoy os olvidamos Nosotros, como vosotros olvidasteis que os llegaría este día. Tendréis el Fuego por morada y no encontraréis quien os auxilie.

45:35 Y esto es así porque tomasteis a burla los signos de Alá y la vida de acá os engañó». Ese día no serán sacados de él ni serán agraciados.

45:36 ¡Alabado sea Alá, Señor de los cielos, Señor de la tierra, Señor del universo!

45:37 ¡Suya es la majestad en los cielos y en la tierra! Él es el Poderoso, el Sabio.

46. Al Ahcaf

¡En el nombre de Alá, el Compasivo, el Misericordioso!

46:1 *hm.*

46:2 La revelación de la *Escritura* procede de Alá, el Poderoso, el Sabio.

46:3 No hemos creado sino con un fin los cielos, la tierra y lo que entre ellos está, y por un período determinado. Pero los infieles se desvían de las advertencias que se les han dirigido.

46:4 Di: «¿Qué os parece lo que invocáis en lugar de invocar a Alá? ¡Mostradme qué han creado de la tierra o si tienen participación en los cielos! Si es verdad lo que decís, ¡traedme una *Escritura* anterior a ésta o un rastro de conocimiento!»

46:5 ¿Hay alguien que esté más extraviado que quien, en lugar de invocar a Alá, invoca a quienes no van a escucharle hasta el día de la Resurrección, indiferentes a sus invocaciones,

46:6 que, cuando los hombres sean congregados, serán sus enemigos y renegarán de que les hayan servido?

46:7 Cuando se les recitan a los infieles Nuestras aleyas como pruebas claras, dicen de la Verdad que viene a ellos: «¡Esto es manifiesta magia!»

46:8 O dicen: «Él lo ha inventado». Di: «Si yo lo he inventado, no podéis hacer nada por mí contra Alá. Él sabe bien lo que divulgáis a este propósito. Basta Él como testigo entre yo y vosotros. Él es el Indulgente, el Misericordioso».

46:9 Di: «Yo no soy el primero de los enviados. Y no sé lo que será de mí, ni lo que será de vosotros. No hago más que seguir lo que se me ha revelado. Yo no soy más que un monitor que habla claro».

46:10 Di: «¿Qué os parece? Si procede de Alá y vosotros no creéis en él, mientras que un testigo de entre los Hijos de Israel atestigua su conformidad y cree, en tanto que vosotros sois altivos... Alá no dirige a la gente impía».

46:11 Los infieles dicen de los creyentes: «Si hubiera sido algo bueno, no se nos habrían adelantado en ello». Y, como no son dirigidos por él, dicen: «¡Es una vieja mentira!»

46:12 Antes de él, la *Escritura* de Moisés servía de guía y de misericordia. Y ésta es una *Escritura* que confirma, en lengua árabe, para advertir a los impíos y anunciar la buena nueva a quienes hacen el bien.

46:13 Quienes dicen: «¡Nuestro Señor es Alá!» y se portan correctamente no tienen que temer y no estarán tristes.

46:14 Esos tales morarán en el Jardín eternamente, como retribución a sus obras.

46:15 Hemos ordenado al hombre que se porte bien con sus padres. Su madre le llevó con molestia y con molestia le dio a luz. El embarazo y la lactancia duran treinta meses. Hasta que, al alcanzar la madurez y cumplir cuarenta años, dice: «¡Señor! Permíteme que Te agradezca la gracia que nos has dispensado, a mí y a mis padres, y que haga obras buenas que Te plazcan! ¡Dame una descendencia próspera! Me vuelvo a Ti. Soy de los que se someten a Ti».

46:16 Éstos son aquéllos de cuyas obras aceptaremos lo mejor y pasaremos por alto sus malas obras. Estarán entre los moradores del Jardín, promesa de verdad que se les hizo.

46:17 En cambio, quien diga a sus padres -mientras éstos imploran a Alá y dicen: «¡Ay de ti! ¡Cree! ¡Lo que Alá promete es verdad!»-: «¡Uf! ¿Vais a prometerme que me sacarán, cuando han pasado tantas generaciones anteriores a mí?» y diga: «Éstas no son sino patrañas de los antiguos»,

46:18 en ésos será en quienes se cumpla la sentencia aplicada a las comunidades precedentes de genios y de mortales. Ésos serán los que pierdan.

46:19 Todos tendrán su propia categoría, según sus obras. Les retribuirá plenamente sus acciones y no serán tratados injustamente.

46:20 El día que los infieles sean expuestos al Fuego: «Disipasteis vuestros bienes en vuestra vida de acá y gozasteis de ellos. Hoy se os va a retribuir con un castigo degradante por haberos conducido altivamente en la tierra sin razón y por haber sido perversos».

46:21 Y recuerda al hermano de los aditas, que advirtió a su pueblo en al-Ahqaf -y hubo otras advertencias antes y después de él-. «¡No sirváis sino a Alá! Temo por vosotros el castigo de un día terrible».

46:22 Dijeron: «¿Has venido a nosotros para desviarnos de nuestros dioses? ¡Tráenos, pues, aquello con que nos amenazas, si es verdad lo que dices!»

46:23 Dijo: «Sólo Alá tiene conocimiento de ello. Yo os comunico el objeto de mi misión, pero veo que sois gente ignorante».

46:24 Cuando lo vieron como una nube que se dirigía a sus valles, dijeron: «Es una nube que nos trae la lluvia». «¡No! Es más bien aquello cuya venida reclamabais, un viento que encierra un castigo doloroso,

46:25 que va a destruirlo todo a una orden de su Señor». A la mañana siguiente, no se veía más que sus viviendas. Así retribuimos a la gente pecadora.

46:26 Les habíamos dado un poderío como no os hemos dado a vosotros. Les habíamos dado oído, vista, intelecto. Pero ni el oído, ni la vista, ni el intelecto les sirvieron de nada, pues negaron los signos de Alá. Y les cercó aquello de que se burlaban.

46:27 Hemos destruido las ciudades que había alrededor de vosotros. Les habíamos expuesto los signos. Quizás, así, se convirtieran.

46:28 ¿Por qué no les auxiliaron aquéllos a los que, en lugar de tomar a Alá, habían tomado como dioses para que les acercaran? Al contrario, les abandonaron. Ésa fue su mentira y su invención.

46:29 Y cuando te llevamos un grupo de genios para que escucharan la Recitación. Cuando estaban presentes a ella, dijeron: «¡Callad!» Y, cuando se terminó, regresaron a los suyos para advertirles.

46:30 Dijeron: «¡Pueblo! Hemos oído una *Escritura* revelada después de Moisés, en confirmación de los mensajes anteriores, que dirige a la Verdad y a una vía recta».

46:31 ¡Pueblo! Aceptad al que llama a Alá y creed en Él, para que os perdone vuestros pecados y os preserve de un castigo doloroso.

46:32 Los que no acepten al que llama a Alá no podrán escapar en la tierra, ni tendrán, fuera de Él, amigos. Esos tales están evidentemente extraviados.

46:33 ¿No han visto que Alá, Que ha creado los cielos y la tierra sin cansarse por ello, es capaz de devolver la vida a los muertos? Pues sí, es omnipotente.

46:34 El día que los infieles sean expuestos al Fuego: «¿No es esto la Verdad?» Dirán: «¡Claro que sí, por nuestro Señor!» Dirá: «¡Gustad, pues, el castigo debido a vuestra incredulidad!»

46:35 Ten, pues, paciencia, como la tuvieron otros enviados resueltos. Y no reclames para ellos el adelantamiento. El día que vean aquello con que se les amenaza, les parecerá no haber permanecido más de una hora de día. Éste es un comunicado. Y ¿quién será destruido sino el pueblo perverso?

47. Mahoma (Mohamád)

¡En el nombre de Alá, el Compasivo, el Misericordioso!

47:1 A quienes no crean y aparten a otros del camino de Alá, Él les invalidará sus obras.

47:2 En cambio, borrará las malas obras y mejorará la condición de quienes hayan creído, obrado bien y creído en la revelación hecha a Mahoma, la cual es la Verdad que viene de su Señor.

47:3 Y esto es así porque los infieles siguen lo falso, mientras que los creyentes siguen la Verdad venida de su Señor. Así es como Alá los pone como ejemplo a los hombres.

47:4 Cuando sostengáis, pues, un encuentro con los infieles, descargad los golpes en el cuello hasta someterlos. Entonces, atadlos fuertemente. Luego, devolvedles la libertad, de gracia o mediante rescate, para que cese la guerra. Es así como debéis hacer. Si Alá quisiera, se defendería de ellos, pero quiere probaros a unos por medio de otros. No dejará que se pierdan las obras de los que hayan caído por Alá.

47:5 Él les dirigirá, mejorará su condición

47:6 y les introducirá en el Jardín, que Él les habrá dado ya a conocer.

47:7 ¡Creyentes! Si auxiliáis a Alá, Él os, auxiliará y afirmará vuestros pasos.

47:8 ¡Ay de aquéllos, en cambio, que no hayan creído! Invalidará sus obras.

47:9 Y esto es así porque les repugnó la revelación de Alá. E hizo vanas sus obras.

47:10 ¿No han ido por la tierra y mirado cómo terminaron sus antecesores? Alá los destruyó. Y los infieles tendrán un fin semejante.

47:11 Y esto es así porque Alá es el Protector de los creyentes, mientras que los infieles no tienen protector.

47:12 Alá introducirá a quienes hayan creído y obrado bien en jardines por cuyos bajos fluyen arroyos. Quienes, en cambio, hayan sido infieles, gozarán brevemente y comerán como comen los rebaños. Tendrán el Fuego por morada.

47:13 ¡Cuántas ciudades hemos hecho perecer, más fuertes que tu ciudad, que te ha expulsado, sin que hubiera quien les auxiliara!

47:14 ¿Es que quien se basa en una prueba clara venida de su Señor es comparable a aquéllos cuya mala conducta ha sido engalanada y que siguen sus pasiones?

47:15 Imagen del Jardín prometido a quienes temen a Alá: habrá en él arroyos de agua incorruptible, arroyos de leche de gusto inalterable, arroyos de vino, delicia de los bebedores, arroyos de depurada miel. Tendrán en él toda clase de frutas y perdón de su Señor. ¿Serán como quienes están en el Fuego por toda la eternidad, a los que se da de beber un agua muy caliente que les roe las entrañas?

47:16 Hay algunos de ellos que te escuchan, pero que, apenas salidos de tu casa, dicen a quienes han recibido la Ciencia: «¿Qué es lo que acaba de decir?» Éstos son aquéllos cuyo corazón Alá ha sellado y que siguen sus pasiones.

47:17 A quienes se dejen dirigir, Él les dirigirá aún mejor y les dará que Le teman.

47:18 ¡,Qué pueden esperar, sino que les llegue la Hora de repente? Ya se han manifestado síntomas de la misma. Pero ¿de qué les servirá que se les amoneste cuando ella les llegue?

47:19 Sabe, pues, que no hay más dios que Alá y pide perdón por tu pecado, así como por los creyentes y las creyentes. Alá conoce vuestras idas y venidas y dónde moráis.

47:20 Los creyentes dicen: «¿Por qué no se revela una sura?» Pero, cuando se revela una sura unívoca en la que se menciona el combate, ves que los enfermos de corazón te miran como mira uno a quien ronda la muerte. Más les valdría

47:21 obedecer y hablar como es debido. Y, una vez tomada una decisión, lo mejor para ellos sería que fuesen sinceros con Alá.

47:22 Si volvéis la espalda, os exponéis a corromper en la tierra y a cortar vuestros lazos de sangre.

47:23 A éstos es a quienes Alá maldice, volviéndoles sordos y ciegos.

47:24 ¿Es que no meditan en el *Corán* ¿O es que sus corazones están cerrados con candado?

47:25 Quienes han vuelto sobre sus pasos, después de haberse manifestado a ellos la Dirección claramente, han sido seducidos por el Demonio, pero les ha concedido una tregua.

47:26 Esto es así porque dicen a quienes les repugna lo que Alá ha revelado: «En algunas cosas os obedeceremos». Alá, empero, sabe lo que ocultan.

47:27 ¡Qué pasará cuando los ángeles les llamen, golpeándoles en el rostro y en la espalda?

47:28 Esto es así porque van en pos de algo que irrita a Alá y, en cambio, les repugna lo que Le satisface. Por eso, hace vanas sus obras.

47:29 ¿Es que creen los enfermos de corazón que Alá no va a descubrir su odio?

47:30 Si quisieramos, haríamos que les vieras: es reconocerías por sus rasgos: y, ciertamente, les reconocerás por el tono de sus palabras. Alá sabe lo que hacéis.

47:31 Hemos de probaros para saber quiénes de vosotros luchan y perseveran, así como para comprobar lo que se cuenta de vosotros.

47:32 Los infieles que hayan desviado a otros del camino de Alá y se hayan separado del Enviado, después de habérseles manifestado claramente la Dirección, no causarán ningún daño a Alá. Y hará vanas sus obras.

47:33 ¡Creyentes! ¡Obedeced a Alá y obedeced al Enviado! ¡No hagáis vanas vuestras obras!

47:34 Alá no perdonará a los infieles que hayan desviado a otros del camino de Alá y mueran siendo infieles.

47:35 ¡No flaqueéis, pues, invitando a la paz, ya que seréis vosotros los que ganen! Alá está con vosotros y no dejará de premiar vuestras obras.

47:36 La vida de acá es sólo juego y distracción. Pero, si creéis y teméis a Alá, Él os recompensará sin reclamaros vuestros bienes.

47:37 Si os los reclamara con insistencia, os mostraríais avaros y descubriría vuestro odio.

47:38 He aquí que sois vosotros los invitados a gastar por la causa de Alá, pero hay entre vosotros algunos avaros. Y quien es avaro lo es, en realidad, en detrimento propio. Alá es Quien Se basta a Sí mismo, mientras que sois vosotros los necesitados. Y, si volvéis la espalda, hará que otro pueblo os sustituya, que no será como vosotros.

48. La Victoria (Al Fath)
¡En el nombre de Alá, el Compasivo, el Misericordioso!

48:1 Te hemos concedido un claro éxito.

48:2 Para perdonarte Alá tus primeros y tus últimos pecados, pefeccionar Su gracia en ti y dirigirte por una vía recta.

48:3 Para prestarte Alá un auxilio poderoso.

48:4 Él es Quien ha hecho descender la *sakina* en los corazones de los creyentes para incrementar su fe. Las legiones de los cielos y de la tierra son de Alá. Alá es omnisciente, sabio.

48:5 Para introducir a los creyentes y a las creyentes en jardines por cuyos bajos fluyen arroyos, en los que estarán eternamente, y borrarles sus malas obras. Esto es, para Alá, un éxito grandioso.

48:6 Para castigar a los hipócritas y a las hipócritas, a los asociadores y a las asociadoras que piensan mal de Alá. Sufrirán un revés. Alá se irritará con ellos, les maldecirá y les preparará la gehena. ¡Mal fin...!

48:7 Las legiones de los cielos y de la tierra son de Alá. Alá es poderoso, sabio.

48:8 Te hemos enviado como testigo, como nuncio de buenas nuevas y como monitor,

48:9 para que los hombres crean en Alá y en Su Enviado, para que le ayuden y honren, para que Le glorifiquen mañana y tarde.

48:10 Los que te juran fidelidad, la juran, en realidad, a Alá. La mano de Alá está sobre sus manos. Si uno quebranta una promesa la quebranta, en realidad, en detrimento propio. Si, en cambio, es fiel a la alianza concertada con Alá, Él le dará una magnífica recompensa.

48:11 Los beduinos dejados atrás te dirán: «Nuestros bienes y familias nos han retenido. ¡Pide que nos perdone!» Dicen de palabra lo que no tienen en el corazón. Di: «¿Y quién podría impedir que Alá os hiciera mal o bien, si Él lo deseara?» ¡No! ¡Alá está bien informado de lo que hacéis!

48:12 ¡No! Creíais que el Enviado y los creyentes no iban a regresar nunca a los suyos y la idea os halagó. Pensasteis mal... Sois gente perdida...

48:13 Quien no cree en Alá y en su Enviado... Hemos preparado para los infieles fuego de gehena.

48:14 El dominio de los cielos y de la tierra pertenece a Alá. Perdona a quien Él quiere y castiga a quien Él quiere. Alá es indulgente, misericordioso.

48:15 Cuando os pongáis en marcha para apoderaros de botín, los dejados atrás dirán: «¡Dejad que os sigamos!» Quisieran cambiar la Palabra de Alá. Di: «¡No nos seguiréis! ¡Así lo ha dicho Alá antes!» Ellos dirán: «¡No! ¡Es que tenéis celos de nosotros...!» ¡No! Comprenden, pero poco.

48:16 Di a los beduinos dejados atrás: «Se os llamará contra un pueblo dotado de gran valor, contra el que tendréis que combatir a menos que se rinda.

Si obedecéis, Alá os dará una bella recompensa. Pero, si volvéis la espalda, como ya hicisteis en otra ocasión, os infligirá un castigo doloroso».

48:17 «No hay por qué reprochar al ciego, al cojo o al enfermo. Y a quien obedezca a Alá y a Su Enviado, Él le introducirá en jardines por cuyos bajos fluyen arroyos. A quien, en cambio, vuelta la espalda, Él le infligirá un castigo doloroso»:

48:18 Alá ha estado satisfecho de los creyentes cuando éstos te han jurado fidelidad al pie del árbol. Él sabía lo que sus corazones encerraban e hizo descender sobre ellos la *sakina*, prometiéndoles, como recompensa, un éxito cercano

48:19 y mucho botín, del que se apoderarán. Alá es poderoso, sabio.

48:20 Alá os ha prometido mucho botín, del que os apoderaréis. Os ha acelerado éste y ha retirado de vosotros las manos de la gente, a fin de que sea signo para los creyentes y de dirigiros por una vía recta.

48:21 Y otro cuyo logro no está en vuestras manos pero sí en las de Alá. Alá es omnipotente.

48:22 Si los infieles hubieran combatido contra vosotros, habrían vuelto la espalda. Luego, no encontrarán amigo ni auxiliar.

48:23 Tal es la práctica de Alá, que ya se había aplicado antes. Y encontrarás la práctica de Alá irreemplazable.

48:24 Él es Quien, en el valle de La Meca, retiró de vosotros sus manos y de ellos las vuestras, luego de haberos dado la victoria sobre ellos. Alá ve bien lo que hacéis.

48:25 Son ellos los infieles que os apartaron de la Mezquita Sagrada e impidieron que la víctima llegara al lugar del sacrificio. Y, si no llega a ser por hombres creyentes y por mujeres creyentes, a quienes no podíais reconocer, y que os exponíais, sin querer, a pisotear, provocando represalias por su parte... Para que Alá introduzca en Su misericordia a quien Él quiere. Si hubiera sido posible distinguirles, habríamos infligido un doloroso castigo a los infieles que entre ellos había.

48:26 Cuando, dejados llevar los infieles de su fanatismo, el fanatismo propio del paganismo, Alá hizo descender Su *sakina* sobre Su Enviado y sobre los creyentes, y les impuso la palabra del temor de Alá. Tenían pleno derecho a ella y la merecían. Alá es omnisciente.

48:27 Alá ha realizado, ciertamente, el sueño de su Enviado: «En verdad, que habéis de entrar en la Mezquita Sagrada, si Alá quiere, en seguridad, con la cabeza afeitada y el pelo corto, sin temor». Él sabía lo que vosotros no sabíais. Además, ha dispuesto un éxito cercano.

48:28 Él es Quien ha mandado a Su Enviado con la Dirección y con la religión verdadera, para que prevalezca sobre toda otra religión. ¡Alá basta como testigo!

48:29 Mahoma es el Enviado de Alá. Quienes están con él son severos con los infieles y cariñosos entre sí. Se les ve inclinados o prosternados, buscando favor de Alá y satisfacerle. Se les nota en el rostro que se prosternan. Tal es su imagen en la *Tora*. Y en el *Evangelio* se les compara con la semilla que, habiendo germinado, fortifica su brote y éste crece y se yergue en el tallo, constituyendo la alegría del sembrador, para terminar irritando a los infieles por su medio. A quienes de ellos crean y obren bien, Alá les ha prometido perdón y una magnífica recompensa.

49. Las Habitaciones Privadas (Al Hoyorat)
¡En el nombre de Alá, el Compasivo, el Misericordioso!

49:1 ¡Creyentes! ¡No os adelantéis a Alá y a su Enviado y temed a Alá! Alá todo lo oye, todo lo sabe.

49:2 ¡Creyentes! ¡No elevéis vuestra voz por encima de la del Profeta! ¡No le habléis en voz alta, como hacéis entre vosotros! Os expondríais a hacer vanas vuestras obras sin daros cuenta.

49:3 Quienes en presencia del Enviado de Alá bajan la voz son aquéllos cuyos corazones ha probado Alá para disponerlos a Su temor. Obtendrán perdón y magnífica recompensa.

49:4 La mayoría de los que te llaman desde fuera de las habitaciones privadas no tienen entendimiento.

49:5 Más les valdría esperar a que tú salieras adonde ellos están. Alá es indulgente, misericordioso.

49:6 ¡Creyentes! Si un malvado os trae una noticia, examinadla bien, no sea que lastiméis a gente por ignorancia y tengáis que arrepentiros de lo que habéis hecho.

49:7 Sabed que está entre vosotros el Enviado de Alá. En muchos casos, si os obedeciera, os veríais en apuro. Pero Alá os ha hecho amar la fe, engalanándola a vuestros corazones. En cambio, os ha hecho aborrecer la incredulidad, el vicio y la desobediencia. Ésos son los bien dirigidos,

49:8 por favor y gracia de Alá. Alá es omnisciente, sabio.

49:9 Si dos grupos de creyentes combaten unos contra otros, ¡reconciliadles! Y, si uno de ellos oprime al otro, ¡combatid contra el opresor hasta reducirle a la obediencia de Alá! Y, cuando sea reducido, ¡reconciliadles de acuerdo con la justicia y sed equitativos! Alá ama a los que observan la equidad.

49:10 Los creyentes son, en verdad, hermanos. ¡Reconciliad, pues, a vuestros hermanos y temed a Alá! Quizás, así, se os tenga piedad.

49:11 ¡Creyentes! ¡No os burléis unos de otros! Podría ser que los burlados fueran mejores que los que se burlan. Ni las mujeres unas de otras. Podría ser que las burladas fueran mejores que las que se burlan. ¡No os critiquéis ni os llaméis con motes ofensivos! ¡Mala cosa es ser llamado 'perverso' después de haber recibido la fe! Los que no se arrepienten, ésos son los impíos.

49:12 ¡Creyentes! ¡Evitad conjeturar demasiado! Algunas conjeturas son pecado. ¡No espiéis! ¡No calumniéis! ¿Os gustaría comer la carne de un hermano muerto? Os causaría horror... ¡Temed a Alá! Alá es indulgente, misericordioso.

49:13 ¡Hombres! Os hemos creado de un varón y de una hembra y hemos hecho de vosotros pueblos y tribus, para que os conozcáis unos a otros. Para Alá, el más noble de entre vosotros es el que más Le teme. Alá es omnisciente, está bien informado.

49:14 Los beduinos dicen: «¡Creemos!» Di: «¡No creéis! ¡Decid, más bien: 'Hemos abrazado el islam'! La fe no ha entrado aún en vuestros corazones. Pero, si obedecéis a Alá y a Su Enviado, no menoscabará nada vuestras obras. Alá es indulgente, misericordioso».

49:15 Son creyentes únicamente los que creen en Alá y en Su Enviado, sin abrigar ninguna duda, y combaten por Alá con su hacienda y sus personas. ¡Ésos son los veraces!

49:16 Di: «¿Vais a enseñar a Alá en qué consiste vuestra religión, siendo así que Alá conoce lo que está en los cielos y en la tierra?» Alá es omnisciente.

49:17 Te recuerdan su conversión al islam como si, con ello, te hubieran agraciado. Di: «¡No me recordéis vuestra conversión al islam como si me hubiérais agraciado! ¡Al contrario! Es Alá quien os ha agraciado dirigiéndoos hacia la fe. Si es verdad lo que decíis...»

49:18 Alá conoce lo oculto de los cielos y de la tierra. Alá ve bien lo que hacéis.

50. Qaf

¡En el nombre de Alá, el Compasivo, el Misericordioso!

50:1 *q.* ¡Por el glorioso *Corán*!

50:2 Pero se asombran de que uno salido de ellos haya venido a advertirles. Y dicen los infieles: «¡Esto es algo asombroso!

50:3 ¿Es que cuando muramos y seamos tierra...? Es volver de lejos...»

50:4 Ya sabemos qué es lo que de ellos consume la tierra. Tenemos una *Escritura* que conserva.

50:5 Pero han desmentido la Verdad cuando ha venido a ellos y se encuentran en un estado de confusión.

50:6 ¿No ven el cielo que tienen encima, cómo lo hemos edificado y engalanado y no se ha agrietado?

50:7 Hemos extendido la tierra, colocado en ella firmes montañas y hecho crecer en ella toda especie primorosa,

50:8 como ilustración y amonestación para todo siervo arrepentido.

50:9 Hemos hecho bajar del cielo agua bendita, mediante la cual hacemos que crezcan jardines y el grano de la cosecha,

50:10 esbeltas palmeras de apretados racimos,

50:11 para sustento de los siervos. Y, gracias a ella, devolvemos la vida a un país muerto. Así será la Resurrección.

50:12 Antes de ello, ya habían desmentido el pueblo de Noé, los habitantes de ar-Ras, los tamudeos,

50:13 los aditas, Faraón, los hermanos de Lot,

50:14 los habitantes de la Espesura y el pueblo de Tubba. Todos ellos desmintieron a los enviados. Y se cumplió Mi amenaza.

50:15 ¿Es que Nos cansó la primera creación? Pues ellos dudan de una nueva creación.

50:16 Sí, hemos creado al hombre. Sabemos lo que su mente le sugiere. Estamos más cerca de él que su misma vena yugular.

50:17 Cuando los dos encargados de recoger recojan, sentados el uno a la derecha y el otro a la izquierda,

50:18 no pronunciará ninguna palabra que no tenga siempre a su lado a un observador preparado.

50:19 La agonía del moribundo traerá la Verdad: «¡Ahí tienes lo que rehuías!»

50:20 Se tocará la trompeta. Ése es el día de la Amenaza.

50:21 Cada uno vendrá acompañado de un conductor y de un testigo.

50:22 «Estas cosas te traían sin cuidado. Te hemos quitado el velo y, hoy, tu vista es penetrante».

50:23 Su compañero dirá: «Esto es lo que tengo preparado».

50:24 «¡Arrojad a la gehena a todo infiel pertinaz, desviado,

50:25 adversario del bien, violador de la ley, escéptico,

50:26 que ponía, junto con Alá, a otro dios! ¡Arrojadlo al castigo severo!»

50:27 Su compañero dirá: «¡Señor! No soy yo quien le hizo rebelarse, sino que él estaba ya profundamente extraviado».

50:28 Dirá: «¡No discutáis ante Mí! Ya os amenacé por anticipado.

50:29 Mi sentencia es inmutable. Yo no soy injusto con Mis siervos».

50:30 El día que digamos a la gehena: «¿Estás ya llena?», ella dirá: «¿Aún hay más?»

50:31 Y el Jardín será acercado a quienes hayan temido a Alá, bien cerca:

50:32 «Esto es lo que se os había prometido, a todo hombre sinceramente arrepentido, observador,

50:33 que tiene miedo secreto al Compasivo y viene con corazón contrito.

50:34 ¡Entrad en él en paz! ¡Éste es el día de la Eternidad!»

50:35 Tendrán allí cuanto deseen y aún dispondremos de más.

50:36 ¡A cuántas generaciones hemos hecho antes perecer, más temibles que ellos y que recorrieron el país en busca de escape.

50:37 Hay en ello, sí, una amonestación para quien tiene entendimiento, para quien aguza el oído y es testigo.

50:38 Creamos los cielos, la tierra y lo que entre ellos está en seis días, sin sufrir cansancio.

50:39 ¡Ten paciencia, pues, con lo que dicen y celebra las alabanzas de tu Señor antes de la salida del sol y de su puesta!

50:40 ¡Glorifícale durante la noche y después de la azalá!

50:41 ¡Estate atento al día que el pregonero llame de cerca,

50:42 al día que se oiga, de verdad, el Grito! Ése será el día de la Resurrección.

50:43 Somos Nosotros Quienes damos la vida y damos la muerte. Somos Nosotros el fin de todo.

50:44 El día que la tierra se abra despidiéndolos, rápidos..., Ésa es una reunión fácil para Nosotros.

50:45 Sabemos bien lo que dicen... ¡No debes tú forzarles! ¡Amonesta, más bien, por el *Corán* a quien tema Mi amenaza!

51. Los Que Aventan (Ad Dáriat)

¡En el nombre de Alá, el Compasivo, el Misericordioso!

51:1 ¡Por los que aventan!

51:2 ¡Por las que llevan una carga!

51:3 ¡Por las que se deslizan ligeras!

51:4 ¡Por los que distribuyen una orden!

51:5 ¡Ciertamente, aquello con que se os amenaza es verdad!

51:6 Y el Juicio, sí, tendrá lugar.

51:7 ¡Por el cielo surcado de órbitas!

51:8 Estáis en desacuerdo.

51:9 Algunos son desviados de él.

51:10 ¡Malditos sean los que siempre están conjeturando,

51:11 que están en un abismo, despreocupados,

51:12 que preguntan: «¿Cuándo llegará el día del Juicio?»!

51:13 El día que se les pruebe al fuego:

51:14 «¡Gustad vuestra prueba! Esto es lo que estabais impacientes por conocer».

51:15 Los que temen a Alá estarán entre jardines y fuentes,

51:16 tomando lo que su Señor les dé. Hicieron el bien en el pasado;

51:17 de noche dormían poco;

51:18 al rayar el alba, pedían perdón,

51:19 y parte de sus bienes correspondía de derecho al mendigo y al indigente.

51:20 En la tierra hay signos para los convencidos,

51:21 y en vosotros mismos también. ¿Es que no veis?

51:22 Y en el cielo tenéis vuestro sustento y lo que se os ha prometido.

51:23 ¡Por el Señor del cielo y de la tierra, que es tanta verdad como que habláis!

51:24 ¿Te has enterado de la historia de los huéspedes honrados de Abraham?

51:25 Cuando entraron en su casa. Dijeron: «¡Paz!». Dijo: «¡Paz! Sois gente desconocida».

51:26 Se fue discretamente a los suyos y trajo un ternero cebado,

51:27 que les ofreció. Dijo: «¿Es que no coméis?»

51:28 Y sintió temor de ellos. Dijeron: «¡No temas!» Y le dieron la buena nueva de un muchacho lleno de ciencia.

51:29 Su mujer, entonces, se puso a gritar. Golpeóse el rostro y dijo: «Pero ¡si soy una vieja estéril!»

51:30 Dijeron: «Así ha dicho tu Señor. Es Él el Sabio, el Omnisciente».

51:31 Dijo: «¿Qué es lo que os trae, ¡enviados!?»

51:32 Dijeron: «Se nos ha enviado a un pueblo pecador

51:33 para enviar contra ellos piedras de barro cocido,

51:34 marcadas junto a tu Señor para los inmoderados».

51:35 Y sacamos a los creyentes que en ella había,

51:36 pero sólo encontramos en ella una casa de gente sometida a Alá.

51:37 Y dejamos en ella un signo para los que temen el castigo doloroso.

51:38 Y en Moisés. Cuando le enviamos a Faraón con una autoridad manifiesta.

51:39 Pero, seguro de su poder, se volvió y dijo: «¡Es un mago o un poseso!»

51:40 Entonces les sorprendimos, a él y a sus tropas, y los arrojamos al mar. Había incurrido en censura.

51:41 Y en los aditas. Cuando enviamos contra ellos el viento desvastador,

51:42 que pulverizaba todo cuanto encontraba a su paso.

51:43 Y en los tamudeos. Cuando se les dijo: «¡Gozad aún por algún tiempo!»

51:44 Pero infringieron la orden de su Señor y les sorprendió el Rayo, viéndolo venir.

51:45 No pudieron tenerse en pie, ni defenderse.

51:46 Y al pueblo de Noé. Fue un pueblo perverso.

51:47 Y el cielo, lo construimos con fuerza. Y, ciertamente, asignamos un vasto espacio.

51:48 Y la tierra, la extendimos. ¡Qué bien que la preparamos!

51:49 Todo lo creamos por parejas. Quizás, así, os dejéis amonestar.

51:50 «¡Refugiaos, pues, en Alá! Soy para vosotros, de Su parte, un monitor que habla claro.

51:51 ¡No pongáis a otro dios junto con Alá! Soy para vosotros, de Su parte, un monitor que habla claro».

51:52 Asimismo, no vino a los que fueron antes ningún enviado que no dijeran: «¡Es un mago o un poseso!»

51:53 ¿Es que se han legado eso unos a otros? ¡No! ¡Son gente rebelde!

51:54 ¡Apártate de ellos y, así, no incurrirás en censura!

51:55 ¡Y amonesta, que la amonestación aprovecha a los creyentes!

51:56 No he creado a los genios y a los hombres sino para que Me sirvan.

51:57 No quiero de ellos ningún sustento, no quiero que Me alimenten.

51:58 Alá es el Proveedor de todo, el Fuerte, el Firme.

51:59 Los impíos correrán la misma suerte que corrieron sus semejantes. ¡Que no Me den, pues, prisa!

51:60 ¡Ay de los que no creen, por el día con que se les amenaza!

52. El Monte Tur (At Túr)

¡En el nombre de Alá, el Compasivo, el Misericordioso!

52:1 ¡Por el Monte!

52:2 ¡Por una *Escritura*, puesta por escrito

52:3 en un pergamino desenrollado!

52:4 ¡Por la Casa frecuentada!

52:5 ¡Por la bóveda elevada!

52:6 ¡Por el mar hinchado!

52:7 ¡Sí, el castigo de tu Señor tendrá lugar,

52:8 nadie podrá rechazarlo!

52:9 El día que el cielo gire vertiginosamente

52:10 y se pongan las montañas en marcha.

52:11 Ese día ¡ay de los desmentidores,

52:12 que parloteaban por pasar el rato!

52:13 El día que se les empuje, violentamente, al fuego de la gehena:

52:14 «¡Éste es el fuego que desmentíais!

52:15 ¿Es, pues, esto magia? ¿O es que no veis claro?

52:16 ¡Arded en él! Debe daros lo mismo que lo aguantéis o no. Sólo se os retribuye por vuestras obras».

52:17 Quienes temieron a Alá, en cambio, estarán en jardines y delicia,

52:18 disfrutando de lo que su Señor les dé. Su Señor les habrá preservado del castigo del fuego de la gehena.

52:19 «¡Comed y bebed en paz! ¡Por lo que habéis hecho!»

52:20 Reclinados en lechos alineados. Y les daremos por esposas a huríes de grandes ojos.

52:21 Reuniremos con los creyentes a los descendientes que les siguieron en la fe. No les menoscabaremos nada sus obras. Cada uno será responsable de lo que haya cometido.

52:22 Les proveeremos de la fruta y de la carne que apetezcan.

52:23 Allí se pasarán unos a otros una copa cuyo contenido no incitará a vaniloquio ni a pecado.

52:24 Para servirles, circularán a su alrededor muchachos como perlas ocultas.

52:25 Y se volverán unos a otros para preguntarse.

52:26 Dirán: «Antes vivíamos angustiados en medio de nuestra familia.

52:27 Alá nos agració y preservó del castigo del viento abrasador.

52:28 Ya Le invocábamos antes. Es el Bueno, el Misericordioso».

52:29 ¡Amonesta, pues, porque, por la gracia de tu Señor, no eres adivino ni poseso!

52:30 O dicen: «¡Un poeta...! ¡Esperaremos las vicisitudes de su sino!»

52:31 Di: «¡Esperad! Yo espero con vosotros».

52:32 ¿Se les ordena en sueños que hablen así o es que son gente rebelde?

52:33 O dicen: «¡Él se lo ha inventado!» ¡No, no creen!

52:34 Si es verdad lo que dicen, ¡que traigan un relato semejante!

52:35 ¿Han sido creados de la nada? ¿O son ellos los creadores?

52:36 ¿O han creado los cielos y la tierra? No, no están convencidos.

52:37 ¿O tienen los tesoros de tu Señor? ¿O se creen unos potentados?

52:38 ¿O tienen una escala que les permita escuchar? El que de ellos lo consiga ¡que aporte una autoridad manifiesta!

52:39 ¿O tendrá Él hijas, como vosotros tenéis hijos?

52:40 ¿O es que les reclamas un salario tal que se vean abrumados de deudas?

52:41 ¿O es que conocen lo oculto y toman nota?

52:42 ¿O quieren urdir una estratagema? Los infieles serían sus víctimas.

52:43 ¿O tienen un dios diferente de Alá? ¡Gloria a Alá, Que está por encima de lo que Le asocian!

52:44 Si vieran caer parte del cielo, dirían: «Son nubes que se han amontonado».

52:45 Déjales hasta que les llegue su día, cuando sean fulminados,

52:46 el día de su estratagema no les sirva de nada y nadie les auxilie.

52:47 Los impíos sufrirán, además, otro castigo, pero la mayoría no saben.

52:48 ¡Espera paciente la decisión de tu, Señor, pues te vemos! Y ¡celebra las alabanzas de tu Señor cuando estás de pie!

52:49 ¡Glorifícale durante la noche y al declinar las estrellas!

53. La Estrella (An Naym)

¡En el nombre de Alá, el Compasivo, el Misericordioso!

53:1 ¡Por la estrella, cuando declina!

53:2 Vuestro paisano no se extravía, ni se descarría.

53:3 No habla por propio impulso.

53:4 No es sino una revelación que se ha hecho.

53:5 Se la ha enseñado el muy poderoso,

53:6 fuerte, majestuoso,

53:7 mientras él estaba en lo más alto del horizonte.

53:8 Luego, se acercó y quedó suspendido en el aire,

53:9 estaba a dos medidas de arco o menos.

53:10 Reveló a Su siervo lo que reveló.

53:11 No ha mentido el corazón en lo que vio.

53:12 ¿Disputaréis, pues, con él sobre lo que ve?

53:13 Ya le había visto descender en otra ocasión,

53:14 junto al azufaifo del confín,

53:15 junto al cual se encuentra el jardín de la Morada,

53:16 cuando el azufaifo estaba cubierto por aquello.

53:17 No se desvió la mirada. Y no erró.

53:18 Vio, ciertamente, parte de los signos tan grandes de su Señor.

53:19 Y ¿qué os parecen al-Lat, al-Uzza

53:20 y la otra, Manat, la tercera?

53:21 ¿Para vosotros los varones y para Él las hembras?

53:22 Sería un reparto injusto.

53:23 No son sino nombres que habéis puesto, vosotros y vuestros padres, a los que Alá no ha conferido ninguna autoridad. No siguen sino conjeturas y la concupiscencia de sus almas, siendo así que ya les ha venido de su Señor la Dirección.

53:24 ¿Obtendrá el hombre lo que desea?

53:25 Pero la otra vida y esta vida pertenecen a Alá.

53:26 ¡Cuántos ángeles hay en los cielos, cuya intercesión no servirá de nada, a menos que antes dé Alá permiso a quien Él quiera, a quien Le plazca!

53:27 Quienes no creen en la otra vida ponen, sí, a los ángeles nombres femeninos.

53:28 No tienen ningún conocimiento de ello. No siguen más que conjeturas, y éstas, frente a la Verdad, no sirven de nada.

53:29 Apártate de quien vuelve la espalda a Nuestra Amonestación y no desea sino la vida de acá.

53:30 Ésa es toda la ciencia que pueden alcanzar. Alá conoce bien a quien se extravía de Su camino y conoce bien a quien sigue la buena dirección.

53:31 De Alá es lo que está en los cielos y en la tierra, para retribuir a los que obren mal por lo que hagan y retribuir a los que obren bien dándoles lo mejor.

53:32 Quienes evitan los pecados graves y las deshonestidades y sólo cometen pecados leves... Tu Señor es inmensamente indulgente. Os conocía bien cuando os creaba de la tierra y cuando erais un embrión en el seno de vuestra madre. ¡No os jactéis, pues, de puros! Él conoce bien a los que Le temen.

53:33 Y, ¿qué te parece el que vuelve la espalda?

53:34 Da poco, es mezquino.

53:35 ¿Tiene la ciencia de lo oculto, que le permita ver?

53:36 ¿No se le ha informado del contenido de las *Hojas* de Moisés

53:37 y de Abraham, que cumplió:

53:38 que nadie cargará con la carga ajena,

53:39 que el hombre sólo será sancionado con arreglo a su propio esfuerzo,

53:40 que se verá el resultado de su esfuerzo,

53:41 que será, luego, retribuido generosamente,

53:42 que el fin de todo es tu Señor,

53:43 que es Él Quien hace reír y hace llorar,

53:44 que es Él Quien da la muerte y da la vida,

53:45 que Él crea la pareja, varón y hembra,

53:46 de una gota cuando es eyaculada,

53:47 que a Él incumbe la otra creación,

53:48 que es Él Quien da riquezas y posesiones,

53:49 que es Él el Señor de Sirio,

53:50 que Él hizo perecer a los antiguos aditas

53:51 y a los tamudeos, sin dejar uno solo con vida,

53:52 y, antes, al pueblo de Noé, que fue tan impío y rebelde,

53:53 y aniquiló a la vuelta de arriba abajo.

53:54 cubriéndola como la cubrió?

53:55 ¿Cuál, pues, de los beneficios de tu Señor pondrás en duda?

53:56 Ésta es una advertencia al estilo de las advertencias antiguas.

53:57 Amenaza la Inminente.

53:58 Nadie, fuera de Alá, puede quitarla.

53:59 ¿Os asombráis, pues, de este discurso?

53:60 ¿Y reís, en lugar de llorar,

53:61 permaneciendo indiferentes?

53:62 ¡Prosternaos, pues, ante Alá y servidle!

54. La Luna (Al Camar)

¡En el nombre de Alá, el Compasivo, el Misericordioso!

54:1 Se acerca la Hora, se hiende la luna.

54:2 Si ven un signo, se apartan y dicen: «¡Es una magia continua!»

54:3 Desmienten y siguen sus pasiones. Pero todo está decretado.

54:4 Ya han recibido noticias disuasivas,

54:5 consumada sabiduría. Pero las advertencias no sirven.

54:6 ¡Apártate, pues, de ellos! El día que el Pregonero les convoque para algo horrible,

54:7 abatida la mirada, saldrán de las sepulturas como si fueran langostas esparcidas,

54:8 corriendo con el cuello extendido hacia el Pregonero. Dirán los infieles: «¡Éste es un día difícil!»

54:9 Antes de ello, ya el pueblo de Noé había desmentido. Desmintieron a Nuestro siervo y dijeron: «¡Un poseso!», y fue rechazado.

54:10 Entonces, invocó a su Señor. «¡Estoy vencido! ¡Defiéndete!»

54:11 Abrimos las puertas del cielo a una lluvia torrencial

54:12 y en la tierra hicimos manar fuentes. Y el agua se encontró según una orden decretada.

54:13 Le embarcamos en aquello de planchas y de fibras,

54:14 que navegó bajo Nuestra mirada como retribución de aquél que había sido negado.

54:15 La dejamos como signo. Pero ¿hay alguien que se deje amonestar?

54:16 Y ¡cuáles no fueron Mi castigo y Mis advertencias!

54:17 Hemos facilitado el *Corán* para que pueda servir de amonestación. Pero ¿hay alguien que se deje amonestar?

54:18 Los aditas desmintieron y ¡cuáles no fueron Mi castigo y Mis advertencias!

54:19 En un día nefasto e interminable enviamos contra ellos un viento glacial,

54:20 que arrancaba a los hombres como si hubieran sido troncos de palmeras descuajadas.

54:21 Y ¡cuáles no fueron Mi castigo y Mis advertencias!

54:22 Hemos facilitado el *Corán* para que pueda servir de amonestación. Pero ¿hay alguien que se deje amonestar?

54:23 Los tamudeos desmintieron las advertencias

54:24 y dijeron: «¿Vamos a seguir a un solo mortal, salido de nosotros? ¡Estaríamos extraviados y deliraríamos!

54:25 ¿A él, entre nosotros, se le iba a confiar la Amonestación? ¡No, sino que es un mentiroso, un insolente!»

54:26 ¡Mañana verán quién es el mentiroso, el insolente!

54:27 Vamos a enviarles la camella para tentarles. ¡Obsérvales y ten paciencia!

54:28 Infórmales de que el agua debe repartirse entre ellos y de que beberán por turno.

54:29 Llamaron a su paisano, que se hizo cargo y desjarretó.

54:30 Y ¡cuáles no fueron Mi castigo y Mis advertencias!

54:31 Les lanzamos un solo Grito y fueron como hierba seca que se emplea para levantar una cerca.

54:32 Hemos facilitado el *Corán* para que pueda servir de amonestación. Pero ¿hay alguien que se deje amonestar?

54:33 El pueblo de Lot desmintió las advertencias.

54:34 Enviamos contra ellos una tempestad de arena. Exceptuamos a la familia de Lot, a la que salvamos al rayar el alba,

54:35 en virtud de una gracia venida de Nosotros. Así retribuimos al agradecido.

54:36 Les había prevenido contra Nuestro rigor, pero pusieron en duda las advertencias.

54:37 Le exigieron a sus huéspedes y les apagamos los ojos. «¡Gustad Mi castigo y Mis advertencias!»

54:38 A la mañana siguiente, temprano, les sorprendió un castigo duradero.

54:39 «¡Gustad Mi castigo y Mis advertencias!»

54:40 Hemos facilitado el *Corán* para que pueda servir de amonestación. Pero ¿hay alguien que se deje amonestar?

54:41 Y, ciertamente, la gente de Faraón fue advertida.

54:42 Desmintieron todos Nuestros signos y les sorprendimos como sorprende Uno poderoso, potísimo.

54:43 ¿Son vuestros infieles mejores que aquéllos? ¿O hay en las *Escrituras* algo que os inmunice?

54:44 ¿O dicen: «Somos un conjunto capaz de defenderse»?

54:45 Todos serán derrotados y huirán.

54:46 Pero la Hora es el tiempo que se les ha fijado y la Hora es crudelísima, amarguísima.

54:47 Los pecadores están extraviados y deliran.

54:48 El día que sean arrastrados boca abajo al Fuego: «¡Gustad el contacto del *saqar* !»

54:49 Todo lo hemos creado con medida.

54:50 Nuestra orden no consiste sino en una sola palabra, como un abrir y cerrar de ojos.

54:51 Hemos hecho perecer a vuestros semejantes. Pero ¿hay alguien que se deje amonestar?

54:52 Todo lo que han hecho consta en las *Escrituras*.

54:53 Todo, grande o pequeño, está con signado.

54:54 Los temerosos de Alá estarán entre jardines y arroyos,

54:55 en una sede buena, junto a un potísimo Monarca.

55. El Compasivo (Al Ráhman)

¡En el nombre de Alá, el Compasivo, el Misericordioso!

55:1 El Compasivo

55:2 ha enseñado el *Corán*.

55:3 Ha creado al hombre,

55:4 le ha enseñado a explicar.

55:5 El sol y la luna, para cómputo.

55:6 Las hierbas y los árboles se prosternan.

55:7 Ha elevado el cielo. Ha establecido la balanza

55:8 para que no faltéis al peso,

55:9 sino que deis la pesada equitativa, sin defraudar en el peso.

55:10 La tierra la ha puesto al servicio de las criaturas.

55:11 Hay en ella fruta y palmeras de fruto recubierto,

55:12 grano de vaina, plantas aromáticas.

55:13 ¿Cuál, pues, de los beneficios de vuestro Señor negaréis?

55:14 Creó al hombre de arcilla, como la cerámica;

55:15 y creó a los genios de fuego puro.

55:16 ¿Cuál, pues, de los beneficios de vuestro Señor negaréis?

55:17 Señor de los dos Orientes y Señor de los dos Occidentes.

55:18 ¿Cuál, pues, de los beneficios de vuestro Señor negaréis?

55:19 Ha dejado fluir las dos grandes masas de agua, que se encuentran.

55:20 pero las separa una barrera que no rebasan.

55:21 ¿Cuál, pues, de los beneficios de vuestro Señor negaréis?

55:22 De ambas provienen la perla y el coral.

55:23 ¿Cuál, pues, de los beneficios de vuestro Señor negaréis?

55:24 Suyas son las embarcaciones, que sobresalen en el mar como mojones.

55:25 ¿Cuál, pues, de los beneficios de vuestro Señor negaréis?

55:26 Todo aquél que está sobre ella es perecedero.

55:27 Pero subsiste tu Señor, el Majestuoso y Honorable

55:28 ¿Cuál, pues, de los beneficios de vuestro Señor negaréis?

55:29 Los que están en los cielos y en la tierra Le imploran. Siempre está ocupado en algo.

55:30 ¿Cuál, pues, de los beneficios de vuestro Señor negaréis?

55:31 Nos ocuparemos detenidamente de vosotros, dos cargas.

55:32 ¿Cuál, pues, de los beneficios de vuestro Señor negaréis?

55:33 ¡Compañía de genios y de hombres! ¡Atravesad, si podéis, las regiones celestiales y terrestres! Pero no podréis atravesarlas sin ayuda de una autoridad.

55:34 ¿Cuál, pues, de los beneficios de vuestro Señor negaréis?

55:35 Serán lanzadas contra vosotros llamaradas de fuego sin humo y de bronce fundido, y no podréis defenderos.

55:36 ¿Cuál, pues, de los beneficios de vuestro Señor negaréis?

55:37 Cuando el cielo se hienda y se tiña de rojo coriáceo,

55:38 -¿cuál, pues, de los beneficios de vuestro Señor negaréis?

55:39 ese día, ni los hombres ni los genios serán interrogados acerca de su pecado.

55:40 ¿Cuál, pues, de los beneficios de vuestro Señor negaréis?

55:41 Los pecadores serán reconocidos por sus rasgos y se les cogerá por el copete y por los pies.

55:42 ¿Cuál, pues, de los beneficios de vuestro Señor negaréis?

55:43 ¡Ésa es la gehena que los pecadores desmentían!

55:44 No pararán de ir y venir entre ella y el agua muy caliente.

55:45 ¿Cuál, pues, de los beneficios de vuestro Señor negaréis?

55:46 Para quien, en cambio, haya temido comparecer ante su Señor. habrá dos jardines

55:47 -¿Cuál. pues, de los beneficios de vuestro Señor negaréis?

55:48 frondosos,

55:49 -¿cuál, pues, de los beneficios de vuestro Señor negaréis?

55:50 con dos fuentes manando.

55:51 -¿Cuál, pues, de los beneficios de vuestro Señor negaréis?

55:52 En ellos habrá dos especies de cada fruta.

55:53 ¿Cuál, pues, de los beneficios de vuestro Señor negaréis?

55:54 Estarán reclinados en alfombras forradas de brocado. Tendrán a su alcance la fruta de los dos jardines.

55:55 ¿Cuál, pues, de los beneficios de vuestro Señor negaréis?

55:56 Estarán en ellos las de recatado mirar, no tocadas hasta entonces por hombre ni genio,

55:57 -¿Cuál, pues, de los beneficios de vuestro Señor negaréis?

55:58 cual jacinto y coral.

55:59 ¿Cuál, pues, de los beneficios de vuestro Señor negaréis?

55:60 La retribución del bien obrar ¿es otra que el mismo bien obrar?

55:61 ¿Cuál, pues, de los beneficios de vuestro Señor negaréis?

55:62 Además de esos dos, habrá otros dos jardines,

55:63 -¿Cuál, pues, de los beneficios de vuestro Señor negaréis?-

55:64 verdinegros,

55:65 -¿Cuál, pues, de los beneficios de vuestro Señor negaréis?-

55:66 con dos fuentes abundantes.

55:67 -¿Cuál, pues, de los beneficios de vuestro Señor negaréis?
55:68 En ambos habrá fruta, palmeras y granados,
55:69 -¿Cuál, pues, de los beneficios de vuestro Señor negaréis?
55:70 en ellos habrá buenas, bellas,
55:71 -¿Cuál, pues, de los beneficios de vuestro Señor negaréis?
55:72 huríes, retiradas en los pabellones,
55:73 -¿cuál, pues, de los beneficios de vuestro Señor negaréis?-
55:74 no tocadas hasta entonces por hombre ni genio.
55:75 ¿Cuál, pues, de los beneficios de vuestro Señor negaréis?
55:76 Reclinados en cojines verdes y bellas alfombras.
55:77 ¿Cuál, pues, de los beneficios de vuestro Señor negaréis?
55:78 ¡Bendito sea el nombre de tu Señor, el Majestuoso y Honorable!

56. El Acontecimiento (Al Uaqea)

¡En el nombre de Alá, el Compasivo, el Misericordioso!

56:1 Cuando suceda el Acontecimiento,
56:2 nadie podrá negarlo.
56:3 ¡Abatirá, exaltará!
56:4 Cuando la tierra sufra una violenta sacudida
56:5 y las montañas sean totalmente desmenuzadas,
56:6 convirtiéndose en fino polvo disperso,
56:7 y seáis divididos en tres grupos...
56:8 Los de la derecha -¿qué son los de la derecha?-
56:9 los de la izquierda -¿qué son los de la izquierda?-
56:10 y los más distinguidos, que son los más distinguidos.
56:11 Éstos son los allegados,
56:12 en los jardines de la Delicia.
56:13 Habrá muchos de los primeros
56:14 y pocos de los últimos.
56:15 En lechos entretejidos de oro y piedras preciosas,
56:16 reclinados en ellos, unos enfrente de otros.
56:17 Circularán entre ellos jóvenes criados de eterna juventud
56:18 con cálices. jarros y una copa de agua viva,
56:19 que no les dará dolor de cabeza ni embriagará,
56:20 con fruta que ellos escogerán,
56:21 con la carne de ave que les apetezca.
56:22 Habrá huríes de grandes ojos,
56:23 semejantes a perlas ocultas,
56:24 como retribución a sus obras.
56:25 No oirán allí vaniloquio ni incitación al pecado,
56:26 sino una palabra: «¡Paz! ¡Paz!»
56:27 Los de la derecha -¿qué son los de la derecha-
56:28 estarán entre azufaifos sin espinas
56:29 y liños de acacias,
56:30 en una extensa sombra,
56:31 cerca de agua corriente
56:32 y abundante fruta,
56:33 inagotable y permitida,
56:34 en lechos elevados.
56:35 Nosotros las hemos formado de manera especial
56:36 y hecho vírgenes,
56:37 afectuosas, de una misma edad,

56:38 para los de la derecha.

56:39 Habrá muchos de los primeros

56:40 y muchos de los últimos.

56:41 Los de la izquierda -¿qué son los de la izquierda?-

56:42 estarán expuestos a un viento abrasador, en agua muy caliente,

56:43 a la sombra de un humo negro,

56:44 ni fresca ni agradable.

56:45 Antes, estuvieron rodeados de lujo,

56:46 sin salir del enorme pecado.

56:47 Decían: «Cuando muramos y seamos tierra y huesos, ¿se nos resucitará acaso?

56:48 ¿Y también a nuestros antepasados?»

56:49 Di: «¡En verdad, los primeros y los últimos

56:50 serán reunidos en el momento fijado de un día determinado!»

56:51 Luego, vosotros, extraviados, desmentidores,

56:52 comeréis, sí, de un árbol, del Zaqqum,

56:53 de cuyos frutos llenaréis el vientre.

56:54 Y, además, beberéis agua muy caliente,

56:55 sedientos como camellos que mueren de sed...,

56:56 Ese será su alojamiento el día del Juicio.

56:57 Nosotros os creamos. ¿Por qué, pues, no aceptáis?

56:58 Y ¿qué os parece el semen que eyaculáis?

56:59 ¿Lo creáis vosotros o somos Nosotros los creadores?

56:60 Nosotros hemos determinado que muráis y nadie podrá escapársenos,

56:61 para que otros seres semejantes os sucedan y haceros renacer a un estado que no conocéis.

56:62 Ya habéis conocido una primera creación. ¿Por qué, pues, no os dejáis amonestar?

56:63 Y ¿qué os parece vuestra siembra?

56:64 ¿La sembráis vosotros o somos Nosotros los sembradores?

56:65 Si quisiéramos, de vuestro campo haríamos paja seca e iríais lamentándoos:

56:66 «Estamos abrumados de deudas.

56:67 más aún, se nos ha despojado».

56:68 Y ¿qué os parece el agua que bebéis?

56:69 ¿La hacéis bajar de las nubes vosotros o somos Nosotros Quienes la hacen bajar?

56:70 Si hubiéramos querido, la habríamos hecho salobre. ¿Por qué, pues, no dais las gracias?

56:71 Y ¿qué os parece el fuego que encendéis?

56:72 ¿Habéis hecho crecer vosotros el árbol que lo alimenta o somos Nosotros Quienes lo han hecho crecer?

56:73 Nosotros hemos hecho eso como recuerdo y utilidad para los habitantes del desierto.

56:74 ¡Glorifica, pues, el nombre de tu Señor, el Grandioso!

56:75 ¡Pues no! ¡Juro por el ocaso de las estrellas!

56:76 (Juramento en verdad-si supierais...-solemne).

56:77 ¡Es, en verdad, un *Corán* noble,

56:78 contenido en una *Escritura* escondida

56:79 que sólo los purificados tocan,

56:80 una revelación que procede del Señor del universo!

56:81 ¡Tenéis en poco este discurso

56:82 y hacéis de vuestra desmentida vuestro sustento?

56:83 ¿Por qué, pues, cuando se sube a la garganta,

56:84 viéndolo vosotros,

56:85 -y Nosotros estamos más cerca que vosotros de él, pero no percibís-,

56:86 por qué, pues, si no vais a ser juzgados

56:87 y es verdad lo que decís, no la hacéis volver?

56:88 Si figura entre los allegados,

56:89 tendrá reposo, plantas aromáticas y jardín de delicia.

56:90 Si es de los de la derecha:

56:91 «¡Paz a ti, que eres de los de la derecha!»

56:92 Pero, si es de los extraviados desmentidores,

56:93 será alojado en agua muy caliente

56:94 y arderá en fuego de gehena.

56:95 ¡Esto es algo, sí, absolutamente cierto!

56:96 ¡Glorifica, pues, el nombre de tu Señor, el Grandioso!

57. El Hierro (Al Hadid)

¡En el nombre de Alá, el Compasivo, el Misericordioso!

57:1 Lo que está en los cielos y en la tierra glorifica a Alá. Él es el Poderoso, el Sabio.

57:2 Suyo es el dominio de los cielos y de la tierra. Él da la vida y da la muerte. Y es omnipotente.

57:3 Él es el Principio y el Fin, el Visible y el Escondido. Y es omnisciente.

57:4 Él es Quien creó los cielos y la tierra en seis días. Luego, se instaló en el Trono. Sabe lo que penetra en la tierra y lo que de ella sale, lo que desciende del cielo y lo que a él asciende. Está con vosotros dondequiera que os encontréis. Alá ve bien lo que hacéis.

57:5 Suyo es el dominio de los cielos y de la tierra. ¡Y todo será devuelto a Alá!

57:6 Hace que la noche entre en el día y que el día entre en la noche. Y Él sabe bien lo que encierran los pechos.

57:7 ¡Creed en Alá y en Su Enviado! Dad limosna de los bienes de los que Él os ha hecho últimos poseedores. Aquéllos de vosotros que hayan creído y dado limosna tendrán una gran recompensa.

57:8 Y ¿por qué no habéis de creer en Alá, siendo así que el Enviado os invita a creer en vuestro Señor y que ha concertado un pacto con vosotros? Si es que sois creyentes...

57:9 Él es Quien revela a Su siervo signos claros para sacaros de las tinieblas a la luz. En verdad, Alá es manso, misericordioso con vosotros.

57:10 Y ¿por qué no habéis de gastar por la causa de Alá, siendo así que la herencia de los cielos y de la tierra pertenece a Alá? No seréis todos iguales: unos, que han gastado y combatido antes del Éxito, tendrán una categoría más elevada que otros que han gastado y combatido después de ella. A todos, sin embargo, ha prometido Alá lo mejor. Alá está bien informado de lo que hacéis.

57:11 A quien haga a Alá un préstamo generoso, Él le devolverá el doble y le recompensará generosamente.

57:12 El día que veas la luz de los creyentes y de las creyentes correr ante ellos y a su derecha: «¡Buena nueva hoy para vosotros: jardines por cuyos bajos fluyen arroyos, en los que estaréis por toda la eternidad! ¡Ése es el éxito grandioso!»

57:13 El día que los hipócritas y las hipócritas digan a los que creyeron: «¡Esperad a que tomemos de vuestra luz!» Se dirá: «¡Retroceded! ¡Buscad una luz!» Entre ellos se levantará una muralla con una puerta. Dentro estará la Misericordia y fuera, enfrente, el Castigo.

57:14 Les llamarán: «¿No estábamos con vosotros?» Dirán: «¡Claro que sí! Pero os dejasteis seducir, os mantuvisteis a la expectativa, dudasteis. Vuestros anhelos os engañaron hasta que vino la orden de Alá. El Engañador os engañó acerca de Alá.

57:15 Hoy no se aceptará ningún rescate por parte vuestra ni por parte de los que no creyeron. Vuestra morada será el Fuego, que es vuestro lugar apropiado». ¡Qué mal fin...!

57:16 ¿No es hora ya de que se humillen los corazones de los creyentes ante la Amonestación de Alá y ante la Verdad revelada y de que no sean como quienes, habiendo recibido antes la *Escritura*, dejaron pasar tanto tiempo que se endureció su corazón? Muchos de ellos eran unos perversos.

57:17 ¡Sabed que Alá vivifica la tierra después de muerta. Os hemos explicado las aleyas. Quizás, así, comprendáis.

57:18 A quienes den limosna, ellos y ellas, haciendo un préstamo generoso a Alá, les devolverá el doble y les recompensará generosamente.

57:19 Los que crean en Alá y en Sus enviados serán los veraces y los testigos ante su Señor. Recibirán su recompensa y su luz. Pero quienes no crean y desmientan Nuestros signos morarán en el fuego de la gehena.

57:20 ¡Sabed que la vida de acá es juego, distracción y ornato, revalidad en jactancia, afán de más hacienda, de más hijos! Es como un chaparrón: la vegetación resultante alegra a los sembradores, pero luego se marchita y ves que amarillea; luego, se convierte en paja seca. En la otra vida habrá castigo severo o perdón y satisfacción de Alá, mientras que la vida de acá no es más que falaz disfrute.

57:21 ¡Rivalizad en la obtención del perdón de vuestro Señor y de un Jardín tan vasto como el cielo y la tierra, preparado para los que creen en Alá y en Sus enviados! Ese es el favor de Alá, que da a quien Él quiere. Alá es el Dueño del favor in menso.

57:22 No ocurre ninguna desgracia, ni a la tierra ni a vosotros mismos, que no esté en una *Escritura* antes de que la ocasionemos. Es cosa fácil para Alá.

57:23 Para que no desesperéis si no conseguís algo y para que no os regocijéis si lo conseguís. Alá no ama a nadie que sea presumido, jactancioso,

57:24 a los avaros que ordenan avaricia a los hombres. Pero quien vuelve la espalda..., Alá es Quien Se basta a Sí mismo, el Digno de Alabanza.

57:25 Ya hemos mandado a nuestros enviados con las pruebas claras. Y hemos hecho descender con ellos la *Escritura* y la Balanza, para que los hombres observen la equidad. Hemos hecho descender el hierro, que encierra una gran fuerza y ventajas para los hombres. A fin de que Alá sepa quiénes les auxilian en secreto, a Él y a Sus enviados. Alá es fuerte poderoso.

57:26 Ya hemos enviado a Noé y a Abraham y confiado a su descendencia el profetismo y la *Escritura*. Entre sus descendientes los hubo bien dirigidos, pero muchos de ellos fueron unos perversos.

57:27 Tras ellos, mandamos a Nuestros otros enviados, así como Jesús, hijo de María, a quien dimos el *Evangelio*. Pusimos en los corazones de quienes le siguieron mansedumbre, misericordia y monacato. Este último fue instaurado por ellos -no se lo prescribimos Nosotros- sólo por deseo de satisfacer a Alá, pero no lo observaron como debían. Remuneramos a quienes de ellos creyeron, pero muchos de ellos fueron unos perversos.

57:28 ¡Creyentes! ¡Temed a Alá y creed en Su Enviado! Os dará, así, participación doble en Su misericordia, os pondrá una Luz que ilumine vuestra marcha y os perdonará. Alá es indulgente, misericordioso.

57:29 ¡Que la gente de la *Escritura* sepa que no puede disponer nada del favor de Alá, que el favor está en la mano de Alá, que da a quien Él quiere! ¡Alá es el Dueño del favor inmenso!

58. La Discusión (Al Moyadíla)

¡En el nombre de Alá, el Compasivo, el Misericordioso!

58:1 Alá ha oído lo que decía la que discutía contigo a propósito de su esposo y que se quejaba a Alá. Alá oye vuestro diálogo. Alá todo lo oye, todo lo ve.

58:2 Aquéllos de vosotros que repudian a sus mujeres mediante la fórmula: «¡Eres para mí como la espalda de mi madre!»... Ellas no son sus madres. Sólo son sus madres las que les han dado a luz. Dicen, ciertamente, algo reprobable y erróneo. Pero Alá es, sí, perdonador, indulgente.

58:3 Quienes repudian a sus mujeres mediante la fórmula: «¡Eres para mí como la espalda de mi madre!» y la repiten, deben, antes de cohabitar de nuevo, manumitir a un esclavo. Se os exhorta a ello. Alá está bien informado de lo que hacéis.

58:4 Quien no pueda hacerlo, deberá ayunar durante dos meses consecutivos antes de cohabitar de nuevo. Quien no pueda, deberá alimentar a sesenta pobres. Para que creáis en Alá y en Su Enviado. Éstas son las leyes de Alá. Los infieles tendrán un castigo doloroso.

58:5 Quienes se oponen a Alá y a su Enviado serán derribados como lo fueron quienes les precedieron. Hemos revelado signos claros. Los infieles tendrán un castigo humillante.

58:6 El día que Alá les resucite a todos, ya les informará de lo que hicieron. Alá lo habrá tenido en cuenta, mientras que ellos lo habrán olvidado. Alá es testigo de todo.

58:7 ¿No ves que Alá conoce lo que está en los cielos y en la tierra? No hay conciliábulo de tres personas en que no sea Él el cuarto, ni de cinco personas en que no sea Él el sexto. Lo mismo si son menos que si son más, Él siempre está presente, dondequiera que se encuentren. Luego, el día de la Resurrección, ya les informará de lo que hicieron. Alá es omnisciente.

58:8 ¿No ves a aquéllos a quienes se ha prohibido celebrar conciliábulos, que se obstinan en lo prohibido y los celebran, haciéndose culpables de pecado, de violación de la ley y de desobediencia al Enviado? Cuando vienen a ti, te saludan de manera distinta a como Alá te saluda y dicen para sí: «¿Cómo es que Alá no nos castiga por lo que decimos?» Les bastará con la gehena, en la que arderán. ¡Qué mal fin...!

58:9 ¡Creyentes! Cuando celebréis un conciliábulo, no lo hagáis con ánimo de pecar, de violar la ley y de desobedecer al Enviado, sino con el ánimo de ser buenos y temerosos de Alá. ¡Y temed a Alá, hacia Quien seréis congregados!

58:10 El conciliábulo es sólo cosa del Demonio, para entristecer a los que creen, pero que no puede hacerles ningún daño, a menos que Alá lo permita. ¡Que los creyentes confíen en Alá!

58:11 ¡Creyentes! Cuando se os dice: «¡Haced sitio en las asambleas!» hacedlo así para que Alá os haga también sitio. Y si se os dice: «¡Levantaos!», hacedlo así para que Alá también eleve la categoría de aquéllos de vosotros que crean y reciban la Ciencia. Alá está informado de lo que hacéis.

58:12 ¡Creyentes! Cuando queráis tener una conversación a solas con el Enviado, hacedla preceder de una limosna. Es mejor para vosotros y más puro. Si no podéis, Alá es indulgente, misericordioso

58:13 ¿Os arredra hacer preceder vuestra conversación a solas de limosnas? Si no lo hacéis y Alá se aplaca con vosotros, ¡haced la azalá, dad el azaque y obedeced a Alá y a su Enviado! Alá está bien informado de lo que hacéis.

58:14 ¿No has visto a quienes han tomado como protectores a gente que ha incurrido en la ira de Alá? No son ni de los vuestros ni de los suyos y juran en falso deliberadamente.

58:15 Alá ha preparado para ellos un castigo severo. Lo que han hecho está mal.

58:16 Se han escudado en sus juramentos y han desviado a otros del camino de Alá. Tendrán un castigo humillante.

58:17 Ni su hacienda ni sus hijos le servirán de nada frente a Alá. Esos tales morarán en el Fuego eternamente.

58:18 El día que Alá les resucite a todos, Le jurarán a Él como os juran a vosotros, creyendo apoyarse en algo sólido. ¿No son ellos los que mienten?

58:19 El Demonio se ha apoderado de ellos y les ha hecho olvidarse del recuerdo de Alá. Esos tales son los partidarios del Demonio. Y ¿no son los partidarios del Demonio los que pierden?

58:20 Los que se oponen a Alá y a Su Enviado estarán entre los más viles.

58:21 Alá ha escrito: «¡Venceré, en verdad! ¡Yo y Mis enviados!» Alá es fuerte, poderoso.

58:22 No encontrarás a gente que crea en Alá y en el último Día y que tenga cariño a quienes se oponen a Alá y a Su Enviado, aunque éstos sean sus padres, sus hijos varones, sus hermanos o los miembros de su misma tribu. He inscrito la fe en sus corazones, les ha fortalecido con un espíritu de Él y les introducirá en jardines por cuyos bajos fluyen arroyos, en los que estarán eternamente. Alá está satisfecho de ellos y ellos lo están de Él. Ésos constituyen el partido de Alá. Y ¿no son los partidarios de Alá los que prosperan?

59. La Reunión (Al Hachr)

¡En el nombre de Alá, el Compasivo, el Misericordioso!

59:1 Lo que está en los cielos y en la tierra glorifica a Alá. Él es el Poderoso, el Sabio.

59:2 Él es Quien expulsó de sus viviendas a los de la gente de la *Escritura* que no creían, cuando la primera reunión. No creíais que iban a salir y ellos creían que sus fortalezas iban a protegerles contra Alá. Pero Alá les sorprendió por donde menos lo esperaban. Sembró el terror en sus corazones y demolieron sus casas con sus propias manos y con la ayuda de los creyentes. Los que tengáis ojos ¡escarmentad!

59:3 Si Alá no hubiera decretado su destierro, les habría castigado en la vida de acá. En la otra vida, no obstante, sufrirán el castigo del Fuego,

59:4 por haberse separado de Alá y de Su Enviado. Quien se separa de Alá... Alá castiga severamente.

59:5 Cuando talabais una palmera o la dejabais en pie, lo hacíais con permiso de Alá y para confundir a los perversos.

59:6 No habéis contribuido ni con caballos ni con camellos a lo que, de ellos, ha concedido Alá a Su Enviado. Alá, empero, permite a Sus enviados que dominen a quien Él quiere. Alá es omnipotente.

59:7 Lo que Alá ha concedido a Su Enviado, de la población de las ciudades, pertenece a Alá, al Enviado. a sus parientes, a los huérfanos, a los pobres y al viajero. Para que no vaya de nuevo a parar a los que de vosotros ya son ricos. Pero, si el Enviado os da algo, aceptadlo. Y, si os prohíbe algo, absteneos. Y ¡temed a Alá! Alá castiga severamente.

59:8 A los emigrados necesitados, que fueron expulsados de sus hogares y despojados de sus bienes cuando buscaban favor de Alá y satisfacerle, auxiliar a Alá y a Su Enviado. Ésos son los veraces.

59:9 Los ya establecidos en la Casa y en la fe desde antes de su llegada, aman a los que han emigrado a ellos, no codician lo que se les ha dado y les prefieren a sí mismos, aun si están en la penuria. Los que se guarden de su propia codicia, ésos son quienes prosperarán.

59:10 Quienes vinieron después de ellos, dicen: «¡Señor! ¡Perdónanos, a nosotros y a nuestros hermanos que nos han precedido en la fe! ¡Haz que no abriguen nuestros corazones rencor a los que creen! ¡Señor! Tú eres manso, misericordioso».

59:11 ¿No has visto a los hipócritas, que dicen a sus hermanos infieles de los de la gente de la *Escritura*: «Si os expulsan, nos iremos, ciertamente, con vosotros, y nunca obedeceremos a nadie que nos mande algo contra vosotros. Y si os atacan, ciertamente, os auxiliaremos»? Alá es testigo de que mienten.

59:12 Si son expulsados, no se irán con ellos. Si son atacados, no les auxiliarán. Y aun suponiendo que les auxiliaran, seguro que volvían la espalda. Luego, no serán auxiliados.

59:13 Infundís en sus pechos más terror que Alá. Es que son gente que no comprende.

59:14 No combatirán unidos contra vosotros, sino en poblados fortificados o protegidos por murallas. Sus disensiones internas son profundas. Les creéis unidos, pero sus corazones están desunidos. Es que son gente que no razona.

59:15 Como los que fueron poco antes que ellos. Gustaron la gravedad de su conducta y tendrán un castigo doloroso.

59:16 Como el Demonio cuando dice al hombre: «¡No creas!». Y, cuando ya no cree, dice: «Yo no soy responsable de ti. Yo temo a Alá, Señor del universo».

59:17 Su fin será el Fuego, eternamente. Ésa es la retribución de los impíos.

59:18 ¡Creyentes! ¡Temed a Alá! ¡Que cada uno considere lo que prepara para Mañana! ¡Temed a Alá! Alá está bien informado de lo que hacéis.

59:19 No seáis como quienes, habiendo olvidado a Alá, hace Él que se olviden de sí mismos. Esos tales son los perversos.

59:20 No son iguales los moradores del Fuego y los moradores del Jardín. Los moradores del Jardín son los que triunfan.

59:21 Si hubiéramos hecho descender este *Corán* en una montaña, habrías visto a ésta humillarse y henderse por miedo a Alá. Proponemos a los hombres estos símiles. Quizás, así, reflexionen.

59:22 Es Alá -no hay más dios que Él-, el Conocedor de lo oculto y de lo patente. Es el Compasivo, el Misericordioso.

59:23 Es Alá -no hay más dios que Él-, el Rey, el Santísimo, la Paz, Quien da Seguridad, el Custodio, el Poderoso, el Fuerte, el Sumo. ¡Gloria a Alá! ¡Está por encima de lo que Le asocian!

59:24 Es Alá, el Creador, el Hacedor, el Formador. Posee los nombres más bellos. Lo que está en los cielos y en la tierra Le glorifica. Es el Poderoso, el Sabio.

60. La Examinada (Al Momtahana)

¡En el nombre de Alá, el Compasivo, el Misericordioso!

60:1 ¡Creyentes! ¡No toméis como amigos a los enemigos Míos y vuestros, dándoles muestras de afecto, siendo así que no creen en la Verdad venida a vosotros! Expulsan al Enviado y os expulsan a vosotros porque creéis en Alá vuestro Señor. Si salís para luchar por Mi causa y por deseo de agradarme, ¿les tendréis un afecto secreto? Yo sé bien lo que ocultáis y lo que manifestáis. Quien de vosotros obra así, se extravía del camino recto.

60:2 Si dan con vosotros, son para vosotros enemigos y os maltratan de obra y de palabra. Querrían que no creyerais...

60:3 El día de la Resurrección no os aprovecharán ni vuestros parientes ni vuestros hijos. Él fallará acerca de vosotros. Alá ve bien lo que hacéis.

60:4 Tenéis un bello modelo en Abraham y en los que con él estaban. Cuando dijeron a su pueblo: «No somos responsables de vosotros ni de lo que servís en lugar de servir a Alá. ¡Renegamos de vosotros! ¡Ha aparecido, entre nosotros y vosotros, hostilidad y odio para siempre mientras no creáis en Alá Solo!» No es de imitar, en cambio, Abraham cuando dijo a su padre: «He de pedir perdón para ti, aunque no pueda hacer nada por ti contra Alá. ¡Señor! Confiamos en Ti y a Ti nos volvemos arrepentidos. ¡Eres Tú el fin de todo!

60:5 ¡Señor! ¡No hagas de nosotros instrumento de tentación para los infieles! ¡Perdónanos, Señor! Eres Tú el Poderoso, el Sabio».

60:6 Tenéis en ellos un bello modelo para quien cuenta con Alá y con el último Día. Pero quien vuelve la espalda,... Alá es Quien Se basta a Sí mismo, el Digno de Alabanza.

60:7 Quizá establezca Alá la amistad entre vosotros y los que de ellos tenéis por enemigos. Alá es capaz, Alá es indulgente, misericordioso.

60:8 Alá no os prohíbe que seáis buenos y equitativos con quienes no han combatido contra vosotros por causa de la religión, ni os han expulsado de vuestros hogares. Alá ama a los que son equitativos.

60:9 Lo que sí os prohíbe Alá es que toméis como amigos a los que han combatido contra vosotros por causa de la religión y os han expulsado de vuestros hogares o han contribuído a vuestra expulsión. Quienes les tomen como amigos, ésos son los impíos.

60:10 ¡Creyentes! Cuando vengan a vosotros mujeres creyentes que hayan emigrado, ¡examinadlas! Alá conoce bien su fe. Si comprobáis que de verdad son creyentes, no las devolváis a los infieles: ni ellas son lícitas para ellos ni ellos lo son para ellas. ¡Reembolsadles lo que hayan gastado! No tenéis nada que reprocharos si os casáis con ellas, con tal que les entreguéis su dote. Pero no retengáis a las infieles. Pedid lo que hayáis gastado, y que ellos también pidan lo que hayan gastado. Ésa es la decisión de Alá. Él decide entre vosotros. Alá es omnisciente, sabio.

60:11 Si alguna de vuestras esposas se pasa a los infieles y, luego, os toca a vosotros vencer, dad a aquéllos cuyas esposas hayan huido otro tanto de lo que habían gastado. ¡Temed a Alá, en Quien creéis!

60:12 ¡Profeta! Cuando las creyentes vengan a ti a prestarte juramento de fidelidad, de que no asociarán nada a Alá, que no robarán, que no fornicarán, que no matarán a sus hijos, que no dirán calumnia forjada entre sus manos y pies, que no te desobedecerán en lo que se juzgue razonable, acepta su juramento y pide a Alá que les perdone. Alá es indulgente, misericordioso.

60:13 ¡Creyentes! ¡No toméis como amigos a gente que ha incurrido en la ira de Alá! Desesperan de la otra vida, como los infieles desesperan de los sepultados.

61. La Fila (As Saff)

¡En el nombre de Alá, el Compasivo, el Misericordioso!

61:1 Lo que está en los cielos y en la tierra glorifica a Alá. Él es el Poderoso, el Sabio.

61:2 ¡Creyentes! ¿Por qué decís lo que no hacéis?

61:3 Alá aborrece mucho que digáis lo que no hacéis.

61:4 Alá ama a los que luchan en fila por Su causa, como si fueran un sólido edificio.

61:5 Y cuando Moisés dijo a su pueblo: «¡Pueblo! ¿Por qué me molestáis sabiendo que soy el que Alá os ha enviado?» Y, cuando se desviaron, Alá desvió sus corazones. Alá no dirige al pueblo perverso.

61:6 Y cuando Jesús, hijo de María, dijo: «¡Hijos de Israel! Yo soy el que Alá os ha enviado, en confirmación de la *Tora* anterior a mí, y como nuncio de un Enviado que vendrá después de mí, llamado Ahmad». Pero, cuando vino a ellos con las pruebas claras, dijeron: «¡Esto es manifiesta magia!»

61:7 ¿Hay alguien más impío que quien inventa la mentira contra Alá, siendo llamado al islam? Alá no dirige al pueblo impío.

61:8 Quisiera apagar de un soplo la Luz de Alá, pero Alá hará que resplandezca, a despecho de los infieles.

61:9 Él es Quien ha mandado a Su Enviado con la Dirección y con la religión verdadera para que prevalezca sobre toda otra religión, a despecho de los asociadores.

61:10 ¡Creyentes! ¿Queréis que os indique un negocio que os librará de un castigo doloroso?:

61:11 ¡Creed en Alá y en Su Enviado y combatid por Alá con vuestra hacienda y vuestras personas! Es mejor para vosotros. Si supierais...

61:12 Así, os perdonará vuestros pecados y os introducirá en jardines por cuyos bajos fluyen arroyos y en viviendas agradables en los jardines del edén. ¡Ese es el éxito grandioso!

61:13 Y otra cosa, que amaréis: el auxilio de Alá y un éxito cercano. ¡Y anuncia la buena nueva a los creyentes!

61:14 ¡Creyentes! Sed los auxiliares de Alá como cuando Jesús, hijo de María, dijo a los apóstoles: «¿Quiénes son mis auxiliares en la vía que lleva a Alá?» Los apóstoles dijeron: «Nosotros somos los auxiliares de Alá».

De los hijos de Israel unos creyeron y otros no. Fortalecimos contra sus enemigos a los que creyeron y salieron vencedores.

62. El Viernes (Al Yomoa)

¡En el nombre de Alá, el Compasivo, el Misericordioso!

62:1 Lo que está en los cielos y en la tierra glorifica a Alá, el Rey, el Santísimo, el Poderoso, el Sabio.

62:2 Él es quien ha mandado a los gentiles un Enviado salido de ellos, que les recita Sus aleyas, les purifica y les enseña la *Escritura* y la Sabiduría. Antes estaban, evidentemente, extraviados.

62:3 Y a otros de ellos, que no se les han incorporado aún. Es el Poderoso, el Sabio.

62:4 Ése es el favor de Alá, que dispensa a quien Él quiere. Alá es el Dueño del favor inmenso.

62:5 Aquéllos a quienes se había confiado la *Tora* pero no la observaron son semejantes a un asno que lleva libros. ¡Qué mal ejemplo da la gente que desmiente los signos de Alá! Alá no dirige al pueblo impío.

62:6 Di: «¡Judíos! Si pretendéis ser los amigos de Alá, con exclusión de otras gentes, entonces, ¡desead la muerte, si sois consecuentes!»

62:7 Pero nunca la desean por lo que sus manos han cometido. Alá conoce bien a los impíos.

62:8 Di: «La muerte, de la que huís, os saldrá al encuentro. Luego, se os devolverá al Conocedor de lo oculto y de lo patente y ya os informará Él de lo que hacíais».

62:9 ¡Creyentes! Cuando se llame el viernes a la azalá, ¡corred a recordar a Alá y dejad el comercio! Es mejor para vosotros. Si supierais...

62:10 Terminada la azalá, ¡id a vuestras cosas, buscad el favor de Alá! ¡Recordad mucho a Alá! Quizás, así, prosperéis.

62:11 Cuando ven un negocio o una distracción, escapan allá y te dejan plantado. Di: «Lo que Alá tiene es mejor que la distracción y el negocio. Alá es el Mejor de los proveedores».

63. Los Hipócritas (Al Monafiqún)

¡En el nombre de Alá, el Compasivo, el Misericordioso!

63:1 Cuando los hipócritas vienen a ti, dicen: «Atestiguamos que tú eres, en verdad, el Enviado de Alá». Alá sabe que tú eres el enviado. Pero Alá es testigo de que los hipócritas mienten.

63:2 Se han escudado en sus juramentos y han desviado a otros del camino de Alá. ¡Qué mal está lo que han hecho!

63:3 Porque primero creyeron y, luego, han descreído. Sus corazones han sido sellados, así que no entienden.

63:4 Cuando se les ve, se admira su presencia. Si dicen algo, se escucha lo que dicen. Son como maderos apoyados. Creen que todo grito va dirigido contra ellos. Son ellos el enemigo. ¡Ten, pues, cuidado con ellos! ¡Que Alá les maldiga! ¡Cómo pueden ser tan desviados!

63:5 Cuando se les dice: «¡Venid, que el Enviado de Alá pedirá perdon por vosotros!», vuelven la cabeza y se les ve retirarse altivamente.

63:6 Da lo mismo que pidas o no que se les perdone. Alá no les perdonará. Alá no dirige a la gente perversa.

63:7 Son ellos los que dicen: «No gastéis nada en favor de los que están con el Enviado de Alá; así, se escaparán de él». Los tesoros de los cielos y de la tierra pertenecen a Alá, pero los hipócritas no comprenden.

63:8 Dicen: «Si volvemos a la ciudad, los más poderosos, sin duda, expulsarán de ella a los más débiles». Pero el poder pertenece a Alá, a Su Enviado y a los creyentes. Los hipócritas, empero, no saben.

63:9 ¡Creyentes! Que ni vuestra hacienda ni vuestros hijos os distraigan del recuerdo de Alá. Quienes eso hacen, son los que pierden.

63:10 Gastad de lo que os hemos proveído, antes de que la muerte venga a uno de vosotros y éste diga: «¡Señor! ¿Por qué no me das algo más de tiempo, para que dé limosna y sea de los justos?».

63:11 Cuando le vence a uno su plazo, Alá no le concede prórroga. Alá está bien informado de lo que hacéis.

64. El Engaño Mutuo (At Tagabon)

¡En el nombre de Alá, el Compasivo, el Misericordioso!

64:1 Lo que está en los cielos y en la tierra glorifica a Alá. Suyo es el dominio, Suya la alabanza. Es omnipotente.

64:2 Él es Quien os ha creado. Entre vosotros, unos son infieles, otros son creyentes. Alá ve bien lo que hacéis.

64:3 Ha creado con un fin los cielos y la tierra y a vosotros os ha formado armoniosamente. ¡Es Él el fin de todo!

64:4 Conoce lo que está en los cielos y en la tierra, conoce lo que ocultáis y lo que manifestáis. Y Alá conoce bien lo que encierran los pechos.

64:5 ¿No os habéis enterado de lo que pasó a los que fueron antes infieles y gustaron la gravedad de su conducta? Tendrán un castigo doloroso.

64:6 Porque vinieron a ellos sus enviados con las pruebas claras y dijeron: «¿Es que van a dirigirnos unos mortales?» No creyeron y volvieron la espalda. Pero Alá no necesitaba de ellos. Alá Se basta a Sí mismo, es digno de alabanza.

64:7 Los infieles pretenden que no van a ser resucitados. Di: «¡Claro que sí, por mi Señor!, que habéis de ser resucitados y, luego, habéis de ser informados de lo que hicisteis. Es cosa fácil para Alá».

64:8 ¡Creed, pues, en Alá, en Su Enviado y en la Luz que Nosotros hemos revelado! Alá está bien informado de lo que hacéis.

64:9 El día que Él os reúna para el día de la Reunión, ése será el día del Engaño Mutuo. Entonces, a quienes crean en Alá y obren bien, Él les borrará sus malas obras y les introducirá en jardines por cuyos bajos fluyen arroyos, en los que estarán eternamente, para siempre. ¡Ése es el éxito grandioso!

64:10 Pero quienes no crean y desmientan Nuestros signos, ésos morarán en el Fuego eternamente. ¡Qué mal fin...!

64:11 No sucede ninguna desgracia si Alá no lo permite. Él dirige el corazón de quien cree en Alá. Alá es omnisciente.

64:12 ¡Y obedeced a Alá, obedeced al Enviado! Si volvéis la espalda,... A Nuestro Enviado le incumbe sólo la transmisión clara.

64:13 ¡Alá! ¡No hay más dios que Él! ¡Que e los creyentes confíen en Alá!

64:14 ¡Creyentes! En algunas de vuestras esposas y en algunos de vuestros hijos tenéis un enemigo. ¡Cuidado con ellos! Pero, si sois indulgentes, si sois tolerantes, si perdonáis,... Alá es indulgente, misericordioso.

64:15 Vuestra hacienda y vuestros hijos no son más que tentación, mientras que Alá tiene junto a Sí una magnífica recompensa.

64:16 ¡Temed cuanto podáis a Alá! ¡Escuchad! ¡Obedeced! ¡Gastad! Es en vuestro propio beneficio. Los que se guardan de su propia codicia, ésos son los que prosperarán.

64:17 Si hacéis un préstamo generoso a Alá, Él os devolverá el doble y os perdonará. Alá es muy agradecido, benigno.

64:18 El Conocedor de lo oculto y de lo patente, el Poderoso, el Sabio.

65. El Repudio (Al Tálaq)

¡En el nombre de Alá, el Compasivo, el Misericordioso!

65:1 ¡Profeta! Cuando repudiáis a las mujeres, ¡hacedlo al terminar su período de espera! ¡Contad bien los días de ese período y temed a Alá, vuestro Señor! ¡No las expulséis de sus casas ni ellas salgan, a menos que sean culpables de deshonestidad manifiesta! Ésas son las leyes de Alá. Y quien viola las leyes de Alá es injusto consigo mismo. Tú no sabes... Quizá Alá, entre tanto, suscite algún imprevisto...

65:2 Cuando lleguen a su término, retenedlas decorosamente o separaos de ellas decorosamente. Y requerid el testimonio de dos personas justas de los vuestros y atestiguad ante Alá. A esto se exhorta a quien cree en Alá y en el último Día. A quien teme a Alá, Él le da una salida

65:3 y le provee de un modo insospechado por él. A quien confía en Alá, Él le basta. Alá consigue lo que se propone. Alá ha establecido una medida para cada cosa.

65:4 Para aquéllas de vuestras mujeres que ya no esperan tener la menstruación, si tenéis dudas, su período de espera será de tres meses; lo mismo para las impúberes. Para las embarazadas, su período de espera terminará cuando den a luz. A quien teme a Alá, Él le facilita sus cosas.

65:5 Ésta es la orden que Alá os ha revelado. Alá borra las malas obras de quien Le teme y le da una magnífica recompensa.

65:6 ¡Alojadlas, según vuestros medios, en vuestra misma vivienda! ¡No les hagáis daño con ánimo de molestarlas! Si están embarazadas, proveedles de lo necesario hasta que den a luz. Si la criatura que crían es vuestra, retribuidles como es debido y llegad a un acuerdo decoroso. Si encontráis alguna dificultad, entonces, tomad un ama a cuenta vuestra.

65:7 ¡Que el acomodado gaste según sus medios! Quien disponga de medios limitados ¡que gaste según lo que Alá le haya dado! Alá no pide a nadie sino lo que le ha dado. Alá hará que a la adversidad suceda la felicidad.

65:8 ¡A cuántas ciudades, que desdeñaron la orden de su Señor y de Sus enviados, pedimos cuenta rigurosa e infligimos un castigo horroroso!

65:9 Gustaron la gravedad de su conducta, que acabó por perderles.

65:10 Alá ha preparado para ellos un castigo severo. ¡Temed, pues, a Alá, creyentes dotados de intelecto! Alá os ha enviado de lo alto una Amonestación,

65:11 un Enviado que os recita aleyas aclaratorias de Alá, para sacar de las tinieblas a la luz a quienes creen y obran bien. A quien cree en Alá y obra bien, Él le introducirá en jardines por cuyos bajos fluyen arroyos, en los que estarán eternamente, para siempre. Alá le ha reservado un bello sustento.

65:12 Alá es Quien ha creado siete cielos y otras tantas tierras. La orden desciende gradualmente entre ellos para que sepáis, que Alá es omnipotente y que Alá todo lo abarca en Su ciencia.

66. La Prohibición (At Tahrim)

¡En el nombre de Alá, el Compasivo, el Misericordioso!

66:1 ¡Profeta! ¿Por qué, para agradar a tus esposas, declaras prohibido lo que Alá ha declarado lícito para ti? Pero Alá es indulgente, misericordioso.

66:2 Alá os ha prescrito la anulación de vuestros juramentos. Alá es vuestro Protector. Él es el Omnisciente, el Sabio.

66:3 Y cuando el Profeta dijo un secreto a una de sus esposas. Cuando, no obstante, ella lo reveló y Alá se lo descubrió, dio él a conocer parte y ocultó el resto. Y, cuando se lo reveló, dijo ella: «¿Quién te ha informado de esto?» Él dijo: «Me lo ha revelado el Omnisciente, el Bien Informado».

66:4 Si os volvéis ambas, arrepentidas, a Alá, es señal de que vuestros corazones han cedido. Si, al contrario, os prestáis ayuda en contra de él, entonces, Alá es su Protector. Y le ayudarán Gabriel, los buenos creyentes y, además, los ángeles.

66:5 Si él os repudia, quizá su Señor le dé, a cambio, esposas mejores que vosotras, sometidas a Él, creyentes, devotas, arrepentidas, que sirven a Alá, que ayunan, casadas de antes o vírgenes.

66:6 ¡Creyentes! Guardaos, vosotros y vuestras familias, de un Fuego cuyo combustible lo forman hombres y piedras, y sobre el que habrá ángeles gigantescos, poderosos, que no desobedecen a Alá en lo que les ordena, sino que hacen lo que se les ordena.

66:7 ¡Infieles! ¡No os disculpéis hoy! Se os retribuirá tan sólo según vuestras obras.

66:8 ¡Creyentes! ¡Volveos a Alá con sincero arrepentimiento! Quizá vuestro Señor borre vuestras malas obras y os introduzca en jardines por cuyos bajos fluyen arroyos. El día que Alá libre de vergüenza al Profeta y a los que con él creyeron... Su luz correrá ante ellos y a su derecha. Dirán: «¡Señor! ¡Perfecciónanos nuestra luz y perdónanos! Eres omnipotente».

66:9 ¡Profeta! ¡Combate contra los infieles y los hipócritas! ¡Muéstrate duro con ellos! Tendrán la gehena por morada. ¡Qué mal fin...!

66:10 Alá pone como ejemplo para los infieles a la mujer de Noé y a la mujer de Lot. Ambas estaban sujetas a dos de Nuestros siervos justos, pero les traicionaron, aunque su traición no les sirvió de nada frente a Alá. Y se dijo: «¡Entrad ambas en el Fuego, junto con los demás que entran!»

66:11 Y Alá pone como ejemplo para los creyentes a la mujer de Faraón. Cuando dijo: «¡Señor! ¡Constrúyeme, junto a Ti, una casa en el Jardín y sálvame de Faraón y de sus obras! ¡Sálvame del pueblo impío!»

66:12 Y a María, hija de Imran, que conservó su virginidad y en la que infundimos de Nuestro Espíritu. Tuvo por auténticas las palabras y *Escritura* de su Señor y fue de las devotas.

67. El Dominio (Al Molk)

¡En el nombre de Alá, el Compasivo, el Misericordioso!

67:1 ¡Bendito sea Aquél en Cuya mano está el dominio! Es omnipotente.

67:2 Es Quien ha creado la muerte y la vida para probaros, para ver quién de vosotros es el que mejor se porta. Es el Poderoso, el Indulgente.

67:3 Es Quien ha creado siete cielos superpuestos. No ves ninguna contradición en la creación del Compasivo. ¡Mira otra vez! ¿Adviertes alguna falla?

67:4 Luego, mira otras dos veces: tu mirada volverá a ti cansada, agotada.

67:5 Hemos engalanado el cielo más bajo con luminares, de los que hemos hecho proyectiles contra los demonios y hemos preparado para ellos el castigo del fuego de la gehena.

67:6 Quienes no hayan creído en su Señor tendrán el castigo de la gehena. ¡Qué mal fin...!

67:7 Cuando sean arrojados a ella, oirán su fragor, en plena ebullición,

67:8 a punto de estallar de furor. Siempre que se le arroje una oleada, sus guardianes les preguntarán: «¿Es que no vino a vosotros un monitor?»

67:9 «¡Claro que sí!» dirán: «Vino a nosotros un monitor, pero desmentimos, y dijimos: 'Alá no ha revelado nada. No estáis sino muy extraviados'».

67:10 Y dirán: «Si hubiéramos oído o comprendido, no moraríamos ahora en el fuego de la gehena».

67:11 Confesarán su pecado. ¡Que Alá aleje a los moradores del fuego de la gehena!

67:12 Quienes hayan tenido miedo a su Señor en secreto tendrán perdón y una gran recompensa.

67:13 Da lo mismo que mantengáis ocultas vuestras palabras o que las divulguéis. Él conoce bien lo que encierran los pechos.

67:14 ¿No va a saber Quien ha creado, Él, Que es el Sutil, el Bien Informado?

67:15 Él es Quien os ha hecho dócil la tierra. Recorredla, pues, de acá para allá y comed de Su sustento. La Resurrección se hará hacia Él.

67:16 ¿Estáis a salvo de que Quien está en el cielo haga que la tierra os trague? He aquí que tiembla...

67:17 ¿O estáis a salvo de que Quien está en el cielo envíe contra vosotros una tempestad de arena? Entonces veréis cómo era Mi advertencia...

67:18 Quienes fueron antes que ellos desmintieron y ¡cuál no fue Mi reprobación!

67:19 ¿Es que no han visto las aves encima de ellos, desplegando y recogiendo las alas? Sólo el Compasivo las sostiene. Lo ve bien todo.

67:20 O ¿quién es el que podría auxiliaros cual legión, fuera del Compasivo? Los infieles son presa de una ilusión.

67:21 O ¿quien es el que os proveería de sustento si Él interrumpiera Su sustento? Sí, persisten en su insolencia y aversión.

67:22 Quien anda agachado ¿va mejor dirigido que quien anda erguido por una vía recta?

67:23 Di: «Él es Quien os ha creado, Quien os ha dado el oído, la vista y el intelecto. ¡Qué poco agradecidos sois!»

67:24 Di: «Él es Quien os ha diseminado por la tierra. Y hacia Él seréis congregados».

67:25 Y dicen: «¿Cuándo se cumplirá esta amenaza, si es verdad lo que decís?»

67:26 Di: «Sólo Alá lo sabe. Yo soy solamente un monitor que habla claro».

67:27 Pero, en cuanto vean su inminencia, se afligirán los rostros de los infieles. Y se dirá: «Aquí tenéis lo que reclamabais».

67:28 Di: «¿Qué os parece? Lo mismo si Alá nos hace perecer, a mí y a los que están conmigo, que si se apiada de nosotros, ¿quién preservará a los infieles de un castigo doloroso?

67:29 Di: «¡Es el Compasivo! ¡Creemos en Él y confiamos en Él! Ya veréis quién es el que está evidentemente extraviado».

67:30 Di: «¿Qué os parece? Si el agua se os agotara una mañana, ¿quien iba a traeros agua viva?»

68. El Cálamo (Al Calam)

¡En el nombre de Alá, el Compasivo, el Misericordioso!

68:1 *n.* ¡Por el cálamo y lo que escriban!

68:2 ¡Por la gracia de tu Señor, que tú no eres un poseso!

68:3 Tendrás, ciertamente, una recompensa ininterrumpida.

68:4 Eres, sí, de eminente carácter.

68:5 Tú verás y ellos verán

68:6 quién de vosotros es el tentado.

68:7 Tu Señor sabe mejor que nadie quiénes se extravían de Su camino y sabe mejor que nadie quiénes siguen la buena dirección.

68:8 ¡No obedezcas, pues, a los desmentidores!

68:9 Desearían que fueras condescendiente, para serlo ellos también.

68:10 ¡No obedezcas a ningún vil jurador.

68:11 al pertinaz difamador, que va sembrando calumnias,

68:12 a quien impide el bien, al violador de la ley, al pecador,

68:13 al arrogante y, encima, bastardo,

68:14 so pretexto de poseer hacienda e hijos varones!

68:15 Cuando se le recitan Nuestras aleyas, dice: «¡Patrañas de los antiguos!»

68:16 ¡Le marcaremos en el hocico!

68:17 Les hemos probado como probamos a los dueños del jardín. Cuando juraron que cogerían sus frutos por la mañana,

68:18 sin hacer salvedad.

68:19 Mientras dormían, cayó sobre él un azote enviado por tu Señor

68:20 y amaneció como si hubiera sido arrasado.

68:21 Por la mañana, se llamaron unos a otros:

68:22 «¡Vamos temprano a nuestro campo, si queremos coger los frutos!»

68:23 Y se pusieron en camino, cuchicheando:

68:24 «¡Ciertamente, hoy no admitiremos a ningún pobre!»

68:25 Marcharon, pues, temprano, convencidos de que serían capaces de llevar a cabo su propósito.

68:26 Cuando lo vieron, dijeron: «¡Seguro que nos hemos extraviado!

68:27 ¡No, se nos ha despojado!»

68:28 El más moderado de ellos dijo: «¿No os lo había dicho? ¿Por qué no glorificáis?»

68:29 Dijeron: «¡Gloria a nuestro Señor! ¡Hemos obrado impíamente!»

68:30 Y pusiéronse a recriminarse.

68:31 Dijeron: «¡Ay de nosotros, que hemos sido rebeldes!

68:32 Quizá nos dé nuestros Señor, a cambio, algo mejor que éste. Deseamos ardientemente a nuestro Señor».

68:33 Tal fue el castigo. Pero el castigo de la otra vida es mayor aún. Si supieran...

68:34 Los que temen a Alá tendrán, junto a su Señor. los jardines de la Delicia.

68:35 ¿Vamos, pues, a tratar igual a los que se someten a Alá que a los pecadores?

68:36 ¿Qué os pasa? ¿Qué manera de juzgar es ésa?

68:37 ¿O es que disponéis de una *Escritura* para estudiar?

68:38 Tendríais en ella lo que deseáis.

68:39 ¿O es que nos atan a vosotros juramentos que nos obligan hasta el día de la Resurrección? Obtendríais lo que juzgarais.

68:40 Pregúntales quién responde de ello.

68:41 ¿O es que tienen asociados? Pues, ¡que traigan a sus asociados, si es verdad lo que dicen!

68:42 El día que las cosas se pongan mal y sean invitados a prosternarse, no podrán.

68:43 Abatida la mirada, cubiertos de humillación, porque fueron invitados a prosternarse cuando aún estaban en seguridad...

68:44 ¡Déjame a solas con quienes desmienten este discurso! Les conduciremos paso a paso, sin que sepan cómo.

68:45 Les concedo una prórroga. ¡Mi estratagema es segura!

68:46 ¿O es que les reclamas un salario tal que se vean abrumados de deudas?

68:47 ¿O es que conocen lo oculto y toman nota?

68:48 Espera, pues, paciente la decisión de tu Señor y no hagas como el del pez, cuando clamó en medio de la angustia.

68:49 Si no llega a alcanzarle una gracia de su Señor, habría sido arrojado a una costa desnuda, reprobado.

68:50 Pero su Señor le escogió y le hizo de los justos.

68:51 Poco les falta a los infieles, cuando oyen la Amonestación, para clavar en ti su mirada. Y dicen: «¡Sí, es un poseso!»

68:52 Pero no es sino una amonestación dirigida a todo el mundo.

69. La Inevitable (Al Haca)
¡En el nombre de Alá, el Compasivo, el Misericordioso!

69:1 La Inevitable.

69:2 ¿Qué es la Inevitable?

69:3 Y ¿cómo sabrás qué es la Inevitable?

69:4 Los tamudeos y los aditas desmintieron la Calamidad.

69:5 Los tamudeos fueron aniquilados por el Rayo.

69:6 Los aditas fueron aniquilados por un viento glacial, impetuoso,

69:7 que desencadenó contra ellos para devastarlo todo durante siete noches y ocho días. Se veía a la gente yacer en ellas como troncos de palmeras derribadas.

69:8 ¿Puedes tú ver algún rastro de ellos?

69:9 Pecaron Faraón, los que fueron antes de él y las vueltas de arriba abajo.

69:10 Desobedecieron al Enviado de su Señor y Éste les sorprendió de un modo irresistible.

69:11 Cuando las aguas lo inundaron todo, os llevamos en la embarcación,

69:12 para hacer de ella un recuerdo para vosotros, para que el oído atento lo retuviera.

69:13 Cuando se toque la trompeta una sola vez,

69:14 y la tierra y las montañas sean alzadas y pulverizadas de un solo golpe,

69:15 ese día sucederá el Acontecimiento.

69:16 El cielo se henderá, pues ese día estará quebradizo.

69:17 Los ángeles estarán en sus confines y ese día ocho de ellos llevarán, encima, el Trono de tu Señor.

69:18 Ese día se os expondrá: nada vuestro quedará oculto.

69:19 Aquél que reciba su *Escritura* en la diestra, dirá: «¡Tomad! ¡Leed mi *Escritura*!

69:20 ¡Ya contaba con ser juzgado!»

69:21 Gozará de una vida agradable

69:22 en un Jardín elevado,

69:23 cuyos frutos estarán al alcance de la mano.

69:24 «¡Comed y bebed en paz el fruto de lo que hicisteis en días pasados!»

69:25 Aquél que reciba su *Escritura* en la siniestra, dirá: «¡Ojalá no se me hubiera entregado la *Escritura*

69:26 y no hubiera conocido el resultado de mi juicio!

69:27 ¡ Ojalá hubiera sido definitiva!

69:28 De nada me ha servido mi hacienda.

69:29 Mi poder me ha abandonado»

69:30 «¡Cogedle y ponedle una argolla al cuello!

69:31 ¡Que arda, luego, en el fuego de la gehena!

69:32 ¡Sujetadle, luego, a una cadena de setenta codos!»

69:33 No creía en Alá, el Grandioso,

69:34 ni animaba a dar de comer al pobre.

69:35 Hoy no tiene aquí amigo ferviente,

69:36 ni más alimento que de *guislin*,

69:37 que sólo los pecadores comen.

69:38 ¡Pues no! ¡Juro por lo que veis

69:39 y por lo que no veis,

69:40 que es, ciertamente, la palabra de un Enviado noble!

69:41 No es la palabra de un poeta -¡qué poca fe tenéis!-

69:42 ni la palabra de un adivino -¡qué poco os dejáis amonestar!-.

69:43 Es una revelación que procede del Señor del universo.

69:44 Si Nos hubiera atribuido algunos dichos,

69:45 le habríamos tomado de la diestra;

69:46 luego, le habríamos seccionado la aorta,

69:47 y ninguno de vosotros habría podido impedirlo.

69:48 Es, sí, un Recuerdo para los temerosos de Alá.

69:49 Ya sabemos, sí, que hay entre vosotros desmentidores.

69:50 Es, sí, un motivo de lamentación para los infieles.

69:51 Pero es algo, sí, absolutamente cierto.

69:52 ¡Glorifica, pues, el nombre de tu Señor, el Grandioso!.

70. Las Gradas (Al Mariy)

¡En el nombre de Alá, el Compasivo, el Misericordioso!

70:1 Alguien ha pedido un castigo inmediato

70:2 para los infieles, que nadie pueda rechazar,

70:3 que venga de Alá, Señor de las gradas.

70:4 Los ángeles y el Espíritu ascienden a Él en un día que equivale a cincuenta mil años.

70:5 ¡Ten, pues, digna paciencia!

70:6 Piensan que está lejos,

70:7 pero Nosotros pensamos que está cerca.

70:8 El día que el cielo parezca metal fundido,

70:9 y las montañas, copos de lana,

70:10 y nadie pregunte por su amigo ferviente.

70:11 Les será dado verles. El pecador querrá librarse del castigo de ese día ofreciendo como rescate a sus hijos varones,

70:12 a su compañera, a su hermano,

70:13 Al clan que lo cobijó,

70:14 a todos los de la tierra. Eso le salvaría.

70:15 ¡No! Será una hoguera,

70:16 que arrancará el cuero cabelludo

70:17 y reclamará a quien retroceda y vuelva la espalda,

70:18 a quien amase y atesore.

70:19 El hombre es de natural impaciente.

70:20 Pusilánime cuando sufre un mal,

70:21 mezquino cuando la fortuna le favorece.

70:22 Se exceptúa a quienes oran

70:23 perseverando en su azalá,

70:24 parte de cuyos bienes es de derecho

70:25 para el mendigo y el indigente,

70:26 que tienen por auténtico el día del Juicio,

70:27 que temen el castigo de su Señor

70:28 -nadie debe sentirse seguro contra el castigo de su Señor-,

70:29 que se abstienen de comercio carnal,

70:30 salvo con sus esposas o con sus esclavas -en cuyo caso no incurren en reproche,

70:31 mientras que quienes desean a otras mujeres, ésos son los que violan la ley-,

70:32 que respetan los depósitos que se les confían y las promesas que hacen,

70:33 que dicen la verdad en sus testimonios,

70:34 que observan su azalá.

70:35 Esos tales estarán en jardines, honrados.

70:36 ¿Qué les pasa a los infieles, que vienen hacia ti corriendo con el cuello extendido,

70:37 en grupos, por la derecha y por la izquierda?

70:38 ¿Es que cada uno de ellos anhela ser introducido en un jardín de delicia?

70:39 ¡No! Les creamos de lo que saben.

70:40 ¡Pues no! ¡Juro por el Señor de los Orientes y de los Occidentes, que somos bien capaces

70:41 de sustituirles por otros mejores que ellos, sin que nadie pueda impedírnoslo!

70:42 ¡Déjales que parloteen y jueguen hasta que les llegue el día con que se les ha amenazado,

70:43 el día que salgan de las sepulturas, rápidos como si corrieran hacia piedras erectas,

70:44 la mirada abatida, cubiertos de humillación! Tal será el día con que se les había amenazado.

71. Noé (Noh)

¡En el nombre de Alá, el Compasivo, el Misericordioso!

71:1 Enviamos a Noé a su pueblo: «¡Advierte a tu pueblo antes de que le alcance un castigo doloroso!»

71:2 Dijo: «¡Pueblo! Soy para vosotros un monitor que habla claro.

71:3 ¡Servid a Alá y temedle! ¡Y obedecedme!

71:4 Así, os perdonará vuestros pecados y os remitirá a un plazo fijo. Pero, cuando venza el plazo fijado por Alá, no podrá ya ser retardado. Si supierais...»

71:5 Dijo: «¡Señor! He llamado a mi pueblo noche y día.

71:6 Mi llamamiento sólo ha servido para que huyan más.

71:7 Siempre que les llamo para que Tú les perdones, se ponen los dedos en los oídos, se cubren con la ropa, se obstinan y se muestran en extremo altivos.

71:8 Además, les he llamado abiertamente

71:9 y les he hablado en público y en secreto.

71:10 Y he dicho: '¡Pedid perdón a vuestro Señor -Que es indulgente-

71:11 y enviará sobre vosotros del cielo una lluvia abundante!

71:12 Os dará mucha hacienda e hijos varones. Pondrá a vuestra disposición jardines, pondrá a vuestra disposición arroyos.

71:13 ¿Qué os pasa, que no esperáis de Alá magnanimidad,

71:14 habiéndoos creado en fases?

71:15 ¿No habéis visto cómo ha creado Alá siete cielos superpuestos

71:16 y puesto en ellos la luna como luz y el sol como lámpara?

71:17 Alá os ha hecho crecer de la tierra como plantas.

71:18 Después, os hará volver a ella, y os sacará.

71:19 Alá os ha puesto la tierra como alfombra

71:20 para que recorráis en ella caminos, anchos pasos'».

71:21 Noé dijo: «¡Señor! Me han desobedecido y han seguido a aquéllos cuya hacienda e hijos no hacen sino perderles más.

71:22 Han perpetrado una enorme intriga.

71:23 Y dicen: '¡No abandonéis a vuestros dioses! ¡No abandonéis a Wadd, ni a Suwaa, ni a Yagut, a Yauq y a Nasr!'

71:24 Han extraviado a muchos. A los impíos ¡no hagas sino extraviarles más!»

71:25 Por sus pecados, fueron anegados e introducidos en un Fuego. No encontraron quien, fuera de Alá, les auxiliara.

71:26 Noé dijo: «¡Señor! ¡No dejes en la tierra a ningún infiel con vida!

71:27 Si les dejas, extraviarán a Tus siervos y no engendrarán sino a pecadores, infieles pertinaces.

71:28 ¡Señor! ¡Perdónanos, a mi y a mis padres, a quien entre en mi casa como creyente, a los creyentes y a las creyentes! Y a los impíos ¡no hagas sino perderles más!»

72. Los Genios (Al Yinn)

¡En el nombre de Alá, el Compasivo, el Misericordioso!

72:1 Di: «Se me ha revelado que un grupo de genios estaba escuchando y decía: 'Hemos oído una Recitación maravillosa,

72:2 que conduce a la vía recta. Hemos creído en ella y no asociaremos nadie a nuestro Señor'.

72:3 Y: 'Nuestro Señor -¡exaltada sea Su grandeza!- no ha tomado compañera ni hijo'

72:4 Y: 'Nuestro loco decía contra Alá una solemne mentira'.

72:5 Y: 'Nosotros creíamos que ni los humanos ni los genios iban a proferir mentira contra Alá'.

72:6 Y: 'Había humanos varones que se refugiaban en los genios varones y éstos enloquecieron más a aquéllos'.

72:7 Y: 'Creían ellos, como vosotros, que Alá no iba a enviar a nadie'.

72:8 Y: 'Hemos palpado el cielo y lo hemos encontrado lleno de guardianes severos y de centellas'.

72:9 Y: 'Nos sentábamos allí, en sitios apropiados para oír. Pero todo aquél que escucha, al punto encuentra una centella que le acecha'.

72:10 Y: 'No sabemos si se quiere mal a los que están en la tierra o si su Señor quiere dirigirles bien'.

72:11 Y: 'Entre nosotros hay unos que son justos y otros que no. Seguimos doctrinas diferentes'.

72:12 Y: 'Creíamos que no podríamos escapar a Alá en la tierra, ni aun huyendo'.

72:13 Y: 'Cuando oímos la Dirección, creímos en ella. Quien cree en su Señor no teme daño ni injuria'.

72:14 Y: 'Entre nosotros los hay que se someten a Alá y los hay que se apartan. Los que se someten a Alá han elegido la rectitud.

72:15 Los que se apartan, en cambio, son leña para la gehena'.

72:16 Y: 'Si se hubieran mantenido en la vía recta, les habríamos dado de beber agua abundante

72:17 para probarles. A quien se desvíe de la Amonestación de su Señor, Él le conducirá a un duro castigo'.

72:18 Y: 'Los lugares de culto son de Alá. ¡No invoquéis a nadie junto con Alá!'

72:19 Y: 'Cuando el siervo de Alá se levantó para invocarle, poco les faltó para, en masa, arremeter contra él'».

72:20 Di: «Invoco sólo a mi Señor y no Le asocio nadie».

72:21 Di: «No puedo dañaros ni dirigiros».

72:22 Di: «Nadie me protegerá de Alá y no encontraré asilo fuera de Él.

72:23 Sólo un comunicado de Alá y Sus mensajes». A quien desobedezca a Alá y a Su Enviado le espera el fuego de la gehena, en el que estará eternamente, para siempre.

72:24 Hasta que, cuando vean aquello con que se les ha amenazado, sabrán quién es el que recibe auxilio más débil y quién es numéricamente inferior.

72:25 Di: «No sé si está cerca aquello con que se os ha amenazado o si mi Señor lo retardará aún.

72:26 El Conocedor de lo oculto. No descubre a nadie lo que tiene oculto,

72:27 salvo a aquél a quien acepta como enviado. Entonces, hace que le observen por delante y por detrás,

72:28 para saber si han transmitido los mensajes de su Señor. Abarca todo lo concerniente a ellos y lleva cuenta exacta de todo»

73. El Arrebujado (Al Mozzamil)

¡En el nombre de Alá, el Compasivo, el Misericordioso!

73:1 ¡Tú, el arrebujado!

73:2 ¡Vela casi toda la noche,

73:3 o media noche, o algo menos,

73:4 o más, y recita el *Corán* lenta y claramente!

73:5 Vamos a comunicarte algo importante:

73:6 la primera noche es más eficaz y de dicción más correcta.

73:7 Durante el día estás demasiado ocupado.

73:8 ¡Y menciona el nombre de tu Señor y conságrate totalmente a Él!

73:9 El Señor del Oriente y del Occidente. No hay más dios que Él. ¡Tómale, pues, como protector!

73:10 ¡Ten paciencia con lo que dicen y apártate de ellos discretamente!

73:11 ¡Déjame con los desmentidores, que gozan de las comodidades de la vida! ¡Concédeles aún una breve prórroga!

73:12 Disponemos de cadenas y de fuego de gehena,

73:13 de alimento que se atraganta y de castigo doloroso.

73:14 El día que tiemblen la tierra y las montañas, y se conviertan las montañas en montones dispersos de arena...

73:15 Os hemos mandado un Enviado, testigo contra vosotros, como antes habíamos mandado un enviado a Faraón.

73:16 Faraón desobedeció al enviado y le sorprendimos duramente.

73:17 Si no creéis, ¿cómo vais a libraros de un día que hará encanecer a los niños?

73:18 El cielo se entreabrirá. Se cumplirá Su promesa.

73:19 Esto es un Recuerdo. El que quiera ¡que emprenda camino hacia su Señor!

73:20 Tu Señor sabe que pasas en oración casi dos tercios de la noche, la mitad o un tercio de la misma, y lo mismo algunos de los que están contigo. Alá determina la noche y el día. Sabe que no vais a contarlo con exactitud y os perdona. ¡Recitad, pues, lo que buenamente podáis del *Corán* ! Sabe que entre vosotros habrá unos enfermos, otros de viaje por la tierra buscando el favor de Alá, otros combatiendo por Alá, ¡Recitad, pues, lo que buenamente podáis de él! ¡Haced la azalá! ¡Dad el azaque! ¡Haced un préstamo generoso a Alá! El bien que hagáis como anticipo para vosotros mismos, volveréis a encontrarlo junto a Alá como bien mejor y como recompensa mayor. ¡Y pedid el perdón de Alá! Alá es indulgente, misericordioso.

74. El Envuelto En Un Manto (Al Modacer)
¡En el nombre de Alá, el Compasivo, el Misericordioso!

74:1 ¡Tú, el envuelto en un manto!

74:2 ¡Levántate y advierte!

74:3 A tu Señor, ¡ensálzale!

74:4 Tu ropa, ¡purifícala!

74:5 La abominación, ¡huye de ella!

74:6 ¡No des esperando ganancia!

74:7 La decisión de tu Señor, ¡espérala paciente!

74:8 Cuando suene la trompeta,

74:9 ése será, entonces, un día difícil

74:10 para los infieles, no fácil.

74:11 ¡Déjame solo con Mi criatura,

74:12 a quien he dado una gran hacienda,

74:13 e hijos varones que están presentes!

74:14 Todo se lo he facilitado,

74:15 pero aún anhela que le dé más.

74:16 ¡No! Se ha mostrado hostil a Nuestros signos.

74:17 Le haré subir por una cuesta.

74:18 Ha reflexionado y tomado una decisión,

74:19 pero ¡qué decisión! ¡Maldito sea!

74:20 Sí, ¡qué decisión! ¡Maldito sea!

74:21 Luego, ha mirado.

74:22 Luego, se ha puesto ceñudo y triste.

74:23 Luego, ha vuelto la espalda, lleno de altivez.

74:24 Y ha dicho: «¡Esto no es sino magia aprendida!

74:25 ¡No es sino la palabra de un mortal!»

74:26 ¡Lo entregaré al ardor del *saqar* !

74:27 Y ¿cómo sabrás qué es el *saqar* ?

74:28 No deja residuos, no deja nada.

74:29 Abrasa al mortal.

74:30 Hay diecinueve que lo guardan.

74:31 No hemos puesto sino a ángeles como guardianes del Fuego y no los hemos puesto en ese número sino para tentar a los infieles, para que los que han recibido la *Escritura* crean firmemente, para que los creyentes se fortifiquen en su fe, para que no duden ni los que han recibido la *Escritura* ni los creyentes, para que los enfermos de corazón y los infieles digan: «¿Qué es lo que se propone Alá con esta parábola?» Así es como Alá extravía a quien Él quiere y dirige a quien Él quiere. Nadie sino Él conoce las legiones de tu Señor. No es sino una amonestación dirigida a los mortales.

74:32 ¡No! ¡Por la luna!

74:33 ¡Por la noche cuando declina!

74:34 ¡Por la mañana cuando apunta!

74:35 Es, sí, una de las mayores,

74:36 a modo de advertencia para los mortales,

74:37 para aquéllos de vosotros que quieran adelantarse o rezagarse.

74:38 Cada uno será responsable de lo que haya cometido.

74:39 Pero los de la derecha,

74:40 en jardines, se preguntarán unos a otros

74:41 acerca de los pecadores.

74:42 «¿Qué es lo que os ha conducido al *saqar*?»

74:43 Dirán: «No éramos de los que oraban,

74:44 no dábamos de comer al pobre,

74:45 parloteábamos con los parlones

74:46 y desmentíamos el día del Juicio,

74:47 hasta que vino a nosotros la cierta».

74:48 Los intercesores no podrán hacer nada por ellos.

74:49 ¿Por qué han tenido que apartarse del Recuerdo,

74:50 como asnos espantados

74:51 que huyen del león?

74:52 Todos ellos quisieran que se les trajeran hojas desplegadas.

74:53 Pero ¡no! No temen la otra vida.

74:54 ¡No! Es un Recuerdo,

74:55 que recordará quien quiera.

74:56 Pero no lo tendrán en cuenta, a menos que Alá quiera. Es digno de ser temido y digno de perdonar.

75. La Resurrección (Al Qiama)

¡En el nombre de Alá, el Compasivo, el Misericordioso!

75:1 ¡No! ¡Juro por el día de la Resurreción!

75:2 ¡Que no! ¡Juro por el alma que reprueba!

75:3 ¿Cree el hombre que no juntaremos sus huesos?

75:4 ¡Claro que sí! Somos capaces de recomponer sus dedos.

75:5 Pero el hombre preferiría continuar viviendo como un libertino.

75:6 Pregunta: «¿Cuándo será el día de la Resurrección?»

75:7 Cuando se ofusque la vista,

75:8 se eclipse la luna,

75:9 se reúnan el sol y la luna,

75:10 ese día, el hombre dirá: «Y ¿adónde escapar?»

75:11 ¡No! ¡No habrá escape!

75:12 Ese día, el lugar de descanso estará junto a tu Señor.

75:13 Ese día, ya se le informará al hombre de lo que hizo y de lo que dejó de hacer.

75:14 ¡Más aún! El hombre testificará contra sí mismo,

75:15 aun cuando presente sus excusas.

75:16 No muevas la lengua al recitarlo para precipitarla!

75:17 ¡Somos Nosotros los encargados de juntarlo y de recitarlo!

75:18 Y, cuando lo recitemos, ¡sigue la recitación!

75:19 Luego, a Nosotros nos toca explicarlo.

75:20 Pero ¡no! En lugar de eso, amáis la vida fugaz

75:21 y descuidáis la otra vida.

75:22 Ese día, unos rostros brillarán,

75:23 mirando a su Señor,

75:24 mientras que otros, ese día, estarán tristes,

75:25 pensando que una calamidad les alcance.

75:26 ¡No! Cuando suba hasta las clavículas,

75:27 se diga: «¿quién es encantador?»,

75:28 crea llegado el momento de la separación

75:29 y se junte una pierna con otra,

75:30 ese día la marcha será hacia tu Señor.

75:31 No creyó, ni oró,

75:32 antes bien, desmintió y se desvió.

75:33 Luego, se volvió a los suyos con andar altanero.

75:34 ¡Ay de ti! ¡Ay!

75:35 ¡Sí! ¡Ay de ti! ¡Ay!

75:36 ¿Cree el hombre que no van a ocuparse de él?

75:37 ¿No fue una gota de esperma eyaculada

75:38 y, luego, un coágulo de sangre? Él lo creó y le dio forma armoniosa.

75:39 E hizo de él una pareja: varón y hembra.

75:40 Ese tal ¿no será capaz de devolver la vida a los muertos?

76. El Hombre (Al Ensan)

¡En el nombre de Alá, el Compasivo, el Misericordioso!

76:1 ¿Ha pasado el hombre por un período de tiempo en que no era nada digno de mención?

76:2 Hemos creado al hombre de una gota, de ingredientes, para ponerle a prueba. Le hemos dado el oído, la vista.

76:3 Agradecido o desagradecido, le hemos dirigido por el Camino.

76:4 Para los infieles hemos preparado cadenas, argollas y fuego de gehena.

76:5 Los justos beberán de copas de una mezcla alcanforada.

76:6 de una fuente de la que beberán los siervos de Alá y que harán manar en abundancia.

76:7 Fueron fieles a sus promesas y temieron un día cuyo mal será de alcance universal.

76:8 Por mucho amor que tuvieran al alimento, se lo daban al pobre, al huérfano y al cautivo:

76:9 «Os damos de comer sólo por agradar a Alá. No queremos de vosotros retribución ni gratitud.

76:10 Tememos, de nuestro Señor, un día terrible, calamitoso».

76:11 Alá les preservará del mal de ese día y les llenará de esplendor y alegría.

76:12 Les retribuira, por haber tenido paciencia, con un Jardín y con vestiduras de seda.

76:13 Reclinados allí en sofás, estarán resguardados allí del calor y del frío excesivo.

76:14 Cerca de ellos, les cubrirán sus sombras; sus frutos podrán ser cogidos muy fácilmente.

76:15 Se harán circular entre ellos vasijasa de plata y copas de cristal,

76:16 de un cristal de plata, de medidas determinadas.

76:17 Allí se les servirá una copa que contendrá una mezcla de jengibre,

76:18 tomada de una fuente de allí, que se llama Salsabil.

76:19 Y circularán entre ellos criados jóvenes de eterna juventud. Viéndoles, se les creería perlas desparramadas.

76:20 Cuando se mira allá, no se ve sino delicia y suntuosidad.

76:21 Vestirán de verde satén y de brocado y llevarán brazaletes de plata. Su Señor les servirá una bebida pura.

76:22 «Esto se os ha dado como retribución. Vuestro esfuerzo ha sido agradecido».

76:23 Somos Nosotros Quienes te llemos revelado el *Corán* de hecho.

76:24 Espera, pues, paciente, la decisión f de tu Señor y no obedezcas a quien de ellos sea pecador o desagradecido.

76:25 ¡Y menciona el nombre de tu Señor mañana y tarde!

76:26 ¡Por la noche, prostérnate ante Él! ¡Glorifícale largamente por la noche!

76:27 Éstos aman la vida fugaz y descuidan un día grave.

76:28 Nosotros los hemos creado y hemos fortalecido su constitución. Si quisiéramos, podríamos sustituirlos por otros semejantes.

76:29 Esto es un Recuerdo. El que quiera ¡que emprenda camino hacia su Señor!

76:30 Pero vosotros no lo querréis, a menos que Alá quiera. Alá es omnisciente, sabio.

76:31 Introduce en Su misericordia a quien Él quiere. Pero a los impíos les ha preparado un castigo doloroso.

77. Los Enviados (Al Morsalat)

¡En el nombre de Alá, el Compasivo, el Misericordioso!

77:1 ¡Por los enviados en ráfagas!

77:2 ¡Por los que soplan violentamente!

77:3 ¡Por los que diseminan en todos los sentidos!

77:4 ¡Por los que distinguen claramente!

77:5 ¡Por los que lanzan una amonestación

77:6 a modo de excusa o de advertencia!

77:7 ¡Ciertamente, aquello con que se os amenaza se cumplirá!

77:8 Cuando las estrellas pierden su luz,

77:9 cuando el cielo se hienda,

77:10 cuando las montañas sean reducidas a polvo,

77:11 cuando se fije a los enviados su tiempo:

77:12 «¿Qué día comparecerán?»

77:13 «¡El día del Fallo!»

77:14 Y ¿cómo sabrás qué es el día del Fallo?

77:15 Ese día, ¡ay de los desmentidores!

77:16 ¿No hemos hecho que perecieran los primeros hombres

77:17 y, luego, que les siguieran los últimos?

77:18 Así haremos con los pecadores.

77:19 Ese día, ¡ay de los desmentidores!

77:20 ¿No os hemos creado de un líquido vil,

77:21 que hemos depositado en un receptáculo seguro,

77:22 durante un tiempo determinado?

77:23 Así lo hemos decidido y ¡qué bien que lo hemos decidido!

77:24 Ese día ¡ay de los desmentidores!

77:25 ¿No hemos hecho de la tierra lugar de reunión

77:26 de vivos y muertos,

77:27 y puesto en ella elevadas montañas? ¿No os hemos dado de beber un agua dulce?

77:28 Ese día, ¡ay de los desmentidores!

77:29 «¡Id a lo que desmentíais!

77:30 ¡Id a la sombra ramificada en tres,
77:31 sombra tenue, sombra inútil frente a la llama!»
77:32 Porque arroja chispas grandes como palacios,
77:33 chispas que semejan camellos leonados.
77:34 Ese día, ¡ay de los desmentidores!
77:35 Ése será un día en que no tendrán que decir
77:36 ni se les permitirá excusarse.
77:37 Ese día, ¡ay de los desmentidores!
77:38 «Éste es el día del Fallo. Os hemos reunido, a vosotros y a los antiguos.
77:39 Si disponéis de alguna artimaña, ¡empleadla contra mí»
77:40 Ese día, ¡ay de los desmentidores!
77:41 Los temerosos de Alá estarán a la sombra y entre fuentes,
77:42 y tendrán la fruta que deseen.
77:43 «¡Comed y bebed en paz el fruto de vuestras obras!»
77:44 Así retribuimos a quienes hacen el bien.
77:45 Ese día, ¡ay de los desmentidores!
77:46 «¡Comed y disfrutad aún un poco!, ¡Sois unos pecadores!»
77:47 Ese día, ¡ay de los desmentidores!
77:48 Cuando se les dice: «¡Inclinaos!», no se inclinan.
77:49 Ese día, ¡ay de los desmentidores!
77:50 ¿En qué anuncio, después de éste, van a creer?

78. La Noticia (An Naba)

¡En el nombre de Alá, el Compasivo, el Misericordioso!
78:1 ¿Por qué cosa se preguntan unos a otros?
78:2 Por la enorme Noticia,
78:3 acerca de la cual discrepan.
78:4 ¡No! ¡Ya verán...!
78:5 ¡No y no! ¡Ya verán...!
78:6 ¿No hemos hecho de la tierra lecho
78:7 y de las montañas estacas?
78:8 Y os hemos creado por parejas,
78:9 hecho de vuestro sueño descanso,
78:10 de la noche vestidura,
78:11 del día medio de subsistencia.
78:12 Y hemos edificado encima de vosotros siete cielos firmes,
78:13 y colocado una lámpara resplandeciente.
78:14 Y hemos hecho bajar de las nubes un agua abundante
78:15 para, mediante ella, sacar grano, plantas
78:16 y frondosos jardines.
78:17 El día del Fallo está ya señalado.
78:18 Día en que se tocará la trompeta y acudiréis en masa.
78:19 El cielo se abrirá, todo puertas;
78:20 las montañas, puestas en marcha, serán espejismo.
78:21 La gehena, al acecho,
78:22 será refugio de los rebeldes,
78:23 que permanecerán en ella durante generaciones,
78:24 sin probar frescor ni bebida,
78:25 fuera de agua muy caliente y hediondo líquido,
78:26 retribución adecuada.
78:27 No contaban con el ajuste de cuentas
78:28 y desmintieron descaradamente Nuestros signos,

78:29 siendo así que habíamos consignado todo en una *Escritura.*

78:30 «¡Gustad, pues! ¡No haremos sino aumentaros el castigo!»

78:31 En cambio, a los temerosos de Alá se les deparará el éxito:

78:32 vergeles y viñedos,

78:33 de turgidos senos, de una misma edad,

78:34 copa desbordante.

78:35 No oirán allí vaniloquio, ni falsedad.

78:36 Es una retribución de tu Señor, regalo bien pensado

78:37 del Señor de los cielos, de la tierra y de lo que entre ellos está, del Compasivo, a Quien no podrán dirigir la palabra.

78:38 Día en que el Espíritu y los ángeles estarán de pie, en fila, sin hablar, excepto aquél a quien el Compasivo se lo permita y diga algo oportuno.

78:39 Ese será el día de la Verdad. El que quiera. encontrará refugio junto a su Señor.

78:40 Os hemos prevenido contra un castigo cercano, el día que el hombre medite en sus obras pasadas y diga el infiel: «¡Ojalá fuera yo tierra!»

79. Los Que Arrancan (An Naziat)

¡En el nombre de Alá, el Compasivo, el Misericordioso!

79:1 ¡Por los que arrancan violentamente!

79:2 ¡Por los que van rápidamente!

79:3 ¡Por los que nadan libremente!

79:4 ¡Por los que van a la cabeza!

79:5 ¡Por los que llevan un asunto!

79:6 El día que ocurra el temblor,

79:7 sucedido por el siguiente,

79:8 ese día, los corazones se estremecerán,

79:9 se humillarán las miradas.

79:10 Dicen: «¿Es verdad que seremos restituidos a nuestra primera condición,

79:11 luego de convertirnos en pútridos huesos?»

79:12 Dicen: «¡Sería un retorno pernicioso!»

79:13 No habrá más que un solo Grito

79:14 y ¡helos despiertos!

79:15 ¿Te has enterado de la historia de Moisés?

79:16 Cuando su Señor le llamó en el valle sagrado de Tuwa:

79:17 «Ve a Faraón. Se ha excedido.

79:18 Y di: ¿Estás dispuesto a purificarte

79:19 y a que te dirija a tu Señor y, así, tengas miedo?»

79:20 Le mostró el signo tan grande.

79:21 Pero él desmintió y desobedeció.

79:22 Luego, volvió la espalda bruscamente.

79:23 Y convocó y dirigió una proclama.

79:24 Dijo: «Soy yo vuestro altísimo Señor».

79:25 Alá le infligió el castigo de la otra vida y de ésta.

79:26 Hay en ello, sí, motivo de reflexión para quien tenga miedo de Alá.

79:27 ¿Sois vosotros más difíciles de crear que el cielo que él ha edificado?

79:28 Alzó su bóveda y le dio forma armoniosa.

79:29 Obscureció la noche y sacó la mañana.

79:30 Extendió, luego, la tierra,

79:31 sacó de ella el agua y los pastos,

79:32 fijó las montañas.

79:33 Para disfrute vuestro y de vuestros rebaños.

79:34 Pero, cuando venga la tan grande Calamidad,

79:35 el día que recuerde el hombre sus esfuerzos

79:36 y se haga aparecer el fuego de la gehena a quien pueda ver,

79:37 quien se haya mostrado rebelde

79:38 y preferido la vida de acá

79:39 tendrá por morada el fuego de la gehena,

79:40 mientras que quien haya temidoí comparecer ante su Señor y preservado su alma de la pasión

79:41 tendrá el Jardín por morada.

79:42 Te preguntan por la Hora: «¿Cuándo sucederá?»

79:43 ¡No te ocupes tú de eso!

79:44 A tu Señor Le toca fijarla.

79:45 ¡Tú sólo tienes que advertir a quien tiene miedo de ella!

79:46 El día que la vivan, les parecerá no haber permanecido más de una tarde o de una mañana.

80. Frunció Las Cejas (Abasa)

¡En el nombre de Alá, el Compasivo, el Misericordioso!

80:1 Frunció las cejasy volvió la espalda,

80:2 porque el ciego vino a él.

80:3 ¿Quién sabe? Quizá quería purificarse,

80:4 o dejarse amonestar y que la amonestación le aprovechara.

80:5 A quien es rico

80:6 le dispensas una buena acogida

80:7 y te tiene sin cuidado que no quiera purificarse.

80:8 En cambio, de quien viene a ti, corriendo,

80:9 con miedo de Alá,

80:10 te despreocupas.

80:11 ¡No! Es un Recuerdo,

80:12 que recordará quien quiera,

80:13 contenido en hojas veneradas,

80:14 sublimes, purificadas,

80:15 escrito por mano de escribas

80:16 nobles, píos.

80:17 ¡Maldito sea el hombre! ¡Qué desagradecido es!

80:18 ¿De qué lo ha creado Él?

80:19 De una gota lo ha creado y determinado;

80:20 luego, le ha facilitado el camino;

80:21 luego, le ha hecho morir y ser sepultado;

80:22 luego, cuando É quiera, le resucitará.

80:23 ¡No! No ha cumplido aún lo que Él le ha ordenado.

80:24 ¡Que mire el hombre su alimento!

80:25 Nosotros hemos derramado el agua en abundancia;!

80:26 luego, hendido la tierra profundamente

80:27 y hecho crecer en ella grano,

80:28 vides, hortalizas,

80:29 olivos, palmeras,

80:30 frondosos jardines,

80:31 frutas, pastos,

80:32 para disfrute vuestro y de vuestros rebaños.

80:33 Pero, cuando venga el Estruendo,

80:34 el día que el hombre huya de su hermano,
80:35 de su madre y de su padre,
80:36 de su compañera y de sus hijos varones,
80:37 ese día, cada cual tendrá bastante consigo mismo.
80:38 Ese día, unos rostros estarán radiantes,
80:39 risueños, alegres,
80:40 mientras que otros, ese día, tendrán polvo encima,
80:41 los cubrirá una negrura:
80:42 ésos serán los infieles, los pecadores.

81. El Obscurecimiento (At Takuér)
¡En el nombre de Alá, el Compasivo, el Misericordioso!
81:1 Cuando el sol sea obscurecido,
81:2 cuando las estrellas pierdan su brillo,
81:3 cuando las montañas sean puestas en marcha,
81:4 cuando las camellas preñadas de diez meses sean descuidadas,
81:5 cuando las bestias salvajes sean agrupadas,
81:6 cuando los mares sean hinchados,
81:7 cuando las almas sean apareadas,
81:8 cuando se pregunte a la niña enterrada viva
81:9 qué crimen cometió para que la mataran,
81:10 cuando las hojas sean desplegadas,
81:11 cuando el cielo sea desollado,
81:12 cuando el fuego de la gehena sea avivado,
81:13 cuando el Jardín sea acercado,
81:14 cada cual sabrá lo que presenta.
81:15 ¡Pues no! ¡Juro por los planetas,
81:16 que pasan y desaparecen!
81:17 ¡Por la noche cuando se extiende!
81:18 ¡Por la mañana cuando respira!
81:19 Sí, es la palabra de un Enviado noble,
81:20 que dispone de poder junto al Señor del Trono, firme,
81:21 obedecido allís de confianza.
81:22 ¡Vuestro paisano no es un poseso!
81:23 Le ha visto en el claro horizonte,
81:24 no es avaro de lo oculto.
81:25 No es la palabra de un demonio maldito.
81:26 ¿Adónde iréis, pues?
81:27 No es sino una amonestación dirigida a todo el mundo,
81:28 para aquéllos de vosotros que quieran seguir la vía recta.
81:29 Pero vosotros no lo querréis, a menos que quiera Alá, Señor del universo.

82. La Hendidura (Al Enfitar)
¡En el nombre de Alá, el Compasivo, el Misericordioso!
82:1 Cuando el cielo se hienda,
82:2 cuando las estrellas se dispersen,
82:3 cuando los mares sean desbordados,
82:4 cuando las sepulturas sean vueltas al revés,
82:5 sabrá cada cual lo que hizo y lo que dejó de hacer.
82:6 ¡Hombre! ¿Qué es lo que te ha engañado acerca de tu noble Señor,
82:7 Que te ha creado, dado forma y disposición armoniosas,
82:8 Que te ha formado del modo que ha querido?

82:9 ¡Pero no! Desmentís el Juicio,

82:10 pero hay quienes os guardan:

82:11 nobles, escribas,

82:12 que saben lo que hacéis.

82:13 Sí, los justos estarán en delicia,

82:14 mientras que los pecadores estarán en fuego de gehena.

82:15 En él arderán el día del Juicio

82:16 y no se ausentarán de él.

82:17 Y ¿cómo sabrás qué es el día del Juicio?

82:18 Sí, ¿cómo sabrás qué es el día del Juicio?

82:19 El día que nadie pueda hacer nada en favor de nadie. Y será Alá Quien, ese día, decida.

83. Los Defraudadores (Al Motafífin)

¡En el nombre de Alá, el Compasivo, el Misericordioso!

83:1 ¡Ay de los defraudadores,

83:2 que, cuando piden a otros la medida, la exigen exacta,

83:3 pero que, cuando ellos miden o pesan para otros, dan menos de lo debido!

83:4 ¿No cuentan con ser resucitados

83:5 un día terrible,

83:6 el día que comparezcan los hombres ante el Señor del universo?

83:7 ¡No! La *Escritura* de los pecadores está, ciertamente, en Sichchín.

83:8 Y ¿cómo sabrás qué es Sichchín?

83:9 Es una *Escritura* marcada.

83:10 Ese día, ¡ay de los desmentidores,

83:11 que desmienten el día del Juicio!

83:12 Y no lo desmiente sino todo violador de la ley, pecador,

83:13 que, al serle recitadas Nuestras aleyas, dice: «¡Patrañas de los antiguos!»

83:14 Pero ¡no! Lo que han cometido ha cubierto de herrumbre sus corazones.

83:15 ¡No! Ese día serán separados de su Señor por un velo.

83:16 Luego, arderán, sí, en el fuego de la gehena.

83:17 Luego, se dirá: «¡He aquí lo que desmentíais!»

83:18 ¡No! La *Escritura* de los justos está, ciertamente, en Illiyyun.

83:19 Y ¿cómo sabrás qué es Illiyyun?

83:20 Es una *Escritura* marcada,

83:21 que verán con sus propios ojos los allegados.

83:22 Sí, los justos estarán en delicia,

83:23 en sofás, observando...

83:24 Se reconocerá en sus rostros el brillo de la delicia.

83:25 Se les dará de beber un vino generoso y sellado,

83:26 con un dejo de almizcle -¡que lo codicien los codiciosos!-,

83:27 mezclado con agua de Tasnim,

83:28 fuente de la que beberán los allegados.

83:29 Los pecadores se reían de los creyentes.

83:30 Cuando pasaban junto a ellos, se guiñaban el ojo,

83:31 cuando regresaban a los suyos, regresaban burlándose,

83:32 cuando les veían, decían: «¡Sí, están extraviados!»

83:33 Pero no han sido enviados para velar por ellos.

83:34 Ese día, los creyentes se reirán de los infieles,

83:35 en sofás, observando...

83:36 ¿No han sido retribuidos los infieles según sus obras?

84. El Desgarrón (Al Enchicaq)

¡En el nombre de Alá, el Compasivo, el Misericordioso!

84:1 Cuando el cielo se desgarre

84:2 y escuche a su Señor -como debe ser-,

84:3 cuando la tierra sea allanada,

84:4 vomite su contenido, vaciándose,

84:5 y escuche a su Señor -como debe ser-...

84:6 ¡Hombre! Te esfuerzas con denuedo en encontrar a tu Señor y Le encontrarás.

84:7 Aquél que reciba su *Escritura* en la diestra

84:8 será juzgado benignamente

84:9 y regresará, alegre, a los suyos.

84:10 Pero aquél que reciba su *Escritura* detrás de la espalda

84:11 invocará la destrucción,

84:12 pero arderá en fuego de gehena.

84:13 Vivía alegre con los suyos,

84:14 creyendo que no iba a volver.

84:15 ¡Claro que sí! Su Señor le veía bien.

84:16 ¡Pues no! ¡Juro por el arrebol vespertino,

84:17 por la noche y por lo que congrega,

84:18 por la luna cuando está llena,

84:19 que habéis de pasar de uno a otro estado!

84:20 Pero ¿qué les pasa que no creen

84:21 y, cuando se les recita el *Corán*, no se prosternan?

84:22 ¡No! Los infieles desmienten;

84:23 pero Alá conoce bien lo que ocultan.

84:24 Anúnciales, pues, un castigo doloroso!

84:25 Quienes, en cambio, crean y obren bien, recibirán una recompensa ininterrumpida.

85. Las Constelaciones (Al Boruy)

¡En el nombre de Alá, el Compasivo, el Misericordioso!

85:1 ¡Por el cielo con sus constelaciones!

85:2 ¡Por el día con que se ha amenazado!

85:3 ¡Por el testigo y lo atestiguado!

85:4 ¡Malditos sean los hombres del Foso,

85:5 del fuego bien alimentado,

85:6 sentados a él,

85:7 dando testimonio de lo que ellos han hecho a los creyentes,

85:8 resentidos con ellos sólo porque creyeron en Alá, el Poderoso, el Digno de Alabanza,

85:9 a Quien pertenece el dominio de los cielos y de la tierra. Alá es testigo de todo.

85:10 Quienes sometan a los creyentes y a las creyentes a una prueba y no se arrepientan luego, tendrán el castigo de la gehena, el castigo de su fuego.

85:11 Quienes, en cambio, hayan creído y obrado bien tendrán jardines por cuyos bajos fluyen arroyos. ¡Ese es el gran éxito!

85:12 ¡Sí, es duro el rigor de tu Señor!

85:13 Él crea y re-crea.

85:14 Él es el Indulgente, el Lleno de Amor,

85:15 el Señor del Trono, el Glorioso,
85:16 Que siempre hace lo que quiere.
85:17 ¿Te has enterado de la historia de los ejércitos,
85:18 de Faraón y de los tamudeos?
85:19 Los infieles, no obstante, persisten en desmentir,
85:20 pero Alá les tiene a Su merced.
85:21 ¡Sí es un *Corán* glorioso,
85:22 en una Tabla bien guardada!

86. El Astro Nocturno (At Táriq)
¡En el nombre de Alá, el Compasivo, el Misericordioso!
86:1 ¡Por el cielo y el astro nocturno!
86:2 Y ¿cómo sabrás qué es el astro nocturno?
86:3 Es la estrella de penetrante luz.
86:4 No hay nadie que no tenga un guardián.
86:5 ¡Que considere el hombre de qué ha sido creado!
86:6 Ha sido creado de un líquido fluente,
86:7 que sale de entre los riñones y las costillas.
86:8 En verdad, Él es capaz de volverle,
86:9 el día que sean probados los secretos
86:10 y no tenga ya fuerza ni quien le auxilie.
86:11 ¡Por el cielo periódico!
86:12 ¡Por la tierra que se abre!
86:13 Es, en verdad, una palabra decisiva,
86:14 seria.
86:15 Ellos emplean una artimaña,
86:16 y Yo empleo una artimaña,
86:17 ¡Concede una prórroga a los infieles, un poco más de prórroga!

87. El Altísimo (Al Ala)
¡En el nombre de Alá, el Compasivo, el Misericordioso!
87:1 ¡Glorifica el nombre de tu Señor, el Altísimo,
87:2 Que ha creado y dado forma armoniosa,
87:3 Que ha determinado y dirigido,
87:4 Que ha sacado el pasto
87:5 y, luego, hecho de él obscuro heno!
87:6 Te haremos recitar y, así no olvidarás,
87:7 salvo lo que Alá quiera. Él conoce lo patente y lo escondido.
87:8 Te facilitaremos el acceso a la mayor felicidad.
87:9 ¡Amonesta, pues, si la amonestación aprovecha!
87:10 Se dejará amonestar quien tenga miedo de Alá,
87:11 y la evitará el infame,
87:12 que arderá en el tan grande Fuego.
87:13 sin en él morir ni vivir.
87:14 ¡Bienaventurado, en cambio, quien se purifique,
87:15 quien mencione el nombre de su Señor y ore!
87:16 Pero preferís la vida de acá,
87:17 siendo así que la otra es mejor y más duradera.
87:18 Esto se encuentra en las *Hojas* primeras,
87:19 las *Hojas* de Abraham y de Moisés.

88. La Que Cubre (Al Gachia)

¡En el nombre de Alá, el Compasivo, el Misericordioso!

88:1 ¿Te has enterado de la historia de la que cubre?

88:2 Ese día, unos rostros, humillados,

88:3 preocupados, cansados,

88:4 arderán en un fuego abrasador.

88:5 Se les dará de beber de una fuente hirviente.

88:6 No tendrán más alimento que de *dari*,

88:7 que no engorda, ni sacia.

88:8 Otros rostros, ese día, estarán alegres,

88:9 satisfechos de su esfuerzo,

88:10 en un Jardín elevado,

88:11 en el que no se oirá vaniloquio.

88:12 Habrá allí una fuente caudalosa,

88:13 lechos elevados,

88:14 copas preparadas,

88:15 cojines alineados

88:16 y alfombras extendidas.

88:17 ¿Es que no consideran cómo han sido creados los camélidos,

88:18 cómo alzado el cielo.

88:19 cómo erigidas las montañas,

88:20 cómo extendida la tierra?

88:21 ¡Amonesta, pues! Tú eres sólo un monitor,

88:22 no tienes autoridad sobre ellos.

88:23 Sin embargo, a quien se desvíe y no crea,

88:24 Alá le infligirá el castigo mayor.

88:25 Volverán todos a Nosotros.

88:26 Luego, nos tocará a Nosotros pedirles cuentas.

89. El Aurora (Al Fayr)

¡En el nombre de Alá, el Compasivo, el Misericordioso!

89:1 ¡Por el alba!

89:2 ¡Por diez noches!

89:3 ¡Por el par y el impar!

89:4 ¡Por la noche cuando transcurre...

89:5 ¿No es esto un juramento para el dotado de intelecto?

89:6 ¿No has visto cómo ha obrado tu Señor con los aditas,

89:7 con Iram, la de las columnas,

89:8 sin par en el país,

89:9 con los tamudeos, que excavaron la roca en el valle,

89:10 con Faraón el de las estacas,

89:11 que se habían excedido en el país

89:12 y que habían corrompido tanto en él?

89:13 Tu Señor descargó sobre ellos el azote de un castigo.

89:14 Tu Señor está, sí, al acecho.

89:15 El hombre, cuando su Señor le prueba honrándolo y concediéndole gracias, dice: «¡Mi Señor me ha honrado!»

89:16 En cambio. cuando le prueba restringiéndole su sustento, dice: «¡Mi Señor me ha despreciado!»

89:17 ¡No! Sois vosotros, más bien, los que no honráis al huérfano,

89:18 ni os animáis unos a otros a alimentar al pobre,

89:19 sino que devoráis vorazmente la herencia y

89:20 amáis la hacienda con desordenado amor.

89:21 ¡No! Cuando la Tierra sea reducida a polvo fino

89:22 y venga tu Señor con los ángeles en filas,

89:23 ese día se traerá la gehena, ese día el hombre se dejará amonestar -y ¿de qué le servirá entonces la amonestación?-

89:24 y dirá: «¡Ojalá hubiera enviado por delante para mi vida!»

89:25 Ese día nadie castigará como Él,

89:26 nadie atará como Él.

89:27 «¡Alma sosegada!

89:28 ¡Vuelve a tu Señor, satisfecha, acepta!

89:29 ¡Y entra con Mis siervos,

89:30 Entra en Mi Jardín!»

90. La Ciudad (Al Balad)

¡En el nombre de Alá, el Compasivo, el Misericordioso!

90:1 ¡No! ¡Juro por esta ciudad,

90:2 en la que estás avecindado!

90:3 ¡Por todo padre y lo que ha engendrado!

90:4 Hemos creado al hombre en aflicción.

90:5 ¿Cree que nadie podrá contra él?

90:6 Dice: «He consumido una hacienda considerable».

90:7 ¿Cree que nadie le ha visto?

90:8 ¿No le hemos dado dos ojos,

90:9 una lengua y dos labios?

90:10 ¿No le hemos mostrado las dos vías?

90:11 Pues nunca se ha puesto a subir la Cuesta.

90:12 Y ¿cómo sabrás qué es la Cuesta?

90:13 Es manumitir a un esclavo,

90:14 Alimentar en tiempo de hambre

90:15 A un pariente próximo huérfano,

90:16 A un pobre en la miseria.

90:17 Es, también, formar parte de los que creen, de los que se recomiendan mutuamente la paciencia y la misericordia.

90:18 Ésos son los de la Derecha.

90:19 En cambio, los que no creen en Nuestros signos, ésos son los de la izquierda.

90:20 Se cerrará un fuego sobre ellos.

91. El Sol (Ach Chams)

¡En el nombre de Alá, el Compasivo, el Misericordioso!

91:1 ¡Por el sol y su claridad!

91:2 ¡Por la luna cuando le sigue!

91:3 ¡Por el día cuando lo muestra brillante!

91:4 ¡Por la noche cuando lo vela!

91:5 ¡Por el cielo y Quien lo ha edificado!

91:6 ¡Por la tierra y Quien la ha extentido!

91:7 ¡Por el alma y Quien le ha dado forma armoniosa,

91:8 instruyéndole sobre su propensión al pecado y su temor de Dios!

91:9 ¡Bienaventurado quien la purifique!

91:10 ¡Decepcionado, empero, quien la corrompa!

91:11 Los tamudeos, en su arrogancia, desmintieron.

91:12 Cuando el más miserable de entre ellos se alzó.

91:13 El enviado de Dios les dijo: «¡Dejad a la camella de Dios y que beba!»

91:14 Le desmintieron y la desjarretaron. Su Señor, entonces, les aniquiló por su pecado, a todos por igual,

91:15 sin temer las consecuencias de ello.

92. La Noche (Al Lail)

¡En el nombre de Alá, el Compasivo, el Misericordioso!

92:1 ¡Por la noche cuando extiende su velo!

92:2 ¡Por el día cuando resplandece!

92:3 ¡Por Quien ha creado al varón y a la hembra!

92:4 Vuestro esfuerzo, en verdad, da resultados diversos.

92:5 A quien da, teme a Dios,

92:6 y cree en lo más bello,

92:7 le facilitaremos el acceso a la mayor felicidad.

92:8 En cambio, a quien es avaro, cree bastarse a sí mismo

92:9 y desmiente lo más bello,

92:10 le facilitaremos el acceso a la mayor adversidad,

92:11 y de nada le servirá su hacienda cuando sea precipitado.

92:12 Sí, es de incumbencia Nuestra la Dirección.

92:13 Sí, es cosa Nuestra la otra vida y ésta.

92:14 Os he prevenido contra un fuego llameante,

92:15 en el cual sólo arderá el infame,

92:16 que desmiente y se desvía,

92:17 el cual evitará quien de veras teme a Dios,

92:18 que da su hacienda para purificarse,

92:19 que, cuando hace un favor, no lo hace con ánimo de ser retribuido,

92:20 sino tan sólo por deseo de agradar a su altísimo Señor.

92:21 ¡Sí, ése quedará satisfecho!

93. La Mañana (Ad Duha)

¡En el nombre de Alá, el Compasivo, el Misericordioso!

93:1 ¡Por la mañana!

93:2 ¡Por la noche cuando reina la calma!

93:3 Tu Señor no te ha abonadonado ni aborrecido

93:4 Sí, la otra vida será mejor para ti que ésta.

93:5 Tu Señor te dará y quedarás satisfecho.

93:6 ¿No te encontró huérfano y te recogió?

93:7 ¿No te encontró extraviado y te dirigió?

93:8 ¿No te encontró pobre y te enriqueció?

93:9 En cuanto al huérfano, ¡no le oprimas!

93:10 Y en cuanto al mendigo, ¡no le rechaces!

93:11 Y en cuanto a la gracia de tu Señor, ¡publícala!

94. La Abertura (Ach Charh)

¡En el nombre de Alá, el Compasivo, el Misericordioso!

94:1 ¿No te hemos infundido ánimo,

94:2 Liberado de la carga

94:3 Que agobiaba tu espalda

94:4 Y alzado tu reputación?

94:5 ¡La adversidad y la felicidad van a una!

94:6 ¡La adversidad y la felicidad van a una!

94:7 Cuando estés libre, ¡mantente diligente!

94:8 Y a tu Señor ¡deséale ardientemente!

95. Las Higueras (At Tín)

¡En el nombre de Alá, el Compasivo, el Misericordioso!

95:1 ¡Por las higueras y los olivos!

95:2 ¡Por el monte Sinaí!

95:3 ¡Por esta ciudad segura!

95:4 Hemos creado al hombre dándole la mejor complexión.

95:5 Luego, hemos hecho de él el más abyecto,

95:6 Excepto quienes crean y obren bien, que recibirán una recompensa ininterrumpida.

95:7 Cómo puede aún desmentirse el Juicio?

95:8 ¿No es Alá quien mejor decide?

96. La Sangre Coagulada (Al Alaq)

¡En el nombre de Alá, el Compasivo, el Misericordioso!

96:1 ¡Recita en el nombre de tu Señor, Que ha creado,

96:2 ha creado al hombre de sangre coagulada!

96:3 ¡Recita! Tu Señor es el Munífico,

96:4 que ha enseñado el uso del cálamo,

96:5 ha enseñado al hombre lo que no sabía.

96:6 ¡No! El hombre, en verdad, se rebela,

96:7 ya que cree bastarse a sí mismo.

96:8 Pero todo vuelve a tu Señor.

96:9 ¿Has visto a quien prohíbe

96:10 A un siervo orar?

96:11 ¿Te parece que sigue la Dirección

96:12 O que ordena el temor de Dios?

96:13 ¿No te parece que desmiente y se desvía?

96:14 ¿No sabe que Dios ve?

96:15 ¡No! Si no cesa, hemos de arrastrarle por el copete,

96:16 copete que miente, que peca.

96:17 Y ¡que llame a sus secuaces,

96:18 que Nosotros llamaremos a los que precipitan!

96:19 ¡No! ¡No le obedezcas, sino prostérnate y acércate!

97. El Destino (Al Cadr)

¡En el nombre de Alá, el Compasivo, el Misericordioso!

97:1 Lo hemos revelado en la noche del Destino.

97:2 Y ¿cómo sabrás qué es la noche del Destino?

97:3 La noche del Destino vale más de mil meses.

97:4 Los ángeles y el Espíritu descienden en ella, con permiso de su Señor, para fijarlo todo.

97:5 ¡Es una noche de paz, hasta el rayar del alba!

98. La Prueba Clara (Al Baena)

¡En el nombre de Alá, el Compasivo, el Misericordioso!

98:1 Los que no creen, tanto gente de la *Escritura* como asociadores, no podían renunciar hasta que les viniera la prueba clara:

98:2 Un Enviado de Dios, que recitara hojas purificadas,

98:3 que contenían *Escrituras* verdaderas.

98:4 Y quienes recibieron la *Escritura* no se dividieron sino después de venir a ellos la prueba clara.

98:5 Pero no se les ordenó sino que sirvieran a Dios, rindiéndole culto sincero como *hanifes*, que hicieran la azalá y dieran el azaque. Ésa es la religión verdadera.

98:6 Los que no crean, tanto gente de la *Escritura* como asociadores estarán, eternamente, en el fuego de la gehena. Ésos son lo peor de la creación.

98:7 En cambio, los que crean y obren bien, ésos son lo mejor de la creación,

98:8 y tendrán como retribución, junto a su Señor, los jardines del edén, por cuyos bajos fluyen arroyos, en los que estarán eternamente, para siempre. Dios está satisfecho de ellos y ellos lo están de Él. Esto es sólo para quien tiene miedo de su Señor.

99. El Terremoto (Az Zalzala)
¡En el nombre de Alá, el Compasivo, el Misericordioso!

99:1 Cuando sea sacudida la tierra por su terremoto,

99:2 expulse la tierra su carga

99:3 y el hombre se pregunte: «¿Qué es lo que le pasa?»,

99:4 ese día contará sus noticias,

99:5 según lo que tu Señor le inspire.

99:6 Ese día los hombres surgirán en grupos, para que se les muestren sus obras.

99:7 Quien haya hecho el peso de un átomo de bien, lo verá.

99:8 Y quien haya hecho el peso de un átomo de mal, lo verá.

100. Los Corceles (Al Adiat)
¡En el nombre de Alá, el Compasivo, el Misericordioso!

100:1 ¡Por los corceles jadeantes,

100:2 que hacen saltar chispas,

100:3 cargan el alba,

100:4 levantando, así, una nube de polvo

100:5 y rompen a través de una hueste!

100:6 El hombre, en verdad, es muy desagradecido con su Señor,

100:7 y él es, sí, testigo de ello.

100:8 Y ama ardientemente, sí, los bienes terrenales.

100:9 ¿No sabe, acaso, que cuando lo que hay en las sepulturas sea vuelto al revés

100:10 y se haga público lo que hay en los pechos,

100:11 ese día, su Señor estará, ciertamente, bien informado de ellos?

101. La Calamidad (Al Carea)
¡En el nombre de Alá, el Compasivo, el Misericordioso!

101:1 ¡La Calamidad!

101:2 ¿Qué es la Calamidad?

101:3 Y ¿cómo sabrás qué es la calamidad?

101:4 El día que los hombres parezcan mariposas dispersas

101:5 y las montañas copos de lana cardada,

101:6 entonces, el autor de obras de peso

101:7 gozará de una vida agradable,

101:8 miemtras que el autor de obras ligeras

101:9 tendrá un abismo por morada.

101:10 Y ¿cómo sabrás qué es?

101:11 ¡Un fuego ardiente!

102. El Afán De Lucro (At Takacir)

¡En el nombre de Alá, el Compasivo, el Misericordioso!

102:1 El afán de lucro os distrae

102:2 hasta la hora de la muerte.

102:3 ¡No! ¡Ya veréis...!

102:4 ¡No y no! ¡Ya veréis...!

102:5 ¡No! Si supierais a ciencia cierta...

102:6 ¡Veréis, de seguro, el fuego de la gehena!

102:7 ¡Sí, lo veréis con ojos de certeza!

102:8 Luego, ese día, se os preguntará, ciertamente, por la delicia.

103. La Tarde (Al Asr)

¡En el nombre de Alá, el Compasivo, el Misericordioso!

103:1 ¡Por la tarde!

103:2 En verdad, el hombre camina hacia su perdición,

103:3 Excepto quienes crean, obren bien, se recomienden mutuamente la verdad y se recomienden mutuamente la paciencia.

104. El Difamador (Al Homaza)

¡En el nombre de Alá, el Compasivo, el Misericordioso!

104:1 ¡Ay de todo aquél que difame, que critique,

104:2 que amase hacienda y la cuente una y otra vez,

104:3 creyendo que su hacienda le hará inmortal!

104:4 ¡No! ¡Será precipitado, ciertamente, en la *hutama* !

104:5 Y ¿cómo sabrás qué es la *hutama* ?

104:6 Es el fuego de Alá encendido,

104:7 Que llega hasta las entrañas.

104:8 Se cerrará sobre ellos

104:9 en extensas columnas.

105. El Elefante (Al Fil)

¡En el nombre de Alá, el Compasivo, el Misericordioso!

105:1 ¿No has visto cómo obró tu Señor con los del elefante?

105:2 ¿No desbarató su artimaña

105:3 y envió contra ellos bandadas de aves,

105:4 que descargaron sobre ellos piedras de arcilla,

105:5 dejándolos como espigas desgranadas?

106. Los Coraixíes (Coraich)

¡En el nombre de Alá, el Compasivo, el Misericordioso!

106:1 Por el pacto de los coraixíes,

106:2 pacto relativo a la caravana de invierno y la de verano,

106:3 ¡que sirvan, pues, al Señor de esta Casa,

106:4 que les ha alimentado contra el hambre y dado seguridad frente al temor!

107. La Ayuda (Al Maun)

¡En el nombre de Alá, el Compasivo, el Misericordioso!

107:1 ¿Qué te parece el que desmiente el Juicio?

107:2 Es el mismo que rechaza violentamente al huérfano

107:3 Y no anima a dar de comer al pobre.

107:4 ¡Ay de los que oran

107:5 distraídamente,

107:6 para ser vistos

107:7 Y niegan la ayuda!

108. La Abundancia (Al Kauecer)

¡En el nombre de Alá, el Compasivo, el Misericordioso!

108:1 Te hemos dado la abundancia.

108:2 Ora, pues, a tu Señor y ofrece sacrificios.

108:3 Sí, es quien te odia el privado de posteridad.

109. Los Infieles (Al Kafirun)

¡En el nombre de Alá, el Compasivo, el Misericordioso!

109:1 Di: «¡Infieles!

109:2 Yo no sirvo lo que vosotros servís,

109:3 Y vosotros no servís lo que yo sirvo.

109:4 Yo no sirvo lo que vosotros habéis servido

109:5 Y vosotros no servís lo que yo sirvo.

109:6 Vosotros tenéis vuestra religión y yo la mía».

110. El Auxilio (Al Nasr)

¡En el nombre de Alá, el Compasivo, el Misericordioso!

110:1 Cuando venga el auxilio de Alá, así como el éxito,

110:2 y veas que los hombres entran en masa en la religión de Alá,

110:3 entonces, ¡celebra las alabanzas de tu Señor y pide Su perdón! Es indulgente.

111. Las Fibras (Al Masad)

¡En el nombre de Alá, el Compasivo, el Misericordioso!

111:1 ¡Perezcan las manos de Abu Lahab! ¡Perezca él!

111:2 Ni su hacienda ni sus adquisiciones le servirán de nada.

111:3 Arderá en un fuego llameante,

111:4 así como su mujer, la acarreadora de leña,

111:5 a su cuello una cuerda de fibras.

112. La Fe Pura (Al Ejlas)

¡En el nombre de Alá, el Compasivo, el Misericordioso!

112:1 Di: «¡Él es Alá, Uno,

112:2 Dios, el Eterno.

112:3 No ha engendrado, ni ha sido engendrado.

112:4 No tiene par».

113. El Alba (Al Falaq)

¡En el nombre de Alá, el Compasivo, el Misericordioso!

113:1 Di: «Me refugio en el Señor del alba

113:2 del mal que hacen sus criaturas,

113:3 del mal de la oscuridad cuando se extiende,

113:4 del mal de las que soplan en los nudos,

113:5 del mal envidioso cuando envidia».

114. Los Hombres (An Nás)

¡En el nombre de Alá, el Compasivo, el Misericordioso!

114:1 Di: «Me refugio en el Señor de los hombres,

114:2 el Rey de los hombres,

114:3 el Dios de los hombres,

114:4 del mal de la insinuación, del que se escabulle,

114:5 que insinúa en el ánimo de los hombres,

114:6 sea genio, sea hombre».

Referencias
1. *The Noble Corán – English Translation of the Meaning and Commentary*, Dr. Muhammad Taqi-ud-Din Al-Hilali, Dr. Muhammad Muhsin Khan, King Fahd Complex for the Printing of the Holy Corán, Madinah, Saudi Arabia.
2. *English Translation of the Meaning of Al-Corán*, Muhammad Farooq-i-Azam Malik, Houston, Texas.
3. *The Meaning of the Illustrious Corán*; Abdullah Yusuf Ali.
4. *The Glorious Corán*, Marmaduke Pickthall.
5. *Tafheem-ul-Corán*, Syed Abul A'la Maududi.
6. *Tafseer ibn Katheer*, Ibn-i-Katheer, Damascus, Syria.
7. *Bayan-al-Corán*, Ashraf Ali Thanwi, India
8. *Atlas of the Corán*, Dr. Shauqi Abu Khalil, Darusssalam, Riyadh, Saudi Arabia.
9. *Atlas on the Prophet's Biography*, Dr. Shauqi Abu Khalil, Darusssalam, Riyadh.
10. *The Life of Muhammad*, Muhammad Husayn Haykal, North American Trust.

Sitios Web Informativos:

sultan.org; islamiccity.com; isna.net; islamicfinder.org; thetruereligion.org islameasy.org; jews-for-Alá.org; msa-natl.org; finalrevelation.net

Sitios Web en Español:

islaminspanish.org; islam.com.mx

Dirección de oración

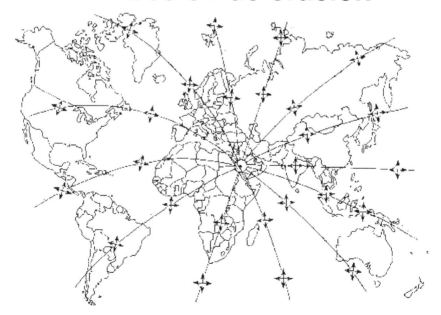

Libros Utiles diarios, CDs / DVDs
Libros

Qur'an — Le Qur'an — Cor'an — Hayatus Sahabah — Faza'il-e-A'amal — Da'wah Etiquette — Price of Paradise — Du'a Organizer — Basics of Islam — Hajj & Umrah Organizer — Hajj CD — Islamic Org. in North America

Da'wah

Where Do you Stand? — What Every Woman Should Know — Stand CD — ¿Y usted en qué cree? — Spanish Stand CD — Comparative Religion CD — Gospel Of Barnabas

CDs educativos

Qur'an & science — Allah's Universe — Prophers Of the Qur'an — The Life of Prophet Muhammad — Scholars Of Islam — Jerusalem — Price Of Paradise — Where do you Stand? — What Every Woman Should know

CDs educativos

Best Deals From Allah — Time Compressor — Who is God? — Smart Muslim — Islamic Family — Don't Loose Shirt — Youngsters Teamwork — Before the Final Day

www.finalrevelation.net
P.O. Box-890071, Houston, TX 77289
281-488-3191, a6h@yahoo.com

Made in the USA
Coppell, TX
26 May 2020

26460497R10160